昭君文化研究丛书

王前程●编著

历代昭君文化
资料整理与研究

长江出版传媒

湖北人民出版社

图书在版编目（CIP）数据

历代昭君文化资料整理与研究 / 王前程编著. — 武汉：湖北
人民出版社, 2023.12
ISBN 978-7-216-10763-1

Ⅰ. ①历⋯　Ⅱ. ①王⋯　Ⅲ. ①王昭君（约前55-？）—人物
研究　Ⅳ. ①K828.5

中国国家版本馆CIP数据核字（2023）第256416号

责任编辑：杨　猛　高承秀
封面设计：董　昀
责任校对：范承勇
责任印制：肖迎军

出版发行：湖北人民出版社　　　　　地址：武汉市雄楚大道268号
印刷：武汉市籍缘印刷厂　　　　　　邮编：430070
开本：787毫米×1092毫米　1/16　　印张：32.25
字数：544千字　　　　　　　　　　插页：2
版次：2023年12月第1版　　　　　　印次：2023年12月第1次印刷
书号：ISBN 978-7-216-10763-1　　　定价：98.00元

本社网址：http://www.hbpp.com.cn
本社旗舰店：http://hbrmcbs.tmall.com
读者服务部电话：027-87679656
投诉举报电话：027-87679757
（图书如出现印装质量问题，由本社负责调换）

千古佳话的时代传承

——"昭君文化研究丛书"总序

杜甫诗云："群山万壑赴荆门，生长明妃尚有村。"一代诗圣杜甫笔下的村落就是位于长江三峡香溪河畔的兴山县王家湾村，又名宝坪村。约公元前53年，乳名皓月的王昭君在村中出生（一说陈家湾村）。公元前33年，昭君出塞，胡汉和亲，留下千古佳话。后人为了纪念王昭君，将此村改名为昭君村。

昭君村与屈原家乡乐平里相距20多公里，同属楚文化的发源地。这里山水秀丽，物产丰富，文化灿烂，人民勤劳，民风纯朴，良好的自然和人文环境，孕育了勇敢刚毅、聪慧贤淑、正直善良的绝代美人王昭君，她是中国历史上集容貌美、心灵美、行为美于一身的伟大女性。

习近平总书记说："一部中国史，就是一部各民族交融汇聚成多元一体中华民族的历史，就是各民族共同缔造、发展、巩固统一的伟大祖国的历史。"王昭君所处的时代，正是汉王朝的上升期，也是中原民族与周边匈奴、乌桓等少数民族磨合、冲突和融合期。王昭君之所以能青史留名，在于她为多元一体的中华民族融合做出了杰出贡献。昭君文化就是以昭君生平、昭君事迹、昭君品格、昭君评价为主要研究对象的一种源远流长、历久弥新的文化形态。

一

公元前33年，呼韩邪单于第三次来到长安谒见汉天子，提出"愿婿汉氏以自亲"。汉元帝以"后宫良家子王嫱字昭君赐单于"（《汉书·匈奴传》），改年号为"竟宁",谓边境终得安宁。呼韩邪单于得王昭君为妻,而封以"宁胡阏氏"之号,"言胡得之,国以安宁也"(《汉书》卷九十四颜师古注)。从此,一个香溪河畔的女子走进了大漠深处,走上了胡汉和亲、汉匈友好的政治舞台。

昭君出塞后的30余年是汉匈关系最好的时期,北方边境"数世不见烟火之警,人民炽盛,牛马布野","三世无犬吠之警,黎庶亡干戈之役"(《汉书》卷九十四)。王莽主政期间,昭君的儿孙及娘家侄儿多达9人分别受汉匈派遣,6次互访汉匈两地,为汉匈关系奔走斡旋20余年,其中3人献出了生命。由此可见,昭君及其后人为近60年汉匈和平做出了巨大努力。

昭君出塞后两千余年来,围绕王昭君,历史学家们进行了无数次的考证、探讨和争论,历代正史方志、地理游记、文史笔记等涉及王昭君的史料和评价达数百种;文学艺术家们创作了大量昭君题材的作品,历代歌咏王昭君的诗词、说唱、戏曲、小说、散文、绘画、雕塑、书法作品、民间故事、影视剧等数以千计,歌咏王昭君的作家、艺术家达500余人,古代有焦延寿、蔡邕、石崇、鲍照、庾信、李白、杜甫、白居易、李商隐、张仲素、王安石、欧阳修、司马光、曾巩、梅尧臣、苏轼、陆游、耶律楚材、马致远、沈德潜、曹雪芹、袁枚等,近现代有郭沫若、邓拓、曹禺、田汉、翦伯赞、费孝通、老舍等。

自古关于王昭君的文化叙事,沿着"史实昭君""文学昭君""艺术昭君"的轨迹发展,"福德昭君""悲怨昭君"成为对昭君评价的两种主要价值指向。唐代诗人张仲素有《王昭君》诗:"仙娥今下嫁,骄子自同和。剑戟归田尽,牛羊绕塞多。"这些作品塑造了一个"福德昭君"形象。东汉末年以来,《琴操》《王明君辞并序》《西京杂记》等作品出现,塑造了一个"悲怨昭君"形象。由此,昭君题材文学艺术创作主要沿着这两个不同的形象一直发展到今天。五四运动之后,研究王昭君的专题论文开始出现,大多是从民俗学、考据学、文学流变角度去研究昭君或昭君墓。

在两千多年的漫长历史长河中,王昭君的话题经久不衰,涌现出丰富的作品,形成了丰厚的文化积淀,这种文化现象,在古今中外文化发展史上也是罕见的。

二

新中国成立后，周恩来、董必武、陈毅、谢觉哉、乌兰夫等老一辈无产阶级革命家高瞻远瞩地对王昭君进行了科学评价。20世纪50年代，周恩来总理在第一次中央民族工作会议上赞扬"王昭君是对发展中华民族大家庭团结有贡献的人物"。1963年10月，国家副主席董必武在参观呼和浩特昭君墓后，特赋诗一首："昭君自有千秋在，胡汉和亲识见高。词客各摅胸臆懑，舞文弄墨总徒劳。"高度评价和肯定了昭君出塞的历史功绩和伟大意义。

郭沫若、田汉、曹禺、翦伯赞、老舍等著名历史学家、文学家也陆续创作和发表了歌颂王昭君的戏剧、文章、诗词等。1959年1月21日《人民日报》发表田汉的《谈王昭君的塑造》，揭开文艺界讨论王昭君艺术形象的序幕；1961年2月5日《光明日报》发表翦伯赞的《从西汉的和亲政策说到昭君出塞》，全面分析昭君出塞的历史背景和昭君的贡献，指出"昭君出塞这个历史事件是标志着汉与匈奴之间友好关系的恢复，而王昭君在友好关系的恢复中起了很大的作用"。

当代老一辈革命家及专家学者对昭君出塞的肯定和颂扬，第一次在历史上确立了王昭君民族团结友好使者的光辉形象。

2019年，习近平总书记在全国民族团结进步表彰大会上的讲话中指出："在历史长河中，农耕文明的勤劳质朴、崇礼亲仁，草原文明的热烈奔放、勇猛刚健，海洋文明的海纳百川、敢拼会赢，源源不断注入中华民族的特质和禀赋，共同熔铸了以爱国主义为核心的伟大民族精神。昭君出塞、文成公主进藏、凉州会盟、瓦氏夫人抗倭、土尔扈特万里东归、锡伯族万里戍边等就是这样的历史佳话。"总书记的重要讲话，站在历史发展的高度，进一步充分肯定了王昭君为民族团结做出的贡献，为昭君文化的健康发展指明了前进方向。

三

内蒙古自治区呼和浩特市是全国开展昭君文化研究与传播的最早最重要的

地区之一。在20世纪60年代，内蒙古林幹、朱葆珊、余国钦、可永雪、舒振邦、侯广峰等一批学者纷纷在《内蒙古日报》《光明日报》《内蒙古师范学院学报》等报刊杂志上发表文章，赞颂王昭君对汉匈之间和平友好做出的贡献。1979年，林幹、可永雪、余国钦等编著的《昭君与昭君墓》，是当代研究王昭君学术专著之发端。1982年，由内蒙古大学鲁歌、高峰、戴其芳、李世琦选注的《历代歌咏昭君诗词选注》，为王昭君题材诗词的研究提供了新的选本。1994年，林幹、马冀编著的《民族友好使者——王昭君》一书，作为林幹先生主编的内蒙古历史文化丛书之一，由内蒙古人民出版社出版，时任内蒙古自治区党委书记王群为丛书作序，推动了昭君文化的研究与传播。此后，内蒙古马冀、郝诚之、李世馨等一批学者加入对昭君文化的研究之中，昭君文化研究队伍不断壮大（参见王绍东《论昭君文化在呼和浩特首府文化建设中的地位》）。

20世纪90年代后期，昭君文化有了突破性发展。1997年，呼和浩特市委在众多专家提出的昭君文化现象的基础上，逐步形成了一个比较完整的理念——"昭君文化"。1998年，呼和浩特昭君文化研究会正式成立，时任呼和浩特市委副书记的郝存柱担任会长。作为全国第一家昭君文化研究会，它的成立，标志着昭君文化研究由学者自发性研究发展到有组织研究和推进的阶段。呼和浩特市委提出"以草原文化为底蕴，以昭君文化为特色，以先进文化为方向"的精神文明建设指导方针，大力弘扬昭君文化、增强民族团结、促进经济发展。此后，昭君文化研究呈现出蓬勃发展之势。从1999年至2022年，呼和浩特市连续举办23届昭君文化节，中国"呼和浩特昭君文化节"成为"中国十大节庆"品牌。而且，从1999年至今，呼和浩特每年组织昭君文化论坛，昭君文化研究产生了一批重要成果，编写和出版了"昭君文化丛书"（5册）、《历代吟咏昭君诗词曲》、《历代昭君文学作品集》、《昭君文化研究和传播大事记》、《王昭君及昭君文化》和长篇小说《东方和平天使王昭君》、《宁胡阏氏王昭君》、《王昭君的女儿》等，这些成果为昭君文化的研究和传播奠定了厚实的基础（参见马冀《近七十年昭君文化传播和研究的思考》）。2008年，中国民族学会昭君文化研究分会在呼和浩特市成立。2009年，在联合国第21届"国际科学与和平周"会上，郝存柱被授予"国际科学与和平周和平使者"荣誉称号，中国民族学会昭君文化研究分会同时获得"国际科学与和平周特别贡献奖"。

呼和浩特市对昭君文化的重视，还体现在对"昭君青冢"的保护和建设上。1964年，青冢就被列入内蒙古自治区重点文物保护单位。2006年，王昭君墓成为国家重点文物保护单位。2008年，昭君博物院成为国家4A级旅游景区。几十年来，呼和浩特市委、市政府先后投入资金10亿元，对"昭君青冢"进行大规模的维修和扩建。到2017年，建成了具有丰富的文化内涵、健全的服务设施和优美的生态环境的昭君博物院，成为呼和浩特市名扬世界的昭君文化遗产胜地。昭君博物院院长武高明等专家为昭君文化建设做出了突出贡献。昭君博物院与土默特左旗的"朱堡昭君墓"、鄂尔多斯市的"达拉特旗昭君墓"和山西青钟村，以及河南、河北、陕西等地十几处昭君墓或衣冠冢一道，成为研究与传播昭君文化的重要阵地、昭君文化的象征。

在昭君文化研究与传播中，呼和浩特市走出了一条学术奠基、政府推动、社会参与、辐射周边的路，昭君文化发展成效卓著。

四

千百年来，世世代代的兴山人民都对昭君怀有一种特殊的情感，不论昭君身在帝宫，还是远嫁大漠；无论昭君被人称颂，还是被人误读，家乡人民对昭君的热爱从未改变。在昭君故里，从昭君别乡沿途经过的香溪、珍珠潭、小礼溪、大礼溪等地名，到流传千年的昭君姑娘、桃花女、鸽子花、胭脂柚等民间故事传说，无不浸透着兴山人民对昭君的深深怀念。清乾隆《兴山县志》在人物志卷六《乡贤篇》中设"列女"传，首位记载的就是王昭君。我在兴山生活工作近50年，是听着昭君故事长大的，昭君文化的熏陶，使我特别推崇昭君文化的"和"，特别敬仰昭君的"美"。昭君出塞，使大山深处的兴山名扬天下，昭君永远是兴山人民的骄傲。

宜昌市兴山县对昭君文化的研究，始于20世纪70年代中后期。当时研究的重点和主要成果集中在对兴山县王昭君故里的论证和昭君民间传说故事的收集整理上。1979年5月，兴山一中谢源远老师在上海《文汇报》上发表文章《王昭君生籍地望辨析》和《关于王昭君的史实与传说》，奠定了兴山县是王昭君故里的学术基础。文章发表后，引来了内蒙古匈奴史专家林幹教授对昭君故里的考察研究。经过湖北省文化厅立项和专家争论辨析及遗迹遗址的实证，确定兴山县是王昭君故里，并得到国家权威部门的最终认可。这一时期的主要研究成果，比较有代表性的是兴山县文化馆收集整理的《王昭君及其故里》《王昭君传说》，周世安编著的《民间传说故事集》，吴一虹、吴碧云编著的《王昭君传说》，吴道周编著的《昭君故里》，刘世义编著的《昭君出塞史料辑览》，以及冯骏祥编著的《王昭君传奇故事》、林永仁编著的《昭君和亲源流考》、郭自宝编著的《王昭君故事诗歌集》等。

在开展昭君文化研究的同时，兴山县委、县政府一并开展了对昭君文化相关遗迹景观的修复、修建。1979年2月，由县文化馆负责恢复了昭君遗址——楠木井。1980年9月，郭沫若夫人于立群为昭君遗址"昭君台""楠木井""昭君宅"题写匾额。1981年1月，兴山县在宝坪村兴建王昭君纪念馆。1994年6月，兴山县成立昭君村文化旅游公司。经过20多年不懈努力，王昭君纪念馆及昭君村文化旅游公司修复、修建了昭君村梳妆台、娘娘泉、王字崖、昭君古宅、昭君浣纱处、琵琶桥等旧址、遗迹，昭君村成为湖北省重点文物保护单位。2002年，兴山县委、县政府决定由兴发集团管理经营昭君村景区。20年来，兴发集团先后投资5亿多元，对昭君村景区进行了全面规划和建设，昭君村成为远近闻名的4A级旅游景区。2006年，国家民委授予王昭君纪念馆首批"全国民族团结进步教育基地"称号。几十年来，昭君村先后接待党和国家领导人及海内外游客近千万人次，为传播昭君文化做出了积极贡献。

从20世纪80年代末开始，兴山县开展了一系列昭君文化交流传播活动。1988年5月，兴山举办了第1届昭君艺术节。到2002年，兴山共举办了6届昭君艺术节和1届"昭君形象大使选拔赛"等活动。1992年5月，兴山第一次举办了昭君文化研讨会，呼和浩特昭君文物管理处、北京大学、内蒙古大学、昭君墓文物管理所及湖北省内27名专家参加研讨，我时任分管宣传工作的县委副书记，聆听马冀等专家发言，深受教育和启发。2005年，兴山县昭君文化研究会成立。2007年，"王昭君传说""薅草锣鼓""兴山围鼓"被列入湖北省非物质文化遗产名录，兴山县被省文化厅命名为"湖北省文化艺术之乡"。2008年，"王昭君传说"被列入国家第二批非物质文化遗产名录。到2015年，兴山先后举办了昭君文化高层论坛、昭君文化国际论坛、昭君文化论坛，结集出版了《昭君故里·典藏兴山》《世纪回眸·昭君文化研究与传播大事记》《昭君文化论文集》《昭君文化高层论坛论文集》等成果。这些活动，吸引了内蒙古、陕西、山西等地的数千名专家、学者和昭君文化爱好者及台湾苗栗县昭君文化研究会等代表来到兴山，参观昭君故里，交流昭君文化研究成果，有效地推动了昭君文化的发展。

2018年，在宜昌市委、市政府及三峡大学的重视和支持下，宜昌市昭君文化促进会正式成立，昭君文化研究传播工作进入宜昌市级层面，"屈原昭君故里"成为宜昌城市文化品牌。促进会以推进昭君文化学术研究、文学艺术创作、交流传播、文旅产业发展为己任，推动昭君文化走向大众、走向社会、走向市场，走向全国、走向世界，着力打造"和美昭君"文化品牌，让昭君文化在新时代绽放出新的光彩。促进会成立后，在兴山县委、县政府、县政协及兴发集团支持下，积极与兴山县昭君文化研究会、三峡大学昭君文化研究中心、市文化文艺有关社团合作，按照宜昌市委宣传部召开的昭君文化品牌建设座谈会要求，认真落实市委宣传部出台的《昭君文化品牌建设实施方案》，积极协助有关方面先后举办"中秋月圆忆昭君"、宜昌昭君文化旅游月、湖北昭君文化旅游活动月和宜昌市"昭君文化高层论坛"等活动；联合内蒙古、陕西、山西等5省10市，成立了"一路（昭君出塞路）三家（宜昌、西安、呼和浩特）多地（沿线城市）"昭君文化旅游联盟，合力打造全国昭君出塞路精品特色旅游线路；在全国开展了《昭君颂》歌词创作、谱曲大赛，在宜昌、荆州、荆门等地开展《昭君颂》广场舞大赛；与媒体广泛合作，建立宜昌昭君文化网站；开办了"昭君文化讲坛"，推动昭君文化进单位、进学校、进社区；加强与外地交流，积极参与呼和浩特、朔州、榆林等地昭君文化活动；开展香溪文化研究，推动以屈原文化、昭君文化为核心内容的百里香溪文化旅游长廊建设等。宜昌市昭君文化促进会不断探索创新，昭君文化呈现良好发展态势。

五

重视屈原文化、昭君文化等地域文化在立德树人、打造特色方面的作用是三峡大学的重要办学指向。三峡大学是水利部与湖北省共建高校，具有近百年办学历史，是国内"双一流"高校。学校以求索为校训，屈原文化、昭君文化已经嵌入大学文化之中，成为服务地方发展的特色校园文化品牌。

为助力宜昌市"屈原昭君故里"城市文化品牌创建，更好服务地方经济社会发展，在宜昌市昭君文化促进会的推动下，三峡大学于2018年6月成立昭君文化研究中心，挂靠文学与传媒学院，依托文学、历史学、艺术学、民族学、经济学等学科力量，深化昭君文化的传播与研究，聘请了30余位不同学科的专家学者为中心研究员。目前已经发布研究课题10余项，发表学术论文40余篇，即将出版学术著作6部，在文化传承与创新中日益发挥重要作用。

昭君文化是以民族团结、和平发展、共同繁荣为发展理念的文化，是与时俱进的优秀文化，是中华优秀传统文化的重要组成部分。编辑出版昭君文化系列图书很有必要。

2018年，由呼和浩特昭君文化研究会负责，内蒙古和宜昌专家学者共同参与的大型文库《昭君文库》启动编辑出版工作。《昭君文库》是自新中国成立以来第一套系统性的有关昭君文化、文学的系列图书，也是关于昭君文化最权威的资料库、信息库。它的出版为广大昭君文化的爱好者、研究者、传承者提供了全面的、系统的研究资料，也为昭君文化的传承提供了新的思路。

同年，三峡大学昭君文化研究中心策划编辑出版"昭君文化研究丛书"，成系列推出研究成果，为经济社会发展提供更多、更好的智力支持，使昭君文化的研究与传播更具有可持续性。它是继《昭君文库》之后的又一重要的大型文化工程，对进一步落实习近平总书记的重要讲话精神，共同铸牢中华民族共同体意识、推动地方文化繁荣有着非常重要的意义，必将有助于使昭君文化像屈原文化一样，成为宜昌永恒的文化地标。

"昭君文化研究丛书"首批进入出版计划的共有4部著作，即李敏昌的《香溪文化研究》、王前程的《历代昭君文化资料整理与研究》、张芹的《"昭君"媒介记忆研究》、李莉的《民国以来昭君文化研究论著索引》。

李敏昌的《香溪文化研究》，以流域文化和地域文化基本理论为径，以香溪文化的构成要素为纬，全面梳理了香溪文化的历史地理特征，香溪文化与楚文化、巴文化、蜀文化的关系，香溪文化精神的四大支柱，以屈原、昭君为代表的香溪流域文化名人名宦，香溪的民俗风物、名山、名水、名景，以及香溪文化精神在现阶段发扬光大的脉络，提出了拓新香溪文化的思路与举措。专著打破行政区划壁垒，从全流域的视角首次提出香溪文化的概念，提出香溪文化符合流域文化和地域文化的一般特征，是长江母文化的一个有特色的分子。书中就"楚居丹阳""夔城"，屈原出生地等众多学术问题提出了一家之言，认为香溪延续几千年文明不辍的根本是楚文化基因深厚，这里是楚人"筚路蓝缕、以启山林"的始发地，应正确区分"楚居"与"楚都"，动态理解早期楚人的迁徙。本书把香溪文化精神概括为"筚路蓝缕、以启山林的开拓精神""上下求索、追求真理的天问精神""九死未悔、受命不迁的爱国主义精神""珍爱和平、敢于担当的昭君精神"，这四大精神构成了香溪文化精神的四柱。书中运用个案分析，把兴发精神归纳为艰苦创业的猴子包精神、永不止步的鼎故革新精神、协作共享的开放包容精神。全书对全流域文化旅游资源的一体化开发与利用、非物质文化遗产的保护、香溪文化在现代社会的传承做了有益的探讨。

王前程编著的《历代昭君文化资料整理与研究》搜集整理了从汉代到民国时期（1949年以前）记述、评点、评说昭君出塞及相关问题的文献资料。全书分为本事编、流变编、评论编、影响编四大单元。在历代深具影响的昭君文化文献资料下以"编者按"的形式加以考辨、分析，考察其真伪，评述其价值。该书以整理文献的全面性、研究资料的系统性见长，为学术界尤其是青年学者研究昭君文化提供了资料便利和研究路径。

张芹的《"昭君"媒介记忆研究》基于媒介记忆理论，以王昭君这个有着特殊意义的历史人物为研究对象，依据媒介技术发展阶段，围绕两个历史阶段的三个场景展开论述：一是传统媒体与"昭君"回溯记忆的生成与演进，二是现代媒体与"昭君"当下记忆的再生产，三是海外媒体对"昭君"记忆的形塑。全书通过关键节点的代表性媒介文本分析，再次全面梳理了昭君文化的传播历史，思考在新时代媒体弘扬传播昭君文化的新思路与新举措。

　　李莉等老师整理编辑的《民国以来昭君文化研究论著索引》，关注民国以来建立的现代学术研究范式，旨在全面搜集整理清末民国以来昭君文化研究论著，按年代、类型编纂目录索引，为读者呈现海内外昭君文化研究的全貌，为研究者提供丰富全面的研究资料索引。

　　丛书的出版得到兴山县委、县人大、县政府、县政协的大力支持，丛书是政协兴山委员会倾力扶持的结果。中国企业500强之一的兴发集团在企业改革创新、发展壮大的同时，时刻以绿色发展回馈社会，以文化滋养山乡，对本丛书的出版亦给予了重要帮助。著名书法家吴绪久先生长期致力于昭君文化研究与传承，他的书法作品多次斩获国内外大奖。本丛书编辑出版前，他欣然为《香溪文化研究》《历代昭君文化资料整理与研究》《"昭君"媒介记忆研究》《民国以来昭君文化研究论著索引》题写书名。

　　"昭君文化研究丛书"是昭君故里、三峡大学和宜昌市昭君文化促进会及各界共同努力的阶段性成果，今后将不断推陈出新，扶持更多更优秀的系列研究成果面世，以推出更多学术精品，进一步弘扬昭君文化。

　　是为序。

湖北省宜昌市昭君文化促进会会长

2023 年 2 月 22 日

内容和体例说明

一、本书题名"历代昭君文化资料整理与研究",是编者历经数年搜集整理而成。本书以文学资料为主体,但涉及政治学、历史学、民族学、宗教学、地理学、艺术学、传播学、文字学、民俗学等领域,是一本综合性很强的资料整理汇编,可为不同学科学者查阅相关文献提供便利。

二、本书辑录的文献资料,上限始于司马迁《史记》成书的西汉时期,下限大体截至民国三十八年(1949),即中华人民共和国成立之前。所有文献资料均按产生时代先后为顺序。但有若干资料的作者生活于同一时代(包括部分生平无考的作者),难以辨识孰先孰后,排列时只能以大略时间为序。

三、本书依据资料主要内容的不同,分为四大单元——第一编:本事;第二编:流变;第三编:评论;第四编:影响。

本事编主要辑录西汉以来史籍有关昭君出塞及汉匈民族交往交流活动的记录文字,以及历史地理著作、方志等记述昭君故里、昭君出塞路线、昭君坟等内容的文献材料,可以使学界对王昭君的基本情况有一个全面系统的了解。

流变编主要辑录东汉以来有关昭君出塞的部分文艺作品,昭君文化的形成,最大的推力是文艺创作,本书辑录的不同历史时期的文艺作品都有力地推动了昭君文化的形成和发展,研究者和读者可以从辑录作品的时代和内容中清楚地看到昭君文化发展演变史。

评论编是本书的主体,整理、辑录了汉代以来历代文人评论王昭君或以昭君为题材的文艺作品的文献资料,共计有300余条,包括议论性诗歌、散文和表达思想认识的小说、戏剧文字以及作品序跋、注释、提要、评点、诗话、专论，等等。

影响编主要整理、辑录了昭君出塞对后世产生影响的故事和资料，包括历史、文学、音乐、歌舞、绘画、民俗等方面。

需要说明的是，对材料进行严格的分类是很难做到的。有很多材料既有评论，又含有史实，又显示了传播、影响等，放到不同的类型里，难免存在交叉现象。我们以材料的核心内容作为分类标准，即以史实为主的归入"本事编"，以演变为主的归入"流变编"，以评论为主的归入"评论编"，以影响为主的归入"影响编"。

四、本书所有文献资料均采用简体汉字加标点符号以横排样式排列（少量人物姓名和文献名保留繁体字），常见文献参考学界前辈和同仁的校点本，部分不常见资料由编者整理校点。对每一条资料或每一篇文艺作品，均注明作者时代、姓名、文献卷数和文献来源。有些作者姓名无考，则以"无名氏"或"佚名"标示。

这里需要特别指出的是，民国时期诸多文献的作者大多是跨时代学者，有的是从清朝跨入民国，如王国维、吴梅等；有的是从民国跨入中华人民共和国，如郭沫若、王季思等。由于他们的论著出版或发表在民国时期（包括辛亥革命前后），本书一概归入"民国"这个时段，而作者时代不便以民国冠之，则一概不予注明。

五、本书以"编者按"的形式，对所辑录的大部分文献资料和文学作品进行辨析，包括简介相关情况、解释生僻字词含义、更正错误以及评述文献资料的价值或作品的积极意义等，有些评述和结论纯属编者个人研究成果和识见，仅供研究者和广大读者参考。

六、昭君文化资料十分庞杂，由于本人学术水平不高，学术视野有限，在整理和考察昭君文化资料中难免存在若干遗漏和失误，诚恳学界同仁和广大读者批评指正。

王前程

2023 年 6 月 12 日于宜昌

目　　录

第一编　本事

第二编　流变

第三编　评论

第四编　影响

第一编　本事

一、 昭君和亲及相关史实

史记（节录）

（西汉）司马迁

卷一百十 匈奴列传

匈奴，其先祖夏后氏之苗裔也，曰淳维。唐虞以上有山戎、猃狁、荤粥，居于北蛮，随畜牧而转移。其畜之所多则马、牛、羊，其奇畜则橐驼、驴、骡、駃騠、騊駼、驒騱。逐水草迁徙，毋城郭常处耕田之业，然亦各有分地。毋文书，以言语为约束。儿能骑羊，引弓射鸟鼠；少长则射狐兔：用为食。士力能毌弓，尽为甲骑。其俗，宽则随畜，因射猎禽兽为生业，急则人习战攻以侵伐，其天性也。其长兵则弓矢，短兵则刀铤。利则进，不利则退，不羞遁走。苟利所在，不知礼义。自君王以下，咸食畜肉，衣其皮革，被旃裘。壮者食肥美，老者食其余。贵壮健，贱老弱。父死，妻其后母；兄弟死，皆取其妻妻之。其俗有名不讳，而无姓字。

（据司马迁《史记》卷110，第9册，中华书局1959年版）

编者按：《史记》是中国历史上第一部纪传体通史，乃二十四史之首。司马迁在《匈奴列传》里较为全面地介绍了匈奴民族的源流和发展以及风俗习性，为后人深入了解中国历史上建立第一个草原帝国、对后世产生影响深远的匈奴民族提供了第一手资料。文中"橐驼"，即骆驼；"駃騠"，即一种产自北狄的骏马；"騊駼"，即一种似马而色青的动物；"驒騱"，即一种野马。"毌弓"，即弯弓。毌，通"弯"。

汉书（节录）

（东汉）班 固

卷八 宣帝纪

（五凤）三年春正月癸卯，丞相吉薨。三月，行幸河东，祠后土。诏曰："往者，匈奴数为边寇，百姓被其害。朕承至尊，未能绥定匈奴。虚闾权渠单于请求和亲，病死。右贤王屠耆堂代立。骨肉大臣立虚闾权渠单于子为呼韩邪单于，击杀屠耆堂。诸王并自立，分为五单于，更相攻击，死者以万数，畜产大耗什八九，人民饥饿，相燔烧以求食，因大乖乱。单于阏氏子孙昆弟及呼邀累单于、名王、右伊秩訾、且渠、当户以下将众五万余人来降归义。单于称臣，使弟奉珍朝贺正月，北边晏然，靡有兵革之事。朕饬躬齐戒，郊上帝，祠后土，神光并见。……"

置西河、北地属国以处匈奴降者。四年春正月，广陵王胥有罪，自杀。匈奴单于称臣，遣弟谷蠡王入侍。以边塞亡寇，减戍卒什二。大司农中丞耿寿昌奏设常平仓，以给北边，省转漕。赐爵关内侯。

…………

甘露元年春正月，行幸甘泉，郊泰畤。匈奴呼韩邪单于遣子右贤王铢娄渠堂入侍。二月丁巳，大司马车骑将军延寿薨。夏四月，黄龙见新丰。丙申，太上皇庙火。甲辰，孝文庙火。上素服五日。冬，匈奴单于遣弟左贤王来朝贺。……

（二年）冬十二月，行幸萯阳宫属玉观。匈奴呼韩邪单于款五原塞，愿奉国珍朝三年正月。诏有司议。咸曰："圣王之制，施德行礼，先京师而后诸夏，先诸夏而后夷狄。《诗》云：'率礼不越，遂视既发。相土烈烈，海外有截。'陛下圣德，充塞天地，光被四表。匈奴单于乡风慕义，举国同心，奉珍朝贺，自古未之有也。单于非正朔所加，王者所客也，礼仪宜如诸侯王，称臣昧死再拜，位次诸侯王下。"诏曰："盖闻五帝三王，礼所不施，不及以政。今匈奴单于称北藩臣，朝正月，朕之不逮，德不能弘覆。其以客礼待之，位在诸侯王上。"

三年春正月，行幸甘泉，郊泰畤。匈奴呼韩邪单于稽侯狦来朝，赞谒称藩臣而不名。赐以玺绶、冠带、衣裳、安车、驷马、黄金、锦绣、缯絮。使有司道单于先行就邸长安，宿长平。上自甘泉宿池阳宫。上登长平阪，诏单于毋谒。其左右当户之群皆列观，蛮夷君长王侯迎者数万人，夹道陈。上登渭桥，咸称万岁。单于就邸。置酒建章宫，飨赐单于，观以珍宝。二月，单于罢归。遣长乐卫尉高昌侯忠、车骑都尉昌、骑都尉虎将万六千骑送单于。单于居幕南，保光禄城。诏北边振谷食。郅支单于远遁，匈奴遂定。

…………

赞曰：孝宣之治，信赏必罚，综核名实，政事文学法理之士咸精其能，至于技巧工匠器械，自元、成间鲜能及之，亦足以知吏称其职，民安其业也。遭值匈奴乖乱，推亡固存，信威北夷，单于慕义，稽首称藩。功光祖宗，业垂后嗣，可谓中兴，侔德殷宗、周宣矣。

（据班固《汉书》卷8，第1册，中华书局1962年版）

编者按：多民族国家都必须面对民族矛盾和民族团结等复杂而重大的问题，王昭君出塞与中华多民族关系息息相关，是中华民族团结、民族交融的历史中最具影响力的标志性事件和成功范例。两千多年来，除史籍零碎记录外，围绕昭君出塞产生了约两三千首（篇、部）诗歌、散文、小说、戏剧、说唱民谣、传说故事、音乐绘画、影视等文艺作品，以及大量的学术评论与研究论著，从而形成了影响深远的昭君文化。但昭君文化的形成首先源于历史学家的记录，尽管班固《汉书》等史籍语焉不详，但对于千百年来汉族与匈奴等少数民族之间的矛盾冲突及交往交流做了相当详尽的记述，这种民族矛盾和民族交往交流正是促成昭君出塞的根本原因。《汉书·宣帝纪》记录了宣帝时期对于匈奴采取恩威并举的策略及汉匈两大民族向往和平的事实，这正是昭君出塞的前奏。

卷九　元帝纪

（建昭三年）秋，使护西域骑都尉甘延寿、副校尉陈汤挢发戊己校尉屯田吏士及西域胡兵攻郅支单于。冬，斩其首，传诣京师，悬蛮夷邸门。四年春正月，以诛郅支单于告祠郊庙，赦天下。群臣上寿置酒，以其图书示后宫贵人。

…………

竟宁元年春正月，匈奴呼韩邪单于来朝。诏曰："匈奴郅支单于背叛礼义，既伏其辜，呼韩邪单于不忘恩德，乡慕礼义，复修朝贺之礼，愿保塞传之无穷，边垂长无兵革之事。其改元为竟宁，赐单于待诏掖庭王樯为阏氏。"

皇太子冠。赐列侯嗣子爵五大夫，天下为父后者爵一级。二月，御史大夫延寿卒。三月癸未，复孝惠皇帝寝庙园、孝文太后、孝昭太后寝园。夏，封骑都尉甘延寿为列侯，赐副校尉陈汤爵关内侯，黄金百斤。五月壬辰，帝崩于未央宫。毁太上皇、孝惠、孝景皇帝庙。罢孝文、孝昭太后、昭灵后、武哀王、昭哀后寝园。秋七月丙戌，葬渭陵。

赞曰：臣外祖兄弟为元帝侍中，语臣曰：元帝多材艺，善史书。鼓琴瑟，吹洞箫，自度曲，被歌声，分刌节度，穷极幼眇。少而好儒，及即位，征用儒生，委之以政，贡、薛、韦、匡迭为宰相。而上牵制文义，优游不断，孝宣之业衰焉。然宽弘尽下，出于恭俭，号令温雅，有古之风烈。

（据班固《汉书》卷9，第1册，中华书局1962年版）

编者按：《汉书·元帝纪》是首次记载昭君出塞的历史文献资料。王樯，本写作"王檣"或"王墙"，字昭君，西汉南郡秭归县（今湖北兴山县）人，汉元帝时为后宫待诏。《元帝纪》载汉元帝诏令王樯出塞和亲，嫁呼韩邪单于为阏氏，并特地改年号为竟宁。阏氏，匈奴最高统治者单于妻妾之称。竟宁，即边境安宁祥和之意。为一和亲宫女改元，在中国历史上并不多见。文中的"挢发"一词，即假托皇帝命令发兵的意思。"乡慕"，向往倾慕。"刌"，分切。"幼眇"，要妙。

卷二十四上　食货志

平帝崩，王莽居摄，遂篡位。王莽因汉承平之业，匈奴称藩，百蛮宾服，舟车所通，尽为臣妾，府库百官之富，天下晏然。莽一朝有之，其心意未满，狭小汉家制度，以为疏阔。宣帝始赐单于印玺，与天子同，而西南夷钩町称王。莽乃遣使易单于印，贬钩町王为侯。二方始怨，侵犯边境。莽遂兴师，发三十万众，欲同时十道并出，一举灭匈奴；募发天下囚徒丁男甲卒，转委输兵器，自负海江淮而至北边，使者驰传督趣，海内扰矣。

（据班固《汉书》卷24上，第4册，中华书局1962年版）

编者按：《汉书·食货志》比较了汉宣帝、汉元帝以来实行开明的民族政策所带来的"天下晏然"的和平气象和王莽时期采取民族歧视政策所带来的"海内扰矣"的危乱时局，作者和广大民众的基本态度和立场一目了然。文中"督趣"一词，即督促之意。

卷七十八　萧望之传

（神爵）三年，代丙吉为御史大夫。五凤中，匈奴大乱，议者多曰匈奴为害日久，可因其坏乱举兵灭之。诏遣中朝大司马车骑将军韩增、诸吏富平侯张延寿、光禄勋杨恽、太仆戴长乐问望之计策，望之对曰："《春秋》晋士匄帅师侵齐，闻齐侯卒，引师而还，君子大其不伐丧，以为恩足以服孝子，谊足以动诸侯。前单于慕化乡善称弟，遣使请求和亲，海内欣然，夷狄莫不闻。未终奉约，不幸为贼臣所杀，今而伐之，是乘乱而幸灾也，彼必奔走远遁。不以义动兵，恐劳而无功。宜遣使者吊问，辅其微弱，救其灾患，四夷闻之，咸贵中国之仁义。如遂蒙恩得复其位，必称臣服从，此德之盛也。"上从其议，后竟遣兵护辅呼韩邪单于定其国。

…………

初，匈奴呼韩邪单于来朝，诏公卿议其仪，丞相霸、御史大夫定国议曰："圣王之制，施德行礼，先京师而后诸夏，先诸夏而后夷狄。《诗》云：'率礼不越，遂视既发。相土烈烈，海外有截。'陛下圣德充塞天地，光被四表，匈奴单于乡风慕化，奉珍朝贺，自古未之有也。其礼仪宜如诸侯王，位次在下。"望之以为"单于非正朔所加，故称敌国，宜待以不臣之礼，位在诸侯王上。外夷稽首称藩，中国让而不臣，此则羁縻之谊，谦亨之福也。《书》曰'戎狄荒服'，言其来服，荒忽亡常。如使匈奴后嗣卒有鸟窜鼠伏，阙于朝享，不为畔臣。信让行乎蛮貉，福祚流于亡穷，万世之长策也。"天子采之，下诏曰："盖闻五帝三王教化所不施，不及以政。今匈奴单于称北藩，朝正朔，朕之不逮，德不能弘覆。其以客礼待之，令单于位在诸侯王上，赞谒称臣而不名。"

（据班固《汉书》卷78，第10册，中华书局1962年版）

编者按：汉宣帝时期，匈奴部族陷入五单于争立的纷乱局面。《汉书·萧望之传》记录了西汉群臣关于如何处理汉匈民族关系的争论，萧望之主张以儒家仁义思想处理与周边少数民族的关系，平等对待匈奴首领，施之以礼，动之以义，救其灾患，切不可乘人之危以结仇怨，最终促使汉宣帝采取了开明的民族政策，为广大百姓带来了边境安宁的大好格局。文中"四表"，指四海之外。

卷九十四下　匈奴传

呼韩邪单于归庭数月，罢兵使各归故地，乃收其兄呼屠吾斯在民间者立为左谷蠡王，使人告右贤贵人，欲令杀右贤王。其冬，都隆奇与右贤王共立日逐王薄胥堂为屠耆单于，发兵数万人东袭呼韩邪单于。呼韩邪单于兵败走，屠耆单于还，以其长子都涂吾西为左谷蠡王，少子姑瞀楼头为右谷蠡王，留居单于庭。

明年秋，屠耆单于使日逐王先贤掸兄右奥鞬王为乌藉都尉，各二万骑，屯东方以备呼韩邪单于。是时，西方呼揭王来与唯犁当户谋，共谗右贤王，言欲自立为乌藉单于。屠耆单于杀右贤王父子，后知其冤，复杀唯犁当户。于是呼揭王恐，遂畔去，自立为呼揭单于。右奥鞬王闻之，即自立为车犁单于。乌藉都尉亦自立为乌藉单于。凡五单于。屠耆单于自将兵东击车犁单于，使都隆奇击乌藉。乌藉、车犁皆败，西北走，与呼揭单于兵合为四万人。乌藉、呼揭皆去单于号，共并力尊辅车犁单于。屠耆单于闻之，使左大将、都尉将四万骑分屯东方，以备呼韩邪单于，自将四万骑西击车犁单于。车犁单于败，西北走，屠耆单于即引西南，留阗敦地。

其明年，呼韩邪单于遣其弟右谷蠡王等西袭屠耆单于屯兵，杀略万余人。屠耆单于闻之，即自将六万骑击呼韩邪单于，行千里，未至嗟姑地，逢呼韩邪单于兵可四万人，合战，屠耆单于兵败，自杀。都隆奇乃与屠耆少子右谷蠡王姑瞀楼头亡归汉，车犁单于东降呼韩邪单于。呼韩邪单于左大将乌厉屈与父呼遬累乌厉温敦皆见匈奴乱，率其众数万人南降汉。封乌厉屈为新城侯，乌厉温敦为义阳侯。是时，李陵子复立乌藉都尉为单于，呼韩邪单于捕斩之，遂复都单于庭，然众裁数万人。屠耆单于从弟休旬王将所主五六百骑，击杀左大且渠，并其兵，至右地，自立为闰振单于，在西边。其后，呼韩邪单于兄左贤王呼屠吾斯亦自立为郅支骨都侯单于，在东边。其后二年，闰振单于率其众东击郅支单于。郅支单于与战，杀之，并其兵，遂进攻呼韩邪。呼韩邪破，其兵走，郅支都单于庭。

呼韩邪之败也，左伊秩訾王为呼韩邪计，劝令称臣入朝事汉，从汉求助，如此匈奴乃定。呼韩邪议问诸大臣，皆曰："不可。匈奴之俗，本上气力而下服役，以马上战斗为国，故有威名于百蛮。战死，壮士所有也。今兄弟争国，不在兄则在弟，虽死犹有威名，子孙常长诸国。汉虽强，犹不能兼并匈奴，奈何乱先古之制，臣事于汉，卑辱先单于，为诸国所笑！虽如是而安，何以复长百蛮！"左伊秩訾曰："不然。强弱有时，今汉方盛，乌孙城郭诸国皆为臣妾。自且鞮侯单于以来，匈奴日削，不能取复，虽屈强于此，未尝一日安也。今事汉则安存，不事则危亡，计何以过此！"诸大人相难久之。呼韩邪从其计，引众南近塞，遣子右贤王铢娄渠堂入侍。郅支单于亦遣子右大将驹于利受入侍。是岁，甘露元年也。

明年，呼韩邪单于款五原塞，愿朝三年正月。汉遣车骑都尉韩昌迎，发过所七郡，郡二千骑，为陈道上。单于正月朝天子于甘泉宫，汉宠以殊礼，位在诸侯王上，赞谒称臣而不名。赐以冠带衣裳，黄金玺盭绶，玉具剑，佩刀，弓一张，矢四发，棨戟十，安车一乘，鞍勒一具，马十五匹，黄金二十斤，钱二十万，衣被七十七袭，锦绣绮縠杂帛八千匹，絮六千斤。礼毕，使使者道单于先行，宿长平。上自甘泉宿池阳宫。上登长平，诏单于毋谒，其左右当户之群臣皆得列观，及诸蛮夷君长王侯数万，咸迎于渭桥下，夹道陈。上登渭桥，咸称万岁。单于就邸，留月余，遣归国。单于自请愿留居光禄塞下，有急保汉受降城。汉遣长乐卫尉高昌侯董忠、车骑都尉韩昌将骑万六千，又发边郡士马以千数，送单于出朔方鸡鹿塞。诏忠等留卫单于，助诛不服，又转边谷米糒，前后三万四千斛，给赡其食。是岁，郅支单于亦遣使奉献，汉遇之甚厚。明年，两单于俱遣使朝献，汉待呼韩邪使有加。明年，呼韩邪单于复入朝，礼赐如初，加衣百一十袭，锦帛九千匹，絮八千斤。以有屯兵，故不复发骑为送。

…………

元帝初即位，呼韩邪单于复上书，言民众困乏。汉诏云中、五原郡转谷二万斛以给焉。郅支单于自以道远，又怨汉拥护呼韩邪，遣使上书求侍子。汉遣谷吉送之，郅支杀吉。汉不知吉音问，而匈奴降者言闻瓯脱皆杀之。呼韩邪单于使来，汉辄簿责之甚急。明年，汉遣车骑都尉韩昌、光禄大夫张猛送呼韩邪单于侍子，求问吉等，因赦其罪，勿令自疑。昌、猛见单于民众益盛，塞下禽兽尽，单于足以自卫，不畏郅支。闻其大臣多劝单于北归者，恐北去后难约束，昌、猛即与为盟约曰："自今以来，汉与匈奴合为一家，世世毋得相诈相攻。有窃盗者，相报，行其诛，偿其物；有寇，发兵相助。汉与匈奴敢先背约者，受天不祥。令其世世子孙尽如盟。"昌、猛与单于及大臣俱登匈奴诺水东山，刑白马，单于以径路刀、金留犂挠酒，以老上单于所破月氏王头为饮器者共饮血盟。昌、猛还奏事，公卿议者以为"单于保塞为藩，虽欲北去，犹不能为危害。昌、猛擅以汉国世世子孙夷狄诅盟，令单于得以恶言上告于天，羞国家，伤威重，不可得行，宜遣使往告祠天，与解盟。昌、猛奉使无状，罪至不道"。上薄其过，有诏昌、猛以赎论，勿解盟。其后呼韩邪竟北归庭，人众稍稍归之，国中遂定。

郅支既杀使者，自知负汉，又闻呼韩邪益强，恐见袭击，欲远去。会康居王数为乌孙所困，与诸翕侯计，以为匈奴大国，乌孙素服属之，今郅支单于困厄在外，可迎置东边，使合兵取乌孙以立之，长无匈奴忧矣。即使使至坚昆通语郅支。郅支素恐，又怨乌孙，闻康居计，大悦，遂与相结，引兵而西。康居亦遣贵人，橐它、驴、马数千匹，迎郅支。郅支人众中寒道死，余财三千人到康居。其后，都护甘延寿与副陈汤发兵即康居诛斩郅支，语在延寿、汤《传》。

郅支既诛，呼韩邪单于且喜且惧，上书言曰："常愿谒见天子，诚以郅支在西方，恐其与乌孙俱来击臣，以故未得至汉。今郅支已伏诛，愿入朝见。"竟宁元年，单于复入朝，礼赐如初，加衣服锦帛絮，皆倍于黄龙时。单于自言愿婿汉氏以自亲。元帝以后宫良家子王墙字昭君赐单于。单于欢喜，上书愿保塞上谷以西至敦煌，传之无穷，请罢边备塞吏卒，以休天子人民。天子令下有司议，议者皆以为便。郎中侯应习边事，以为不可许。上问状，应曰："周秦以来，匈奴暴桀，寇侵边境，汉兴，尤被其害。臣闻北边塞至辽东，外有阴山，东西千余里，草木茂盛，多禽兽，本冒顿单于依阻其中，治作弓矢，来出为寇，是其苑囿也。至孝武世，出师征伐，斥夺此地，攘之于幕北。建塞徼，起亭隧，筑外城，设屯戍，以守之，然后边境得用少安。幕北地平，少草木，多大沙，匈奴来寇，少所蔽隐，从塞以南，径深山谷，往来差难。边长老言匈奴失阴山之后，过之未尝不哭也。如罢备塞戍卒，示夷狄之大利，不可一也。今圣德广被，天覆匈奴，匈奴得蒙全活之恩，稽首来臣。夫夷狄之情，困则卑顺，强则骄逆，天性然也。前以罢外城，省亭隧，今裁足以候望通烽火而已。古者安不忘危，不可复罢，二也。中国有礼义之教，刑罚之诛，愚民犹尚犯禁，又况单于，能必其众不犯约哉！三也。自中国尚建关梁以制诸侯，所以绝臣下之觊欲也。设塞徼，置屯戍，非独为匈奴而已，亦为诸属国降民，本故匈奴之人，恐其思旧逃亡，四也。近西羌保塞，与汉人交通，吏民贪利，侵盗其畜产妻子，以此怨恨，起而背畔，世世不绝。今罢乘塞，则生嫚易分争之渐，五也。往者从军多没不还者，子孙贫困，一旦亡出，从其亲戚，六也。又边人奴婢愁苦，欲亡者多，曰：'闻匈奴中乐，无奈候望急何！'然时有亡出塞者，七也。盗贼桀黠，群辈犯法，如其窘急，亡走北出，则不可制，八也。起塞以来百有余年，非皆以土垣也，或因山岩石，木柴僵落，溪谷水门，稍稍平之，卒徒筑治，功费久远，不可胜计。臣恐议者不深虑其终始，欲以壹切省徭戍，十年之外，百岁之内，卒有它变，障塞破坏，亭隧灭绝，当更发屯缮治，累世之功不可卒复，九也。如罢戍卒，省候望，单于自以保塞守御，必深德汉，请求无已。小失其意，则不可测。开夷狄之隙，亏中国之固，十也。非所以永持至安，威制百蛮之长策也。"

对奏，天子有诏："勿议罢边塞事。"使车骑将军口谕单于曰："单于上书愿罢北边吏士屯戍，子孙世世保塞。单于乡慕礼义，所以为民计者甚厚，此长久之策也，朕甚嘉之。中国四方皆有关梁障塞，非独备塞外也，亦以防中国奸邪放纵，出为寇害，故明法度以专众心也。敬谕单于之意，朕无疑焉。为单于怪其不罢，故使大司马车骑将军嘉晓单于。"单于谢曰："愚不知大计，天子幸使大臣告语，甚厚！"

初，左伊秩訾为呼韩邪画计归汉，竟以安定。其后或谗伊秩訾自伐其功，常鞅鞅，呼韩邪疑之。左伊秩訾惧诛，将其众千余人降汉，汉以为关内侯，食邑三百户，令佩其王印绶。及竟宁中，呼韩邪来朝，与伊秩訾相见，谢曰："王为我计甚厚，令匈奴至今安宁，王之力也，德岂可忘！我失王意，使王去不复顾留，皆我过也。今欲白天子，请王归庭。"伊秩訾曰："单于赖天命，自归于汉，得以安宁，单于神灵，天子之佑也，我安得力！既已降汉，又复归匈奴，是两心也。愿为单于侍使于汉，不敢听命。"单于固请不能得而归。

王昭君号宁胡阏氏，生一男伊屠智牙师，为右日逐王。呼韩邪立二十八年，建始二年死。始呼韩邪嬖左伊秩訾兄呼衍王女二人。长女颛渠阏氏，生二子，长曰且莫车，次曰囊知牙斯。少女为大阏氏，生四子，长曰雕陶莫皋，次曰且麋胥，皆长于且莫车，少子咸、乐二人，皆小于囊知牙斯。又它阏氏子十余人。颛渠阏氏贵，爱且莫车。呼韩邪病且死，欲立且莫车，其母颛渠阏氏曰："匈奴乱十余年，不绝如发，赖蒙汉力，故得复安。今平定未久，人民创艾战斗，且莫车年少，百姓未附，恐复危国。我与大阏氏一家共子，不如立雕陶莫皋。"大阏氏曰："且莫车虽少，大臣共持国事，今舍贵立贱，后世必乱。"单于卒从颛渠阏氏计，立雕陶莫皋，约令传国与弟。呼韩邪死，雕陶莫皋立，为复株絫若鞮单于。

复株絫若鞮单于立，遣子右致卢儿王醯谐屠奴侯入侍，以且麋胥为左贤王，且莫车为左谷蠡王，囊知牙斯为右贤王。复株絫单于复妻王昭君，生二女，长女云为须卜居次，小女为当于居次。

…………

初，上遣稽留昆随单于去，到国，复遣稽留昆同母兄右大且方与妇入侍。还归，复遣且方同母兄左日逐王都与妇入侍。是时，汉平帝幼，太皇太后称制，新都侯王莽秉政，欲说太后以威德至盛异于前，乃风单于令遣王昭君女须卜居次云入侍太后，所以赏赐之甚厚。

会西域车师后王句姑、去胡来王唐兜皆怨恨都护校尉，将妻子人民亡降匈奴，语在《西域传》。单于受置左谷蠡地，遣使上书言状曰："臣谨已受。"诏遣中郎将韩隆、王昌、副校尉甄阜、侍中谒者帛敞、长水校尉王歙使匈奴，告单于曰："西域内属，不当得受，今遣之。"单于曰："孝宣、孝元皇帝哀怜，为作约束，自长城以南天子有之，长城以北单于有之。有犯塞，辄以状闻；有降者，不得受。臣知父呼韩邪单于蒙无量之恩，死遗言曰：'有从中国来降者，勿受，辄送至塞，以报天子厚恩。'此外国也，得受之。"使者曰："匈奴骨肉相攻，国几绝，蒙中国大恩，危亡复续，妻子完安，累世相继，宜有以报厚恩。"单于叩头谢罪，执二虏还付使者。诏使中郎将王萌待西域恶都奴界上逆受。单于遣使送到国，因请其罪。使者以闻，有诏不听，会西域诸国王斩以示之。乃造设四条：中国人亡入匈奴者，乌孙亡降匈奴者，西域诸国佩中国印绶降匈奴者，乌桓降匈奴者，皆不得受。遣中郎将王骏、王昌、副校尉甄阜、王寻使匈奴，班四条与单于，杂函封，付单于，令奉行，因收故宣帝所为约束封函还。时，莽奏令中国不得有二名，因使使者以风单于，宜上书慕化，为一名，汉必加厚赏。单于从之，上书言："幸得备藩臣，窃乐太平圣制，臣故名囊知牙斯，今谨更名曰知。"莽大悦，白太后，遣使者答谕，厚赏赐焉。

汉既班四条，后护乌桓使者告乌桓民，毋得复与匈奴皮布税。匈奴以故事遣使者责乌桓税，匈奴人民妇女欲贾贩者皆随往焉。乌桓距曰："奉天子诏条，不当予匈奴税。"匈奴使怒，收乌桓酋豪，缚到悬之。酋豪昆弟怒，共杀匈奴使及其官属，收略妇女马牛。单于闻之，遣使发左贤王兵入乌桓责杀使者，因攻击之。乌桓分散，或走上山，或东保塞。匈奴颇杀人民，驱妇女弱小且千人去，置左地，告乌桓曰："持马畜皮布来赎之。"乌桓见略者亲属二千余人持财畜往赎，匈奴受，留不遣。

王莽之篡位也，建国元年，遣五威将王骏率甄阜、王飒、陈饶、帛敞、丁业六人，多赍金帛，重遗单于，谕晓以受命代汉状，因易单于故印。故印文曰"匈奴单于玺"，莽更曰"新匈奴单于章"。将率既至，授单于印绶，诏命上故印绶。单于再拜受诏。译前，欲解取故印绶，单于举掖授之。左姑夕侯苏从旁谓单于曰："未见新印文，宜且勿与。"单于止，不肯与。请使者坐穹庐，单于欲前为寿。五威将曰："故印绶当以时上。"单于曰："诺。"复举掖授译。苏复曰："未见印文，且勿与。"单于曰："印文何由变更！"遂解故印绶奉上，将率受。着新绶，不解视印，饮食至夜乃罢。右率陈饶谓诸将率曰："向者姑夕侯疑印文，几令单于不与人。如令视印，见其变改，必求故印，此非辞说所能距也。既得而复失之，辱命莫大焉。不如椎破故印，以绝祸根。"将率犹豫，莫有应者。饶，燕士，果悍，即引斧椎坏之。明日，单于果遣右骨都侯当白将率曰："汉赐单于印，言'玺'不言'章'，又无'汉'字，诸王已下乃有'汉'言'章'。今即去'玺'加'新'，与臣下无别。愿得故印。"将率示以故印，谓曰："新室顺天制作，故印随将率所自为破坏。单于宜承天命，奉新室之制。"当还白，单于知已无可奈何，又多得赂遗，即遣弟右贤王舆奉马牛随将率入谢，因上书求故印。

将率还到左犁汗王咸所居地，见乌桓民多，以问咸。咸具言状，将率曰："前封四条，不得受乌桓降者，亟还之。"咸曰："请密与单于相闻，得语，归之。"单于使咸报曰："当从塞内还之邪，从塞外还之邪？"将率不敢颛决，以闻。诏报，从塞外还之。

单于始用夏侯藩求地有距汉语，后以求税乌桓不得，因寇略其人民，衅由是生，重以印文改易，故怨恨。乃遣右大且渠蒲呼卢訾等十余人将兵众万骑，以护送乌桓为名，勒兵朔方塞下。朔方太守以闻。

明年，西域车师后王须置离谋降匈奴，都护但钦诛斩之。置离兄狐兰支将人众二千余人，驱畜产，举国亡降匈奴，单于受之。狐兰支与匈奴共入寇，击车师，杀后成长，伤都护司马，复还入匈奴。

时戊己校尉史陈良、终带、司马丞韩玄、右曲候任商等见西域颇背叛，闻匈奴欲大侵，恐并死，即谋劫略吏卒数百人，共杀戊己校尉刀护，遣人与匈奴南犁汗王南将军相闻。匈奴南将军二千骑入西域迎良等，良等尽胁略戊己校尉吏士男女二千余人入匈奴。玄、商留南将军所，良、带径至单于庭，人众别置零吾水上田居。单于号良、带曰乌桓都将军，留居单于所，数呼与饮食。西域都护但钦上书言匈奴南将军右伊秩訾将人众寇击诸国。莽于是大分匈奴为十五单于，遣中郎将蔺苞、副校尉戴级将兵万骑，多赍珍宝至云中塞下，招诱呼韩邪单于诸子，欲以次拜之。使译出塞诱呼右犁汗王咸、咸子登、助三人，至则胁拜咸为孝单于，赐安车、鼓车各一，黄金千斤，杂缯千匹，戏戟十；拜助为顺单于，赐黄金五百斤；传送助、登长安。莽封苞为宣威公，拜为虎牙将军；封级为扬威公，拜为虎贲将军。单于闻之，怒曰："先单于受汉宣帝恩，不可负也。今天子非宣帝子孙，何以得立？"遣左骨都侯、右伊秩訾王呼卢訾及左贤王乐将兵入云中益寿塞，大杀吏民。是岁，建国三年也。

是后，单于历告左右部都尉、诸边王，入塞寇盗，大辈万余，中辈数千，少者数百，杀雁门、朔方太守、都尉，略吏民畜产不可胜数，缘边虚耗。莽新即位，怙府库之富欲立威，乃拜十二部将率，发郡国勇士，武库精兵，各有所屯守，转委输于边。议满三十万众，赍三百日粮，同时十道并出，穷追匈奴，内之于丁令，因分其地，立呼韩邪十五子。

莽将严尤谏曰："臣闻匈奴为害，所从来久矣，未闻上世有必征之者也。后世三家周、秦、汉征之，然皆未有得上策者也。周得中策，汉得下策，秦无策焉。当周宣王时，猃允内侵，至于泾阳，命将征之，尽境而还。其视戎狄之侵，譬犹蚊虻之螫，驱之而已。故天下称明，是为中策。汉武帝选将练兵，约赍轻粮，深入远戍，虽有克获之功，胡辄报之，兵连祸结三十余年，中国罢耗，匈奴亦创艾，而天下称武，是为下策。秦始皇不忍小耻而轻民力，筑长城之固，延袤万里，转输之行，起于负海，疆境既完，中国内竭，以丧社稷，是为无策。今天下遭阳九之厄，比年饥馑，西北边尤甚。发三十万众，具三百日粮，东援海代，南取江淮，然后乃备。计其道里，一年尚未集合，兵先至者聚居暴露，师老械弊，势不可用，此一难也。边既空虚，不能奉军粮，内调郡国，不相及属，此二难也。计一人三百日食，用糒十八斛，非牛力不能胜；牛又当自赍食，加二十斛，重矣。胡地沙卤，多乏水草，以往事揆之，军出未满百日，牛必物故且尽，余粮尚多，人不能负，此三难也。胡地秋冬甚寒，春夏甚风，多赍釜鍑薪炭，重不可胜，食糒饮水，以历四时，师有疾疫之忧，是故前世伐胡，不过百日，非不欲久，势力不能，此四难也。辎重自随，则轻锐者少，不得疾行，虏徐遁逃，势不能及，幸而逢虏，又累辎重，如遇险阻，衔尾相随，虏要遮前后，危殆不测，此五难也。大用民力，功不可必立，臣伏忧之。今既发兵，宜纵先至者，令臣尤等深入霆击，且以创艾胡虏。"莽不听尤言，转兵谷如故，天下骚动。

咸既受莽孝单于之号，驰出塞归庭，具以见胁状白单于。单于更以为於粟置支侯，匈奴贱官也。后助病死，莽以登代助为顺单于。

厌难将军陈钦、震狄将军王巡屯云中葛邪塞。是时，匈奴数为边寇，杀将率吏士，略人民，驱畜产去甚众。捕得虏生口验问，皆曰孝单于咸子角数为寇。两将以闻。四年，莽会诸蛮夷，斩咸子登于长安市。

初，北边自宣帝以来，数世不见烟火之警，人民炽盛，牛马布野。及莽挠乱匈奴，与之构难，边民死亡系获，又十二部兵久屯而不出，吏士罢弊，数年之间，北边虚空，野有暴骨矣。

乌珠留单于立二十一岁，建国五年死。匈奴用事大臣右骨都侯须卜当，即王昭君女伊墨居次云之婿也。云常欲与中国和亲，又素与咸厚善，见咸前后为莽所拜。故遂越舆而立咸为乌累若鞮单于。

乌累单于咸立，以弟舆为左谷蠡王。乌珠留单于子苏屠胡本为左贤王，以弟屠耆阏氏子卢浑为右贤王。乌珠留单于在时，左贤王数死，以为其号不祥，更易命左贤王曰"护于"。护于之尊最贵，次当为单于，故乌珠留单于授其长子以为护于，欲传以国。咸怨乌珠留单于贬贱己号，不欲传国，及立，贬护于为左屠耆王。云、当遂劝咸和亲。

天凤元年，云、当遣人之西河虎猛制虏塞下，告塞吏曰欲见和亲侯。和亲侯王歙者，王昭君兄子也。中部都尉以闻。莽遣歙、歙弟骑都尉展德侯飒使匈奴，贺单于初立，赐黄金衣被缯帛，绐言侍子登在，因购求陈良、终带等。单于尽收四人及手杀校尉刀护贼芝音妻子以下二十七人，皆械槛付使者，遣厨唯姑夕王富等四十人送歙、飒。莽作焚如之刑，烧杀陈良等，罢诸将率屯兵，但置游击都尉。单于贪莽赂遗，故外不失汉故事，然内利寇掠。又使还，知子登前死，怨恨，寇虏从左地入，不绝。使者问单于，辄曰："乌桓与匈奴无状黠民共为寇入塞，譬如中国有盗贼耳！咸初立持国，威信尚浅，尽力禁止，不敢有二心。"

天凤二年五月，莽复遣歙与五威将王咸率伏黯、丁业等六人，使送右厨唯姑夕王，因奉归前所斩侍子登及诸贵人从者丧，皆载以常车。至塞下，单于遣云、当子男大且渠奢等至塞迎。咸等至，多遗单于金珍，因谕说改其号，号匈奴曰"恭奴"，单于曰"善于"，赐印绶。封骨都侯当为后安公，当子男奢为后安侯。单于贪莽金币，故曲听之，然寇盗如故。咸、歙又以陈良等购金付云、当，令自差与之。十二月，还入塞，莽大喜，赐歙钱二百万，悉封黯等。

单于咸立五岁，天凤五年死，弟左贤王舆立，为呼都而尸道皋若鞮单于。

匈奴谓孝曰"若鞮",自呼韩邪后,与汉亲密,见汉谥帝为"孝",慕之,故皆为"若鞮"。

呼都而尸单于舆既立,贪利赏赐,遣大且渠奢与云女弟当于居次子醯椟王俱奉献至长安。莽遣和亲侯歙与奢等俱至制虏塞下,与云、当会。因以兵迫胁,将至长安。云、当小男从塞下得脱,归匈奴。当至长安,莽拜为须卜单于,欲出大兵以辅立之。兵调度亦不合,而匈奴愈怒,并入北边,北边由是坏败。会当病死,莽以其庶女陆逯任妻后安公奢,所以尊宠之甚厚,终为欲出兵立之者。会汉兵诛莽,云、奢亦死。

更始二年冬,汉遣中郎将归德侯飒、大司马护军陈遵使匈奴,授单于汉旧制玺绶,王侯以下印绶,因送云、当余亲属贵人从者。……

赞曰……至孝宣之世,承武帝奋击之威,直匈奴百年之运,因其坏乱几亡之厄,权时施宜,覆以威德,然后单于稽首臣服,遣子入侍,三世称藩,宾于汉庭。是时边城晏闭,牛马布野,三世无犬吠之警,黎庶亡干戈之役。后六十余载之间,遭王莽篡位,始开边隙,单于由是归怨自绝,莽遂斩其侍子,边境之祸构矣。

（据班固《汉书》卷94下,第11册,中华书局1962年版）

编者按:司马迁《史记·匈奴列传》已较详尽地记载了匈奴民族的发展史及其与中原汉民族的复杂关系。班固《汉书·匈奴传》在《史记》基础上补叙了司马迁死后汉匈两大民族之间冲突与融合的历史,也叙述了王莽执政之后对匈奴采取民族歧视政策所带来的民族关系恶化的事实。特别是《汉书》简略地记录了昭君及其子女、亲族在促进民族和解团结问题上所做的杰出贡献与巨大牺牲,可谓记录历史事件昭君出塞的第一手材料。

后汉书（节录）

（南朝宋）范晔

卷八十九 南匈奴列传

初，单于弟右谷蠡王伊屠知牙师以次当为左贤王。左贤王即是单于储副。单于欲传其子，遂杀知牙师。知牙师者，王昭君之子也。昭君字嫱，南郡人也。初，元帝时，以良家子选入掖庭。时呼韩邪来朝，帝敕以宫女五人赐之。昭君入宫数岁，不得见御，积悲怨，乃请掖庭令求行。呼韩邪临辞大会，帝召五女以示之。昭君丰容靓饰，光明汉宫，顾景裴回，竦动左右。帝见大惊，意欲留之，而难于失信，遂与匈奴。生二子。及呼韩邪死，其前阏氏子代立，欲妻之，昭君上书求归，成帝敕令从胡俗，遂复为后单于阏氏焉。

比见知牙师被诛，出怨言曰："以兄弟言之，右谷蠡王次当立；以子言之，我前单于长子，我当立。"遂内怀猜惧，庭会稀阔。单于疑之，乃遣两骨都侯监领比所部兵。二十二年，单于舆死，子左贤王乌达鞮侯立为单于。复死，弟左贤王蒲奴立为单于。比不得立，既怀愤恨。而匈奴中连年旱蝗，赤地数千里，草木尽枯，人畜饥疫，死耗太半。单于畏汉乘其敝，乃遣使诣渔阳求和亲。于是遣中郎将李茂报命。而比密遣汉人郭衡奉匈奴地图，二十三年，诣西河太守求内附。两骨都侯颇觉其意，会五月龙祠，因白单于，言奠鞬日逐夙来欲为不善，若不诛，且乱国。时比弟渐将王在单于帐下，闻之，驰以报比。比惧，遂敛所主南边八部众四五万人，待两骨都侯还，欲杀之。骨都侯且到，知其谋，皆轻骑亡去，以告单于。单于遣万骑击之，见比众盛，不敢进而还。

二十四年春，八部大人共议立比为呼韩邪单于，以其大父尝依汉得安，故欲袭其号。于是款五原塞，愿永为蕃蔽，捍御北虏。帝用五官中郎将耿国议，乃许之。其冬，比自立为呼韩邪单于。

…………

论曰：汉初遭冒顿凶黠，种众强炽。高祖威加四海，而窘平城之围。太宗政邻刑措，不雪愤辱之耻。逮孝武亟兴边略，有志匈奴，赫然命将，戎旗星属，候列郊甸，火通甘泉，而犹鸣镝扬尘，出入畿内，至于穷竭武力，单用天财，历纪岁以攘之。寇虽颇折，而汉之疲耗略相当矣。宣帝值虏庭分争，呼韩邪来臣，乃权纳怀柔，因为边卫，罢关徼之儆，息兵民之劳。龙驾帝服，鸣钟传鼓于清渭之上，南面而朝单于，朔、易无复匹马之踪，六十余年矣。后王莽陵篡，扰动戎夷，续以更始之乱，方夏幅裂。自是匈奴得志，狼心复生，乘间侵伐，害流傍境。及中兴之初，更通旧好，报命连属，金币载道，而单于骄踞益横，内暴滋深。世祖以用事诸华，未遑沙塞之外，忍愧思难，徒报谢而已。因徙幽、并之民，增边屯之卒。及关东稍定，陇、蜀已清，其猛夫扞将，莫不顿足攘手，争言卫、霍之事。帝方厌兵，间修文政，未之许也。其后匈奴争立，日逐来奔，愿修呼韩之好，以御北狄之冲，奉藩称臣，永为外扞。天子总揽群策，和而纳焉。乃诏有司开北鄙，择肥美之地，量水草以处之。驰中郎之使，尽法度以临之。制衣裳，备文物，加玺绂之绶，正单于之名。于是匈奴分破，始有南北二庭焉。仇衅既深，互伺便隙，控弦抗戈，觇望风尘，云屯鸟散，更相驰突，至于陷溃创伤者，靡岁或宁，而汉之塞地晏然矣。后亦颇为出师，并兵穷讨，命窦宪、耿夔之徒，前后并进，皆用果谲，设奇数，异道同会，究掩其窟穴，蹑北追奔三千余里，遂破龙祠，焚罽幕，坑十角，梏阏氏，铭功封石，倡呼而还。单于震慑屏气，蒙毡遁走于乌孙之地，而漠北空矣。若因其时势，及其虚旷，还南虏于阴山，归西河于内地，上申光武权宜之略，下防戎羯乱华之变，使耿国之算不谬于当世，袁安之议见从于后王，平易正直，若此其弘也。而窦宪矜三捷之效，忽经世之规，狼戾不端，专行威惠。遂复更立北虏，反其故庭，并恩两护，以私己福，弃蔑天公，坐树大鲠。永言前载，何恨愤之深乎！自后经纶失方，畔服不一，其为疢毒，胡可单言！降及后世，玩为常俗，终于吞噬神乡，丘墟帝宅。呜呼！千里之差，兴自毫端，失得之源，百世不磨矣。

（据范晔《后汉书》卷89，第10册，中华书局1965年版）

编者按：范晔在《后汉书·南匈奴列传》中对两汉王朝不同时期的民族政策做了全面的评价，颇多卓见。但其记述汉元帝在昭君和亲临辞大会上震惊于昭君美貌而欲留之等情节，不见载于班固《汉书》。《西京杂记》《琴操》等汉晋小说均记述了汉元帝见王昭君姿色绝美而惊悔不已的故事，其实历史上汉元帝并非特别好色之君，而且昭君出塞时已经体弱多病，半年后即病逝。可见，《后汉书》此处记载应是揉入了《西京杂记》等小说因素，不足为信据。此外，《南匈奴列传》还记载了王昭君不愿改嫁呼韩邪之子而"上书求归，成帝敕令从胡俗"云云，亦不见载于班固《汉书》，应是范晔根据《汉书·西域传》载刘细君公主嫁乌孙国事而做的推测之词。宋人韩驹《陵阳集》早已予以辨正："晔不言呼韩邪愿婿，而言赐五宫女；又言字嫱，生二子，与前书皆不合。其言不愿妻其子而诏使从其俗，此是乌孙公主，非昭君也。"

资治通鉴（节录）

（北宋）司马光

卷二十九

单于号王昭君为宁胡阏氏，生一男伊屠智牙师，为右日逐王。

卷三十

呼韩邪死，雕陶莫皋立，为复株累若鞮单于。复株累若鞮单于以且麋胥为左贤王，且莫车为左谷蠡王，囊知牙斯为右贤王。复株累单于复妻王昭君，生二女，长女云为须卜居次，小女为当于居次。

卷三十五

王莽欲悦太后以威德至盛，异于前，乃风单于令遣王昭君女须卜居次云入侍太后，所以赏赐之甚厚。……

时莽奏令中国不得有二名，因使使者以风单于，宜上书慕化，为一名，汉必加厚赏。单于从之，上书言："幸得备藩臣，窃乐太平圣制，臣故名囊知牙斯，今谨更名曰知。"莽大悦，白太后，遣使者答谕，厚赏赐焉。

卷三十七

匈奴乌珠留单于死，用事大臣右骨都侯须卜当，即王昭君女伊墨居次云之婿也。云常欲与中国和亲，又素与伊栗置支侯咸厚善，见咸前后为莽所拜，故遂立咸为乌累若鞮单于。

…………

匈奴右骨都侯须卜当、伊墨居次云劝单于和亲，遣人之西虎猛制房塞下，告塞吏云："欲见和亲侯。"和亲侯者，王昭君兄子歙也。中部都尉以闻，莽遣歙、歙弟骑都尉展德侯飒使匈奴，贺单于初立。

（据司马光《资治通鉴》卷29、卷30、卷35、卷37，第3册，中华书局1956年版）

编者按：王昭君长女名云，既称"须卜居次"，又称"伊墨居次"，匈奴称公主为居次；"须卜"是其丈夫的姓氏，"伊墨"应为云封公主的名号。司马光《资治通鉴》有关昭君及其后人的记载，基本都是抄录《汉书·匈奴传》而来，但《资治通鉴》未采录《后汉书》关于汉元帝"惊艳"之类的故事，表明司马光对此持怀疑态度而不予采录，也显示了他作为知名史学家在使用前人史料上的严肃谨慎。

乐书（节录）

（北宋）陈旸

卷一百二十五

序胡部

《周官》：鞮师掌教鞮乐，旄人掌教舞夷乐，鞮鞻氏掌四夷之乐与其声歌，凡祭祀飨燕用焉。然则胡部之乐，虽先王所不废，其用之未尝不降于中国雅部之后也，故鞮师、旄人、鞮鞻氏所以居大司乐之末欤？后世以觱篥为头管，进之雅部之前，失先王所以立乐之方也。臣尝观汉明帝时，北单于来请音乐，诏报曰："前单于言先帝时，赐呼韩邪竽、瑟、箜篌皆败，愿复裁赐，念单于国尚未安，方属武节，以攻战为务，竽、瑟之用不如良弓利剑，故不以赍。朕不爱小物于单于也，然则匈奴亦通用中国乐矣，用华音变胡俗可也，以胡音乱华如之何而可！"

（陈旸《乐书》卷125，据《四库全书》第211册，上海古籍出版社1987年版）

编者按：所谓靺乐、夷乐、四夷之乐，皆指古代中国周边少数民族的音乐。《乐书》载录了汉明帝的一条诏令，诏令表现了东汉统治者强调"华夷之辨"的狭隘观念，但也记述了汉光武帝时期以竽、瑟、箜篌等乐器赠送呼韩邪单于的事实，反映了汉代胡汉民族在音乐文化上的广泛交流。此处"呼韩邪单于"，指呼韩邪之孙比，袭用其祖父之号"呼韩邪"。

通鉴释文辨误（节录）
（元）胡三省
卷　　二

《通鉴》三十七：凡一条。

天凤元年，和亲侯歙者，王昭君兄子歙也，中部都尉以闻。

史炤释文曰："歙事王莽，为中部都尉。"余按《通鉴》上文，此时匈奴遣人之西河虎猛制虏塞下，告塞吏曰："欲见和亲侯。"和亲侯者，王昭君兄子歙也，中部都尉以闻。详考文理，歙盖事王莽为和亲侯，时在长安。中部都尉，乃西河中部都尉，以匈奴来告之事闻于莽，非歙为中部都尉也。

（胡三省《通鉴释文辨误》卷2，据《四库全书》第312册，上海古籍出版社1987年版）

康熙版《陕西通志》（节录）

（清）刘于义 等 监编 沈青崖 等 编纂

卷三 汉

五原郡

稒阳：河水东径宜梁县故城南，又东径稒阳县故城南，王莽之固阴也。又北出石门障，西北趋光禄城。甘露三年，呼韩邪单于还，诏送单于居幕南保光禄，徐自为所筑城也，故城得其名矣。《水经注》。按：稒阳在府谷东北河北岸。又《史记》：武帝太初元年，使公孙敖筑塞外受降城。甘露三年，单于自请愿留光禄塞下，有急，保受降城。城近光禄塞。

（沈青崖等编《陕西通志》卷3，据《四库全书》第551册，上海古籍出版社1987年版）

御批历代通鉴辑览（节录）

（清）傅恒 等 编修

卷十八

上诏勿议罢边塞事，使许嘉延寿之子，大司马、车骑将军，袭封平恩侯。谕单于曰："单于上书，乡慕礼义，所以为民计者甚厚，朕甚嘉之。中国四方皆有关梁障塞，非独以备塞外也，亦以防中国奸邪放纵，出为寇害也，敬谕单于之意，朕无疑焉。"单于谢曰："愚不知大计，天子幸使大臣告语，甚厚！"归，号王嫱为宁胡阏氏。

（傅恒等《御批历代通鉴辑览》卷18，据《四库全书》第335册，上海古籍出版社1987年版）

编者按：《汉书》载"王昭君号宁胡阏氏"，但"宁胡阏氏"之号究竟是汉元帝所封还是单于所封？班固没有明确，司马光则明言"单于号王昭君为宁胡阏氏"，但历代文人对此混淆不清。清代学者根据当时呼韩邪单于感激汉朝真诚相待的客观心境，认为"宁胡阏氏"之号为呼韩邪回到部落后所封，是合乎情理的。

纯常子枝语（节录）

（清）文廷式

卷二十八

《汉书》：匈奴称天曰撑犁。今蒙古称天曰"腾格里"，腾格里即撑犁之异译，此朔方语，二千余年未变者。白鸟库吉云："此说致确，今土耳其诸族犹称天曰撑犁，突厥、匈奴之苗裔亦谓天为'登凝梨'。"又按：陈元靓《事林广记·庚集》卷十载："至元，译语天曰'腾急里'。"

（文廷式《纯常子枝语》卷28，据《续修四库全书》第1165册，上海古籍出版社2002年版）

编者按：文廷式，字道希，别号纯常子等，江西萍乡人，近代维新派思想家。文中提及的"白鸟库吉"，是近代日本"东洋学"的开创者与奠基者，以研究中国及周边各民族的语言、历史文化见长，学贯东西。

二、昭君籍贯及相关资料

汉书注（节录）

（三国）应劭、文颖、苏林、李奇 （唐）颜师古

卷九 元帝纪注

竟宁元年[①]春正月，匈奴呼韩邪单于来朝。诏曰："匈奴郅支单于背叛礼义，既伏其辜，呼韩邪单于不忘恩德，乡慕礼义[②]，复修朝贺之礼，愿保塞传之无穷，边垂长无兵革之事。其改元为竟宁，赐单于待诏掖庭王樯为阏氏。"[③]

①应劭曰："呼韩邪单于愿保塞，边竟得以安宁，故以冠元也。"师古曰："据如应说，竟读为境。古之用字，境竟实同。但此诏云'边垂长无兵革之事'，竟者终极之言，言永安宁也。既无兵革，中外安宁，岂止境上？若依本字而读，义更弘通也。"

②师古曰："乡读曰向。"

③应劭曰："郡国献女未御见，须命于掖庭，故曰待诏。王樯，王氏女，名樯，字昭君。"文颖曰："本南郡秭归人也。"苏林曰："阏氏音焉支，如汉皇后也。"

（应劭等《汉书注》，据班固《汉书》卷9，第1册，中华书局1962年版）

编者按：班固《汉书》并未记载王昭君的籍贯，文颖注《汉书》首次明确了昭君籍贯为南郡秭归县。文颖为汉末三国时期著名学者，做过荆州牧刘表的从事，负责整理和保管州郡档案，曾奉刘表之命经三峡地区前往巴蜀与益州牧刘璋联络，其说法应是可信的，这也正是《后汉书·南匈奴列传》确认昭君为"南郡人也"的基本依据。

卷九十四下 匈奴传注

王昭君号宁胡阏氏[①]，生一男伊屠智牙师，为右日逐王。呼韩邪立二十八年，建始二年死。

①师古曰:"言胡得之,国以安宁也。"……

复株絫若鞮单于立,遣子右致卢儿王醯谐屠奴侯入侍,以且糜胥为左贤王,且莫车为左谷蠡王,囊知牙斯为右贤王。复株絫单于复妻王昭君,生二女,长女云为须卜居次①,小女为当于居次②。

①李奇曰:"居次者,女之号,若汉言公主也。"文颖曰:"须卜氏,匈奴贵族也。"

②文颖曰:"当于亦匈奴大族也。"师古曰:"须卜、当于,皆其夫家氏族。"

(应劭等《汉书注》,据班固《汉书》卷94下,第11册,中华书局1962年版)

编者按:从文颖、李奇、颜师古等古代学者的注释看,昭君出塞受到匈奴部族的高度重视,昭君本人受到格外尊敬,其子女皆封王或公主,嫁娶对象皆为匈奴贵族。

春秋左传注疏(节录)

(晋)杜预 注 (唐)陆德明 音义,孔颖达 疏

卷四十二

君若不弃敝邑,而辱使董振择之,以备嫔嫱,寡人之望也。

[注]:"董,正也;振,整也。嫔、嫱,妇官。"

[音义]:"振,之刃反,一音真,注同。嫱,本又作墙,在良反。"

[疏]注、正义曰:"董,正。"《释诂》:文也。振为整理之意。言正整选择,示精审也。《周礼》:"天子有九嫔。"嫔是妇官,知嫱亦妇官。哀元年《传》说夫差"宿有妃嫱嫔御焉",盖周末妇官有此名。汉成帝时,匈奴来朝,诏以掖庭王嫱赐之,是名因于古也。

卷五十七

宿有妃嫱嫔御焉。

[注]:妃嫱,贵者;嫔御,贱者,皆内官。

[音义]:嫱,本又作墙,或作牆,在羊反。嫔,毗人反。

[疏]注、正义曰:《曲礼》云:"天子之妃曰后。"则妃上下通名也。《释诂》云:"妃、合、会,对也。妃,媲也。"是匹对于夫妇,官之最贵者也。嫱在妃下,次于妃也。《周礼》有九嫔、女御,以有四名,分为二等。故言妃嫱贵者、嫔御贱者,皆妇官之名。《周礼》无

嫱，盖后世为之名。汉有掖庭王嫱，是因于古也。

（杜预等《春秋左传注疏》卷42、卷57，据《四库全书》第144册，上海
古籍出版社1987年版）

编者按：《春秋左传注疏》梳理了"嫱"字的古义，为后人考察
《汉书》载王昭君之名为"王樯"或"王墙"而《后汉书》等史籍又
改称"王嫱"，提供了相应的依据。唐人孔颖达在注疏中说汉成帝诏
令王嫱嫁单于，实为汉元帝诏令王嫱远嫁和亲。

琴操（节录）

（晋）孔衍

王昭君者，齐国王穰女也。年十七，仪形绝丽，以节闻国中，长者求之
者，王皆不许，乃献汉元帝。帝造次不能别房帷，昭君恚怒之。

（据刘孝标注《世说新语·贤媛第十九》，见徐震堮《世说新语校笺》卷
下，中华书局1984版）

编者按：东晋孔衍是《琴操》的编集者之一，《琴操》中诸多故
事是孔衍集文人著述和民间传闻而成。孔衍为孔子后裔，东晋鲁国
（今山东曲阜）人。《琴操》言王昭君为齐国（今山东淄博、济南一
带）人，实是将王政君与王昭君混为一谈。据《汉书·元后传》载：
王政君，乃济南郡东平陵县（今山东济南市章丘区）人，王莽之姑，
以"家人子"的身份入宫，后为元帝皇后，又做过三代皇太后，身世
经历颇富传奇色彩，是西汉后期宫中著名女性。而王昭君为汉元帝时
宫女，出身为"良家子"（与家人子相近），远嫁匈奴后为单于阏氏
（相当于汉之皇妃）。于是，齐地民间百姓常常将王昭君与王政君混为
一人，或视作姊妹二人，故有王昭君为齐国人之说。

负薪行

（唐）杜甫

夔州处女发半华，四十五十无夫家。更遭丧乱嫁不售，一生抱恨堪咨嗟。土风坐男使女立，应当门户女出入。十犹八九负薪归，卖薪得钱应供给。至老双鬟只垂颈，野花山叶银钗并。筋力登危集市门，死生射利兼盐井。面妆首饰杂啼痕，地褊衣寒困石根。若道巫山女粗丑，何得此有昭君村。村连巫峡，有昭君宅，宅旁有捣练石，傍香溪。

（杜甫《负薪行》，据《全唐诗》卷221，第4册，中华书局1999年版）

编者按：《负薪行》是大历元年（766）杜甫初至夔州（今重庆市奉节县）所作，诗中述及夔州昭君村。另一首诗《大历三年春白帝城放船四十韵》亦有"神女峰娟妙，昭君宅有无"之句，昭君宅即昭君村。《全唐诗》在《负薪行》一诗最后录有小字注，应是明清文人所加。仇兆鳌《杜诗详注》注释"若道巫山女粗丑，何得此有昭君村"两句云："钱笺：'《寰宇记》：归州兴山县，有王昭君宅，即此邑人也，故曰昭君之县。村连巫峡，香溪在邑界，即昭君所游。'《方舆胜览》：'归州东北四十里，有昭君村。'《琴操》云：'昭君死塞外，乡人思之，为之立庙。'庙有大柏，又有捣练石在庙侧溪中，今香溪也。庙属巫山县。"由此可知，《负薪行》诗末小字注可能为明末清初著名诗人钱谦益所加。但仇兆鳌认为香溪侧畔的昭君庙在巫山县境则有误，香溪自三国以来多数时候隶属兴山县。从杜甫在夔州所作诗中一再提及"昭君村"或"昭君宅"，说明最迟在盛唐时期三峡地区夔州巫山县、归州兴山县一带已经建有昭君村、昭君庙等古迹。

过昭君村 村在归州东北四十里

（唐）白居易

灵珠产无种，彩云出无根。亦如彼姝子，生此遐陋村。至丽物难掩，遽选入君门。独美众所嫉，终弃出塞垣。唯此希代色，岂无一顾恩。事排势须去，不得由至尊。白黑既可变，丹青何足论。竟埋代北骨，不返巴东魂。惨澹晚云水，依稀旧乡园。妍姿化已久，但有村名存。村中有遗老，指点为我言。不取往者戒，恐贻来者冤。至今村女面，烧灼成瘢痕。

（白居易《过昭君村》，据《全唐诗》卷434，第7册，中华书局1999年版）

编者按：白居易《过昭君村》诗有三点值得注意：一是指出昭君村在"归州东北四十里"，实是明确了王昭君之籍贯；二是首次在诗歌中记述了昭君村一带少女烧面灼瘢的习俗，反映了隋唐时期世俗观念的变化；三是淡化了画工的罪恶，指出昭君的悲剧在于世俗"妒美""嫉才"。与"毛君真可戮，不肯写昭君""薄命由骄虏，无情是画师""共恨丹青人，坟上哭明月"之类的责骂不同，白居易却说"白黑既可变，丹青何足论""独美众所嫉，终弃出塞垣"，隐含了为画师翻案之意，其目的是为了抨击黑暗的政治。

通典（节录）

（唐）杜佑

卷一百八十三　州郡十三

巴东郡

兴山：初吴主孙休置，后废。武德中又分秭归置，汉王嫱即此县人。

（据杜佑《通典》卷183，王文锦等点校，第5册，中华书局1988年版）

妆楼记（节录）

（南唐）张泌

香　溪

明妃，秭归人，临水而居，恒于溪中盥手，溪水尽香，今名香溪。

（张秘《妆楼记》，据《教坊记（及其他九种）》，中华书局1985年版）

编者按：南唐文人张秘，又作"张泌"，其《妆楼记·香溪》首次指出长江支流香溪之称源于秭归县少女王昭君盥手，应是民间传说故事的采录。但将香溪与昭君出生地联系在一起，实是对昭君籍贯具体方位的明确认定。

太平寰宇记（节录）

（北宋）乐史

卷一百四十八　归州

兴山县：北八十五里。旧五乡，今七乡。本汉秭归县地，三国时其地属吴。至景帝永安三年分秭归县之北界立为兴山县，属建平郡。隋废之，唐武德初又置。

香溪：在邑界，即王昭君所游处。王昭君宅，汉王嫱即此邑之人，故云昭君之县，村连巫峡，是此地。

（据乐史《太平寰宇记》卷148，王文楚等点校，第6册，中华书局2007年版）

编者按：魏晋隋唐文献普遍记载王昭君籍贯为南郡秭归县，宋初乐史在《太平寰宇记》中第一次指明兴山县为昭君故里，为今学术界广泛认同。"秭归说"和"兴山说"并不矛盾，在秦汉时期只有秭归县，至三国后期吴景帝孙休分秭归县北境置兴山县，而昭君故里属于兴山县地（汉秭归县北境）。可见，三国以前历史人物王昭君属于秭归县人，三国以后属于兴山县人，只是后世许多文献依然习惯称昭君为南郡秭归县人而已。

绿珠传（节录）

（北宋）乐史

今白州有一派水自双角山出合容州，江呼为绿珠江，亦犹归州有昭君滩、昭君村、昭君场。

（据陶宗仪《说郛》卷112上，见《四库全书》第882册，上海古籍出版社
1987年版）

太平御览（节录）

（北宋）李昉 等

卷六十七　地部

《郡国志》曰：王昭君，秭归人也，有香溪，即昭君每常游玩之处。

（据李昉等《太平御览》卷67，第1册，中华书局1960年影印本）

舆地广记（节录）

（北宋）欧阳忞

卷二十八　荆湖北路

下兴山县：吴置，属建平郡。晋因之，宋省焉。唐武德三年析秭归复置，属归州。皇朝熙宁五年，省入秭归，后复置。有古夔子城，有昭君村，汉宫女王嫱，此乡人也。

（据欧阳忞《舆地广记》卷28，李勇先等校注，下册，四川大学出版社
2003年版）

分门集注杜工部诗（节录）

（北宋）吕大防 集注

卷十三　述怀下

咏怀古迹三首同作五首，二首见陵庙门

群山万壑赴荆门，生长明妃尚有村。洙曰："归州有昭君村，下有香溪。俗传因昭君而草木皆香，故曰香溪。"

（吕大防《分门集注杜工部诗》卷13，据《续修四库全书》第1306册，上海古籍出版社2002年版）

编者按：注释中的"洙曰"，指北宋文人王洙对杜诗的注释。王洙，宋仁宗天圣年间（1023—1032）进士，官至知制诰、翰林学士。王洙说香溪两岸草木因昭君皆香，与南唐文人张秘言溪水因昭君盥洗而尽香的说法略有差异。

陵阳集（节录）

（北宋）韩驹

卷　一

题李伯时画昭君图

按：昭君，南郡人，今秭归县有昭君村，村人生女，必灼艾炙其面，虑以色选故也。昭君卒葬匈奴，谓之青冢。晋以文王讳昭，号明妃云。

（韩驹《陵阳集》卷1，据《四库全书》第1133册，上海古籍出版社1987年版）

编者按：晋人避文王司马昭之讳，改王昭君为王明君。"明妃"之称始见于南朝江淹《恨赋》，韩驹说西晋时已称昭君为"明妃"，不知何所据，当是依据西晋人称"王明君"所作的推理。南宋祝穆等文人亦言西晋改昭君曰"明妃"，当是受韩驹之影响。

海录碎事（节录）

（南宋）叶庭珪

卷三上　地部上

武担山

武担山，在府西二里。明妃死，令五丁担武都之土葬于郭中。《成都记》

（叶庭珪《海录碎事》卷3上，据《四库全书》第921册，上海古籍出版社1987年版）

编者按：《海录碎事》引《成都记》载成都府西二里有明妃墓，元末陶宗仪《说郛》卷六十二下亦引北宋名臣赵抃《成都古今记》云："望妃楼，在子城西北隅，亦名西楼。闻明妃之墓在武担山，为此楼以望之。"这大概是"王昭君乃成都人氏"说法的源流之一。其实，武担山之墓乃是古蜀王开明帝的妃子墓，妃称"开明妃"，墓称"开明妃墓"，《海录碎事》《说郛》作"明妃墓"，易引起误解。明代《蜀中广记》《益部谈资》《广博物志》等文献都做了更正。

昭君村

（南宋）王十朋

十二巫峰下，明妃生处村。至今粗丑女，灼面亦成痕。按《图经》：昭君村在归州兴山县，而巫山亦有之，在十二峰之南神女庙下，未知孰是。杜少陵诗云："若道巫山女粗丑，安得此有昭君村?"刘梦得竹枝词云："昭君村中多女伴，永安宫外踏青回。"则在巫山者是也。

（据王十朋《梅溪后集》卷15，见《四库全书》第1151册，上海古籍出版社1987年版）

编者按：王十朋为南宋初期著名文学家和大臣，曾任夔州知府，熟悉三峡人文地理。其《昭君村》诗及小字注述及了巫山县境内亦有昭君村的客观情况，并以杜甫和刘禹锡之诗为证，认可巫山昭君村而否定兴山昭君村。其实，这反映了昭君文化在三峡地区的深刻影响力。古人常以巫山或巫峡来统称三峡腹地，涵盖今湖北秭归、兴山、巴东和重庆巫山、巫溪、奉节等地。唐人杜甫《负薪行》所谓"若道巫山女粗丑，何得此有昭君村"，不能狭隘地理解为巫山县。而唐人刘禹锡《竹枝词》所谓"昭君村中多女伴，永安宫外踏青回"等，亦只能说明隋唐时期三峡地区多处建有昭君文化古迹。

入蜀记（节录）

（南宋）陆游

卷　四

十五日，舟人尽出所载，始能挽舟过滩。然须修治，遂易舟，离新滩，过白狗峡，泊舟兴山口，肩舆游玉虚洞，去江岸五里许，隔一溪，所谓香溪也。源出昭君村，水味美，录于《水品》，色碧如黛。

（陆游《入蜀记》卷4，据《四库全书》第460册，上海古籍出版社1987年版）

吴船录（节录）

（南宋）范成大

卷　下

秭归县亦传为宋玉宅。杜子美诗云"宋玉悲秋宅"，谓此县旁有酒垆，或为题作"宋玉东家"。属邑兴山县，王嫱生焉。今有昭君台、香溪，尚存。城南二里有明妃庙。

（范成大《吴船录》卷下，据《吴船录及其他三种》，商务印书馆1937年版）

昭君台并序

（南宋）范成大

在兴山界中，乡人怜昭君，筑台望之，下有香溪。然三峡女子，十人九瘿。天生尤物元无种，万里巴村出青冢。高台望思台已荒，东风溪涨流水香。婵娟钟美空万古，翻使乡山多丑女。炙眉作瘢亦不须，人人有瘿如瓠壶。

（据范成大《石湖诗集》卷16，上海古籍出版社1980年版）

编者按：与王十朋认可昭君故里在巫山县不同，范成大以及同时期的陆游都认可兴山县为昭君故里，他们还亲自前往兴山香溪一带寻访昭君故迹遗踪，领略三峡文化名人的风采，记述了昭君村、昭君台、明妃庙等名胜古迹。

九家集注杜诗（节录）

（南宋）郭知达 集注

卷十三

负薪行

若道巫山女粗丑，何得此有昭君村。昭君村在神女庙下。薛云：《归州图经》："王嫱，字昭君。"《汉纪注》云："南康秭归人，待诏掖庭。"

卷三十

咏怀古迹五首

群山万壑赴荆门，生长明妃尚有村。一去紫台连朔漠，独留青冢向黄昏。薛云：《图经》：昭君台在兴山县南二里，汉掖庭待诏王嫱，字昭君，南郡秭归人。

（郭知达《九家集注杜诗》卷13、卷30，据《四库全书》第1068册，上海古籍出版社1987年版）

编者按：注释中的"薛云"，指北宋文人薛苍舒对杜诗的注释。薛苍舒，一作仓舒，字梦符，北宋学者，生平事迹不详。亦有学者认为薛梦符和薛苍舒实为两位不同的杜诗注释者。

注文中"南康"，县名，晋初置县，西汉隶属扬州豫章郡南野县，今为江西赣州南康区。豫章郡无秭归县，南康当为"南郡"之笔误或后世抄写之误。郭知达在《九家集注杜诗》中注杜甫《负薪行》"若道巫山女粗丑，何得此有昭君村"两句诗时，指出巫山神女庙下有昭君村，但又引《汉纪注》指出王昭君为"南郡秭归人"。说明郭知达认可巫山县一带有昭君村之类的古迹建筑，但不认可昭君故里在巫山。这与王十朋的看法亦不同。

补注杜诗（节录）

（南宋）黄希 原注 黄鹤 补注

卷十三

负薪行

若道巫山女粗丑，何得此有昭君村。师曰："售卖也，夔有盐井，妇人当门户，或负薪贩盐以自给，其女粗丑可知。"苍舒曰："按《归州图经》：'王嫱，字昭君。'《汉纪注》云：'南郡秭归人。'"

卷三十

咏怀古迹五首

群山万壑赴荆门，生长明妃上有村。洙曰："归州有昭君村，下有香溪，俗传因昭君而草木皆香，故曰香溪。"一去紫台连朔漠，洙曰："江淹《恨赋》：'若夫明妃去时，仰天太息，紫台稍远，关山无极。摇风忽起，白日西匿，陇雁少飞，岱云寡色。望君王兮何期，终芜荒于异域。'"独留青冢向黄昏。洙曰："昭君墓也。"梦符曰："按《图经》：昭君台，兴山山南二里，汉掖庭待诏王嫱，字昭君，南郡秭归人。旧注云邑人悯昭君不回，立台以祭。今有昭君村。"

卷三十三

大历三年春白帝城放船出瞿塘峡久居夔府将适江陵漂泊有诗凡四十韵

神女峰娟妙，郑曰："盛弘之《荆州记》：巫山有神女庙。"昭君宅有无。郑曰："《寰宇记》：归州巴东有王昭君宅。"

（黄希、黄鹤《补注杜诗》卷13、卷30、卷33，据《四库全书》第1069册，上海古籍出版社1987年版）

编者按：《补注杜诗》注文中的"师曰"，指师尹或师古对杜诗的注释。"郑曰"，指郑印对杜诗的注释。师尹，眉州彭山人，师古，眉州眉山人，二师皆为注释杜诗的名家，但二人之注释在宋代已经混淆莫辨。郑印，闽人（今福建人），生平不详。

在《补注杜诗》卷三十《咏怀古迹五首》之注释中，"岱云寡色"一作"代云寡色"。岱云本意指喜雨之云，但"岱云"与"陇雁"对应，陇指今甘肃、陕西一带，故"岱云"或"代云"均应指地域方位。岱特指泰山，唐代在泰山脚下设置过岱县，"岱云"可以理解为泰山一带的云彩，但泰山为中原腹地，与昭君出塞远嫁的方位不合。按"岱云"应作"代云"，先秦有代国，秦汉为代郡，位于今河北、山西北部，与北方游牧民族部落接壤，"代云"指北方之云。"兴山山南"指兴山之南麓，古籍多作"兴山县南"。

锦绣万花谷（节录）

（南宋）佚名

后集　卷二十六

明妃村：杜诗："群山万壑赴荆门，生长明妃尚有村。一去紫台连朔漠，独留青冢向黄昏。"按《图经》：归州有明君台，兴山山南二里。汉掖庭待诏王嫱，字昭君，邑人闻昭君不回，立台以祭也。今有昭君村。

（据佚名《锦绣万花谷》后集卷26，上海古籍出版社1991年版）

编者按：历代文献多载明妃台（昭君台、明君台）在兴山县南二里，即兴山县治南二里处，此处"山南二里"当是"县南二里"之误，或为抄写者之笔误。

舆地纪胜（节录）

（南宋）王象之

卷七十四　荆湖北路·归州

景物上

香溪。即昭君溪也。杜诗注云：归州有昭君村，俗传因昭君而草木皆香，故曰香溪。又云：昭君有捣练石，在巴东县溪中，即今香溪是也。《寰宇记》云：属兴山县。

景物下

琵琶桥。在秭归县，昭君选入汉宫时，曾鼓琵琶，少憩于此。

古　迹

昭君村。在州东北四十里，乐天《过昭君村》诗："灵珠产无种，彩云出无根。亦如彼妹子，生此遐陋村。"杜甫诗云："群山万壑赴荆门，生长明妃尚有村。一去紫台连朔漠，独留青冢向黄昏。"

………

明妃庙。昭君名嫱，避晋讳，改曰明妃。本县人王攘之女也。年十七，汉元帝时待诏掖庭，不得见。后单于愿婿汉氏，于是以昭君行。《寰宇记》云：在兴山县。昔明妃入胡，于马上弹琵琶，怨且歌，为诗曰："黎莱萋萋，其叶元黄。有鸟处此，集于苞桑。"昭君服毒而死，单于举国葬之。胡中多白草，而此冢犹青。乡人思之，为之立庙。庙庭之中，有大柏树，周围六丈五尺，枝叶翁郁，出其故台。及有捣练石，在昭君溪中。孟伦撰《明妃庙记》云："新月娟娟，目断于汉家宫阙；阴灵黯黯，魂销于敌地尘砂。"

碑　记

古松枝碑。在高阳乡朱家村，碑在树上，去地十许丈，相传云昭君祖冢碑。

（据王象之《舆地纪胜》卷74，第3册，中华书局1992年影印本）

编者按：王象之《舆地纪胜》记载了兴山县境内多处与昭君相关的地名或遗迹，如香溪、昭君村、琵琶桥、明妃庙、捣练石、古松枝碑等，说明宋代三峡地区昭君文化已趋繁盛。"古迹"条中有"及有捣练石"一句，文意不畅，当为"又有"之笔误。

方舆胜览（节录）

（南宋）祝穆 编 祝洙 补订

卷五十八　归州

香溪。即昭君溪也。……

明妃庙。昭君名嫱，避晋讳，改曰明妃。本县人王攘之女也。年十七，汉元帝时待诏掖庭，不得见。后单于愿婿汉氏，于是以昭君行。《寰宇记》云：在兴山县。昔明妃入胡，于马上弹琵琶，怨且歌曰："黎莱萋萋，其叶立黄。有鸟处此，集于苞桑。"昭君服毒而死，单于举国葬之，胡中多白草，而此冢独青。乡人思之，为之立庙。州东北四十里有昭君村。白居易诗："灵珠产无种，彩云出无根。亦如彼姝子，生此遐陋村。"

（据祝穆等《宋本方舆胜览》卷58，上海古籍出版社1991年版）

　　编者按：祝洙，南宋著名历史地理学家祝穆之子。祝穆及王象之说晋时昭君改称"明妃"，不知何所据，大概是沿袭北宋文人韩驹之说。文中"其叶立黄"一句语意不合，当为"其叶元黄"或"其叶正黄""其叶萋黄"之误。

古今合璧事类备要（节录）

（南宋）谢维新

别集　卷十一

有昭君村。王昭君生于峡州，有昭君村。

（谢维新《古今合璧事类备要》别集卷11，据《四库全书》第941册，上
海古籍出版社1987年版）

　　编者按：说王昭君生于峡州，是指县之上一级的行政区划。秦汉时期南郡辖秭归县，故说昭君为秭归人。汉末三国时期分南郡西部为宜都郡（今湖北宜昌市为中心），后又分宜都郡西部为建平郡，均辖秭归县、兴山县。六朝隋唐时改宜都郡为峡州，亦辖秭归县、兴山县，故称王昭君生于峡州。

汉宫秋（节录）

（元）马致远

第一折

（正旦扮王嫱引二宫女上，诗云）一日承宣入上阳，十年未得见君王。良宵寂寂谁来伴，惟有琵琶引兴长。妾身王嫱，小字昭君，成都秭归人也。父亲王长者，平生务农为业。母亲生妾时，梦月光入怀，复坠于地，后来生下妾身。……（旦云）陛下，妾父母在成都现隶民籍，望陛下恩典宽免。

（马致远《汉宫秋》，据王季思主编《全元戏曲》第2卷，人民文学出版社1990年版）

编者按：《汉宫秋》多次提及昭君籍贯为成都郡，因而明清以来许多文人将王昭君视为成都女子、蜀中女子。如凌濛初《同窗友认假作真，女秀才移花接木》："蜀中女子从来号称多才，如文君、昭君，多是蜀中所生，皆有文才。"今之学界亦多有学者认为王昭君为四川人。作如此判断的一条重要依据是《汉书》文颖旧注原文是"本蜀郡秭归人也"，清代学者将《汉书》文颖旧注改为"南郡秭归人"，但康熙三十二年（1693）仇兆鳌进呈的《杜少陵全集笺注》殿本、康熙五十二年（1713）《杜少陵全集笺注》印本等都作如是注释："《汉书注》文颖曰：昭君，本蜀郡秭归人也。"然而，蜀郡、成都郡历来无秭归县。于是有人产生联想，认为王昭君可能生于秭归县，后来全家迁居成都了，马致远创作时才如此反复强调昭君是成都秭归人。

成都是蜀地中心地带，历来为蜀郡郡治。东汉初期，公孙述割据巴蜀，曾改"蜀郡"为"成都郡"，东汉政权平定公孙述后又恢复蜀郡之称，两宋时又改蜀郡为成都府，所以"蜀郡"亦即"成都郡"，"成都郡"亦即"蜀郡"。《汉书》文颖旧注是客观存在的事实，但文颖注为"蜀郡"是因为身在曹魏做官（本为荆州牧刘表属官，刘表死后归属曹魏），而秭归县时为蜀汉集团所控制，故"蜀郡"含有"蜀汉所辖之郡"之意，并非实指成都郡，因此后人将"蜀郡秭归人"改为"南郡秭归人"则顺理成章。而马致远说王昭君为"成都秭归人",应由行政区名的移位所致。中国古代一地多名、一名异地的现象十分突出,多源于族群迁徙活动或战争割据分裂,即中国古代普遍存在地名移位现象,如"鄂"这一地名从今山西南部移至今河南西南部再移至今湖北东部,"丹阳"从今河南西南部移至今湖北西南部再移至今江苏西南部等。西晋初期由于蜀地动乱不息,西晋王朝便在荆州南郡境内设置了一个"成都郡",《晋书·地理志》载曰:"时蜀乱,又割南郡之华容、州陵、监利三县别立丰都,合四县置成都郡,为成都王颖国,居华容县。"元人马致远博学多才,他应读过《汉书》文颖旧注,自然也读过《晋书·地理志》,荆州境内的成都郡国本为南郡旧地,而王昭君为南郡秭归县人,将昭君视为成都郡人又何尝不可呢?由此可知,《汉宫秋》指昭君籍贯为"成都秭归县",实为历史上地名移位所致,并非昭君"全家迁居成都"在四川长大成人的缘故。

古今韵会举要（节录）

（元）黄公绍 原编 熊忠 举要

卷　八

嫱。嫔嫱,妇官也,《汉书》通作"樯"。《元纪》:"赐单于待诏掖庭王樯为阏氏。"樯,名昭君,南郡秭归人。

（据黄公绍、熊忠《古今韵会举要》卷8,宁忌浮整理,中华书局2000年版）

编者按:此处《元记》指《汉书·元帝纪》,但《汉书·匈奴传》明确记载王樯是名,昭君是其字,与此处所云"名昭君"不同。

韵府群玉（节录）

（元）阴劲弦

卷　四

昭君村：王昭君生于峡州，有昭君村。

（据阴劲弦《韵府群玉》卷4，上海古籍出版社1991年版）

集千家注杜工部诗集（节录）

（元）高楚芳 编

卷十四

负薪行

若道巫山女粗丑，何得此有昭君村。师曰：夔有盐井，妇人或负薪贩盐以自给。

苍舒曰：按《归州图经》：王嫱字昭君，秭归人，今兴山县有昭君村及昭君庙在焉。

（高楚芳《集千家注杜工部诗集》卷14，据《四库全书》第1069册，上海
古籍出版社1987年版）

和戎记（节录）

（明）佚名

第二折

奴家姓王名嫱，字淑真，祖贯越州人氏。父授太守之职，有妹秀真，兄弟王龙。

（佚名《和戎记》，据郑振铎主编《古本戏曲丛刊》二集，国家图书馆出版
社2010年版）

编者按：言王昭君为越州人，实为明初传奇戏《和戎记》之首
创，清嘉庆年间雪樵主人作章回小说《双凤奇缘》亦沿袭这一说法。
古越州，今浙江绍兴一带。昭君生于南郡秭归县（今湖北兴山县），
入宫在长安（今陕西西安市），后经陕西、山西、内蒙等地远嫁大漠，

距东南越州均有数千里之遥，无论如何两者都不搭界。昭君成为"越州人氏"，应是民间创作戏曲的书会才人随意附会所致。

侉调山坡羊·昭君（节录）

（明）佚名

那爷爷开金口露银牙：梓童你是何州那县人？那女子双膝跪倒地埃尘，说我家来家不远，不是无名少姓人。家住豫州临临县，父亲名作王爱卿。母亲吃斋向善人，生下婢子王金定，乳名叫作王昭君。

（佚名《侉调山坡羊·昭君》，据孙崇涛、黄仕忠《风月锦囊笺校》，中华书局2000年版）

编者按：言王昭君为豫州临临县人，仅见于明前期《侉调山坡羊·昭君》。侉调，亦写作"夸调""跨调"，为民间故事说唱体杂曲。历史上没有临临县，两汉时期豫州有临颍县，"临临"与"临颍"音近，说王昭君是豫州临临县人，应是民间艺人的随意附会之词。

明一统志（节录）

（明）李贤 等

卷六十二

山　　川

香溪。在归州东一十里，源出兴山县，流入江，即昭君溪也。

古　　迹

昭君村。在归州东北四十里。昭君，名嫱，郡人王攘女，入汉掖庭。元帝以后宫人多，使画工毛延寿图其形，按图召幸。宫人多赂画工，昭君独不赂，延寿故毁其形。及单于愿婿汉，昭君以图当行，元帝见之悔恨，乃杀延寿，籍其家。昭君入胡，于马上弹琵琶，悲歌哀怨。后死葬胡中，其冢草独青，乡人为立庙。

（据李贤等《明一统志》卷62，方志远等点校，巴蜀书社2017年版）

椒邱文集（节录）

（明）何乔新

卷二十三

明妃曲_{在琼州巫阳县，相传即昭君生长之地}

宁胡阏氏汉宫女，为国和亲嫁骄虏。毡车轧轧向阴山，回首长安泪如雨。黄沙白草路漫漫，萧瑟惊飙彻骨寒。万缕幽怀共谁语，鹍弦弹罢泪阑干。身轻岂不如飞燕，十年不睹君王面。姿态未必惭子夫，更衣不得承欢娱。妾命薄，妾自嗟。承恩元不在绝色，辜负春风满面花。寄声良娣与昭仪，莫惜黄金贿画师。昭阳隆宠系图绘，冠世姿容谁得知。

（据何乔新《椒邱文集》卷23，上海古籍出版社1991年版）

编者按：明人何乔新在《明妃曲》一诗的题下注中，指王昭君出生于琼州巫阳县。元朝置琼州路，明清时期改琼州府，即今海南省。历代琼州辖县中无巫阳县，将海南岛指为王昭君生长之地，乃前所未有的说法，实难以置信。"巫阳"，乃巫山之阳，泛指巫山、巫峡一带。何氏所谓"琼州巫阳县"应为"归州巫山县"或"夔州巫山县"之误。

谰言长语（节录）

（明）曹安

王昭君，归州王嬢女，入胡。《琵琶歌》云："藜叶萋萋，其叶正黄。有鸟处此，集于苞桑。"

（据曹安《谰言长语》卷上，中华书局1991年版）

编者按：魏晋以后多有文人将王昭君之父写作"王穰""王攘"或"王襄"，皆无原始历史文献依据。《谰言长语》又将王昭君之父写作"王嬢"，应是"王穰"或"王攘"之笔误。由此可以看到民间传说的随意性。

山堂肆考（节录）

（明）彭大翼

卷二十六

王嫱，字昭君，生于峡州。州有昭君村，村中凡生女，必炙其面。白乐天诗："不效往者戒，恐贻来者冤。至今村女面，烧灼成瘢痕。"

（据彭大翼《山堂肆考》卷26，第1册，上海古籍出版社1992年版）

天中记（节录）

（明）陈耀文

卷 十

归州有昭君村，盖取美人生处名矣。

卷十六

王昭君生于峡州，今有昭君村。绿珠生于白州，今有绿珠江。贵妃生于蜀，尝误坠池中，后人呼为落妃池。《杨妃外传》。群山万壑赴荆门，生长明妃尚有村。杜诗。

（据陈耀文《天中记》，第1册，上海古籍出版社1991年版）

嘉靖版《荆州府志》（节录）

（明）孙存、王宠怀 纂修

卷 六

楼 阁

昭君台：（兴山）县治南一里，俗传汉明妃梳妆之所。弘治十年，知县胡安建亭于上。

［据政协荆州市委员会整理嘉靖十一年（1532）《荆州府志》，湖北人民出版社2014年版］

嘉靖版《归州全志》（节录）

（明）张时 等 纂修

卷　　上

昭君台。治南一里。详见邑人陈丕善记。

昭君村。治南一里。按：昭君，邑人王攘之女。汉元帝初选入后宫，此其旧宅也。后兄子王歙封和亲侯。见《太平广记》。

［据秭归县志党史办整理嘉靖二十八年（1549）《归州全志》，湖北人民出版社2015年版］

嘉靖版《归州志》（节录）

（明）郑乔 等 纂修

卷　　一

山　　川

香溪。州东十里，旧传王昭君召入掖庭经此，遗纱囊，异香经宿不散，故名。……

珍珠潭。县南一里，即县前河，相传昭君盥手于此坠珠，故名。

城　　池

昭君台。治南一里。详见邑人陈丕善记。昭君村：在昭君台右。按：昭君，邑人王攘之女，汉元帝初选入后宫。此其旧宅也。今犹有古昭君村坊。杜甫有诗。

［郑乔等《归州志》，据嘉靖四十三年（1564）刻本］

蜀中广记（节录）

（明）曹学佺

卷二十二

灵源一派瑶池分，洒落掉石随东奔。楚人但爱香溪水，溪边为有昭君村。

（据曹学佺《蜀中广记》卷22，杨世文校点，上海古籍出版社2020年版）

尧山堂外纪（节录）

（明）蒋一葵

卷　五

王　嫱

王嫱，字昭君。元帝时，匈奴入朝，愿婿汉氏，以嫱配之，号宁胡阏氏。今秭归县有昭君村，卒葬匈奴，谓之青冢。晋以文王讳昭，改胡妃云。

（蒋一葵《尧山堂外纪》卷5，据《续修四库全书》第1194册，上海古籍出版社2002年版）

编者按：文中"改胡妃"当是"改明妃"之误。然晋时王昭君改称王明君，是否又称"明妃"，尚缺乏文献依据。

说郛续（节录）

（明）陶珽

卷二十四

入蜀纪见（郝郊）

屈原村。屈原，楚人也，州南有楚城，相传楚始封于此。昭君村。溯屈原村而上有昭君村焉。香溪。溪源出昭君村，水味美甚。载在《水品》，色碧如黛，令人可爱。

（陶珽《说郛续》卷24，据《续修四库全书》第1191册，上海古籍出版社2002年版）

编者按：《说郛续》亦称《续说郛》，明末陶珽作。陶珽为元人陶宗仪之后裔，《说郛续》是对《说郛》的增补。文中"州南"，指归州之南。陶珽说屈原、昭君皆为楚人，屈原村与昭君村相隔不远，实是对王昭君"兴山香溪说"的肯定。

广博物志（节录）

（明）董斯张

卷二十四

王昭君，秭归人也，有香溪，即昭君常游玩处。《郡国志》。

（据董斯张《广博物志》卷24，第1册，上海古籍出版社1992年版）

香乘（节录）

（明）周嘉胄

卷　　九

归州有昭君村，下有香溪，俗传因昭君草木皆香。明妃，秭归人，临水而居，恒于溪中盥手，溪水尽香，今名香溪。

（据周嘉胄《香乘》卷9，第1册，中国书店2014年版）

四忆堂诗集（节录）

（清）侯方域

卷　　二

王嫱故里 自注：己卯归自京师作

马首孤墙日暮云，烟陵霜草吊明君。起亦自不减"群山万壑"。琵琶无补和亲策，帷幄空高报主勋。腊尽龙城终汉社，春回雁塞竟青坟。忠厚之语，沉浑之调，斟酌出之固不易。可怜不似中行说，死向王庭将一军。贾曰：明妃本蜀人，考新城亦有王嫱故里，此必过新城者。

（侯方域《四忆堂诗集》卷2，据《续修四库全书》第1406册，上海古籍
出版社2002年版）

编者按：侯方域，字朝宗，归德府（今河南商丘）人，明末清初
著名古文家和诗人，复社领袖之一。其《四忆堂诗集》共六卷及遗

稿，收诗作400首，由同乡友人贾开宗、练贞吉、徐作肃、宋荦审定、选注、评点。侯方域《王嫱故里》没有明指何处为昭君故里，据诗题自注和贾开宗注，此诗当作于从京师（今北京）南归途中所经过的新城县（今河北新城县）。新城民间传说昭君故里在县境，死后亲族立昭君衣冠冢，号为"青冢"，侯方域经过此地凭吊了青冢等古迹，并作诗抒情。

苏诗补注（节录）

（清）查慎行

卷　一

昭君村

昭君本楚人，艳色照江水。楚人不敢娶，谓是汉妃子。谁知去乡国，万里为胡鬼。人言生女作门楣，昭君当时忧色衰。古来人事尽如此，反复纵横安可知。

昭君村。《汉书注》应劭曰：王嫱，王氏女，名嫱，字昭君。文颖曰：本南郡秭归人也。《太平寰宇记》：归州兴山县有王昭君宅，王嫱即此邑人，故曰昭君之县。村连巫峡，香溪在邑界，昭君所游处。《方舆胜览》：昭君村在归州东北四十里。胡鬼，白居易《昭君》诗："生为汉宫妃，死作胡地鬼。"

（据查慎行《苏诗补注》卷1，第1册，中华书局2019年版）

类腋（节录）

（清）姚培谦、张卿云 辑

卷六　地部

宜昌府·山川

香溪。归州东即昭君溪，相传昭君涤妆处。张又新《煎茶水记》："归州玉虚洞下香溪水，第十四。"

宜昌府·古迹

昭君村。杜甫《负薪行》："若道巫山女粗丑，何得此有昭君村。"注：归州东北有昭君村。

（姚培谦等《类腋》卷6，据《续修四库全书》第1249册，上海古籍出版
社2002年版）

康熙字典（节录）

（清）张玉书、陈廷敬 等 编

丑集下　女部

嫱。《唐韵》："在良切。"《集韵》："慈良切，并音墙。"嫔嫱，妇官名。《晋语》："备
嫔嫱焉。"杜牧之《阿房官赋》："妃嫔媵嫱。"又女名毛嫱，古美女。又王嫱，汉元帝官人。
《乐府》原题："嫱，齐国王穰女，汉元帝官人，后嫁呼韩邪单于为阏氏，号昭君。"

辰集下　欠部

居次。匈奴女号，若汉公主。《前汉·常惠传》："获单于父行及嫂居次。"《匈奴传》：
"王昭君长女为须卜居次，小女为当于居次。"

（据《康熙字典》之丑集、辰集，中华书局1958年版）

康熙版《安陆府志》（节录）

（清）张尊德 等 纂修

卷　三

遗　址

昭君村：土人云在荆门州。故少陵诗云："群山万壑赴荆门，生长明妃尚有村。"
［据康熙八年（1669）《安陆府志》影印本，见《中国地方志集成·湖北省
府县志辑》第52册，江苏古籍出版社2001年版］

编者按：《大清一统志》卷二百七十三云："《范成大集》：昭君台
在兴山界中，乡人怜昭君，筑台望之。按《安陆府志》：昭君村在荆门
州，有杜甫诗'群山万壑赴荆门，生长明妃尚有村'为证。附记于此。"
《大清一统志》实际上是对康熙版《安陆府志》的说法做了存疑处理。

荆门州，即今湖北荆门市，位于今湖北宜昌市兴山县东约150公里。荆门市传为昭君故里，实源于杜甫《咏怀古迹五首》其三"群山万壑赴荆门"之诗句。此诗作于杜甫晚年东出三峡逗留峡州（今湖北宜昌）期间，然而杜诗所谓"荆门"，非指荆门州，而是指今湖北宜昌市东南长江南岸的荆门山。杜甫死后三十五年，唐朝始置荆门县（今湖北荆门市一带），宋代改为荆门军，元明时期改为荆门州，杜甫生前不可能知道"荆门县""荆门军""荆门州"等地名，他所说的昭君村与今天的荆门市没有任何关联。

大清一统志（节录）

（清）穆彰阿、潘锡恩 等

卷二百七十三 宜昌府

山 川

香溪。在归州东十里，源出兴山县宁都，南流入江，入江处谓之香溪口，一名昭君溪。《寰宇记》："兴山县有香溪，即王昭君所游处。"陆游《入蜀记》："香溪源出昭君村，水味美甚，载在《水品》，色碧如黛，令人可爱。"……

珍珠潭。在兴山县南一里，俗传昭君涤妆遗珠于此，故名。

古 迹

兴山故城。在兴山县南。吴置县，南北朝宋废，唐复置，宋末迁治。《宋书·州郡志》："永安初，郡国有兴山县，今无，疑是吴立。"《旧唐书·地理志》："归州兴山：武德三年，分秭归县置，旧治高阳城；贞观十七年移治太清镇；天授二年移治古夔子城。"《寰宇记》："吴景帝永安三年，分秭归县之北界立兴山县，属建平郡。"《宋史·地理志》："归州兴山：开宝元年移治昭君院，端拱二年又徙香溪北。"《县志》："宋末县令郭永忠迁今治。"……

昭君村。在兴山县南，有昭君院，开宝元年，移兴山治于此。又有昭君台。《寰宇记》："汉王嫱即此邑之人，故曰昭君之县。村连巫峡，是此地。"《闻见后录》："归州有昭君村，村人生女，无美恶皆炙其面。"《范成大集》："昭君台在兴山界中，乡人怜昭君，筑台望之。"按《安陆府志》："昭君村在荆门州，有杜甫诗'群山万壑赴荆门，生长明妃尚有村'为证，附记于此。"

祠　　庙

王昭君祠。在兴山县南昭君村，祀汉王嫱。

（穆彰阿等《大清一统志》卷273，据《四库全书》第480册，上海古籍出

版社1987年版）

编者按：《大清一统志》记录了兴山县许多关于王昭君的遗迹、祠庙，从引录的《宋史·地理志》可知，北宋初年曾将兴山县治移至昭君院，说明昭君院的范围比较大，也说明在北宋建立之初甚至在宋前之唐五代，兴山县就已经建造过一定规模的古迹建筑——昭君院。

御定渊鉴类函（节录）

（清）张英、王士祯 等

卷二十三　村二

伏波、昭君。又曰伏波村，在凤翔府扶风县马援故居；又曰昭君村，在荆州府归州，一云昭君生于陕州，故陕有昭君村。

（张英等《御定渊鉴类函》卷23，据《四库全书》第982册，上海古籍出

版社1987年版）

卷三百四十九　台三

昭君、单于。昭君台，在兴州山南，汉掖庭待诏王嫱，字昭君，南郡秭归人。邑人悯昭君不回，立台以祭。今有昭君村。

（张英等《御定渊鉴类函》卷349，据《四库全书》第991册，上海古籍出

版社1987年版）

编者按：张英、王士祯等学者编《渊鉴类函》卷二十三提及"一云昭君生于陕州"，此"陕州"何所指？历史上著名的陕州在今河南三门峡市城区，春秋末期秦惠公置陕县，北魏孝文帝置陕州，

今为河南三门峡市陕州区。而南朝梁代改宜都郡为宜州，西魏控制宜州后改为拓州，北周时期又改为陕州。从隋朝至北宋前期，时而改称夷陵郡，时而改称陕州，欧阳修贬官夷陵县期间仍写作"陕州"。北宋元丰年间（1078—1085）改"陕州"为"峡州"。所谓"昭君生于陕州"，即昭君生于峡州，这其实是使用了"峡"的俗字。《康熙字典》注"陕"字云："《说文》：'隘也。'《注》徐铉曰：'今俗从山作峡，非是。'《玉篇》：'不广也。亦作狭。'"峡州（古夷陵）地处长江三峡之口，地形险要，乃著名的关隘之地，号称"楚之西塞"，北周置陕州（亦写作硖州），取山岩耸立、易守难攻之意，隋唐时期改为峡州，后世部分文人著述依然写作"陕州"，实取"雄关险隘"之意。

《御定渊鉴类函》卷三百四十九言昭君台在兴州。兴州为西魏所置，即今陕西省略阳县；另外在金朝时期曾立兴州，在今河北省承德市一带。昭君故里兴山县似从未改称兴州，故此"兴州"当为"兴山"之误。

四川通志（节录）

（清）黄廷桂 等 编纂

卷二十六 巫山县

昭君村。在县东九十里。

（黄廷桂等《四川通志》卷26，据《四库全书》第560册，上海古籍出版社1987年版）

湖广通志（节录）

（清）夏力恕 等 编纂

卷十　山川志

直隶归州

香溪。州南二十里，源出兴山，至州左入大江。传为昭君洗妆处。

…………

洗面井。昭君洗面于此。

兴山县

珍珠潭。县南一里，相传昭君盥水坠珠花于此。

（夏力恕等《湖广通志》卷10，据《四库全书》第531册，上海古籍出版社1987年版）

卷二十五　祀典志

直隶归州

明妃庙。在州东北四十里。

（夏力恕等《湖广通志》卷25，据《四库全书》第532册，上海古籍出版社1987年版）

卷七十七　古迹志

直隶归州

昭君村。在州东北四十里。昭君名嫱，郡人王穰女。

兴山县

昭君台。在县前南山之阳。《图经》："在兴州山南。汉掖庭待诏王嫱字昭君，南郡秭归人，邑人怜昭君不回，立台以祭。今有昭君村。"

卷一百二　艺文志

雷思霈《巴东令张君考最序》（节录）

巴东，古丹阳，夏孟涂听讼之所，而周熊绎始封之国也。……楚之山川亦自巴东始。十五《国风》无楚诗，厥后有《离骚》，文藻婧节与日月争光。秭归，故巴子国，则楚之文章气节又未尝不自巴东始。况怪石颓波，危嶙倾岳，若有神气性情以写其雄浑奇郁之态者，拾遗之东西瀼也；膏露凌霜，虬鳞铁干，引霹雳而化石者，莱国柏也；烟鬟星佩，猿啸鹃啼，趋万壑而赴之者，明妃村也。

（夏力恕等《湖广通志》卷77、卷102，据《四库全书》第534册，上海古籍出版社1987年版）

乾隆版《兴山县志》（节录）

（清）黄宫 等 编纂

卷一　山川

县南有昭君台山、银花山、林家山。……县有珍珠潭，传明妃涤妆处。

卷二　古迹

昭君台，县南山之阳。

卷六　乡贤

汉王嫱，邑之七连坪人，汉未立邑，故通志载秭归，事实不赘。

卷十　八景

兴邑峰危湍急，习俗颛愚，然奇峭深秀，迥非凡境。旧传胜境景有八，备列以待雅人：屈洞寒烟、妃台晓日、珠潭秋月、仙侣春云、双戟摩空、五峰列指、橘林驯鹿、扇岭啼猿。

［据乾隆十八年（1753）《兴山县志》刻本，政协兴山县委员会2017年翻印］

编者按：从乾隆十八年（1753）纂修《兴山县志》记载可知：明清时期兴山县建有"八景"，其中"妃台晓日""珠潭秋月"两景与王昭君传说关联。同时，乾隆版《兴山县志》还具体指明王昭君为"七连坪人"。此外，乾隆版《兴山县志》言昭君台建在南山之阳，说明至清代民间亦称兴山为"南山"。

同治版《兴山县志》（节录）

（清）伍继勋、范昌棣 等 纂修

卷一　地理志·古迹

昭君村。县南一里，宋开宝元年移治于此。《太平寰宇记》："归州兴山县有王昭君宅，王嫱即此邑人，故曰昭君之县。村连巫峡，是此地。"

昭君台。在昭君村山上，俗传昭君梳妆于此。《范成大集》："昭君台在兴山界中，乡人怜昭君，筑台望之。"以上见《通志》。

香溪。县南一里。《妆楼记》："明妃，秭归人，临水而居，恒于溪中浣手，溪水尽香，今名香溪。"

按：《寰宇记》："兴山县有香溪，即王昭君所游处。"陆游《入蜀记》："香溪源出昭君村。"则香溪断在县境。《方舆纪要》以为县东南一里，即县前河是。《归州志》载：州东南二十里名香溪，乃溪水入江处。时人沿之。

珍珠潭。香溪水中，俗传昭君涤妆遗珠于此。《通志》。

捣练石。在香溪。《琴操》："昭君死塞外，乡人思之，为立庙。庙有大柏树，又有捣练石侧溪中，今香溪也。"

卷七　人物志·烈女·名媛

昭君，字嫱，南郡人也。初，元帝时以良家子选入掖庭。时呼韩邪来朝，帝敕以宫女五人赐之。昭君入宫数岁，不得见御，积悲怨，乃请掖庭令求之。呼韩邪临辞大会，帝召五女以示之。昭君丰容靓饰，光明汉宫，顾景裴回，竦动左右。帝见大惊，意欲留之，而难于失信，遂与匈奴。

［据同治四年（1865）《兴山县志》刻本，政协兴山县委员会2017年翻印］

同治版《归州志》（节录）

（清）余思训 修　陈凤鸣 纂

卷六　烈女

王嫱。字昭君，晋时改明妃，秭归人。事见《后汉·匈奴传》。

［据同治五年（1866）《归州志》刻本，成文出版社1975年影印］

光绪版《兴山县志》（节录）

（清）黄世崇 等 纂修

卷十一　典礼志

昭君祠。县南一里，汉建久废。案《琴操》："昭君死塞外，乡人思之，为立庙。庙有大柏，又有捣练石侧溪中，今香溪也。"

卷十九　艺文志

宋昭君故里碑。《双溪杂记》：咸丰初，邑人建奎阁于县南妃台上，土中挖得一碑，大字四，文曰："昭君故里。"小字漫灭，惟"宋"字尚可辨识，盖宋代物也。碑阴有小字，亦不可辨识。咸丰七年，奎阁毁，碑亦不存。光绪十年秋七月，知县黄世崇立石于奎阁故址，仍题曰："昭君故里。"

明昭君院碑。永乐十三年，邑人于县南重修昭君院，教谕姚唐撰文，诸生唐恭书丹刻石。

［据光绪十年（1884）《兴山县志》刻本，政协兴山县委员会2017年翻印］

三、 昭君墓及相关资料

塞下曲（之四）

（唐）常建

因嫁单于怨在边，蛾眉万古葬胡天。汉家此去三千里，青冢常无草木烟。

（常建《塞下曲》，据《全唐诗》卷144，第2册，中华书局1999年版）

编者按：从目前所见资料来看，常建《塞下曲》是最早提及"青冢"的作品，此诗大约作于开元、天宝之际（约741—742）。数年后的天宝年间（742—756），王昌龄在贬龙标尉赴任途中作《箜篌引》，有"弹作蓟门桑叶秋，风沙飒飒青冢头"之句。李白至塞北作《王昭君》二首，其一最后两句云："生乏黄金枉图画，死留青冢使人嗟。"尉迟匡《塞上曲》："夜夜月为青冢镜，年年雪作黑山花。"大历元年（766）杜甫至夔州（今重庆奉节）游览了昭君村等名胜古迹，作《咏怀古迹》五首，其三有"一去紫台连朔漠，独留青冢向黄昏"之句。可见，最晚在盛唐时期人们就将"青冢"与昭君尸骨葬地联系在一起了。

通典（节录）

（唐）杜佑

卷一百七十九　单于府

单于大都护府：战国属赵，秦汉云中郡地，大唐龙朔三年置云中都护府，又移瀚海都护府于碛北，瀚海都护府旧曰燕然都护府，二府以碛为界。麟德元年改云中都护府为单于大都护府，领县一：金河。有长城，有金河，上承紫河及象水。又南流入河，李陵台、王昭君墓。

（据杜佑《通典》卷179，王文锦等点校，第5册，中华书局1988年版）

编者按：单于大都护府辖今内蒙古呼和浩特市一带，所领金河县即今呼和浩特市和林格尔县等地。中唐著名学者杜佑首次在《通典》中指明昭君墓在金河县境，故而后世文人多认为呼和浩特市南郊的青冢即为王昭君之墓。

咏史诗（节录）

（唐）胡曾 撰 （宋）佚名 注

卷 下

青 冢

玉貌元期汉帝招，谁知西嫁怨天骄。至今青冢愁云起，疑是佳人恨未销。

旧注："《前汉》云：昭君死，番怜之，遂葬于汉界，号青冢。"今《汉书》不载，惟杜甫《咏怀古迹》第三首曰："一去紫台连朔漠，独留青冢向黄昏。"青冢者，王昭君墓也。

（胡曾《咏史诗》卷下，据《四库全书》第1083册，上海古籍出版社1987年版）

编者按：胡曾《青冢》一诗注释中所谓"《前汉》"，是指《前汉书》，即班固原本《汉书》。该条注释言原本《汉书》记载王昭君死后，单于将其葬在汉朝边境，号为"青冢"。此说不知何所据。今所传《汉书》无此记载，当是唐宋人的附会之词。

太平寰宇记（节录）

（北宋）乐史

卷三十八 关西道十四

金河县：四乡。即汉成乐县地，唐武德四年于此立都督府，遂立此县，北有金河以为邑称。天宝四年于城内置。阴山。榆多勒山。东神山。釜山。善阳岭，在县北一百四十里。秦长城枕之。《汉书》谓"高祖困于平城"，即善阳岭也。武德四年平突厥，置云中都护府于此地。青冢，在县西北。汉王昭君葬于此，其上草色常青，故曰青冢。

（据乐史《太平寰宇记》卷38，第2册，中华书局2007年版）

编者按：常建《塞下曲》言青冢常无草木，而乐史却说青冢之上草常青，说法差异很大。昭君之墓为何号称"青冢"，历来亦颇多争议，主要有三种意见：其一，边地多白草，而冢上草木独青，故名青冢。乐史认为青冢源于冢草"常青"。从目前所见资料看，乐史是第一位解释青冢得名原由的学者，《方舆胜览》《明一统志》《山西通志》《山堂肆考》《历代山陵考》《肇域志》《读史方舆纪要》《大清一统志》等宋元明清历史地理名著皆承袭乐史之说，只是改冢草"常青"为"独青"。这是宋代以来最流行的解释。其二，冢上不生白草，故名青冢。清人王应奎《柳南续笔》云："王昭君青冢，在归化城。塞上遍地白草，惟冢上不生，故名青冢，非谓冢上草独青也。"其三，远望呈现黛色，故名青冢。晚清李慎儒《辽史地理志考》云："青冢，即王昭君墓。……蒙古名'特木尔乌尔虎'。塞草色皆白，惟冢草青，故名。按宋荦《筠廊偶记》：'嘉禾曹秋岳先生尝至昭君墓，墓无草木，远而望之，冥蒙作黛色。'据此则是冢色自青，非草青也。可证古人记载之误。"

舆地广记（节录）

（北宋）欧阳忞

卷十九　河东路下

中金河县。唐天宝四年置，有金河；有燕然山，东汉窦宪勒铭于此；有李陵台；有王昭君墓，名曰青冢。

（据欧阳忞《舆地广记》卷19，李勇先、王小洪校注，上册，中华书局
2023年版）

六帖补（节录）

（南宋）杨伯嵒

卷　　九

青冢。昭君墓也。《琴操》注：昭君伏毒而死，单于举葬之，胡中多白草，而此冢独青。

（杨伯嵒《六帖补》卷9，据《四库全书》第948册，上海古籍出版社1987年版）

文献通考（节录）

（南宋）马端临

卷三百十六

单于大都护府：战国属赵，秦汉云中郡地。唐龙朔三年，置云中都护府，又移瀚海都护府於碛北。瀚海都护旧曰燕然都护府。二府以碛为界。麟德元年，改云中都护府为单于大都护府。领县一：金河。有长城，有金河土城；紫河及像水，又南流入河；李陵台、王昭君台。

（据马端临《文献通考》卷316，下册，中华书局1986年版）

辽史（节录）

（元）脱脱 等

卷四十一

丰州，天德军，节度使。

秦为上郡北境，汉属五原郡。地碛卤，少田畴。自晋永嘉之乱，属赫连勃勃。后周置永丰镇，隋开皇中升永丰县，改丰州。大业七年为五原郡，义宁元年太守张逊奏改归顺郡。唐武德元年为丰州总管府。……后唐改天德军。太祖神册五年攻下，更名应天军，复为州。有大盐泺，九十九泉，没越泺，古碛口，青冢——即王昭君墓。

（据脱脱等《辽史》卷41，第1册，中华书局1974年版）

编者按：辽代丰州是一座军事重镇，金元两代相继沿用，其城故址在今内蒙古呼和浩特市东郊白塔村。可见，《辽史》卷四十一所说丰州境内的青冢即是唐宋时期金河县境内的青冢。

梧溪集（节录）

（元）王逢

卷　一

题明妃图书乡先达陆子方诗后

忍辞汉月戴胡天，雁带边声落马前。地出黑河非故国，草生青冢自常年。朔风寒雪凋双鬓，旧思新愁写四弦。闻道至今魂不归，夜深直上气苍然。青冢在黑河旁，夜四更气苍然直上。江阴万户完仁山为余言。

（王逢《梧溪集》卷1，据《四库全书》第1218册，上海古籍出版社1987年版）

明一统志（节录）

（明）李贤 等

卷二十一

王昭君墓：在古丰州西六十里。地多白草，此冢独青，故名青冢。金王元节诗："环佩魂归千里月，琵琶声断黑山秋。汉家多少征西将，地下相逢也应羞。"

（据李贤等《明一统志》卷21，第2册，方志远等点校，巴蜀书社2017年版）

成化版《山西通志》（节录）

（明）李侃修；胡纂

卷之五

王昭君墓：在大同府城西五百里，古丰州西六十里，地多白草，此冢独青，故名青冢。

（据李侃等《山西通志》卷5，中华书局1998年版）

嘉靖版《山东通志》（节录）

（明）陆釴 等 纂修

卷二十二 古迹

青冢：在单县南八里，相传为王昭君墓，一名胡家堌。按：昭君死胡地，杜诗所谓"青冢向黄昏"者是矣，此安得有墓邪？昔人有诗云："瞻彼原上冢，草色何青青。中藏谁氏骨，而以昭君名。惟时日将暮，但见闲云横。悠扬本无意，舒卷若有情。悲恨几时消，行人感慨增。"

［据嘉靖十二年（1533）《山东通志》刻本］

编者按：昭君出塞没有途经山东之地，死后也未葬山东，但山东多地传有昭君青冢，充分说明昭君出塞故事能引起后人共鸣。正如无名氏诗云："瞻彼原上冢，草色何青青。中藏谁氏骨，而以昭君名。"

嘉靖版《大同府志》（节录）

（明）张钦 纂修

卷 四

汉明妃墓。在府城西北五百里大边外，古丰州西六十里。

［据嘉靖十二年（1533）《大同府志》刻本］

嘉靖版《许州志》（节录）

（明）张良知 纂修

卷 八

青冢。在襄城西北十五里，旧传为昭君墓。误。

［据嘉靖十九年（1540）《许州志》刻本，上海书店1961年影印］

嘉靖版《襄城县志》（节录）

（明）林鸾 纂修

卷　一

王昭君墓。在县西北。

[据嘉靖三十年（1551）《襄城县志》刻本]

编者按：襄城县在明清时期隶属于许州，今属河南许昌市，与昭君故里、昭君出塞所经之地等均无关联。古代民间传此处有昭君墓，嘉靖版《许州志》已做辨正，认为乃民间讹传。但是也不能排除这样一种可能：昭君入宫时曾经过襄城，元明时期襄城县有青冢寺，亦称龙兴寺，民间传说有一古冢，是为纪念王昭君所建的衣冠冢，冢旁有龙兴寺，冢寺相连，后来就将龙兴寺改为青冢寺。这些传说足以说明昭君文化传播之广。

山堂肆考（节录）

（明）彭大翼

卷三十

王昭君墓：在古丰州西六十里，地多白草，此冢独青，故名青冢。

（据彭大翼《山堂肆考》卷30，第1册，上海古籍出版社1992年版）

历代山陵考（节录）

（明）王在晋

卷　上

王昭君墓：古丰丹西六十里，北地多白草，此冢独青。

（王在晋《历代山陵考》卷上，据清初辽宁借月山房汇钞本）

编者按：《历代山陵考》说昭君墓在古丰丹西六十里，"丰丹"显然为"丰州"之笔误。

两朝平攘录（节录）

（明）诸葛元声

卷之一

附三娘子

俺答春、秋、冬住牧丰州滩昭君墓，入夏避暑青山。

（诸葛元声《两朝平攘录》卷1，据《续修四库全书》第434册，上海古籍
出版社2002年版）

编者按：俺答，明代嘉靖年间蒙古土默特部落首领，著名政治家、军事家，即阿勒坦汗，通称"俺答汗"。三娘子，俺答汗的王妃，乃明代蒙古族著名女政治家。俺答汗逝世后，三娘子连嫁四任土默特部首领，掌握军政大权，历来主张与明朝加强政治、经济联系，受人敬服。此处"俺答"，代指俺答汗、三娘子统领下的土默特部落。

万历版《山西通志》（节录）

（明）李维桢 等 纂修

卷十四 古迹

明妃墓。府城西北五百里，古丰州西六十里。地多白草，此冢独青，故名青冢。

（据李维桢等《山西通志》卷14，中华书局2012年版）

万历版《马邑县志》（节录）

（明）宋子质 修；王继文 纂

卷 上

青冢。阔四五亩，高丈余，俗传王昭君墓。

［据民国二十五年（1936）《马邑县志》铅印本］

编者按：马邑县位于今山西朔州市朔城区东北，其境内青冢与后文雍正版《山西通志》所载右玉县境内（今山西朔州市西北）的青冢并非一处。

广舆记（节录）

(明) 陆应阳 纂 (清) 蔡方炳 增辑

卷四 大同府

王昭君墓。府城西北。地多白草，此冢独青。

[据康熙二十五年（1686）《广舆记》刻本]

肇域志（节录）

(清) 顾炎武

山西·大同府

王昭君墓。在丰州西六十里。北地多白草，此冢独青。

（据顾炎武《肇域志》，第2册，上海古籍出版社2004年版）

枣林杂俎（节录）

(清) 谈迁

中集 营建

青 冢

荆门州青冢。土人哀昭君，招魂而葬，因名。实在大同城西北五百里，古丰州滩西六十里。

（谈迁《枣林杂俎》中集，据《续修四库全书》第1135册，上海古籍出版社2002年版）

编者按：言荆门州（今湖北荆门市）境内有青冢，仅见于《枣林杂俎》。荆门为古荆州腹地，民俗中流行招魂之祭。唐人杜甫作《咏怀古迹》五首，其三咏昭君出塞，有"群山万壑赴荆门"之句，后立荆门县、荆门州等，于是俗传荆门为昭君故里。荆门何时建有"青冢"，不得而知，当为民间附会之词，以便祭奠昭君英魂。

古香斋集序（节录）

（清）姜宸英

古香主人手辑其近诗，自《出居庸关》至《边外忆友》诸什为出塞诗，附以还京后诸作，合之共为一卷。丙子春，皇上亲征漠北，命主人驻守归化城，防寇奔逸路，任亲贤贤也。按：归化城在唐丰、胜二州境，主人与其从行生徐兰按之《图经》，谓阴山下千余里草木茂盛，多禽兽，为匈奴苑囿。今大同起西阳河堡边外之山皆斥卤，惟此山土暖而幽深，夏多奇花卉，山脉甚长，知即古阴山也。又《地里志》：朔州有连山，其山中断，两峰峻起，名曰高阙。亦与今归化城西北山所开之阙合。王昭君墓在其地，至今其冢草木犹青云。是阴山、高阙皆在归化城界内，此昔赵武灵之所经营，而秦蒙氏父子、汉卫霍诸名将所往来提戈用兵处也。主人治兵之暇，按辔循行，周视险隘，在在皆有经画遭遇。

（据姜宸英《湛园集》卷1，见《四库全书》第1323册，上海古籍出版社1987年版）

读史方舆纪要（节录）

（清）顾祖禹

卷四十四　山西六

大同府

青冢：在府西北塞外，相传王昭君冢也。地多白草，此冢独青，因名。

（据顾祖禹《读史方舆纪要》卷44，贺次君、施和金点校，中华书局2005年版）

坚瓠广集（节录）

（清）褚人获

卷 四

牧羊处昭君墓

汉时苏武牧羝处，则今陕西银番卫也，山因以苏武名，庙在雁门关之外。王昭君嫁匈奴，其墓所则今山西大同也。李陵台乃在今昌平州。然则古所云绝域，今皆在版图，为衣冠往来之冲要，不亦盛乎！

（褚人获《坚瓠广记》卷4，据《续修四库全书》第1261册，上海古籍出版社2002年版）

编者按：文中"银番卫"，当为"镇番卫"之误。陕西镇番卫为明初改设的军管政区，其前身是临河卫，据《明太祖实录》载："洪武十年正月辛酉，改陕西临河卫为镇番卫。"明朝镇番卫主要辖今甘肃西北部、河西走廊东部的石羊河下游地区，处于当时番汉边界。

奉使俄罗斯行程录（节录）

（清）张鹏翮

五月十八日

青冢古迹，远望如山，策马往观，高二十丈，阔数十亩。顶有土屋一间，四壁垒砌，藏以瓦瓮，此喇嘛所为也。下有古柳一株眠地，中空如船，而枝干上伸，苍茂如虬窠。有乌鸦，较中国却大而声哑，物之不齐如此，而况于人乎！冢前有石虎双列，白石狮子仅存其一，光莹精工，必中国所制，以赐明妃者也。绿琉璃瓦砾狼藉，似享殿遗址，惜无片碣可考。

五月十九日

昭君墓，在丰州西三十里，地多白草，此冢独青，故名青冢。

（据张鹏翮《奉使俄罗斯行程录》，中华书局1991年版）

康熙版《兖州府志》（节录）

（清）张鹏翮 等 纂修

卷二十　陵墓志

单　县

青冢：在县南八里，俗传为昭君墓，非也。周回三百步，高数仞，常以八月上旬白云拥出，风虽四转，竟落西南，不知所解。

[据康熙二十四年（1685）《兖州府志》刻本]

编者按：从历史典籍记载看，王昭君生前身后从未涉及齐鲁之地，而明嘉靖十二年（1533）纂修的《山东通志》就记载了单县民间有昭君青冢之说，康熙二十四年（1685）纂修的《兖州府志》亦记载了类似传闻。单县位于今山东西南部，古属兖州，今属山东菏泽市。单县处中原腹地，俗传有昭君墓，实是昭君文化影响下的民间附会之词。正如嘉靖版《山东通志》所载诗云："中藏谁氏骨，而以昭君名？"不难看到王昭君人格之魅力。

出塞纪略（节录）

（清）钱良择

土人言：昭君冢近在城南，高阜岿然，望之可见。遂策马往观。道经一河，广二三丈，水可及膝，古之黑河也。岸侧菖蒲甚盛，茨菇次之。忽见死人三四，和衣被弃于荒郊，盖其俗无掩埋之礼也。三十里至冢前，冢高三十余丈，广数亩。冢之南琉璃瓦碎者成堆，意其旧有祠宇，惜无碑碣可考。石虎、石马各一，色黑；石狮一，色白；石幢一，镌蒙古书竖幡于上。旧传塞草皆黄，惟冢独青，故名青冢。今凡草皆青，一望无际，别或草衰时有异，未可知也。冢巅有土人垒土作小方亭，藏画佛及零星绀布、豆麦，以土坯堵其四面。冢傍一大柳，其根分为二，相去三尺余，去地数尺，复联为一，骨去皮存；围径丈余，偃及数丈，浓阴覆地，苍翠扑人。

（钱良择《出塞纪略》，据张潮、杨复姬等辑《昭代丛书·辛集别编》卷23，第3册，上海古籍出版社1990年版）

编者按：钱良择，字玉友，号木庵，江苏常熟人。活跃于康熙初期，曾随大臣显贵出使塞外，《出塞纪略》即记录其出塞期间所见塞外风光及人物古迹，游记中写了若干诗文。清代文人张潮、杨复姬等先后编辑《昭代丛书》，其《辛集别编》中收录了《出塞纪略》一卷，由世楷堂书坊刻印。

居易录（节录）

（清）王士禛

卷　四

陈给事言：明妃冢在归化城南三十里，高三十余丈，广数亩。冢前尚存石虎二，其色黝黑；石狮子一，色纯白；石幢一，上刻蒙古书，竖幡其上。冢巅有小方亭，中藏画佛。冢旁大柳一株，根分为二，相距三尺许，去地数尺，连而为一，骨去皮存，若香片然。道经黑河，广二三丈，岸边多菖蒲、慈菇。归化城，隋之东丰州也。又有西丰州。唐贞观四年置丰州都督府，领蕃户，统富民，汉之临戎。振武汉之盛乐。二县。开元七年割隶东受降城，在大同府西北，东受降城之东。八年置振武军节度使。北有阴山，去城五十里。又言：丰州南有空城，城中浮图一，六角七级，高矗天半，南向，篆书颜额曰"万部华严经塔"。第七级壁上大书"金大定二年奉敕重修"。多金元人题字，墨迹如新，而辞率俚鄙，唯一诗近雅，云："去年曾醉海棠丛，闻说新知发旧红。昨夜梦回花下饮，不知身在玉堂中。瑞伯书。"按：此诗宋元绛厚之之作也。其题名有丰州水鸦提点王英、张百川至元十一年五月署字。

（王士禛《居易录》卷4，据《四库全书》第869册，上海古籍出版社1987年版）

编者按：王士禛《居易录》较为详细地记述了青冢的方位、规格、题咏及重修等情况。其《带经堂诗话》亦有类似记述。

御定渊鉴类函（节录）

（清）张英、王士祯 等

卷一百八十三

冢墓三

草青、血碧。北地多白草，王昭君冢独青，胡人异之，因名青冢。苌弘墓在偃师。弘，周灵王贤臣，无罪见杀，藏其血，三年化为碧。

（张英等《御定渊鉴类函》卷183，据《四库全书》第986册，上海古籍出版社1987年版）

类腋（节录）

（清）姚培谦 张卿云 辑

卷九　地部

大同府·古迹

青冢：府西北，地多白草，此冢独青，故名青冢。杜甫诗："一去紫台连朔漠，独留青冢向黄昏。"《朔平府志》：青冢，即王昭君墓。昭君，王嫱，汉元帝时选入掖庭，数岁不得见御。匈奴呼韩邪来朝，帝赐之。生一男。呼韩邪死，昭君上书求归，成帝敕令从胡俗，遂复为后单于阏氏，生二女。相传昭君不从胡俗，饮药死，未详何据。青冢，一在杀虎口外归化城东南黑河南岸，土人云西黄河岸及瓦剌地亦有二处，未知孰是。

（姚培谦等《类腋》卷9，据《续修四库全书》第1249册，上海古籍出版社2002年版）

蓉槎蠡说（节录）

（清）程哲

卷　一

昭君墓：今山西大同府西，地草多白。

［程哲《蓉槎蠡说》卷1，据康熙五十年（1711）程氏七略书堂抄本］

康熙版《宣化县志》（节录）

（清）陈坦 纂修

卷十七　武略志

俺答系元裔小王子洒阿汗之第三子，骁勇善战，方略空群，春、秋、冬三季住牧丰洲滩昭君墓，夏则避暑青山。

［据康熙五十年（1711）《宣化县志》刻本］

雍正版《山西通志》（节录）

（清）觉罗石麟 监修 储大文 等 编纂

卷二十二　山川

右玉县

蹄窟岭：在县东五十里，高数十丈，递高十里，盘踞三十里，连左云县界高山堡，北连边墙三十里，上有三峰，相传汉王昭君出塞道经此岭，有马蹄迹，至今尚存。

偏关县

昭君墕：在县西北二十里，相传明妃经此，一足迹留石盘上。

（雍正版《山西通志》卷22，据《四库全书》第542册，上海古籍出版社1987年版）

卷五十八　古迹二

右玉县

东古城：东南五十里，相传汉明妃居此。

宣德县

明妃遗迹：西北三十里蹄窟岭，相传明妃出塞经此，石上有马蹄痕。

卷五十九 古迹三

偏关县

昭君墕：西北二十里，相传明妃过此，遗一足痕于石盘。

（雍正版《山西通志》卷58、卷59，据《四库全书》第544册，上海古籍出版社1987年版）

卷一百七十三 陵墓

右玉县

汉明妃冢：在古丰州西六十里，塞草皆黄，惟此独青，因名青冢。

（雍正版《山西通志》卷173，据《四库全书》第548册，上海古籍出版社1987年版）

编者按：明清时期纂修的《山西通志》记载了一些与王昭君相关的地名，如偏关县境有昭君墕等，右玉县境有蹄窟岭、汉明妃冢、东古城等。偏关县位于今山西忻州市西北角，右玉县位于今山西朔州市西北角，其东为宣德县（今左云县境内），均处在偏关县东北，三县相邻，又都与今陕西省交界，山西等地广传昭君出塞从长安（今陕西西安市）出发经过昭君墕、蹄窟岭等地而北入大漠，这应该是民间历史记忆的留存。墕，山西方言，两山之间的山地称为墕。《山西通志》又载右玉县境内亦有青冢，说明昭君死后在内蒙、山西一带产生了广泛的影响，以致后世民间传说昭君墓多达十数处乃至数十处。

雍正版《朔平府志》（节录）

（清）刘士铭 修 王霨 纂

卷四 建置·陵墓

青冢：即王昭君墓。昭君王嫱，南郡秭归人。……青冢一在杀虎口外归化城东南三十里黑河南岸路西，高丈余，围亩许，无碑记。访之土人，云西黄河岸及瓦剌地方复有二处。匈奴住牧，迁徙不常，未知孰是。

[据雍正十一年（1733）《朔平府志》刻本]

雍正版《神木县志》（节录）

（清）佚名 纂修

卷三　古迹

青冢：相传为王昭君冢，塞草皆白色，惟此冢独青。

（佚名《神木县志》卷3，据清代抄本，台湾成文出版社2007年影印）

编者按：神木县，位于今陕西省西北部，隶属于榆林市，地处陕西、山西、内蒙三地交接处。佚名《神木县志》编纂年代失记，学界一般认为在雍正末年至乾隆初年。学者李大海撰文《台湾成文出版社影印〈神木县志〉成书年代小考》，认为其成书年代"当在康熙末年，尤以康熙五十四至五十九年（1715—1720）之间最有可能"。此可备一说。

乾隆版《大同府志》（节录）

（清）吴辅宏 纂修

卷三十二　杂志

嘉禾曹秋岳溶备兵，阳和时尝至昭君墓，墓无草木，远而望之，冥濛作黛色，古云"青冢"，良然！墓前石案刻蒙古书，先生考绎最详，拓数纸归。

（吴辅宏《大同府志》卷32，据《中国地方志集成·山西府县志辑》第4册，凤凰出版社等1996年版）

大清一统志（节录）

（清）穆彰阿、潘锡恩 等

卷一百八　宁武府·山川

昭君坞：在偏关西北二十里，相传王昭君过此。

卷一百二十四　归化城六厅

青冢：在归化城南二十里，蒙古名特木尔乌尔虎。《通典》：金河县有王昭君墓。《辽史·地理志》：丰州有青冢，即王昭君墓。《大同府志》：汉明妃墓在府西五百里，古丰州西六十里，塞草皆白，惟此独青，故名。《汉书·匈奴传》：竟宁元年，呼韩邪来朝，自言愿婿汉氏以自亲，元帝以后宫良家子王嫱赐单于。后其子雕陶莫皋立，王昭君死，葬黑河岸，朝暮有愁云怨雾覆冢上。

（穆彰阿等《大清一统志》卷108、卷124，据《四库全书》第476册，上海古籍出版社1987年版）

辽史拾遗（节录）

（清）厉鹗

卷十五

丰州　天德军　节度使　九十九泉　青冢　边贯道

张钦《大同志》曰：官山，在府城西北五百余里古丰州境。山上有九十九泉，流为黑河。《明一统志》曰：王昭君墓在古丰州西六十里，地多白草，此冢独青，故名青冢。《中州集》曰：边元勋，丰州人。祖贯道，辽曰状元。

（厉鹗《辽史拾遗》卷15，据《四库全书》第289册，上海古籍出版社1987年版）

归绥识略（节录）

（清）张曾

卷七　陵墓

青冢。在归化城南二十里，黑河侧。高十余丈，土色黝然，望之如山。旧说以塞上草白，墓草独青，故名。今无草。墓前有石马一，石幢一，残缺不全；石碑三，俱近代立。

（张曾《归绥识略》卷7，据绥远通志馆编纂《绥远通志稿》第12册，内蒙古人民出版社2007年版）

御批历代通鉴辑览（节录）

（清）傅恒 等

卷八十一

宣和五年

夏四月……金袭辽延禧于青冢。在今归化城南。《辽史·地理志》：丰州有青冢，即王昭君墓。《方舆纪要》：塞草皆白，惟此独青，故名。获其子女族属从臣以归。

（傅恒等《御批历代通鉴辑览》卷81，据《四库全书》第338册，上海古籍出版社1987年版）

乾隆版《东明县志》（节录）

（清）储元升 纂修

卷 一

青冢。在县北十八里，柿子园迤南，冢上各有青草，故名。俗传为昭君墓，非。

卷 三

青冢。离县十六里，俗传为昭君墓。

［据民国十三年（1924）《东明县志》刻本，东明县史志办公室2008年翻印］

编者按：东明县位于今山东菏泽市西部，与河南省交界，而单县位于今菏泽市东南角，两地相距约两百里，位于东明县北十八里的青冢与位于单县南八里的青冢并非一地。

方舆考证（节录）

（清）许鸿磐

卷二十五 山西四

青冢。《一统志》：在归化城南二十里，蒙古名特木尔乌尔虎。

（据许鸿磐《方舆考证》卷25，第6册，四川大学出版社2016年版）

卷九十九 外城一

青冢。在城南二十里，蒙古名特木尔乌尔虎。《通典》：今河滨县有昭君墓。《辽史·地理志》：丰州有青冢，即王昭君墓。《大同府志》：汉昭君墓在府西北五百里，古丰州西六十里。塞草皆白，惟此独青，故名。

（据许鸿磐《方舆考证》卷99，第18册，四川大学出版社2016年版）

编者按：《方舆考证》指杜佑《通典》载河滨县有昭君墓，唐代杜佑时有金河县而无河滨县，此处河滨县即唐金河县，河滨县为辽金时期辽代所置，隶属于东胜州，历史上延续时间不长，后人更熟悉金河县。

柳南续笔（节录）

（清）王应奎

卷 一

青 冢

王昭君青冢，在归化城。塞上遍地白草，惟冢上不生，故名青冢，非谓冢上草独青也。冢边有石狮一，石虎二，石虎背上刻"青冢"二字。

（据王应奎《柳南随笔续笔》卷1，以柔校点，中华书局2012年版）

水经注释地补遗（节录）

（清）张匡学

卷　上

青冢：在大同府城西北。《朔平府志》：青冢即王昭君墓，一在杀虎口外归化城东南黑河南岸，土人云西黄河岸及瓦剌地亦有二处。未知孰是。

（张匡学《水经注释地补遗》卷上，据李勇先、高志刚主编《水经注珍稀文献集成·第三辑》，第11册，巴蜀书社2017年版）

辽史地理志考（节录）

（清）李慎儒

卷五　西京道

丰州天德军

青冢，即王昭君墓。在今山西大同府治西五百里，辽丰州故城西六十里，今归化城南二十里，蒙古名"特木尔乌尔虎"。塞草色皆白，惟冢草青，故名。

天祚播迁处考

四月，金兵围辎重于青冢硬寨。青冢即王昭君墓，在今山西朔平府北边墙杀虎口北一百八十里，又二十里抵归化城。

（李慎儒《辽史地理志考》卷5，据《二十五史补编》，第6册，中华书局1955年版）

光绪版《定兴县志》（节录）

（清）张主敬 等修 杨晨 纂

卷十四　古迹志

旧志曰：《周官》诵训道方志，土训道地图，此志乘纪古迹之所由来也。顾代远年湮，传闻异词、附会失实者不少。如青冢在塞外，而本邑有青冢村，遂谓昭君墓在此。此不辨而自明者，然与其过而废也，宁过而存之，以俟怀古者之考证焉。

…………

青冢。旧志云：昭君墓在塞外，墓草独青，故曰青冢。今县境东南有青冢村，相传是其葬处。

[据光绪十九年（1893）《定兴县志》刻本]

编者按：定兴县位于今河北北部，隶属于保定市，有青冢村，民间传为昭君墓地，亦见昭君出塞影响之深广。

南园丛稿（节录）

张相文

卷四　游记

塞北纪行

（四月）二十七日，西行数里，望黄河南岸，土阜隆起，若小山，亦名昭君墓。此殆昭君衣冠冢耳。旁有土垒似营屯，近已颓废。旧在黄河北岸，自河流北徙，乃在河南矣。

（张湘文《南园丛稿》卷4，据《民国丛书》第五编，第98册，上海书店1931年影印）

编者按：张相文《塞北纪行》记述的昭君坟，位于今内蒙古鄂尔多斯市北部达拉特旗境内，又称昭君岛，是著名的昭君疑冢之一。达拉特旗昭君坟位于黄河古渡北面，是一片大约二三十米高的土阜，民间传为昭君坟。坟之不远处有似营屯的土垒，莫久愚等学者认为应是汉宜梁古城的残存，亦即《水经注》载录的"石崖城"。

民国版《新城县志》（节录）

张雨苍 等 修 王树枏 纂

卷二十三

青冢，汉明妃墓也，吾乡紫泉有大小青冢之村，不知始于何时。杜诗云："一去紫台连朔漠，独留青冢向黄昏。"是青冢宜在塞北极边之地。及检《山西通志》，今在归化城南十余里黑河之侧。按：归化城，汉五原郡，距塞北绝远，岂其时王歈辈实导之而遂克返葬于是与？至吾邑青冢之名，则固歧而又歧者也。

[据民国二十四年（1935）《新城县志》排印本，北平文华斋印]

编者按：民国时期新城县隶属河北保定市，今改为高碑店市，位于保定市东北，东与廊坊市交界，西与定兴县接壤，其境内有青冢村，传为明妃墓地，与定兴县青冢村相距不远，有大小青冢村之别。

民国版《归绥县志》（节录）

郑植昌 修 郑裕孚 纂

卷二 舆地志

汉王昭君墓：在旧城南二十里，高二十丈，阔五十亩，有土道，可拾级而登，墓前石碑六。

《宋史》：太平兴国八年，丰州刺史王承美败辽师，追北至青冢北百余里。《辽史》：神册元年八月，太祖拔朔州，勒石纪功于青冢南。《元史》：太祖十四年，驻军青冢，由东胜渡河收西夏。《一统志》：昭君墓在丰州西三十里，地多白草，此冢独青，故名青冢。

《奉使日记》：城南负郭，有黑河、青冢，远望如山，策马往观，高二十丈，阔数十亩。顶有土屋一间，四壁垒砌，藏有瓦瓮。下有古柳一株眠地，中空如船，而枝干上伸，苍茂如虬。冢前有石虎双列，白石狮子仅存其一，光莹精工。绿琉璃瓦砾狼藉，似享殿遗址，惜无片碣可考。石磴有蒙古字。

《山西通志》:《筠廊随笔》: 嘉禾曹秋岳溶尝至昭君墓，墓无草木，远而望之，冥濛作黛色，古云青冢，良然! 墓前石案刻"□阏氏之墓"，为蒙古书。秋岳考译最详，曾拓数纸归。

裕孚案: 石磴、狮虎、土屋今俱无存，所余仅破碎之碧瓦，坟巅有窟，土人云可以乞药，昔并能借碗、箸、器皿，今不验。说殊荒谬。又包头西南六十里有鄂博游牧交界之所，无山河为识者，叠石为志，曰鄂博。见《清会典》。一堆。九年，李培基重修。距塔数武，有泉甘冽。

白塔为归绥名胜之一，曰"白塔耸光"，与青冢拥黛、昭君墓。虎头瀑布、虎头山。牛角旋峰、卧牛山。柳城荫绿、绥远城环杨柳。杏坞翻红、东乌素图杏花。沙溪春涨、民政厅门前流水。石桥晓月庆凯桥。为旧说之"八景"。

[据民国二十四年（1935）《归绥县志》铅印本]

民国版《马邑县志》（节录）
陈廷章 修　霍殿鳌 纂

卷一　舆图志

青冢，在县西南三十里，阔四五亩，高三丈余，俗传汉王昭君墓。考明妃冢在丰州，兹其讹传云。

[据民国七年（1918）《马邑县志》铅印本]

民国版《阳原县志》（节录）
刘志鸿 等 修　李泰棻 纂

卷十五　金石

建昭锔: 是器民国二十年发见于绥远归绥县南二十五里之昭君墓。二十二年，余典试绥省文官考试时，以重金购得。两耳各为虎头，锈为黑间水绿色，重二百零八两，高二十公分，口径四十一公分，口周百二十九公分，内深十九公分。口边有文曰:"锔容一石，重卅二斤。建昭四年二月。"字甚秀整，为汉器中最罕见者。

按：昭君下嫁匈奴，后于建昭四年者年余，此或为嫁时奁品，薨而殉葬者。然昭君在绥之墓有二。除此墓在归绥外，包头尚有其一，俗称衣冠冢。然包头者固非，绥远者亦未必是。余别有考，见拙著《方志学》。

〔据民国二十四年（1935）《阳原县志》铅印本，成文出版社印行〕

编者按：鋗是一种盆形有环的温器，用于盥洗。鋗器刻有"建昭四年二月"，应为制作时间。建昭四年为汉元帝第三个年号，即公元前35年，两年后即公元前33年王昭君出塞远嫁。从时间上看，鋗作为昭君出嫁奁品之一是有可能的，其文物价值很高。但县志所言昭君墓是否为昭君真墓，建昭鋗是否从昭君墓中出土，则有待学界进一步考证。

第二编　流变

一、　汉魏六朝

昭君镜铭文

（东汉）佚名

汉召单于匈奴臣，名王归义四夷宾，兵革不用中国安。孟春正月更元年，胡王陛见赐贵人。后宫列女王昭君，隐匿不见坐家贫，待诏未见有天抻。长跪受诏应最先，倍去中国事胡人。

（据熊长云《昭君镜考释》，《文学遗产》2022年第5期）

编者按：清华大学教授熊长云先生在论文中将昭君镜制作的时代断为东汉早期，即汉章帝、汉和帝时期。这个时间与班固《汉书》的成书时间大略相同或略晚。据现今所见资料，这是最早反映昭君和亲的诗歌作品。《昭君镜铭文》诗句直白，谈不上精妙的艺术性，但充分说明最初以昭君出塞为题材的文学创作，遵循了历史事件的本来面目，其基本倾向是赞同民族和亲、肯定昭君出塞使"中国安"的杰出贡献，真实地反映了广大民众的思想情感。

铭文中"倍去"二字，意即离开。倍通"背"，背对，背向。另外，由于铭文颇有几处字词难以辨识，编者综合学界意见略作了修正。

怨旷思惟歌

（东汉）佚名

秋木萋萋，其叶萎黄。有鸟处山，集于苞桑。养育毛羽，形容生光。既得升云，游倚曲房。离宫绝旷，身体摧藏。志念抑沉，不得颉颃。虽得喂食，心有徊徨。我独伊何，改往变常。翩翩之燕，远集西羌。高山峨峨，河水泱泱。父兮母兮，道里悠长。呜呼哀哉，忧心恻伤。

（据欧阳询等编《艺文类聚》卷30，上册，上海古籍出版社1982年版）

编者按：从目前传世资料看，这应是最早以抒写昭君悲情的诗作。诗中"志念抑冗"一句，后世文献多作"抑沉"，《艺文类聚》是载录此诗最早的版本，作"抑冗"并非笔误。冗字有离散、杂乱等含义，状写心情散乱、低落。关于这首诗的作者，《琴操》等署名王昭君，但实不过托名之作，借昭君出塞以抒写自己心中的郁悒。近人王季思在《玉轮轩曲论新编》一书中认为："东汉中叶以后，最大的边患已不是匈奴而是西羌。诗中以西羌代指匈奴，说明它可能是东汉后期的作品。"这个观点普遍为学术界所接受。诗歌首次以昭君和亲为题材，并确定了昭君悲怨、世人怜其远嫁的抒情基调。

王明君辞并序

（晋）石崇

王明君者，本是王昭君，以触文帝讳，故改之。匈奴盛，请婚于汉，元帝以后官良家子昭君配焉。昔公主嫁乌孙，令琵琶马上作乐，以慰其道路之思，其送明君亦必尔也。其造新曲，多哀怨之声，故叙之于纸云尔。

我本汉家子，将适单于庭。辞诀未及终，前驱已抗旌。仆御涕流离，辕马为悲鸣。哀郁伤五内，泣泪沾朱缨。行行日已远，遂造匈奴城。延我于穹庐，加我阏氏名。殊类非所安，虽贵非所荣。父子见凌辱，对之惭且惊。杀身良不易，默默以苟生。苟生亦何聊，积思常愤盈。愿假飞鸿翼，乘之以遐征。飞鸿不我顾，伫立以屏营。昔为匣中玉，今为粪上英。朝华不足欢，甘与秋草并。传语后世人，远嫁难为情。

（石崇《王明君辞并序》，据逯钦立《先秦汉魏晋南北朝诗》，上册，中华书局1983年版）

编者按：西晋诗人石崇的《王明君辞并序》在昭君文学艺术的发展史上影响巨大：一是首次以"王明君"为诗题，使"明君"这一昭君的别名流行于世，并逐渐衍生了"明妃"等称呼。二是将琵琶作乐与昭君远嫁关联起来，使琵琶逐渐成为昭君故事中的极其特殊的著名意象。历史上以琵琶乐曲送行，本源自汉武帝时刘细君公主远嫁乌孙国，因石崇《王明君辞并序》深入人心，后世以昭君出塞为题材的戏曲小说创作及绘画艺术无不描写琵琶乐曲，从此琵琶与昭君出塞血肉相连，难以分割，成为昭君文化的重要符号之一。三是改变了汉强匈奴弱的史实，叙写"匈奴盛"为昭君远嫁之因由，开启了一个民族和亲悲剧的文学母题。诗中"殊类非所安，虽贵非所荣。父子见凌辱，对之惭且惊"之类的诗句明显存在着文化偏见，所造成的影响是消极的，此后历代文人视昭君出塞为民族屈辱的声音时隐时现。

西京杂记（节录）

（晋）葛洪 整理

卷　二

元帝后宫既多，不得常见，乃使画工图形，案图召幸之。诸宫人皆赂画工，多者十万，少者亦不减五万。独王嫱不肯，遂不得见。匈奴入朝求美人为阏氏，于是上案图以昭君行。及去，召见，貌为后宫第一，善应对，举止闲雅。帝悔之，而名籍已定，帝重信于外国，故不复更人。乃穷案其事，画工皆弃市。籍其家，资皆巨万。画工有杜陵毛延寿，为人形，丑好老少必得其真；安陵陈敞，新丰刘白、龚宽，并工为牛、马、飞鸟，亦肖人形，好丑不逮延寿；下杜阳望亦善画，尤善布色；樊育亦善布色，同日弃市。京师画工于是差稀。

（葛洪《西京杂记》卷2，据向新阳、刘克任《西京杂记校注》，上海古籍
出版社1991年版）

编者按：关于《西京杂记》的作者问题，历来多有争议。东晋葛洪在《西京杂记·跋》中指明为西汉著名学者刘歆所作，古今多有学者举证予以辩驳。余嘉锡《四库提要辩证》指出："实际上是葛洪利用汉晋以来流传的稗史野乘、百家短书抄撮编集而成的，故意假刘歆

《汉书》以自重，以今托古，以野史杂记托之正史。"但有一点可以肯定，西汉以来民间已经流传着各种关于王昭君出塞的传说故事，葛洪的材料未必来自刘歆，但应有民间依据。事实上，刘歆、葛洪都不过是民间传说故事的整理者而已，当然，整理过程中自有整理者的文学增华。《西京杂记》首次叙述汉元帝对王昭君动情的情节，虽不免存在虚构想象和加工成分，但在昭君故事发展演变史上可谓重要的转折点，为后世虚构设计元帝、昭君之间的缠绵爱情做了最初的铺垫。

琴操（节录）

（晋）孔衍 等 整理

刘孝标《世说新语注》引《琴操》

王昭君者，齐国王穰女也。年十七，仪形绝丽，以节闻国中。长者求之者，王皆不许，乃献汉元帝。帝造次不能别房帷，昭君恚怒之。会单于遣使，帝令宫人装出，使者请一女，帝乃谓宫中曰："欲至单于者起。"昭君喟然越席而起，帝视之，大惊悔。是时使者并见，不得止，乃赐单于。单于大悦，献诸珍物。昭君有子曰世违。单于死，世违继立。凡为胡者，父死，妻母。昭君问世违曰："汝为汉也，为胡也？"世违曰："欲为胡耳。"昭君乃吞药自杀。

（据刘孝标注《世说新语·贤媛第十九》，见徐震堮《世说新语校笺》卷下，中华书局1984年版）

欧阳询等《艺文类聚》录《琴操》

王昭君者，齐国人也，颜色皎絜，闻于国中。献于孝元帝，讫不幸纳。积五六年，昭君心有怨旷，伪不饰其形容。元帝每历后宫，疏略不过其处。后单于遣使者朝贺，元帝陈设倡乐，乃令后宫妆出。昭君怨恚日久，乃便循饰，善妆盛服，光晖而出，俱列坐。元帝谓使者曰："单于何所愿乐？"对曰："珍奇怪物，皆悉自备。唯妇人丑陋，不如中国。"乃令后宫欲至单于者起。昭君喟然越席而前曰："妾幸得备在后宫，粗丑卑陋，不合陛下之心，诚愿得行。"帝大惊，悔之。良久太息曰："朕已误矣！"遂以与之。

昭君至单于，心思不乐，乃作《怨旷思惟歌》，曰："秋木萋萋，其叶萎黄。有鸟处山，集于苞桑。养育毛羽，形容生光。既得升云，游倚曲房。离宫绝旷，身体摧藏。志念抑冗，不得颉颃。虽得喂食，心有徊徨。我独伊何，改往变常。翩翩之燕，远集西羌。高山峨峨，河水泱泱。父兮母兮，道里悠长。呜呼哀哉，忧心恻伤。"

（据欧阳询等编《艺文类聚》卷30，上册，上海古籍出版社1982年版）

赵文《青山集》引《琴操》

《琴操》载：昭君，齐王穰女。端正闲丽，穰献于元帝，帝不幸。积五六年，每游后宫，常怨不出。后单于遣使朝帝，宴之。召后宫，昭君盛饰至。帝问："欲以一女使单于，能者往。"昭君越席愿往。时单于使在旁，帝惊恨不及。昭君至，单于大悦，以汉厚我，报汉珍宝。昭君恨帝不见遇，作怨歌。单于死，子世达立。昭君谓之曰："为胡者，妻母；汉者，更娶。"世达曰："欲作胡。"昭君乃服药死。

（据赵文《青山集》卷7，见《四库全书》第1195册，上海古籍出版社
1987年版）

孙星衍《平津馆丛书》录《琴操》

王昭君者，齐国王襄女也。昭君年十七时，颜色皎洁，闻于国中。襄见昭君端正闲丽，未尝窥看门户，以其有异于人，求之皆不与。献于孝元帝，以地远，既不幸纳，叨备后宫。积五六年，昭君心有怨旷，伪不饰其形容。元帝每历后宫，疏略不过其处。后单于遣使者朝贺，元帝陈设倡乐，乃令后宫妆出。昭君怨恚日久，不得侍列，乃更修饰，善妆盛服，形容光辉而出，俱列坐。元帝谓使者曰："单于何所愿乐？"对曰："珍奇怪物，皆悉自备。唯妇人丑陋，不如中国。"帝乃问后宫："欲以一女赐单于，谁能行者起。"于是昭君喟然越席而前曰："妾幸得备在后宫，粗丑卑陋，不合陛下之心，诚愿得行。"时单于使者在旁，帝大惊，悔之，不得复止。良久太息曰："朕已误矣！"遂以与之。

昭君至匈奴，单于大悦，以为汉与我厚。纵酒作乐，遣使者报汉。送白璧

一双，骏马十四，胡地珠宝之类。昭君恨帝始不见遇，心思不乐，心念乡土，乃作《怨旷思惟歌》，曰："秋木萋萋，其叶萎黄。有鸟处山，集于苞桑。养育毛羽，形容生光。既得升云，游倚曲房。离宫绝旷，身体摧藏。志念抑沉，不得颉颃。虽得喂食，心有徊徨。我独伊何，改往变常。翩翩之燕，远集西羌。高山峨峨，河水泱泱。父兮母兮，道里悠长。呜呼哀哉，忧心恻伤。"

昭君有子曰世违，单于死，世违继立。凡为胡者，父死妻母。昭君问世违："汝为汉也，为胡也？"世违曰："欲为胡耳。"昭君乃吞药自杀，单于举葬之。胡中多白草，而此冢独青。

（孙星衍《平津馆丛书》本《琴操》，据《丛书集成初编》，第51册，中华书局1985年版）

编者按：关于《琴操》之作者，后世多传为汉末著名学者蔡邕。但魏征《隋书·经籍志》云："《琴操》三卷，晋广陵相孔衍撰。"魏征距离孔衍时代近，其说应更可信。但事实上蔡邕、孔衍等都是不同时代的《琴操》整理编辑者，不同历史时期应存在不同程度的加工增饰。《琴操》原书佚失于宋代，从现存资料看，梁朝学者刘孝标的《世说新语注》是最早引录《琴操》的文献。后世《琴操》版本很多，所载王昭君之事大多与史实不符，显系民间传闻和小说家言的辑录，不足为信据。兹录几种有代表性的版本，可以看出不同时代辑录整理者改动增删的痕迹。其中，所谓昭君之子有"世达"和"世违"两种写法，当以时代最早的梁代学者刘孝标的注释为依据，"世达"应为"世违"之误。

值得一提的是，《平津馆丛书》本《琴操》述及"昭君乃吞药自杀，单于举葬之。胡中多白草，而此冢独青"。如果此处所录《琴操》可信的话，说明可能早在魏晋时期就有"青冢"之称，《琴操》则是最早记录有关"青冢"传说的文献资料。但此段文字为清人孙星衍增饰加入的可能性更大，不可轻易视为信据。

世说新语（节录）

（南朝宋）刘义庆

卷下之上　贤媛第十九

元帝宫人既多，乃令画工图之，欲有呼者，辄披图召之。其中常者，皆行货赂。王明君姿容甚丽，志不苟求，工遂毁为其状。后匈奴来和，求美女于汉帝，帝以明君充行。既召见而惜之，但名字已去，不欲中改，于是遂行。

（据《世说新语》卷下之上，见徐震堮《世说新语校笺》卷下，中华书局1984年版）

恨赋（节录）

（南朝齐）江淹

若夫明妃去时，仰天太息。紫台稍远，关山无极。摇风忽起，白日西匿。陇雁少飞，代云寡色。望君王兮何期？终芜绝兮异域。

（江淹《恨赋》，据《文选》卷16，第2册，上海古籍出版社1986年版）

编者按：江淹为南朝著名文学家，历仕宋、齐、梁三朝，其名作《恨赋》大约作于宋齐之际。王昭君在汉宫时未封妃子，其身份为待诏。晋朝避文帝司马昭讳，便改王昭君为"王明君"，而昭君远嫁匈奴后封为宁胡阏氏，乃单于之妻，相当于汉室嫔妃，"明妃"之称当由"明君""阏氏"（皇妃）衍生而来，在两晋南北朝时期逐渐成为王昭君之别名，但并非指昭君在汉宫中被封为"明妃"。

从现存文献看，"明妃"之称首次出现在江淹《恨赋》中。《恨赋》是一篇寄托遥深的作品，"望君王兮何期？终芜绝兮异域"两句实蕴涵了明妃和元帝的爱恋之情。江淹早年为刘宋建平王刘景素之幕僚，以才学深得建平王赏识和礼遇。在江淹内心深处隐藏有为帝王师的志向，他殷切希望能够辅佐建平王成就一番大业。刘宋元徽二年（474），建平王在亲信的鼓动下，积极谋划推翻废帝刘昱的军事行动，江淹以敏锐的政治眼光和过人的洞察力极力谏阻建平王，被贬为吴兴令。而在被贬吴兴期间，江淹写了《泣赋》《待罪江南思北归赋》《去故乡赋》《被黜为吴兴令辞笺诣建平王》等文赋，常以忠而见谤的楚国诗人屈原自况，赞扬屈原思念怀王、报效楚国的赤胆忠心，曲折表达了对于建平王的深深眷恋及思归之情。元徽四年（476），建平王兵败被杀。江淹回到京口，心情久久不能平静，特作《恨赋》以申恨，列举了历史上包括昭君远嫁在内的若干"伏恨而死"者，借慨叹古人之遗恨来抒发内心深处的无限悲怆。于是汉元帝、王昭君之间便被赋予了特殊的君臣帝妃关系和深厚的爱恋情调。这为后世诗词、戏曲、小说、说唱等文艺作品进一步虚构王昭君在汉宫里被宠爱、汉元帝封昭君为明妃而最终忍痛舍弃的故事开了先河。

明君词

（北周）王褒

兰殿辞新宠，椒房余故情。鸿飞渐南陆，马首倦西征。寄书参汉使，衔涕望秦城。惟余马上曲，犹作出关声。

（王褒《昭君词》，据逯钦立《先秦汉魏晋南北朝诗》，下册，中华书局1983年版）

编者按：北周诗人王褒在江淹《恨赋》的基础上，叙述王昭君曾在兰殿被汉帝宠爱的往事，抒发了昭君对于京城汉宫的留恋之情，可以说，王褒在文学史上首次明确了汉元帝与王昭君的帝妃关系。

王昭君

（北周）庾信

拭啼辞戚里，回顾望昭阳。镜失菱花影，钗除却月梁。围腰无一尺，垂泪有千行。绿衫承马汗，红袖拂秋霜。别曲真多恨，哀弦须更张。

（庾信《王昭君》，据逯钦立《先秦汉魏晋南北朝诗》，下册，中华书局1983年版）

二、隋唐

王昭君

（隋）张碧兰

猗兰思宠歇，昭阳幸御稀。朝辞汉阙去，夕见胡尘飞。寄言秦楼下，因书秋雁归。

（张碧兰《王昭君》，据逯钦立《先秦汉魏晋南北朝诗》，下册，中华书局1983年版）

编者按：如果说南朝江淹《恨赋》中"望君王兮何期"不过是一种政治寓意、昭君元帝之间的爱恋关系尚不明确的话，那么北周之王褒、庾信，隋之张碧兰等文人创作的昭君诗中的帝妃关系则十分明确。昭阳殿是西汉皇帝和宠妃所住寝宫，在后世诗人笔下常常是帝妃爱情的象征，昭君何以涕泣望昭阳？无疑表明了她对于汉帝的深深留恋。所谓"辞新宠""余故情""思宠歇""幸御稀""望秦城"等诗句，无不表明昭君曾是汉帝的宠妃，而今被迫远嫁匈奴之后抑郁不乐，日日遥望汉都宫殿，深深思念汉帝。这几首诗应是最早一批明确渲染王昭君在宫中曾获元帝宠爱的作品，为后世文学家描写王昭君、汉元帝爱情故事作了艺术铺垫。

自　遣

（隋）侯夫人

秘洞扃仙卉，雕房锁玉人。毛君真可戮，不肯写昭君。

（侯夫人《自遣》，据逯钦立《先秦汉魏晋南北朝诗》，下册，中华书局1983年版）

　　编者按：《西京杂记》首次述及"画工丑图"故事，但并未明确毛延寿即是主犯。南北朝多有怨恨画工误人的诗作，但亦未指明罪在毛延寿。隋朝侯夫人作《自遣》诗云："毛君真可戮，不肯写昭君"，第一次坐实画工毛延寿为丑化昭君图者。晚唐李商隐《王昭君》则进一步直斥毛延寿贪财之过："毛延寿画欲通神，忍为黄金不顾人"。从此后世文人创作中，毛延寿被反复作为昭君悲剧制造者而遭到无情谴责与极端丑化。

明妃曲（四首）

（唐）储光羲

西行陇上泣胡天，南向云中指渭川。毳幕夜来时宛转，何由得似汉王边。胡王知妾不胜悲，乐府皆传汉国辞。朝来马上箜篌引，稍似宫中闲夜时。日暮惊沙乱雪飞，傍人相劝易罗衣。强来前殿看歌舞，共待单于夜猎归。彩骑双双引宝车，羌笛两两奏胡笳。若为别得横桥路，莫隐宫中玉树花。

　　（储光羲《明妃曲》四首，据《全唐诗》卷139，第2册，中华书局1999年版）

　　编者按：储光羲虽然也抒写了昭君心中的不快情绪，但诗中的单于不再是异族冷冰冰的统治者，而是情真意实的昭君丈夫，他深深理解民族文化习俗的差异给昭君带来的不适，故而将汉家音乐歌舞大量引进到匈奴宫中，以抚慰昭君心中的抑郁；而昭君亦不是苟且偷生、涕泪流离的汉家弱女，而是一位努力适应新环境、新生活的阏氏形象。正面反映王昭君与单于在大漠新环境中相互理解、相互支持而过正常家庭生活的内容，储光羲《明妃曲》可谓首创，令人耳目一新。隋唐时期，尽管民族关系复杂多变，但民族交往交流十分频繁，大批游牧部族首领热爱中原文化，多民族之间和亲活动也达到前所未有的高度，大大促进了中华民族的融合，这正是储光羲《明妃曲》正面肯定胡王的时代因素。

咏怀古迹五首（其三）

（唐）杜甫

群山万壑赴荆门，生长明妃尚有村。一去紫台连朔漠，独留青冢向黄昏。画图省识春风面，环佩空归夜月魂。千载琵琶作胡语，分明怨恨曲中论。

（杜甫《咏怀古迹五首》其三，据《全唐诗》卷230，第4册，中华书局1999年版）

编者按：杜甫《咏怀古迹五首》（其三）虽属抒情诗，但诗作首次述及昭君死后魂归乡国诉说心中怨恨，深刻地启发了后世叙事文学创作昭君魂梦归汉的故事。马致远《汉宫秋》、薛旦《昭君梦》、无名氏《和戎记》《双凤奇缘》等多部元明清戏曲、小说设计昭君魂归汉宫会见元帝倾诉衷情，显然受此诗影响。

王昭君变文

（唐）佚名

（前缺）

□□□□□□迷，前□□□□□□。
□□□□□此难，路难荒径足风惛。
□□□□□□□，□□景色似酝愠。
緰银北奏黄芦泊，原夏南地持白□。
□□□搜骨利干，边草飞沙纥逻分。
阴坡爱长席箕掇，阳谷多生没咄浑。
纵有衰蓬欲成就，旋被流沙剪断根。
酒泉路远穿龙勒，石堡云山接雁门。
蓦水频过及敕戍，□□望见可岚屯。
如今已慕单于德，昔日还承汉帝恩。
□□定知难见也，日月无明照覆盆。

愁肠百结虚成着，□□千行没处论。

贱妾傥期蕃里死，远恨家人招取魂。

汉女愁吟，蕃王笑和，宁知惆怅，恨别声哀。管弦马上横弹，即会途间常奏。侍从寂寞，如同丧孝之家；遣妾攒蚖，状似败兵之将。庄子云何者："所好成毛羽，恶者成疮癣；爱之欲求生，恶之欲求死。"妾闻："居塞北者，不知江海有万斛之舡；居江南之人，不知塞北有千日之雪。"此处苦复重苦，怨复重怨。行经数月，途程向尽，归家渧遥，迅昔不停。即至牙帐，更无城郭，空有山川。地僻多风，黄羊野马，日见千群万群；□□羱羝，时逢十队五队。以契丹为东界，吐蕃作西邻。北倚穷荒，南临大汉。当心而坐，其富如云。毡裘之帐，每日调弓；孤格之军，终朝错箭。将斗战为业，以猎射为能。不蚕而衣，不田而食。既无谷麦，噉肉充粮。少有丝麻，织毛为服。夫突厥法用，贵壮贱老，憎女爱男。怀鸟兽之心，负犬戎之意。冬天逐暖，即向山南；夏月寻凉，便居山北。何惭尺璧，宁谢寸阴！是竟直为作处，伽陀人多，出来掘强。若道一时一饷，犹可安排；岁久月深，如何可度。妾闻："邻国者，大而大，小而小，强自强，弱自弱。何用逞雷电之意气，争烽火之声威，独乐一身，苦他万姓！"

单于见明妃不乐，唯传一箭，号令攒军。且有赤狄白狄，黄头紫头，知策明妃，皆来庆贺。须臾命骒驴橐驼，丛丛作舞，仓牛乱歌。百姓知单于意，单于识百姓心。良日可惜，吉日难逢。遂拜昭军为烟脂皇后。故入国随国，入乡随乡，到蕃里还立蕃家之名，策拜号作烟脂贵氏处，若为陈说：

传闻突厥本同威，每唤昭军作贵妃。

呼名更号烟脂氏，犹恐他嫌礼度微。

牙官少有三公紫，首领多饶五品绯。

屯下既称张毳幕，临时必请定门旗。

搥钟击鼓千军喊，叩角吹螺九姓围。

瀚海尚犹鸣戛戛，阴山的是颤危危。

罇前校尉歌杨柳，坐上将军舞落晖。

乍到未娴胡地法，初来且着汉家衣。

冬天野马从他瘦，夏月羺牛任意肥。

边塞忽然闻此曲，令妾愁肠每意归。

蒲桃未必胜春酒，毡帐如何及彩帏。

莫怪适来频下泪，都为残云度岭西。

上卷立铺毕，此入下卷。

明妃既策立，元来不称本情；可汗将为情和，每有善言相向。"异方歌乐，不解奴愁；别域之欢，不令人爱。"单于见他不乐，又传一箭，告报诸蕃，非时出猎，围绕烟脂山，用昭军作中心，万里攒军，千兵逐兽。昭军既登高岭，愁思便生，遂指天叹帝乡而曰处，若为陈说：

单于传告报诸蕃，各自排兵向北山。

左边尽着黄金甲，右畔纷纭似锦团。

黄羊野马捻枪拨，麇鹿从头吃箭穿。

远指白云呼且住，听奴一曲别乡关：

"妾家宫苑住秦川，南望长安路几千。

不应玉塞朝云断，直为金河夜梦连。

烟脂山上愁今日，红粉楼前念昔年。

八水三川如掌内，大道青楼若眼前。

风光日色何处度，春色何时度酒泉。

可笑轮台寒食后，光景微微尚不传。

衣香路远风吹尽，朱履途遥蹋镫穿。

假使边庭突厥宠，终归不及汉王怜。

心惊恐怕牛羊吼，头痛生憎乳酪膻。

一朝愿妾为鸿鹄，万里高飞入紫烟。

初来不信胡关险，久住方知虏塞寒。

祁雍更能何处在，只应弩那白云边。"

昭军一度登山，千回下泪。慈母只今何在，君王不见追来。当嫁单于，谁望喜乐。良由画匠，捉妾陵持。遂使望断黄沙，悲连紫塞。长辞赤县，永别神州。虞舜妻贤，涕能变竹；杞梁妇圣，哭裂长城。乃可恨积如山，愁盈若海。单于不知他怨，至夜方归。虽还至帐，卧仍不起。因此得病，渐加羸瘦。单于

虽是蕃人，不那夫妻义重，频多借问。明妃遂作遗言，略叙平生，留将死处，
若为陈说：

> 妾嫁来沙漠，经冬向晚时。
>
> 和鸣以合调，翼以当威仪。
>
> 红脸偏承宠，青蛾侍妾时。
>
> 妾貌如红线，每怜岁寒期。
>
> 今果遭其病，容华渐渐衰。
>
> 五神俱总散，四大的危危。
>
> 月华来暎塞，风树已惊枝。
>
> 炼药须岐伯，看方要巽离。
>
> 此间无本草，何处觅良师。
>
> 孤鸾视影犹□□，龙剑非人尚忆雌。
>
> 妾死若留故地葬，临时请报汉王知。

单于答曰：

> 忆昔辞銮殿，相将出雁门。
>
> 同行复同寝，双马复双奔。
>
> 度岭看悬瓮，临行望覆盆。
>
> 到家蕃里重，长愧汉家恩。
>
> 饮食盈帔案，蒲桃满颉樽。
>
> 元来不向口，教命若何存。
>
> 凤管长休息，龙笛永绝闻。
>
> 画眉无旧泽，泪眼有新痕。
>
> 愿为宝马连长带，莫学孤蓬剪断根。
>
> 公主亡时仆亦死，谁能在后哭孤魂！

从昨夜已来，明妃渐困，应为异物，多不成人。单于重祭山川，再求日
月，百计寻方，千般求术，纵令春尽，命也何存。可惜明妃，奄从风烛。故知
生有地，死有处。恰至三更，大命方尽。单于脱却天子之服，还着庶人之裳，
披发临丧，魁渠并至。晓夜不离丧侧，部落岂敢东西。日夜哀吟，无由暂辍，
怆悲切调，乃哭明妃处，若为陈说：

昭军昨夜子时亡，突厥今朝发使忙。

三边走马传胡命，万里飞书奏汉王。

单于是日亲临哭，莫舍须臾守看丧。

解剑脱除天子服，披头还着庶人裳。

衙官坐泣刀劓面，九姓行哀截耳珰。

□□□□□□□，架上罗衣不重香。

可惜未央宫里女，嫁来胡地碎红妆。

首领尽如云雨集，异口皆言斗战场。

寒风入账声犹苦，晓日临行哭未央。

昔日同眠夜即短，如今独寝觉更长。

何期远远离京兆，不意冥冥卧朔方。

早知死若埋沙里，悔不教君还帝乡。

表奏龙庭。敕未至，单于唤丁灵塞上卫律，令知葬事。一依蕃法，不取汉仪。棺椁穹庐，更别方圆。千里之内，以伐樵薪；周匝一川，不案羊马。且有奔驼勃律，阿宝蕃人，膳主犁牛，兼能杀马。酝五百瓮酒，杀十万口羊，退牸燋驼，饮食盈川，人伦若海。一百里铺氍毹毛毯，踏上而行；五百里铺金银胡瓶，下脚无处。单于亲降，部落皆来。倾国成仪，乃葬昭军处，若为陈说：

诗书既许礼缘情，今古相传莫不情。

汉家虽道生离重，蕃里犹嫌死葬轻。

单于是日亲临送，部落皆来引仗行。

赌走熊罴千里马，争来竞逞五军兵。

牛羊队队生埋圹，仕女纷纷耸入坑。

地上筑坟犹未了，泉下惟闻叫哭声。

蕃家法用将为重，汉国如何辄肯行。

若道可汗倾国葬，焉知死者绝妨生！

黄金白玉连车载，宝物明珠尽库倾。

昔日有秦王合国葬，校料昭军亦未平。

坟高数尺号青冢，还道军人为立名。

只今葬在黄河北，西南望见受降城。

故知生有地，死有处，可惜明妃，奄从风烛，八百余年，坟今尚在。后至孝哀皇帝，然发使和蕃。遂差汉使杨少徵杖节来吊，金重锦绍缯，入于虏廷，慰问蕃王。单于闻道汉使来吊，倍加喜悦，光依礼而受汉使吊。宣哀帝问，遂出祭词处，若为陈说：

明明汉使达边隅，凛凛蕃王出帐趋。

大汉称尊成命重，高声读敕吊单于：

"昨感来表知其况，今叹明妃奄逝殂。

故使教臣来吊祭，远道兼问何所须。

此间虽则人行义，彼处多应礼不殊。

驸马赐其千匹彩，公主仍留十斛珠。

虽然与朕山河隔，每每怜卿岁月孤。

秋末既能安葬了，春间暂请赴京都。"

单于受吊复含涕，汉使闻言悉以悲。

丘山义重恩难舍，江海情深不可齐。

一从归汉别连北，万里长怀霸岸西。

闲时静坐观羊马，闷即徐行悦鼓鼙。

嗟呼数月遭非祸，谁谓今冬急解携。

乍可阵头失却马，那堪向老更亡妻！

灵仪好日须安厝，葬事临时不敢稽。

莫怪帐前无扫土，直为涕多旋作泥。

汉使吊讫，当即便回。行至蕃汉界头，遂见明妃之冢。青冢寂寥，多经岁月。使人下马，设乐沙场。肉非单布，酒必重倾。望其青冢，宣哀帝之命，乃述祭词：

维年月日，谨以清酌之奠，祭汉公主王昭军之灵。惟天降之精，地降之灵，姝丽越世之无比，绰约倾国而陜婢。丹青写形远嫁，使匈奴拜首，万代信义号罢征。贤感五百年间出，德应黄河号一清。祚永长传万古，图书具载著佳声。呜呼嘻嚱！存汉室者昭军，亡桀纣者妲己。丽姿两不专矜，夸誉皆言为美。捧荷和国之殊功，金骨埋于万里。嗟呼！永别翡翠之宝帐，长居突厥之穹庐。时也，黑山壮气，扰攘匈奴；猛将降丧，计竭谋穷。嫖姚有惧于猃狁，卫霍怯于强胡。不嫁昭军，紫塞难为运策定。单于欲别，攀恋拜路跪。嗟呼！身殁于蕃里，魂兮岂忘京都。空留一冢齐天地，岸兀青山万载孤。

（佚名《王昭君变文》，据王重民等《敦煌变文集》，上集，人民文学出版社1957年版）

编者按：《王昭君变文》简称《昭君变文》，又称《明妃传》。变文是一种说唱结合、韵散相间的民间艺术形式，对于后世鼓词、弹词等说唱艺术有显著影响。《昭君变文》大约产生于中唐代宗大历年间（766—779）至宪宗元和年间（806—820），文本在十九世纪末发现于敦煌石窟，多有错漏，许多老一代学者曾予以校正，如王重民等《敦煌变文集·王昭君变文》（人民文学出版社1957年版），余国钦、可永雪《历代咏唱昭君作品选萃》（内蒙古人民出版社2006年版），项楚《敦煌变文选注》（中华书局2019年版）等，但不同校本文字出入较大，编者综合前辈学者们的校本而略有修正。

值得一提的是，《昭君变文》十一次提及"昭君"之名，而普遍写作"昭军"，显然不是偶尔的笔误。这可能有两个因素：一是民间艺人混用，二是避讳所致，"君"一般特指至高无上的君王，为尊者讳而将"昭君"改为"昭军"。

《昭君变文》在两个方面继承了魏晋以来昭君题材文学的创作传统：一是将昭君远嫁悲剧归咎于汉弱匈奴强，如变文写汉使杨少徵前往青冢祭奠昭君时说："黑山壮气，扰攘匈奴；猛将降丧，计竭谋穷。嫖姚有惧于猃狁，卫霍怯于强胡。不嫁昭军，紫塞难为运策定。"二是抒写了昭君深深思念汉王的恋情，如"假使边庭突厥宠，终归不及汉王怜。心惊恐怕牛羊吼，头痛生憎奶酪膻。一朝愿妾为鸿鹄，万里高飞入紫烟。""妾死若留故地葬，临时请报汉王知。"无论是"嫖姚有惧于猃狁，卫霍怯于强胡"，还是"假使边庭突厥宠，终归不及汉王怜"，都与昭君出塞时的历史背景和真实情境颇不相符，不过是沿袭了西晋石崇以来的文学笔法。

然而，《昭君变文》关注与描写的侧重点较之魏晋以来的昭君题材作品则有若干新变化，对于后世昭君文艺创作产生了深刻影响：

其一，高度赞扬了王昭君深厚的家国情怀和特殊的历史贡献。变文中出塞远嫁的昭君尽管抑郁忧伤，但心存大义，她规劝单于道："邻国者，大而大，小而小，强自强，弱自弱。何用逞雷电之意气，争烽火之声威，独乐一身，苦他万姓！"昭君主张国与国、部族与部族之间应和睦相处，反对以大欺小、倚强凌弱，更不要意气用事，动辄发动战争而使百姓陷入水火之中，有着显著的忧国爱民的情怀。变文又写昭君病亡后汉使来到青冢前宣读朝廷祭文云："谨以清酌之奠，祭汉公主王昭军之灵。惟天降之精，地降之灵，姝丽越世之无比，绰约倾国而陟娉。丹青写形远嫁，使匈奴拜首，万代信义号罢征。贤感五百年间出，德应黄河号一清。祚永长传万古，图书具载著佳声。呜呼嘻噫！存汉室者昭军，亡桀纣者妲己。丽姿两不专矜，夸誉皆言为美。捧荷和国之殊功，金骨埋于万里。"祭文明确指出王昭君与导致殷商灭亡的妲己不同，她大义"存汉室"，使天下百姓免劳"罢征"，从而建立了"和国之殊功"，其巾帼美名"长传万古"。可见，《昭君变文》更关注民族和睦、国家稳定和百姓平安，作者从国家政治层面上高度赞扬了王昭君深厚的家国情怀及其特殊的历史贡献，不仅符合历史实际，也为后世文人作家塑造昭君深明大义的爱国形象提供了艺术借鉴。

其二，浓墨重彩地塑造了一个多情重义的少数民族首领形象。六朝和隋唐时期以昭君出塞为题材的文学创作中，单于形象不但模糊，而且基本以骄横野蛮的异族统治者面貌出现，如石崇《王明君辞》："父子见凌辱，对之惭且惊。"宋之问《王昭君》："薄命由骄虏，无情是画师。"刘长卿《王昭君歌》："上马辞君嫁骄虏，玉颜对人啼不语。"等等。唯盛唐诗人储光羲作《明妃曲》四首，已初步显现单于真心关爱昭君之情态。《昭君变文》中"胡王"从汉元帝竟宁元年（前33）迎接昭君出塞，至汉哀帝建平年间（前6—前2）接受汉使吊问，前后长达三十年。匈奴历史上这个时间内先后有呼韩邪、复株累、搜谐、车牙、乌珠留五代单于统领匈奴部族。故而变文中的"胡王"，既不是昭君第一任丈夫呼韩邪单于，也不是第二任丈夫复株累单于，而是几代单于的"复合体"。如果说储光羲《明妃曲》中体贴昭君的胡王形象稍感模糊的话，那么《昭君变文》中"胡王"形象则变得清晰而感人。对于远嫁大漠的昭君，单于百般欢喜，万般疼爱，无时无刻不想方设法安慰抑郁忧伤的昭君，"可汗将为情和，每有善言相向"。当昭君抑郁而终后，单于"日夜哀吟，无由暂辍，恸悲切调，乃哭明妃处"，恨不得随昭君同赴泉路，"公主亡时仆亦死，谁能在后哭孤魂"。痛切之后，单于下令为昭君举行国葬："棺椁穹庐，更别方圆。千里之内，以伐樵薪；周匝一川，不案羊马。""单于亲降，部落皆来。倾国成仪，乃葬昭君。""若道可汗倾国葬，焉知死者绝妨生！黄金白玉连车载，宝物明珠尽库倾。"单于安葬昭君之后，谨守昭君之训导，努力奉行亲汉政策，确保民族和睦相处，维护边境安宁太平。《昭君变文》的单于可谓有血有肉、有情有义、有悲有泪，更有政治家的理性和胸襟。这个令人感动的少数民族首领形象无疑是历史的真实写照，因为昭君和亲及死后半个多世纪几代单于都积极推进汉匈双边关系，两大民族坦诚相见，交往交流十分密切，是中国多民族和亲史上的蜜月期。多情多义、有政治眼光的胡王形象，与六朝隋唐文学中野蛮的"骄虏"形象形成了鲜明的对照，传达了民族友好团结的思想愿望，也为后世昭君文学主题的改变打下了良好的基础。

其三，"明妃""汉公主"等称呼的使用，启发了后世戏曲艺术对于昭君身份的定位。历史上王昭君是一位出身平民家庭的普通宫女，而《昭君变文》则叙述汉朝使者在祭文中称呼"祭汉公主王昭军之灵"，胡王亦口称昭君为"公主"，作者有意将出身家人子的普通宫女改为汉室公主，提升了昭君的身份地位，也提升了昭君和亲匈奴的规格。更重要的是，《昭君变文》还特别写到单于策立明妃："单于见明妃不乐，唯传一箭，号令攒军。且有赤狄白狄，黄头紫头，知策明妃，皆来庆贺。""传闻突厥本同戚，每唤昭君作贵妃。呼名更号烟脂氏，犹恐他嫌礼度微。""明妃既策立，元来不称本情。"作者的本意很明确，即单于册封（策封）昭君为贵妃，名号阏氏（烟脂）。而唐代变文主要是面对文化程度不高的普通民众讲唱的，在普通民众的认知里，"策明妃""明妃既策立"之类的说词更容易让他们将"明妃"理解为昭君的封号。尽管在唐宋文人的诗文创作中，"明妃"依旧是昭君的别名，但很可能在民间已然传为昭君的封号，这对宋元戏曲艺术家们加工、变更、定位昭君身份应有明显的启发作用。

安雅词《王昭君》（节录）

（唐）佚名

二八进王宫，三十和远戎。虽非儿女愿，终是丈夫雄。脂粉总留著，管弦不将去。女为悦己容，彼非赏心处。礼者请行行，前驱已抗旌。琵琶马上曲，杨柳塞垣情。抱案啼未已，牵马似相喜。顾恩不告劳，为国岂辞死。太白食毛头，中黄没戍楼。胡马不南牧，汉君无北忧。

（安雅词《王昭君》，据徐俊《敦煌诗集残卷辑考》，中华书局2000年版）

编者按：敦煌残卷中有一首题名"王昭君"的安雅词，"安雅"是古代西域安息国所奏雅乐的歌辞。徐俊《敦煌诗集残卷辑考》注此诗云："饶宗颐先生云：伯二五五五句亦有王昭君'安雅'五言诗，文字正同，而称之曰'雅'，'雅'者犹乐府《雅歌曲辞》之'雅'，'安'者或谓指安国，唐贞观时为十部乐之一。'安雅'者，犹言安国之乐府。"饶宗颐先生的看法可备一说。

在此前以昭君为题材的文学中，昭君总是以一个柔弱可怜、眼泪汪汪的汉家女子形象出现，如同一朵被遗弃被摧折的令人同情的花蕊。在这首题为《王昭君》的安雅词中，昭君固然还流泪叹息，但发出"顾恩不告劳，为国岂辞死"的慷慨之声，俨然一副巾帼英雄气派。这为后世文学塑造昭君大义凛然、勇赴国难的高大形象开了先河。

周秦行记

（唐）韦瓘

　　余贞元中，举进士落第，归宛叶间。至伊阙南道鸣皋山下，将宿大安民舍。会暮，失道不至。更十余里，行一道，甚易，夜月始出，忽闻有异气如贵香，因趋进，行不知厌。远见火明，意庄家，更前驱。至一宅，门庭若富家。有黄衣阍人曰："郎君何至？"余答曰："僧孺姓牛，应进士落第，本往大安民舍，误道来此，直乞宿，无他。"中有小髻青衣出，责黄衣曰："门外谓谁？"黄衣曰："有客，有客。"黄衣入告，少时出曰："请郎君入。"余问谁大宅，黄衣曰："但进，无须问。"入十余门，至大殿，蔽以珠帘，有朱衣、黄衣阍人数百，立阶。左右曰："拜。"帘中语曰："妾汉文帝母薄太后，此是庙，郎君不当来，何辱至此？"余曰："臣家宛叶，将归失道，恐死豺虎，敢托命。"语讫，太后命使轴帘避席曰："妾故汉室老母，君唐朝名士，不相君臣，幸希简敬，便上殿来见。"

　　太后着练衣，状貌瑰玮，不甚年高。劳余曰："行役无苦乎？"召坐。食顷，闻殿内有笑声。太后曰："今夜风月甚佳，偶有二女伴相寻，况又遇嘉宾，不可不成一会。"呼左右屈二娘子出见秀才。良久，有女子二人从中至，从者数百。前立者一人，狭腰长面，多发不妆，衣青衣，仅可二十余。太后曰："高祖戚夫人。"余下拜，夫人亦拜。更一人，柔肌稳身，貌舒态逸，光彩射远近，多服花绣，年低太后。后曰："此元帝王嫱。"余拜如戚夫人，王嫱复拜。各就坐。坐定，太后使紫衣中贵人曰："迎杨家、潘家来。"久之，空中见五色云下，闻笑语声浸近。太后曰："杨家至矣。"忽车音马迹相杂，罗绮焕耀，旁视不给。有二女子从云中下，余起立于侧，见前一人，纤腰修眸，仪容甚丽，衣黄衣，冠玉冠，年三十许。太后曰："此是唐朝太真妃子。"予即伏谒，拜如臣礼。太真曰："妾得罪先帝，先帝谓肃宗也。皇朝不置妾在后妃数中，设此礼，岂不虚乎？不敢受。"却答拜。更一人，厚肌敏视，小质洁白，齿极卑，被宽博衣。太后曰："齐潘淑妃。"余拜之如妃子。

　　既而太后命进馔。少时馔至，芳洁万端，皆不得名。余但欲充腹，不能足食。已更具酒，其器用尽如王者。太后语太真曰："何久不来相看？"太真谨容对曰："三郎天宝中宫人呼玄宗多曰三郎。数幸华清宫，扈从不得至。"太后又谓潘妃曰："子亦不来，何也？"潘妃匿笑不禁，不成对。太真乃视潘妃而对曰："潘妃向玉奴太真名也。说，懊恼东昏侯疏狂，终日出猎，故不得时谒耳。"太后问余："今天子为谁？"余对曰："今皇帝先帝长子。"太真笑曰："沈婆儿作天子也，大奇。"太后曰："何如主？"余对曰："小臣不足以知君德。"太后曰："然无嫌，但言之。"余曰："民间传圣武。"太后首肯三四。

太后命进酒加乐，乐妓皆年少女子。酒环行数周，乐亦随辍。太后请戚夫人鼓琴，夫人约指玉环，光照于座，《西京杂记》云：高祖与夫人环，照见指骨间。引琴而鼓，其声甚怨。太后曰："牛秀才邂逅到此，诸娘子又偶相访，今无以尽平生欢。牛秀才固才士，盍各赋诗言志，不亦善乎？"遂各授与笺笔。逡巡诗成。太后诗曰："月寝花宫得奉君，至今犹愧管夫人。汉家旧是笙歌处，烟草几经秋复春。"王嫱诗曰："雪里穹庐不见春，汉衣虽旧泪痕新。如今最恨毛延寿，爱把丹青错画人。"戚夫人诗曰："自别汉宫休楚舞，不能妆粉恨君王。无金岂得迎商叟，吕氏何曾畏木强。"太真诗曰："金钗堕地别君王，红泪流珠满御床。云雨马嵬分散后，骊宫不复舞霓裳。"潘妃诗曰："秋月春风几度归，江山犹是业宫非。东昏旧作莲花地，空想曾披金缕衣。"再三邀余作诗，余不得辞，遂应命作诗曰："香风引到大罗天，月地云阶拜洞仙。共道人间惆怅事，不知今夕是何年。"别有善笛女子，短发丽服，貌甚美，而且多媚。潘妃偕来，太后以接座居之，时令吹笛，往往亦及酒。太后顾而问曰："识此否？石家绿珠也。潘妃养作妹，故潘妃与俱来。"太后因曰："绿珠岂能无诗乎？"绿珠乃谢而作诗曰："此日人非昔日人，笛声空怨赵王伦。红残翠碎花楼下，金谷千年更不春。"

诗毕，酒既至，太后曰："牛秀才远来，今夕谁人为伴？"戚夫人先起辞曰："如意成长，固不可，且不可如此。"潘妃辞："东昏以玉儿身死国除，玉儿不宜负也。"绿珠辞曰："石卫尉性严急，今有死，不可及乱。"太后曰："太真今朝先帝贵妃，不可言其他。"乃顾谓王嫱曰："昭君始嫁呼韩单于，复为株累弟单于妇，固自用，且苦寒地胡鬼何能为？昭君幸无辞。"昭君不对，低眉羞恨。俄各归休，余为左右送入昭君院。会将旦，侍人告起，昭君垂泣持别。忽闻外有太后命，余遂出见太后。太后曰："此非郎君久留地，宜亟还，便别矣，幸无忘向来欢。"更索酒，酒再行已，戚夫人、潘妃、绿珠皆泣下，竟辞去。太后使朱衣送往大安，抵西道，旋失使人所在。时始明矣，余就大安里，问其里人，里人云："此十余里，有薄后庙。"余却回，望庙宇，荒毁不可入，非向者所见矣。余衣上香经十余日不歇，竟不知其何如。

（韦瓘《周秦行记》，据《太平广记》卷489，第10册，中华书局1961年版）

编者按：晚唐以牛僧孺、李宗闵等为领袖的牛党与李德裕、郑覃等为领袖的李党之间的争斗十分激烈，今习称"牛李党争"。出于排斥、打倒对手之目的，不惜借助文学创作进行嘲讽、诋毁、抹黑、构陷。《周秦行记》（亦作《周秦行纪》）正是这一政治背景下的产物。小说作者署名"牛僧孺"，实是李德裕门人韦瓘所为。李德裕为此曾作《〈周秦行纪〉论》，对牛僧孺所谓"证其身非人臣相"的野心大加揭露，突显其恶劣的政治用心。

元人陶宗仪《说郛》卷一百十四在李德裕《〈周秦行纪〉论》之后予以辩驳云："是书本李赞皇门人韦瓘所撰，而嫁其名于牛相思黯。赞皇遂著论一篇，极词丑诋，必欲置之族灭。且曰：'太牢以姓应谶文，屡有异志。'又曰：'太牢贬而复用，岂王者不死乎？'噫！不至是也。思黯亦一代奇才，特以持论坚癖，遂与正士为仇，岂诚有田常、魏操之心者！卫公斯言毋乃溺于朋党之偏乎？故余尝谓是君子于国家大议，当平心定气，以求至当，如汉之议盐铁者，乃足以建事而成功。不然，鲜不激而为党，如牛、李者。嗟夫！其始一话言之忤，而其终也遂成死党以相排陷，延蔓数十百年而不已，亦可悲哉！吾于斯传也，重有感焉，于是乎书子远志。"

《周秦行记》虚构牛僧孺夜遇历史上多位著名美人，并与王昭君同宿同眠，极尽污蔑诽谤之能事，实属恶俗轻薄之作。由于用意和主旨过于恶毒卑俗，故事过于荒诞不经，后世文人作家多弃之不取。

三、宋元明清

送李参军北上

（金）元好问

五日过居庸，十日渡桑干。受降城北几千里，出塞入塞沙漫漫。古来丈夫泪，不洒别离间。今朝送君行，清涕留余潸。生女莫作王明君，一去紫台空佩环。生男莫作班定远，万里驰书望玉关。我知骥子堕地无齐燕，我知鸿鹄意气青云端。草间尺鹦亦自乐，扶摇直上何劳搏。一衣敝缊袍，一饭苜蓿盘。岁时寿翁媪，团栾有余欢。就令一朝便得八州督，争似彩衣起舞春斓斑。去年雒阳人，今年指天山。地远马鞯破，霜重貂裘寒。朔风浩浩来，客子惨在颜。扼胡岭上一回首，未必君心如石顽。君不见，桓山乌，乳哺不得须臾闲。众雏一朝散，孤雌回顾声悲酸。寒雁来时八九月，白头阿母望君还。

（据元好问《遗山集》卷5，见《四库全书》第1191册，上海古籍出版社1987年版）

编者按：元好问《送李参军北上》的主题并非吟咏昭君故事，但其中"生女莫作王明君"之诗句对于后世戏曲艺术影响较大。明初传奇戏《和戎记》由此衍生了"为人莫作妇人身，最苦是昭君"的唱词，而这两句唱词多为后世戏曲舞台所承袭。

汉宫秋

（元）马致远

楔　子

（冲末扮番王引部落上，诗云）毡帐秋风迷宿草，穹庐夜月听悲笳。控弦百万为君长，款塞称藩属汉家。某乃呼韩耶单于是也。若论俺家世，久居朔漠，独霸北方。以射猎为生，攻伐为事。大王曾避俺东徙，魏绛曾怕俺讲和。獯鬻猃狁，逐代易名；单于可汗，随时称号。当秦汉交兵之时，中原有事，俺国强盛，有控弦甲士百万。俺祖公公冒顿单于，围汉高帝于白登七日。用娄敬之谋，两国讲和，以公主嫁俺国中。至惠帝、吕后以来，每代必循故事，以宗女归俺番家。宣帝之世，我众兄弟争立不定，国势稍弱。今众部落立我为呼韩耶单于，实是汉朝外甥。我有甲士十万，南移近塞，称藩汉室。昨曾遣使进贡，欲请公主，未知汉帝肯寻盟约否？今日天高气爽，众头目每，向沙堤射猎一番，多少是好！正是：番家无产业，弓矢是生涯。（下）

（净扮毛延寿上，诗云）为人雕心雁爪，做事欺大压小。全凭谄佞奸贪，一生受用不了。某非别人，毛延寿的便是。见在汉朝驾下，为中大夫之职。因我百般巧诈，一味谄谀，哄的皇帝老头儿十分欢喜，言听计从。朝里朝外，那一个不敬我，那一个不怕我？我又学的一个法儿，只是教皇帝少见儒臣，多昵女色，我这宠幸才得牢固。道犹未了，圣驾早上。

（正末扮汉元帝引内官、宫女上，诗云）嗣传十叶继炎刘，独掌乾坤四百州。边塞久盟和议策，从今高枕已无忧。某汉元帝是也。俺高祖皇帝，奋布衣，起丰沛，灭秦屠项，挣下这等基业，传到朕躬，已是十代。自朕嗣位以来，四海晏然，八方宁静。非朕躬有德，皆赖众文武扶持。自先帝晏驾之后，宫女尽放出宫去了。今后宫寂寞，如何是好？（毛延寿云）陛下，田舍翁多收了十斛麦，尚欲易妇，况陛下贵为天子，富有四海，合无遣官遍行天下，选择室女，不分王侯宰相、军民人家，但要十五以上二十以下者，容貌端正，尽选将来，以充后宫，有何不可？（驾云）卿说的是，就加卿为选择使，赍领诏书一通，遍行天下刷选。将选中者各图形一轴送来，朕按图临幸。待卿成功回时，别有区处。（唱）

【仙吕·赏花时】四海平安绝士马，五谷丰登没战伐。寡人待刷室女选宫娃。你避不的驱驰困乏，看那一个合属俺帝王家。（下）

第一折

（毛延寿上，诗云）大块黄金任意挝，血海王条全不怕。生前只要有钱财，死后那管人唾骂。某毛延寿，领着大汉皇帝圣旨，遍行天下，刷选室女，已选够九十九名。各家尽肯馈送，所得金银却也不少。昨日来到成都秭归县，选得一人，乃是王长者之女，名唤王嫱，字昭君。生得光彩射人，十分艳丽，真乃天下绝色。争奈他本是庄农人家，无大钱财。我问他要百两黄金，选为第一。他一则说家道贫穷，二则倚着他容貌出众，全然不肯。我本待退了他。（做忖科，云）不要倒好了他。眉头一纵，计上心来。只把美人图点上些破绽，到京师必定发入冷宫，教他受苦一世。正是：恨小非君子，无毒不丈夫。（下）

（正旦扮王嫱引二宫女上，诗云）一日承宣入上阳，十年未得见君王。良宵寂寂谁来伴，惟有琵琶引兴长。妾身王嫱，小字昭君，成都秭归人也。父亲王长者，平生务农为业。母亲生妾时，梦月光入怀，复坠于地，后来生下妾身。年长一十八岁，蒙恩选充后宫。不想使臣毛延寿问妾身索要金银，不曾与他，将妾影图点破，不曾得见君王，现今退居永巷。妾身在家颇通丝竹，弹得几曲琵琶。当此夜深孤闷之时，我试理一曲消遣咱。（做弹科）

（驾引内官提灯上，云）某汉元帝，自从刷选室女入宫，多有不曾宠幸，煞是怨望咱。今日万机稍暇，不免巡宫走一遭，看那一个有缘的，得遇朕躬也呵。（唱）

【仙吕·点绛唇】车碾残花，玉人月下，吹箫罢。未遇宫娃，是几度添白发。

【混江龙】料必他珠帘不挂，望昭阳一步一天涯。疑了些无风竹影，恨了些有月窗纱。他每见弦管声中巡玉辇，恰便似斗牛星畔盼浮槎。（旦做弹科）（驾云）是那里弹的琵琶响？（内官云）是。（正末唱）是谁人偷弹一曲，写出嗟呀？（内官云）快报去接驾。（驾云）不要。（唱）莫便要忙传圣旨，报与他家。我则怕乍蒙恩，把不定心儿怕。惊起宫槐宿鸟，庭树栖鸦。

（云）小黄门，你看是那一宫的宫女弹琵琶？传旨去教他来接驾，不要惊唬着他。（内官报科，云）兀那弹琵琶的是那位娘娘？圣驾到来，急忙迎接者。（旦趋接科）（驾唱）

【油葫芦】恕无罪，吾当亲问咱。这里属那位下？休怪我不曾来往乍行踏。我特来填还你这泪搵湿鲛绡帕，温和你露冷透凌波袜。天生下这艳姿，合是我宠幸他。今宵画烛银台下，剥地管喜信爆灯花。（云）小黄门，你看那纱笼内烛光越亮了，你与我挑起来看咱。（唱）

【天下乐】和他也弄着精神射绛纱。卿家，你觑咱，则他那瘦岩岩影儿可喜杀。（旦云）妾身早知陛下驾临，只合远迎。接驾不早，妾该万死。（驾唱）迎头儿称妾身，满口儿呼陛下，必不是寻常百姓家。（云）看了他容貌端正，是好女子也呵。（唱）

【醉中天】将两叶赛宫样眉儿画，把一个宜梳裹脸儿搽，额角香钿贴翠花，一笑有倾城价。若是越勾践姑苏台上见他，那西施半筹也不纳，更敢早十年败国亡家。

（云）你这等模样出众，谁家女子？（旦云）妾姓王名嫱，字昭君，成都秭归县人。父亲王长者，祖父以来务农为业。间阎百姓，不知帝王家礼度。（驾唱）

【金盏儿】我看你眉扫黛，鬓堆鸦，腰弄柳，脸舒霞，那昭阳到处难安插，谁问你一犁两坝做生涯。也是你君恩留枕簟，天教雨露润桑麻。既不沙俺江山千万里，直寻到茅舍两三家。

（云）看卿这等体态，如何不得近幸？（旦云）妾父王长者，止生妾身。当初选时，使臣毛延寿索要金银，妾家贫寒无凑，故将妾眼下点成破绽，因此发入冷宫。（驾云）小黄门，你取那影图来看。（黄门取图看科）（驾唱）

【醉扶归】我则问那待诏别无话，却怎么这颜色不加搽，点得这一寸秋波玉有瑕？端的是卿眇目，他双瞎？便宜的八百姻娇比并他，也未必强如俺娘娘带破赚丹青画。

（云）小黄门，传旨说与金吾卫，便拿毛延寿斩首报来。（旦云）陛下，妾父母在成都见隶民籍，望陛下恩典宽免，量与些恩荣咱。（驾云）这个煞容易。（唱）

【金盏儿】你便晨挑菜，夜看瓜，春种谷，夏浇麻，情取棘针门粉壁上除了差法。你向正阳门改嫁的倒荣华。俺官职颇高如村社长，这宅院刚大似县官衙。谢天地可怜穷女婿，再谁敢欺负俺丈人家！

（云）近前来，听寡人旨，封你做明妃者。（旦云）量妾身怎生消受的陛下恩宠。（做谢恩科）（驾唱）

【赚煞】且尽此宵情，休问明朝话。（旦云）陛下明朝早早驾临，妾这里候驾。（驾唱）到明日，多管是醉卧在昭阳御榻。（旦云）妾身贱微，虽蒙恩宠，

怎敢望与陛下同榻？（驾唱）休烦恼，吾当且是耍，斗卿来便当真假。恰才家
辇路儿熟滑，怎下的真个长门再不踏？明夜里西宫阁下，你是必悄声儿接驾，
我则怕六宫人攀例拨琵琶。（下）

（旦云）驾回了也，左右且掩上宫门，我睡些去。（下）

第二折

（番王引部落上，云）某呼韩单于，昨遣使臣款汉，请嫁公主与俺，汉皇
帝以公主尚幼为辞，我心中好不自在。想汉家宫中，无边宫女，就与俺一个，
打甚不紧？直将使臣赶回。我欲待起兵南侵，又恐怕失了数年和好。且看事势
如何，别做道理。

（毛延寿上，云）某毛延寿，只因刷选宫女，索要金银，将王昭君美人图
点破，送入冷宫。不想皇帝亲幸，问出端的，要将我加刑。我得空逃走了，无
处投奔。左右是左右，将着这一轴美人图，献于单于王，着他按图索要，不怕
汉朝不与他。走了数日，来到这里，远远的望见人马浩大，敢是穹庐也。（做
问科，云）头目，你启报单于王知道，说汉朝大臣来投见哩。（卒报科）（番王
云）着他过来。（见科，云）你是甚么人？（毛延寿云）某是汉朝中大夫毛延
寿。有我汉朝西宫阁下美人王昭君，生得绝色。前者大王遣使求公主时，那昭
君情愿请行，汉主舍不的，不肯放来。某再三苦谏，说："岂可重女色，失两
国之好？"汉主倒要杀我。某因此带了这美人图，献与大王。可遣使按图索要，
必然得了也。这就是图样。（进上看科）（番王云）世间那有如此女人！若得他
做阏氏，我愿足矣。如今就差一番官，率领部从，写书与汉天子，求索王昭君
与俺和亲。若不肯与，不日南侵，江山难保。就一壁厢引控甲士，随地打猎，
延入塞内，侦候动静，多少是好。（下）

（旦引宫女上，云）妾身王嫱，自前日蒙恩临幸，不觉又旬月。主上昵爱
过甚，久不设朝。闻的今日升殿去了，我且向妆台边梳妆一会，收拾齐整，只
怕驾来好伏侍。（做对镜科）（驾上云）自从西宫阁下，得见了王昭君，使朕如
痴似醉，久不临朝。今日方才升殿，等不的散了，只索再到西宫看一看
去。（唱）

【南吕·一枝花】四时雨露匀，万里江山秀；忠臣皆有用，高枕已无忧。

守着那皓齿星眸,争忍的虚白昼。近新来染得些症候,一半儿为国忧民,一半儿愁花病酒。

【梁州第七】我虽是见宰相似文王施礼;一头地离明妃早宋玉悲秋。怎禁他带天香着莫定龙衣袖。他诸余可爱,所事儿相投;消磨人幽闷,陪伴我闲游;偏宜向梨花月底登楼,芙蓉烛下藏阄。体态是二十年挑剔就的温柔,姻缘是五百载该拨下的配偶,脸儿有一千般说不尽的风流。寡人乞求他左右,他比那落伽山观自在无杨柳,见一面得长寿。情系人心早晚休,则除是雨歇云收。

(做望见科,云)且不要惊着他,待朕悄地看咱。(唱)

【隔尾】恁的般长门前抱怨的宫娥旧,怎知我西宫下偏心儿梦境熟。爱他晚妆罢,描不成画不就,尚对菱花自羞。(做到旦背后看科)(唱)我来到这妆台背后,原来广寒殿嫦娥在这明月里有。

(旦做见接驾科)(外扮尚书,丑扮常侍上,诗云)调和鼎鼐理阴阳,秉轴持钧政事堂。只会中书陪伴食,何曾一日为君王。某尚书令五鹿充宗是也。这个是内常侍石显。今日朝罢,有番国遣使来索王嫱和番,不免奏驾。来到西宫阁下,只索进去。(做见科,云)奏的我主得知,如今北番呼韩单于差一使臣前来,说毛延寿将美人图献与他,索要昭君娘娘和番,以息刀兵。不然,他大势南侵,江山不可保矣。(驾云)我养军千日,用军一时。空有满朝文武,那一个与我退的番兵!都是些畏刀避箭的,恁不去出力,怎生教娘娘和番?(唱)

【牧羊关】兴废从来有,干戈不肯休。可不食君禄命悬君口。太平时卖你宰相功劳,有事处把俺佳人递流。你们干请了皇家俸,着甚的分破帝王忧?那壁厢锁树的怕弯着手,这壁厢攀栏的怕攧破了头。

(尚书云)他外国说,陛下宠昵王嫱,朝纲尽废,坏了国家。若不与他,兴兵吊伐。臣想纣王只为宠妲己,国破身亡,是其鉴也。(驾唱)

【贺新郎】俺又不曾彻青霄高盖起摘星楼。不说他伊尹扶汤,则说那武王伐纣。有一朝身到黄泉后,若和他留侯、留侯斯遘,你可也羞那不羞?你卧重裀食列鼎,乘肥马衣轻裘。你须见舞春风嫩柳宫腰瘦,怎下的教他环佩影摇青冢月,琵琶声断黑江秋?

(尚书云)陛下,咱这里兵甲不利,又无猛将与他相持,倘或疏失,如之奈何?望陛下割恩与他,以救一国生灵之命。(驾唱)

【斗虾蟆】当日个谁展英雄手，能枭项羽头，把江山属俺炎刘？全亏韩元帅九里山前战斗，十大功劳成就。您也丹墀里头，枉被金章紫绶；您也朱门里头，都宠着歌衫舞袖。恐怕边关透漏，央及家人奔骤。似箭穿着雁口，没个人敢咳嗽。吾当僝僽，他也、他也红妆年幼，无人搭救。昭君共你每有甚么杀父母冤仇？休、休，少不的满朝中都做了毛延寿！我呵，空掌着文武三千队，中原四百州，只待要割鸿沟。陡恁的千军易得，一将难求。

（常侍云）现今番使朝外等宣。（驾云）罢罢罢！教番使临朝来。（番使入见科，云）呼韩耶单于差臣南来，奏大汉皇帝：北国与南朝自来结亲和好，曾两次差人求公主不与。今有毛延寿将一美人图献与俺单于。特差臣来，单索昭君为阏氏，以息两国刀兵。陛下若不从，俺有百万雄兵，刻日南侵，以决胜负，伏望圣鉴不错。（驾云）且教使臣馆驿中安歇去。（番使下）（驾云）您众文武商量，有策献来，可退番兵，免教昭君和番。大抵是欺娘娘软善，若当时吕后在日，一言之出，谁敢违拗！若如此，久以后也不用文武，只凭佳人平定天下便了！（唱）

【哭皇天】你有甚事疾忙奏，俺无那鼎镬边滚热油。我道您文臣安社稷，武将定戈矛。您只会文武班头，山呼万岁，舞蹈扬尘，道那声诚惶顿首。如今阳关路上，昭君出塞；当日未央宫里，女主垂旒。文武每，我不信你敢差排吕太后。枉以后、龙争虎斗，都是俺鸾交凤友。

（旦云）妾既蒙陛下厚恩，当效一死，以报陛下。妾情愿和番，得息刀兵，亦可留名青史。但妾与陛下闺房之情，怎生抛舍也！（驾云）我可知舍不的卿哩！（尚书云）陛下割恩断爱，以社稷为念，早早发送娘娘去罢。（驾唱）

【乌夜啼】今日嫁单于，宰相休生受，早则俺汉明妃有国难投。它那里黄云不出青山岫，投至两处凝眸，盼得一雁横秋。单注着寡人今岁揽闲愁，王嫱这运添憔瘦。翠羽冠，香罗绶，都做了锦蒙头暖帽，珠络缝貂裘。

（云）卿等今日先送明妃到驿中，交付番使，待明日朕亲出灞陵桥，送钱一杯去。（尚书云）只怕使不的，惹外夷耻笑。（驾云）卿等所言，我都依着；我的意思，如何不依？好歹去送一送。我一会家只恨毛延寿那厮！（唱）

【三煞】我则恨那忘恩咬主贼禽兽，怎生不画在凌烟阁上头？紫台行都是俺手里的众公侯，有那桩儿不共卿谋，那件儿不依卿奏？争忍教第一夜梦迤逗，从今后不见长安望北斗，生扭做织女牵牛！

（尚书云）不是臣等强逼娘娘和番，奈番使定名索取。况自古以来，多有因女色败国者。（驾唱）

【二煞】虽然似昭君般成败都皆有，谁似这做天子的官差不自由！情知他怎收那朦满的紫骅骝。往常时翠轿香兜，兀自倦朱帘揭绣，上下处要成就。谁承望月自空明水自流，恨思悠悠。

（旦云）妾身这一去，虽为国家大计，争奈舍不的陛下。（驾唱）

【黄钟尾】怕娘娘觉饥时吃一块淡淡盐烧肉，害渴时喝一勺儿酪和粥。我索折一枝断肠柳，饯一杯送路酒。眼见得赶程途趁宿头，痛伤心重回首。则怕他望不见凤阁龙楼，今夜且则向灞陵桥畔宿。（下）

第三折

（番使拥旦上，奏胡乐科，旦云）妾身王昭君，自从选入宫中，被毛延寿将美人图点破，送入冷宫。甫能得蒙恩幸，又被他献与番王形像。今拥兵来索，待不去，又怕江山有失；没奈何将妾身出塞和番。这一去，胡地风霜，怎生消受也！自古道："红颜胜人多薄命，莫怨春风当自嗟。"

（驾引文武内官上，云）今日灞桥饯送明妃，却早来到也。（唱）

【双调·新水令】锦貂裘生改尽汉宫妆，我则索看昭君画图模样。旧恩金勒短，新恨玉鞭长。本是对金殿鸳鸯，分飞翼怎承望！

（云）你文武百官计议，怎生退了番兵，免明妃和番者。（唱）

【驻马听】宰相每商量，大国使还朝多赐赏。早是俺夫妻悒怏，小家儿出外也摇装。尚兀自渭城衰柳助凄凉，共那灞桥流水添惆怅。偏你不断肠，想娘娘那一天愁都撮在琵琶上。

（做下马科）（与旦打悲科）（驾云）左右慢慢唱者，我与明妃饯一杯酒。（唱）

【步步娇】你将那一曲阳关休轻放，俺咫尺如天样，慢慢的捧玉觞，朕本意待尊前挨些时光。且休问劣了宫商，您则与我半句儿俄延着唱。

（番使云）请娘娘早行，天色晚了也。（驾唱）

【落梅风】可怜俺别离重，你好是归去的忙。寡人心先到他李陵台上，回头儿却才梦里想，便休题贵人多忘。

（旦云）妾这一去，再何时得见陛下？把我汉家衣服都留下者。正是：今日汉宫人，明朝胡地妾。忍着主衣裳，为人作春色。（留衣服科）（驾唱）

【殿前欢】说甚么留下舞衣裳，被西风吹散旧时香。我委实怕宫车再过青苔巷，猛到椒房，那一会想菱花镜里妆，风流相，兜的又横心上。看今日昭君出塞，几时似苏武还乡。

（番使云）请娘娘行罢，臣等来多时了也。（驾云）罢罢罢！明妃，你这一去，休怨朕躬也。（做别科，驾云）我那里是大汉皇帝！（唱）

【雁儿落】我做了别虞姬楚霸王，全不见守玉关征西将。那里取保亲的李左车，送女客的萧丞相？

（尚书云）陛下不必挂念。（驾唱）

【得胜令】那里也架海紫金梁，枉养着那边庭上铁衣郎。您也要左右人扶侍，俺可甚糟糠妻不下堂！您但提起刀枪，却早小鹿儿心头撞。今日央及煞娘娘，怎做的男儿当自强！

（尚书云）咱回朝去罢。（驾唱）

【川拨棹】怕不待放丝缰，咱可甚鞭敲金镫响？你管燮理阴阳，掌握朝纲，治国安邦，展土开疆；假若俺高皇，差你个梅香，背井离乡，卧雪眠霜；若是他不恋恁春风画堂，我便官封你一字王。

（尚书云）陛下，不必苦死留他，着他去了罢。（驾唱）

【七兄弟】说甚么大王，不当、恋王嫱，兀良，怎禁他临去也回头望！那堪这散风雪旌节影悠扬，动关山鼓角声悲壮。

【梅花酒】呀！俺向着这迥野悲凉：草已添黄，兔早迎霜，犬褪得毛苍，人揿起缨枪，马负着行装，车运着糇粮，打猎起围场。他、他、他伤心辞汉主；我、我、我携手上河梁。他部从入穷荒，我銮舆返咸阳。返咸阳，过宫墙；过宫墙，绕回廊；绕回廊，近椒房；近椒房，月昏黄；月昏黄，夜生凉；夜生凉，泣寒螿；泣寒螿，绿纱窗；绿纱窗，不思量！

【收江南】呀！不思量除是铁心肠。铁心肠也愁泪滴千行。美人图今夜挂昭阳，我那里供养，便是我高烧银烛照红妆。

（尚书云）陛下回銮罢，娘娘去远了也。（驾唱）

【鸳鸯煞】我则索大臣行说一个推辞谎，又则怕笔尖儿那伙编修讲。不见他花朵儿精神，怎趁那草地里风光？唱道伫立多时，徘徊半晌，猛听的塞雁南翔，呀呀的声嘹亮，却原来满目牛羊，是兀那载离恨的毡车半坡里响。（下）

（番王引部落拥昭君上，云）今日汉朝不弃旧盟，将王昭君与俺番家和亲。我将昭君封为宁胡阏氏，坐我正宫。两国息兵，多少是好。众将士，传下号令，大众起行，望北而去。（做行科）（旦问云）这里甚地面了？（番使云）这是黑龙江，番汉交界去处。南边属汉家，北边属我番国。（旦云）大王，借一杯酒，望南浇奠，辞了汉家，长行去罢。（做奠酒科，云）汉朝皇帝，妾身今生已矣，尚待来生也。（做跳江科）（番王惊救不及，叹科，云）嗨！可惜可惜！昭君不肯入番，投江而死。罢罢罢！就葬在此江边，号为青冢者。我想来，人也死了，枉与汉朝结下这般仇隙，都是毛延寿那厮搬弄出来的。把都儿，将毛延寿拿下，解送汉朝处治。我依旧与汉朝结和，永为甥舅，却不是好？（诗云）则为他丹青画误了昭君，背汉主暗地私奔；将美人图又来哄我，要索取出塞和亲。岂知道投江而死，空落的一见消魂。似这等奸邪逆贼，留着他终是祸根。不如送他去汉朝哈喇，依还的甥舅礼，两国长存。（下）

第四折

（驾引内官上，云）自家汉元帝，自从明妃和番，寡人一百日不曾设朝。今当此夜景萧索，好生烦恼。且将这美人图挂起，少解闷怀也呵。（唱）

【中吕·粉蝶儿】宝殿凉生，夜迢迢六宫人静。对银台一点寒灯，枕席间，临寝处，越显的吾身薄幸。万里龙廷，知他宿谁家一灵真性。

（云）小黄门，你看炉香尽了，再添上些香。（唱）

【醉春风】烧尽御炉香，再添黄串饼。想娘娘似竹林寺不见半分形，则留下这个影、影。未死之时，在生之日，我可也一般恭敬。

（云）一时困倦，我且睡些儿。（唱）

【叫声】高唐梦苦难成，那里也爱卿、爱卿，却怎生无些灵圣？偏不许楚襄王枕上雨云情。

（做睡科）（旦上，云）妾身王嫱，和番到北地，私自逃回。兀的不是我主人！陛下，妾身来了也。（番兵上，云）恰才我打了一个盹，王昭君就偷走回

去了。我急急赶来，进的汉宫，兀的不是昭君！（做拿旦下）（驾醒科，云）恰才见明妃回来，这些儿如何就不见了？（唱）

【剔银灯】恰才这搭儿单于王使命，呼唤俺那昭君名姓；偏寡人唤娘娘不肯灯前应，却原来是画上的丹青。猛听得仙音院凤管鸣，更说甚箫韶九成。

【蔓青菜】白日里无承应，教寡人不曾一觉到天明，做的个团圆梦境。（雁叫科，唱）却原来雁叫长门两三声，怎知道更有个人孤另。

（雁叫科，唱）

【白鹤子】多管是春秋高，筋力短，莫不是食水少，骨毛轻？待去后，愁江南网罗宽；待向前，怕塞北雕弓硬。

【幺篇】伤感似替昭君思汉主，哀怨似作薤露哭田横，凄怆似和半夜楚歌声，悲切似唱三叠阳关令。

（雁叫科）（云）则被那泼毛团叫的凄楚人也。（唱）

【上小楼】早是我神思不宁，又添个冤家缠定。他叫得慢一会儿紧一声儿，和尽寒更。不争你打盘旋，这搭里同声相应，可不差讹了四时节令。

【幺篇】你却待寻子卿、觅李陵。对着银台，叫醒咱家，对影生情。则俺那远乡的汉明妃虽然薄命，不见你个泼毛团也耳根清净。

（雁叫科）（云）这雁儿呵。（唱）

【满庭芳】又不是心中爱听，大古似林风瑟瑟，岩溜泠泠。我只见山长水远天如镜，又生怕误了你途程。见被你冷落了潇湘暮景，更打动我边塞离情。还说甚雁过留声，那堪更瑶阶夜永，嫌杀月儿明！

（黄门云）陛下省烦恼，龙体为重。（驾云）不由我不烦恼也。（唱）

【十二月】休道是咱家动情，你宰相每也生憎。不比那雕梁燕语，不比那锦树莺鸣。汉昭君离乡背井，知他在何处愁听？

（雁叫科）（唱）

【尧民歌】呀呀的飞过蓼花汀，孤雁儿不离了凤凰城。画檐间铁马响丁丁，宝殿中御榻冷清清，寒也波更，萧萧落叶声，烛暗长门静。

【随煞】一声儿绕汉宫，一声儿寄渭城，暗添人白发成衰病，直恁的吾家可也劝不省。

（尚书上，云）今日早朝散后，有番国差使命绑送毛延寿来，说因毛延寿叛国败盟，致此祸衅。今昭君已死，情愿两国讲和。伏候圣旨。（驾云）既如此，便将毛延寿斩首，祭献明妃。着光禄寺大排筵席，犒赏来使回去。（诗云）叶落深宫雁叫时，梦回孤枕夜相思；虽然青冢人何在，还为蛾眉斩画师。（并下）

题目　沉黑江明妃青冢恨

正名　破幽梦孤雁汉宫秋

（马致远《汉宫秋》，据王季思主编《全元戏曲》第2卷，人民文学出版社1990年版）

编者按：《汉宫秋》全名为《破幽梦孤雁汉宫秋》，共四折加一个楔子，是现存最早的以昭君出塞为题材的戏曲作品，在昭君故事流变史上具有里程碑式的意义。马致远在戏曲舞台上天才地创造了几个标志性、对后世戏曲创作具有深远影响的剧情，在中国戏剧史上尤其是昭君戏剧史上不愧为一座永久的艺术丰碑：

其一，将普通宫女王昭君改为汉元帝名副其实的贵妃。《汉宫秋》描写昭君出生农家，品性纯良，美貌逸群，天下绝色，因拒绝贿赂毛延寿，被点破美人图而打入冷宫。昭君在孤独寂寞中手弹琵琶自伤自叹，深深吸引了巡游后宫的汉元帝，终于得知昭君冤情，诏令捕杀毛延寿，并亲自册封昭君为"明妃"，倍受宠爱。很显然，马致远糅合了史实和传闻故事，又吸收了历代昭君文学创作的养分，将匈奴单于封昭君为阏氏改为汉元帝封昭君为明妃。从此，"明妃"不再只是昭君的别名，而是昭君在汉宫中的贵妃封号，从而明确了明妃爱情悲剧的性质。自《汉宫秋》开始直至明清近代民国时期的诸多昭君戏剧和通俗小说，几乎无一不沿袭元帝封明妃这一故事模式，尽管文人学者们不会轻易混淆史实，但在广大底层观众和读者群中，这一故事模式获得了广泛的接受。

其二，将昭君个人悲剧上升到国家政治层面。《西京杂记》首次述及"画工丑图"故事，但并未明确毛延寿即是丑图者。南北朝多有怨恨画工的诗作，但亦未指明罪在毛延寿。隋朝侯夫人作《自遣》诗云："毛君真可戮，不肯写昭君。"第一次坐实毛延寿为丑化昭君图者，从此文人诗文创作中毛延寿被反复作为昭君悲剧制造者而遭到无情谴责。然而，汉元帝以画图选美本身就很值得怀疑，而一个普通画师就敢瞒天过海、受贿巨万，则更难令人信服。《汉宫秋》则对毛延寿作了颠覆性的加工修改：第一，毛延寿权倾朝野。毛延寿不仅由一个画师一跃而成为汉朝中大夫，而且是汉元帝第一宠臣，他"百般巧诈，一味谄谀，哄的皇帝老头儿十分欢喜，言听计从。朝里朝外，那一个不敬我，那一个不怕我？"第二，毛延寿贪财如命，阴险狠毒。"大块黄金任意挝，血海王条全不怕。生前只要有钱财，死后那管人唾骂"是其人生信念，什么王条国法全然不顾，当昭君拒绝行贿时，他恶意点破美人图，致使昭君被打入冷宫。第三，自私自利，毫无道德底线。当丑图之事败露后，他携带美人真图仓皇逃到匈奴，极力怂恿单于率兵南下按图索取美人，强逼昭君出塞和亲，成为一个毫无道德底线、肆意挑起战端、出卖国家利益的可耻叛国者。马致远经过一番艺术改动，就将一个普通宫女的个人悲剧上升到国家政治悲剧的层面上，大大深化了作品的思想内涵。除了猛烈抨击直接导致明妃爱情悲剧的卖国奸佞毛延寿外，《汉宫秋》还将批判矛头指向了以尚书令五鹿充宗、内常侍石显为代表的文武百官。马致远对于他们的厌恶并不亚于对毛延寿的痛恨，剧作借汉元帝之口连连指斥他们的怯懦无能："我养军千日，用军一时。空有满朝文武，那一个与我退的番兵！都是些畏刀避箭的"，"太平时卖你宰相功劳，有事处把俺佳人递流。你们干请了皇家俸，着甚的分破帝王忧"，"我道您文臣安社稷，武将定戈矛。您只会文武班头，山呼万岁，舞蹈扬尘，道那声诚惶顿首"。这其实就是作者在破口大骂，表面看上去这些四平八稳、诚惶顿首的文武百官与明妃远嫁毫不相干，但他们尸位素餐、一无所能，使得外族横行无忌，同样是导致明妃爱情悲剧的重要因由。这样的台词响彻元初的戏剧舞台，足以引起观众对于历史的沉思，亦大大增强了明妃爱情故事的悲剧意义。

其三，将明妃爱情悲剧与宋元民族冲突的现实紧密联系起来。西晋石崇《王明君辞并序》已开启了昭君和亲悲剧的母题，但那不过是说汉朝迫于匈奴强大局势而出嫁宫女。而《汉宫秋》则描写了一个典型的异族统治者强力"夺妻"的悲剧。剧本开头就写呼韩邪单于口称："我有甲士十万，南移近塞，称藩汉室。昨曾遣使进贡，欲请公主。"已然暗示匈奴强求公主和亲是以武力做后盾的。到了第二折中，单于武力胁迫的意味则更加浓烈："世间那有如此女人！若得他做阏氏，我愿足矣。如今就差一番官，率领部从，写书与汉天子，求索王昭君与俺和亲。若不肯与，不日南侵，江山难保。"不仅单于口出狂言，而且区区一个匈奴使者也敢当面威胁汉帝："今有毛延寿将一美人图献与俺单于。特差臣来，单索昭君为阏氏，以息两国刀兵。陛下若不从，俺有百万雄兵，刻日南侵，以决胜负，伏望圣鉴不错。"这哪里是请求和亲，乃是赤裸裸的倚强凌弱。毫无疑问，马致远《汉宫秋》是特殊时代的产物。宋元时期民族矛盾十分尖锐，北宋末年和南宋末年，宫廷无数嫔妃和宫女遭到难以想象的凌辱。北宋靖康二年（1127），金军攻破东京，徽、钦二宗及六宫后妃、公主、宫女等六千余人被押解北上，途中后妃、公主、宫女受尽凌辱，不堪忍受而自杀身亡者不在少数。宋人确庵、耐庵编《靖康稗史》载："被掠者日以泪洗面，虏酋皆拥妇女，恣酒肉，弄管弦，喜乐无极。"押至上京后，被分到各部落大族做侍妾和奴隶，韦贤妃以下三百余宫女送进浣衣院（官方妓院）。此种恶行随时发生，宋金文人野史笔记多有载述。到南宋德祐二年（1276），元丞相伯颜统率大兵破临安，强索后宫嫔妃、宫女、属员三千多人，押送北上元大都，其中有宫廷乐师兼诗人汪元量、宋度宗昭仪王清惠、妃子金德淑等人。尽管元人脱脱主编《宋史》，对这段历史极力掩饰，但从汪元量等人创作的诗文中不难推知她们的悲惨命运。元朝一统天下之后又实行民族压迫政策，将南宋人民置于四等人中的最末一等，激起了各民族人民尤其是汉族民众的强烈不满情绪。可见，马致远在《汉宫秋》中精心虚构设计"夺妻之恨"的悲剧故事，有着显著的针对性，其意在揭露异族统治者以强凌弱、劫掠妇女的野蛮行径，并寄托了对于破灭的民族故国的哀悼之情。

其四，虚构了王昭君投江自尽、魂归汉宫的经典剧情。《琴操》

已有昭君因不愿遵从匈奴"子妻母"之习俗而吞药身亡之说，但此说显得突兀且不近情理。而《汉宫秋》中明妃与元帝已是帝妃关系，情意相投，却遭到匈奴一再武力威逼，在满朝文武百官束手无策的情况下，明妃毅然表示"情愿和番，得息刀兵"，为了国家利益不惜牺牲个人幸福，显得大义凛然。当和亲队伍行至"番汉交界去处"黑龙江时，昭君不愿入番受辱，毅然投江自尽，以死明志，成为一个富于民族气节和爱国精神的巾帼英雄形象。自杀殉国的剧情虽有悖于西汉史实，但这是元代剧作家借戏曲舞台曲折反映两宋民族悲剧历史以宣泄不满情绪的最好方式，其时代意义不言而喻。正如李修生《元杂剧史》所评："昭君誓不入番，在汉匈交界处投江而死的情节，虽然着墨不多，却更赋予昭君形象以新的意义，并最终完成了在民族矛盾中保持崇高气节的动人形象。这在元代特定的历史条件下，无疑是具有积极意义的。"剧作最后又写明妃魂归汉宫，与汉元帝互诉衷情，在一片凄哀悲恨的氛围下落下帷幕，悲剧结局的设计，一如王季思《玉轮轩曲论新编》所言："说明了作者对当时社会现实的认识和感受是比较深刻的，他表达了当时处于被压迫者地位的各族人民的思想感情，倾诉他们的悲哀和怨恨。这悲哀不止是一家一族的破败，而且是广大人民沦为奴隶的悲哀。这怨恨，也不止是对蒙古统治者的怨恨，而且包括对本民族那些昏庸、卖国的统治者的怨恨。"昭君投江和魂归汉宫固然纯属虚构，但集中表达了广大被压迫人民的爱国主义思想情感，从而成为昭君戏曲创作中的经典剧情而为后世所普遍继承。

和戎记（节录）

（明）佚名

第二折

【女冠子】（旦）东风帘卷，万物光辉多少。听莺声唤，韶光明媚，早春来到。韶华苒苒景物知多少。听杜宇声声，向枝上啼彻春光去了。妆台临罢出香闺，早见花残月落时，听得枝上黄莺叫，报道春光似旧时。奴家姓王，名嫱，字淑真，祖贯越州人氏。父授太守之职。有妹秀真，兄弟王龙。今日乃爹爹寿旦，不免请出妹妹来，一同去贺喜。妹妹已到。

（占上，唱）绿柳拖金，观不尽园林胜景。姐姐呼唤，奴当遵命。姐姐万福！（旦）妹妹到来，残花对着景残花，万紫千红尽可夸。（占）春去春来知多少，慈闱椿树共年华。（旦）妹妹，今日是爹爹寿旦，安排酒礼，请他出来庆贺眉寿则个。（占）姐姐，酒礼俱已齐备了，同请爹娘出来拜祝一番，多少是好。

（外上，唱）瑞烟气霭庭闱，高烧银烛，寿香喷金猊。（夫上）华发斑斑，朱颜尽改，喜今齐贺生辰。（末）戏舞班衣，共乐阶前。

（相见介）（旦、占、末）爹爹拜揖！（外、夫）孩儿到来，不须下礼。（旦）庚星一点耀冲天，（占）光映人间五百年。（旦）但愿年年当此日，（外）应知不等地行仙。（旦）王龙弟，燃起寿香，看酒来把盏。（末）酒在此。（旦、占同把盏介）

【风入松】（旦、占）寿香喷起宝炉中，争看福禄俱全。传杯弄盏同欢宴，但愿亲闱偕老百年。（合）祝眉寿，庆华筵。

【前腔】（末）频斟美酒奉椿萱，寿算绵绵。传言玉女金杯劝，南极星镇长久远。（合前）

【前腔】（旦）只听得乐声沸，笙歌缓，敲象板，拨丝弦，恰便似飞琼捧出蟠桃献，西王母会群仙。（合前）

【前腔】（占）春来依旧草芊芊，今日父子团圆，挨饮沉醉归庭院。愿严亲贵显，身不老，寿绵绵。（合前）

【前腔】（外、夫）孩儿孝顺父娘宽，诲训谨依言，守闺门如冰一点。儿志气，父娘贤。（合前）

【前腔】（旦、占）蒙爹娘严命谨依言，姊妹们谨守窗前，勤工女传拈针指。愿双亲把屋筹益添。穿五彩，戏阶前。（合）祝眉寿，庆华筵。

【尾声】（合）仙翁寿酒频频劝，摆列儿孙在眼前，快乐人间一洞天。

交欢酩酊喜偏加，花有清香月有华。

寿比南山福东海，应知天相吉人家。

第二十二折

（生）园林景致赏芳菲，春尽归时，绿暗红稀。（旦）轻移莲步出香闺，百鸟催迟。（生）花亭锦绣香难舍，帘外风光正及时。在天愿为比翼鸟，入地共成连理枝。娘娘，御弟领兵未见回来，不免在此游玩一番，多少是好。（旦）我王放心。

【好事近】（生）谁知道误佳期，近日来边疆烽起。奸臣毒计到沙陀，说是谈非。同胞御弟，统兵与他相迎敌，如今未见输赢，全不见吉兆凶危。

【前腔】（旦）思知命薄受禁持，谢君王宠爱提携。军临边地，料应他得胜班师天佑取。灭奸臣，保国安邦位。愿皇朝武出文归，见他汗马功绩。（末上）

【前腔】（末）不整朝衣，事急兵忙来报取。微臣得罪，无勇无能无志气。（生）御弟回来了。消息何如，兴兵领将相迎敌，从细说与。（末）听奏丹墀，那番兵实无理，兵压泰山难抵敌。州城攻破在须臾，顷刻汉家室，事宜回避。（生）龙颜失色矣，思想难回避，武列文班，谁做擎天柱？退得番兵，任伊封官职。（内喊介）

（旦）擂鼓敲锣，喊声不绝气，夫妻两分离。奴心欲自尽，与君王相守难抛弃。中原堪叹同胞弟，最苦交锋休怨忆，安定江山封赠你。

（末）微臣奏启，计上心来。娘娘免惊惧，宫内选娇娥，进奉单于主，才得安邦位。臣有一计，我王休得惊惧。军马攻城不当稳便，把三十六宫，四十八院，宣齐三千美女，四百娇娥，内中岂无一个容貌相似娘娘的，选一个献上番兵，将金冠霞帔、龙车凤辇，上将跟随，侍妾扶从，进上单于，番兵必退，两国安宁。着一人城上高叫，番兵先退，我这里进奉昭君与他。将金牌一道，宣美女上殿。此回若不施谋计，怎得皇图尽太平。（生）卿言极当，就将旨意宣诏三十六宫美女。着人城上高叫，我今献出昭君娘娘，番兵且退。（末叫介）（内应介）

（占）忽闻诏选宫人，淡雅梳妆色色新。轻移莲步出宫庭。我王万岁，万万岁。（生）宫娥各各平身抬头，如今正宫娘娘有难，选你美人有相似娘娘容貌的前去，可定汉室江山。（占）奴家情愿替着娘娘。（生）你姓甚名谁？（占）奴家姓萧名善音。（生）宫娥萧善音，仪容淡雅，颜貌端然。今就选你，你当一心前去。（占）奴家就去。（生）敕赐你龙凤袍一件，金冠一顶，无忧宫鞋一双，龙车凤辇一副，侍女一个。你放心前去，谢恩。（占）万岁，万万岁。（生）将酒过来，寡人亲赐他御酒三杯，离宫前去。

（生）怨恨奸臣，皇封御酒赐宫人。你往边境去，今日离宫庭。惟思边疆烟尘息，家无王事国无征。（合）离别去，离帝京，三杯美酒便登程。

（旦）痛伤情，为人莫作妇人身。宫娥，嘱咐你，低低说，凡事莫通闻。与你龙车凤辇，赠你玉马蹄金。（合）须宁奈，步难行，登山涉水免忧心。

（占）谢皇恩，躬身拜别泪珠零。念奴往沙陀去，只愿国安宁。抛家远涉长安去，将身舍命报朝庭。（合）边烽上难转程，山呼万岁出朝门。

（生、旦）听叮咛，频斟美酒两三巡。你去侍奉单于主，不可说真情。祸根泄露难凭准，萧墙祸起退无门。（合）番人至不顺情，坑伊性命乱朝廷。

【尾声】（生）频斟美酒两三巡，送出轿中离帝京。只顾边疆烟尘息，家无王事国无征。（生、旦下）（占吊场）

（净、丑）泪眼汪汪离故乡，千山万水到边疆。家中老幼难相见，犹如蜂翼到湘江。（见介）（占）起头只见天边月，不见天边月下人。内臣，车马齐备没有？（净、丑）都齐备了，就此起程。

【二犯江儿水】（占）堪叹玉人春困，娇鸟枝上鸣。听声声杜宇叫道归程，安宁惹起奴性情。追思离宫庭，回思奴弟兄，为报朝庭，拼舍其身，教人怎不痛伤情？想起来好难禁，此去无凭准，只愿那奸臣没眼睛。想起来无情无兴，凶危难转程。一天顺，十方正。边尘默然长叹声。途路受艰辛，边烽才征。拜告神明，保佑奴身，只愿那奸臣没眼睛。

（虏王接介）（占）虏王平身，单于主怎不来？

【前腔】（虏）喜得昭君临境，从今罢战征，两国和同不相吞。三军唱凯声，队伍向前行。忻忻归故里，一见真容，哈敦真赛音，呐喊高声，笑吟进王城。

家家征战喊声齐，取得昭君岂不忻。

和同两国无征战，枪刀归库不兴兵。

第二十九折

（旦上）昭君拂玉鞍，上马啼红颊。今日汉宫人，明朝胡地妾。今日出塞也呵！

【小桃红】（旦）为人莫作妇人身，最苦是昭君。恨只恨毛延寿，误写入丹青，羞杀汉朝臣。纵有广寒宫、普陀山、瑶池殿、巫山庙，也为他倾国倾城，嫁单于好伤情。

【下山虎】（旦）西风飒飒，短亭长亭。两国和番使，奏入汉宫庭。簌簌的耀日刀枪，带甲曳兵，皂雕旗促起程。昭君懒上马，雨泣云愁眉带颦。汉宫汉宫，空有三千女，尽皆泪倾，送别昭君出禁城。

【蛮牌令】（旦）毡笠子罩乌云，织锦袄，绉丝裙。凤鞋凤鞋，踏上玉镫。蹀躞马蹄轻，当时间哭损娇容。汉王临别后，欲悔无因。宫门静闭凤枕，袭袭余香犹在鸳衾。

【亭前柳】（旦）黑黯黯，楚天云。滴溜溜，泪珠倾。扑簌簌，红叶坠。咭叮当，响秋砧。雁儿，雁儿，你在空中叫，断肠声，怎割舍断肠人。

【一盆花】（旦）迤逦风霜历尽，望黄沙漠漠，雾草烟凝，轧轧车儿更提铃。趷的趷蹬，骆驼牵引。路儿又不平，月儿又不明。强把琵琶砰砰碰碰拨着数声，总是离情。

【浣溪纱】（旦）行行过上林，凛凛朔风紧。只见野渡迢迢河水冻，纷纷雪儿又紧。为辞了汉高王，那王多奸佞，迎接着美貌胭脂为阵。岂知当今元帝，有多少文共武，百万铁衣郎，没个男儿性。忍将红粉去和番，要那将军则甚？

【马鞍儿】（旦）铺马传宣罢战征，接昭君入禁城。夫人和小姐齐笑语呵，世多罗观世音。

【胜葫芦】（旦）大王驸马诸公请，冬冬打鼓儿迎。歌舞排佳宴，叫打手嗒辣酥撒银。散了蹀躞归去，那单于绉定昭君。虽则是重重罗帐暖，昭君怎忍与他鸳衾鸾枕？花如锦，柳带烟，料应难转汉宫庭。众臣送我的请回，不必再送。（末、净）容臣等再送。（旦）一步远一步，思量家中多少路？今日汉宫人，明朝知何处？

【点绛唇】（旦）汉岭云横雾闭下，朔风飔，冷透征衣。人到分关珠泪垂，马到关前步懒移。人影稀，征雁南飞。冷清清朔风似箭，旷野云低，细雨飘丝。自幼在阃阈之中，那曾受这般风霜劳役？转眼望家乡，缥缈魂飞。只见汉水连天，野花满地。愁思，雁门关上望长城，纵有巫山十二难寻觅。想我君，思我主，指望凤衾鸾枕同欢会，谁知道做了凤只鸾孤，都一样肝肠碎。（内锣鼓响介）只听得金鼓连天振地，人赛彪，马似龙驹。只见旌旗开，黑白似云飞。见番兵一似群羊聚，发似枯松，面如黑漆，鼻似鹰鸠，须卷山驴，叫他下阵在关前立。王昭君好一似线断风筝难回去。好一似弦断无声韵不回，一似石沉海底。月正圆又被云遮掩，花正开却被狂风败。当日娥皇怨虞舜，今日昭君怀恨在沉埋，想卓文君题桥意在。兄弟，取琵琶过来。（末）在此。（旦）手挽琵琶拨调，音不明，心自焦。我将指尖儿把弦丝扫，怎得个知音明了。纵有伯牙七弦琴，唯有仲尼堪叹颜回少。常言道，聪明富贵难比天高。怨侣付多情，藕丝弦下焦。韵破无颠沛，不响难拨操，怎不教人晃晃心焦？想此事料应到了，若是弦断无声了，花落连根倒。断了弦，若是无弦了，宝镜昏蒙难照。想前生烧了断头香，今世里离多会少。纵是情稀命薄，损娇貌，瘦损腰围。手托香腮，泪珠儿流落。

【后庭花】（旦）第一来难舍父娘恩，第二来难割同衾枕，第三来损害了良民，第四来百万铁衣郎昼夜辛勤，第五来国家粮草都虚尽。今日昭君输了身，万年羞辱汉先君。宁作南朝黄泉客，不做夷邦掌国人，泪洒如倾。恨只恨毛延寿，歹心人，谁承佐国无成。来日碧天连水水连城，望长安，泪斑斑戴月披星，举头见日望长城。

（内云）虏王迎接娘娘。（旦）你对单于说，要他先降了三事。（内）先降那三事？（旦）一要降书一纸，二要金箱玉印，三要毛延寿亲自来接，我方才下关。（内应介）

【耍孩儿】（旦）泪珠滴湿衣襟重，又隔断巫山十二峰。从今休想襄王梦，蓝桥水涨人难见。又飘散琼花白影踪，怎做得阳台梦？刘王呵，若要云雨佳期会，除非是梦里再相逢。（并下）

第三十一折

（末、旦、丑上）举头只见家乡月，不见家乡月下人。

【粉蝶儿】（旦）艳质红妆娇嫩蕊，叨居宫院。那曾经这般生受？恨只恨毛延寿奸佞贼，惹起万种忧愁。亡家败国转添仇。拆散锦鸳鸯，空自守。今日里强打精神，把琵琶拨操，细弹一遍。雁门关前，万般情况。

（内云）众将迎接娘娘。

【前腔】（旦）只见番人叉手迎，俺这里泪盈盈。添烦恼，恨无凭，貔貅百万兵。见番人，恼得我性似浮云。和将士安排定，一见了恨不得把他迎锋一命，气绝身倾。

（净、丑上）单于心下喜匆匆，见了昭君花貌容。胜如仙女临凡界，恰似姮娥离了月宫。请娘娘受降书金箱玉印。（旦）拿过来。王龙弟，你将降书玉印，先回朝去，拜上我刘王。

【前腔】（旦）交付你金箱玉印，回奉刘天子，教他牢牢收定。今生不得同衾枕，梦儿里也要相侵。（末）骨肉，今朝离别去，除非梦里再相逢。（下）（旦）见奸臣恨满怀，怎生除却心头闷。若是仇人相见，咬定牙根。（丑）请娘娘进王城。（旦）虏王，你教那单于王亲自与我打话。（丑）启爷爷，昭君娘娘他教你亲自去与他打话。（外）娘娘请进王城。（旦）单于主听说原因，你可把心儿牢牢拴定，休听毛延寿弄舌调唇。他是个败国亡家反面无情，混乱朝廷。当初在俺国里，只为一件事说发了，就背着美人图走到你国，今后只怕他倘有差池，又将奔往别国而去。将他废了，两国才得安宁。

（外）毛延寿是我恩人，怎么舍得他？（旦）虏王，你教毛延寿过来。（丑叫介）（净上）朝中天子宣，阃外将军令。单于主宣我，始见毛延寿的忠言，果是昭君娘娘的正身。我王万岁。（外）娘娘说要你来接他，你就去见他。（净）我王，小臣与他是仇人，若去见他，娘娘必怒。（外）毛延寿，我是天，娘娘是地，天地无反悔之意。昔日在南朝娘娘也是主，今日在俺国娘娘也是主，你也该去接他。没事。（净）小臣就去。娘娘万岁。（旦）谗臣，奸臣，你是个败国之人，有甚颜面来见我！（净）若不是毛延寿，娘娘怎么得到这繁华去处。（旦）虏王，你教单于主杀了毛延寿，我方进城。（丑）我王，娘娘说要杀了毛延寿方进城。（外）老毛，我和你借一件东西，你肯不肯？（净）我王，小臣没有甚么东西。（外）你有没有，只要说个肯。（净）小臣有时就肯。（外）你肯，你肯。（净）肯，肯，肯。（外）老毛，你那个头借我看看。（净）先间说道天地无反悔，怎么这样？（外）老毛。自古道天变一时。小番，绑了。（净骂）（丑）阎王注定三更死，定不留人到四更。启圣旨开刀。（杀介）（净下）（丑）启娘娘，俺这里把毛延寿杀了，请进城。（旦）虏王，你把毛延寿头来，待我看。（丑）头在此。

【耍孩儿】（旦）谗臣今日遭刑宪，遭刑宪，身落在番邦丧九泉。尸骸撇在湘江畔，首级儿高挂城间。转过面来，你是个獐头鼠目将人害，将人害，害得我怒气冲冲直上天。耳鼻常在金銮殿，听非听是，假意传宣。口能言，舌又尖，千谋百计将咱贬，把朝纲混却君王乱，君王乱，害得我家败人亡丧九泉。愿你不得轮回转，把你堕在酆都地狱，万载不得升天。（丑）手在此。（旦）手有十指尖，丹青画玉颜。兔毫里面藏刀剑，把仪容改换将咱贬，将咱贬，贬在幽宫不敢怨天。天不盖你亏心汉，今日里分尸五马远沛千年。（丑）脚在此。（旦）长脚奴会走番，一朝十二个时辰遍，背着仪容走，走，走，走，忙忙走到番边说事端。说得胡人心下思量遍，兴动人马，要索红粉亲自和番。（丑）这便是心肝。（旦）心上用机谋，千方百计思量遍。乱朝廷也是你心生计，败国也是你用机关，害得奴难上难。此得尸分头断，碎骨粉咽。（外）请娘娘进城。（旦）今日晚了，明日进城。（众并下）（旦）传示刘王，休为我相思病染。今生难得重相见，除非南柯梦里再相逢。

昭君跳入胡地去，报马传言罢战征。

世间只有昭君苦，画上用计误丹青。

（佚名《和戎记》，据郑振铎编《古本戏曲丛刊》二集影印本，国家图书馆出版社2010年版）

编者按：《和戎记》全名为《王昭君出塞和戎记》，共三十六折，大约产生于明代初期，民间戏曲艺人集体编创再由后世艺人整理修改的可能性较大。所选录的几折戏为《和戎记》中具有较大影响力的重头戏。

《和戎记》主要依据马致远《汉宫秋》的故事而加以增饰推衍，在昭君故事发展演变史上也是一部极其重要的作品。其新创增饰的人物情节主要有五点值得关注：其一，王昭君之父由"务农"升为"越州太守"，即昭君由农家女子变成了宦家千金小姐，提升了昭君的文化素养，故而昭君不仅能弹奏琵琶、知曲能诗，还善于绘画，剧本中有昭君自描图像以堵毛延寿索贿之口的情节。其二，将传说中的画工索贿、丑图的故事进一步复杂化，叙述毛延寿索贿不成便恶毒地实施打击报复，先是故意在昭君画像上点上"左痣右疤"，使元帝见此"败国亡家"之相而生嫌弃之心，接着又勾结鲁妃哄骗元帝，而将昭君打入冷宫，显示了贪腐权奸的自私无耻本性。其三，虚构了在匈奴大兵压境之下，以宫女萧善音假冒王昭君出塞和番的故事，增加了剧情的曲折性。其四，《汉宫秋》写昭君为王长者之独生女，《和戎记》则写昭君有弟王龙、妹妹王秀真，并虚构了汉元帝续婚王昭君之妹王秀真等剧情。其五，进一步强化了王昭君忧国忧民的爱国主义精神品格。《汉宫秋》写昭君说："妾情愿和番，得息刀兵，亦可留名青史。"昭君的爱国情感含有个人留名青史的意念。而《和戎记》则写昭君上书云："能舍一人之命，保全万载之邦，救万民之灾难，免吾君之牵挂。与王分忧，妾死无恐。"其救国救民之胸襟更令人肃然起敬。这些增饰的人物故事大多为后世戏曲、小说所继承和师法。当然，《和戎记》设计续婚等剧情，亦充分显露了鲜明的世俗化倾向，这个迎合世俗、追求团圆的倾向亦为明清近代昭君戏剧、昭君小说所承袭。

昭君写怨

（明）佚名

汉明妃者，王嫱也，受谗入胡虏廷，因琵琶写怨，后卒葬其地，冢青草焉。至金大定癸未，上京内族完颜守义，文雅士也，有故出行，见明妃冢，有感于心，因拱手叹之曰："烈哉！烈哉！奸臣误尔哉！葬身漠北，饮千载之痛恨哉！"既去，亦付之往事而已。

至暮，乃归道途，复过妃冢，但举目视之，见一华居，岿然独立，画栋雕梁，非人间之庶府；朱帘翠幕，拟天上之仙居。守义且惊且疑，未及详细，乃见一美人幽香袭袭，体态盈盈，自内而出，曰："公子暂屈拜茶，可乎？"守义未及致辞，美人复有请，不得已，而随之进。至中堂，宾主而坐而茶，而继之以酒。美人起谢曰："日间辱蒙清盼，兼致不平之词，妾虽九泉，草木同腐，且感之不忘也。"守义方欲叩问其姓氏及日间之语，美人遽起曰："妾请自叙衷情，公子幸勿惊讶。妾非今世阳人也，即大汉朝明妃王嫱昭君也。自贼臣逸谮，俾妾和番，迨辞帝而出帝阙，见妾容而悔之，然业已遣矣，悔之何及？妾至虏廷，日抱琵琶而写怨，悒郁而亡，至于今日犹作望乡之鬼！"乃吟七言四句一律以自叹云，诗曰：

万里黄云塞草枯，琵琶无语月明孤。玉关回望将军寨，锦帐氍毹夜博卢。

吟已，泪数行下。守义亦为之动容，更口占短律以答之，曰："琵琶写怨怨如何，古道佳人命薄多。荒冢已知青草色，梦魂曾到汉宫么？"慰谕者再四。明妃又曰："公子在堂，不可虚度清宵。"于是呼侍婢玉环者命之舞以侑觞，玉环请歌《胡笳十八拍》，明妃曰："《胡笳十八拍》曲虽清丽，但对今人歌昔曲，君子谓之悖。"乃自制《燕歌行》教之，歌曰：

挽抢夜射飞狐北，虏骑千群来寇贼。惊沙走莽黄入天，笳鼓连营惨秋色。
大将排营列汉关，雕戈画戟指挥间。旆摇大棘城边月，箭满祁连雨后山。
戍卒年深皆著土，惯识军情耐风雨。誓酬报国慷慨心，肯学当年浑脱舞。
八月飞雪百草腓，殷柽几树暮鸦归。南山射虎风鸣镝，大泽呼鹰雪打围。
桓桓骁勇从戎久，竞取功名惟恐后。横槊长歌孟德诗，请缨生系贤王首。
从来大小百战余，铁券丹书尚何有？牙旗虎影冻翻风，匣剑虹光夜冲斗。
披坚执锐乱纷纷，咆哮横行策异勋。君不见田单能用命，援桴一鼓奋三军。

歌竟酒阑，天渐曙矣，守义辞谢而出，回首，则华屋不知所在焉。

（佚名《昭君写怨》，据泰华山人编《新镌全像评释古今清谈万选》卷二，陈国军辑校，文物出版社2018年版）

编者按：陈国军先生在《新镌全像评释古今清谈万选》卷二《昭君写怨》后的"按语"中认为《昭君写怨》为明前期小说家周静轩《湖海奇闻集》之佚文。《昭君写怨》所引诗歌皆为活跃于明代景泰年间的诗人童轩之作而略有改动，周静轩与童轩同时而稍晚。从这一点看，陈国军先生的说法较为可信。

这篇小说描写昭君能诗善曲，与金朝雅士完颜守义相会于青冢之中，其故事模式应接受了唐人小说《周秦行记》的影响，但思想格调远高于《周秦行记》。通篇小说旨在凭吊昭君之青冢，缅怀其慷慨报国之胸襟。其艺术构思对于清初尤侗创作杂剧《吊琵琶》有着深刻影响。

昭君（节录）

（明）冯梦龙

昭君，字嫱，南郡人。元帝时，以良家子选入掖庭。或云昭君者，齐国王穰女，年十七，仪容绝丽，以节闻国中。长者求之，王皆不许，乃献元帝。时宫人既多，帝造次不能别房帷，乃令画工图之，披图召幸。他人往往行赂，多得进。昭君自恃其貌，志不苟求，工遂毁为其状。会匈奴单于来朝，求美人为阏氏，帝敕以宫女赐焉。

昭君入宫数载，未得见御，积悲怨，乃请掖庭令求行。单于临辞，大会，帝召女以示之。昭君丰容靓饰，光明汉宫，顾影徘徊，竦动左右。帝见大惊，意欲留之，而重失信于异域，遂与匈奴。昭君戎服乘马，提琵琶出塞而去。为书报帝云："臣妾幸得备禁脔，谓身依日月，死有余芳，而失意丹青，远窜异域。诚得捐躯报主，何敢自怜？独惜国家黜陟，移于贱工，南望汉关，徒增怆结耳。有父有弟，惟陛下幸少怜之。"帝回思昭君不置，为诛画工毛延寿等。

（据冯梦龙《情史》卷13，下册，上海古籍出版社1993年版）

坚瓠补集（节录）

（清）褚人获

卷 二

昭 君

昭君名嫱，以良家子选入掖庭。《琴操》云：齐国王穰女，年十七，仪容雅丽，国中长者求之，皆不许，乃献元帝。后呼韩邪单于来朝，愿为汉婿，敕宫女五人赐之。嫱以入宫不见御，积怨请行。临辞大会，丰容靓饰，光明汉宫，顾影徘徊，竦动左右。帝见惊悔，然重失信，遂与匈奴。入胡，号宁胡阏氏。生一子伊屠知牙师。呼韩邪死，前阏氏子代立，欲妻之，嫱上书求归，成帝敕从胡俗，遂为后单于阏氏。生二女，长女云须卜居次，小女当于居次。平帝时，单于遣须卜居次云入侍太后。此见《汉书》，并无画工图形之说。《西京杂记》载画工事，亦止毛延寿。而《乐府解题》所载，又有刘向、陈敞、龚宽、杨杜、樊青等。

近见《南轩集异》，有《昭君入胡报帝书》云："臣幸得备禁脔，谓身依日月，死有余芳，而失意丹青，远窜异域。诚得捐躯报主，何敢自怜？独惜国家黜陟，移于贱工，南望汉廷，徒增怆结。妾有父、弟，惟陛下幸少怜之。"帝回思不置，穷究其事，画工毛延寿、樊青等，同日弃市。据此，则画工之说，似实有之，《汉书》或未之载耳。

（褚人获《坚瓠补集》卷2，据《续修四库全书》第1262册，上海古籍出版社2002年版）

编者按：所谓《昭君入胡报帝书》载于明末著名文人冯梦龙《情史》卷十三《昭君》中，亦载于清初小说家褚人获《坚瓠补集》卷二《昭君》中。据褚人获言称，昭君此上书援引自《南轩集异》。今学者张文德著《王昭君故事的传承与嬗变》，推测《南轩集异》乃南宋名将张浚之子张栻的笔记小说集，昭君上书实为张栻的拟作，可备一说。王昭君有二侄（兄之子）王歙、王飒，他们与昭君之女的交往见载于《汉书·匈奴传》，说明昭君至少有一个兄长。《昭君入胡报帝书》以昭君口吻交代"有弟"，与史籍所载略异。而"弟"包含弟、妹，这大概是明清戏曲、小说虚构昭君之弟王龙，妹王秀真、王娉等文学人物的依据。

双凤奇缘（节录）

（清）雪樵主人

第一回　汉帝得梦选妃，奸相贪财逼美

诗曰：

月貌花容最可亲，汉宫曾说有佳人。

一生种下风流债，直使多情悟夙因。

话说自古及今，奇男子与奇女子，虽皆天地英灵之气所钟，奇处各有不同：奇男子重忠、孝二字，做一番掀天播地的事业，名贯古今。奇女子重节、义二字，完一生冰清玉洁的坚贞，名重史册。

你道那奇女子是何人？就出在汉朝十一帝。相传元帝在位，其时天下太平，百姓安乐，文有宰相张文学、翰林院掌院学士苏武；武有元帅李广、总兵李陵、都督李虎，一班文武忠良辅佐汉主，治得国家盗贼不起，旱涝不兴，要算有道的气象。只因宠任一个奸臣毛延寿，其人狡猾异常，善迎主意，贪财爱宝，无所不为，这也不在话下。

且说越州地方，有一位太守，姓王名忠，乃本京人氏，一身清正，爱民如子。夫人姚氏，年俱半百，膝下无子，只生一女，取名皓月，又叫昭君，生得有沉鱼落雁之容，闭月羞花之貌。女工针黹，自不必说，且精通翰墨，又善晓音律，父母爱如掌上珍珠，不肯轻于议婚，所以昭君年方十七，尚待字闺中。

那年八月中秋佳节，一家同坐饮酒赏月，但见一天月色，照得如同白昼，令人开怀畅饮。昭君多饮了两杯，有些醉意，告别双亲，先进香闺，和衣上床，朦胧睡去。得一奇梦，兆她一生的奇缘。就是当今汉天子，也于此夜睡在龙床，梦见芍药阶前、太湖石畔，有一美貌女子冉冉而来，生得那：

比花花解语，比玉玉生香。

汉王见此美貌女子，就是三宫六院，也找不出这个绝色来，由不得浑身酥软，心中沉醉，急急抢步向前，把美人的袖子扯住，问道："美人住居何处，姓什名谁，青春多少，可曾婚聘？"那女子回道："奴住在越州，姓王名嫱，乳名皓月昭君，年方十七，尚未适人。"汉王听说大喜，叫声："美人，孤只有正

宫林后、东宫张后，西宫尚缺妃子，孤欲把美人选进西宫，以伴寡人，不知美人意下如何？"那女子道："只怕奴家没福，若王爷不嫌奴容颜丑陋，可到越州召取奴家便了。"汉王见她依允，此刻春情难锁，便叫声："美人，既蒙你怜爱寡人，奈水远山遥，一时难以见面，今夜且赴佳期去罢。"说着要来搂抱美人。那女子被汉王纠缠不过，心生一计，便叫："陛下放手，后面有内侍来了。"哄得天子回头一看，她就用力把汉王一推，汉王叫声："不好！"一跤跌倒在地，惊醒。

汉王南柯一梦，睡在龙床，心中一想："此梦好奇遇也！美人明明说了名姓地方，等早朝时分，差官到越州访问，自有下落。"想罢，天色已明。汉王登殿，文武拜呼丹墀，汉王连呼平身，众臣口称万岁，站起分班侍立。汉王先召圆梦官，当殿诉说梦境。圆梦官回奏："梦是心头想，有是心必有是梦，有是梦必有是人。此梦上吉，吾主传旨召选，梦自遂心。"汉王闻奏大喜，打发圆梦官下殿，便问两班文武："那位卿家，代孤到越州访取皓月昭君？"话言未了，班内闪出奸相毛延寿，俯伏金阶道："臣愿往越州走遭。"汉王大喜道："卿到越州，选取应梦美人，如选得来时，加官进爵外，赏黄金万两。只不许私受买嘱，有负寡人重托。"

延寿领旨谢恩，退出朝门，回了相府，料理家务一番，不敢耽搁，带了二十名长班跟随，上马出京。一路地方文武官员都来迎接馈送，好不十分畅意。又思："昏君得了此梦，认定将假作真，我往越州，此差乃是一件好买卖，那管昭君真不真。"打算已定。

在路行程非只一日，到了越州，也不先行报程，就到金亭馆驿下马。入内坐定，便连唤驿丞，只吓得驿丞急忙出来迎接，双膝跪下，口称："相爷在上，小官叩见。"奸相假意喝道："好大胆狗官，明知钦差入境，不来远接，理当问不敬上之罪，法当取斩！"驿丞连叩响头道："相爷请休怒，容小官告禀：一来相爷未打报帖；二来驿丞官卑职小，不敢擅专；三来本府无文差委，故此得罪相爷，望乞海涵宽恕。"奸相点点头道："也罢，恕你罪名。速唤知府前来见我。"

驿丞连声答应，站起上马，离了馆驿，飞星来到府衙，下马入内，跪禀知府道："今朝廷差了毛相到来，选取后妃，未行报帖。现在馆驿，立请大老爷相见，作速便行。"这一报不打紧，只吓得王太守面皮失色，急急起身上马，带了驿丞，来到金亭馆驿。下马入内，投了禀帖，见了奸相口称："越州知府王忠禀见相爷。"说着，跪将下去。奸相把脸一沉道："如此大胆！明知朝廷旨意，到你地方选取昭君娘娘，不来远接，该当何罪？"王忠道："因相爷未曾报帖，卑府有误公务，还望相爷宽宥。"毛相道："且饶不究。这里有告示一道，速拿至人烟杂处张挂，着地方总甲举保美貌女子，自十一二岁起至十七八岁止，尽行报名，要选取皓月昭君，如有隐匿，以欺君罔法论罪。"

王忠接了告示，退出馆驿，回到衙内，一面差人送席打扫馆驿，张灯结彩，一面将告示散布地方总甲，四门张挂。退到私衙，夫人接住，分宾主坐定，问道："相公有何心事不快，面带忧容？"王忠道："夫人有所不知，只是汉王差了毛丞相到此，要选取皓月昭君，此名乃是女儿乳名，眼见要来选取女儿了。你我夫妻只生此女，后来靠她收成，若选进宫，今生就不能见面了。"夫人道："我女名叫昭君，外人并不知晓，只吩咐家人不许泄漏。"王忠连声有理。

只说地方总甲，在外逐户细查，并无昭君。回报太守，太守即来禀知奸相。奸相因见王忠不曾有金银来打点，心中已是着恼，又见王忠回说没有昭君，不禁十分大怒道："那里没有昭君？显见狗官不用心细查，违逆圣旨。左右与我将狗官拿下。"下面一声吆喝，好似鹰捉燕雀一般。

未知王忠如何，且听下回分解。

第五回　献图谎奏惑君，妒美追舟遇贬

诗曰：

淡淡光阴日日长，金银买嘱好时光。

鲜花埋没深闺内，秀气香风透小房。

话说夫人见女儿有句话要讲，便道："吾儿有话，但说何妨。"昭君道："爹娘在此，孩儿大胆，若日后生下弟妹，双亲休要取名，孩儿今日留下两个名，不知双亲意下如何？"太守夫妇道："吾儿只管留名，总依你便了。"昭君道："若靠天福庇生一兄弟，王氏有了后代，可名金虎，取长生之义；若生一妹子，可名王娉，称赛昭君，胜似姐姐之义。"

太守夫妇听说，正在点头赞好，忽见家人禀道："钦差毛相爷押了绣女花轿已到。"太守听说，连忙出来迎接，到厅见礼，分宾坐下，有家人送茶。茶毕，毛相道："令嫒不必耽搁，快些收拾，上轿起身，错了良辰，反为不美。"太守道："小女即刻动身，相爷请稍坐。"说罢，站起入内，叫声："我儿，钦差在外催促，不消耽搁，快些收拾起身罢。"昭君听说，此刻不免滚油煎心，珠泪纷纷，只得朝上拜别父母，大哭一场，没奈何来到前厅，上了花轿。夫人送到门口，见花轿抬去，夫人痛哭回后。外面三声大炮，太守陪了毛相上马，一路押着花轿到船。昭君下轿进舱，毛相吩咐一班绣女："好生服侍娘娘。"众绣女答应。太守对毛相打一躬："小女年轻，还望相爷照拂。"毛相点首道："贵府请回，只管放心。"太守告别而去。

且言毛相下了官船，吩咐一声，放炮起行，众水手答应，只听得大炮三声，解缆开船。前面鲁金定的花船，后面王昭君的花船，中间夹着毛相的座船。他坐在官舱内，微微冷笑道："可恨昭君自逞聪明，擅描画图，还要我拜她八拜；知府王忠，十分怠慢于我，今日到京，权在我手，管使昭君贬入冷宫，知府充军辽阳，方消我心头之恨。"一路想着，船走得快。毛相又吩咐星夜赶到长安，将两只花船分泊东西两边码头，一叫孙龙监押，一叫赵保监押，使两下不许走漏风声。

毛相离船上马，来到午门外复旨，汉王业已退朝，只得托黄门官转奏。黄门官见毛相已回，不敢怠慢，径达穿宫内监。恰值汉王坐在正宫，思想三更美人，又不见毛相回朝复旨，心中正在纳闷，忽见内监跪下奏道："启万岁爷，今有黄门官奏道：'钦差丞相毛延寿，现自越州选召昭君娘娘到京，在午门外缴旨，不敢擅入，请旨定夺。'"汉王闻奏，心中大悦，即刻登殿宣召毛相。

毛相领旨，进殿拜倒，口称万岁。汉王道："毛卿到越州选召昭君，今在何处？"毛相奏道："臣奉旨到越州选召娘娘，十家一牌，逐户访寻，各将花名报来，选中两名，今有图像在此，共呈御览，便知分晓。"奏毕，将二图呈上。有内监接过，铺在龙案上面，打开画图。汉王细心留神，先看昭君图，后看金定图，便叫声："毛卿，据孤看来，梦中佳人一丝不错，二图却有几分姿色，远不及昭君端庄。"吓得毛延寿连忙奏道："吾主未曾细看，头图有点弊病：那昭君眼下有一点黑痣，名为伤夫滴泪痣，国家若用此女，恐于主上不利，主有刀兵不息、万民愁苦之患。伏乞吾主三思，不用此女，似觉为妙，不如第二图的好。"汉王闻奏，大吃一惊，暗想："梦中之约，还以头图为是。又听毛相一番利害之言，不用头图，用了二图，岂不辜负梦内昭君？若一概不用，费了几多心机，访得佳人，岂不可惜？也罢，江山为重，便依毛臣所奏，用了第二图罢！"乃将头图发还毛相。毛相见准了他的本，心中好不喜欢。又见汉王传旨，选召第二图鲁金定入朝见驾。

毛相谢恩遵旨，召进鲁金定进朝。当殿莺声呖呖、燕语喃喃，口呼万岁，跪倒丹墀。汉王龙目定睛一看，见金定姿容难及梦中王氏之女，却也生来风流俊俏，十分可人，便当殿封鲁氏为西宫。袍袖一展，散朝退殿，挽了鲁氏到了西宫。宫中喜筵摆列现成，汉王上坐，鲁妃一旁赐座，宫娥斟酒相劝，吃得汉王十分大醉，同鲁妃同入罗衾不表。

再言毛相退朝，回到相府，独坐厅上，暗想："鲁妃虽立为西宫，花船上尚有昭君，怎生发落？将她发回原地，破了机关，我命休矣。须要与鲁妃暗暗商议，将昭君贬入冷宫，方得平安无事。"主意已定，一宿已过。次日早朝，天子登殿，毛相俯伏金阶奏道："臣启万岁，今越州选到娘娘两个，一人进宫入选，一人还在花船，请旨发落。"汉王道："卿奏昭君有痣，不利孤家，已纳鲁妃，把昭君发回不用。"毛相谢恩："愿吾皇万岁万万岁！"

天子退朝，回了西宫，鲁妃远接到了宫中，一同入席，鲁妃劝酒。天子在灯下细看鲁妃，虽然容貌生得难描难画，到底不及三更梦里佳人，心中甚丢不下去，酒也吃不下咽。鲁妃见汉王不肯饮酒，便问："陛下有何心事，推杯不饮？"天子见问，微微含笑道："爱卿有所不知，孤因传旨越州选召爱卿与昭君二人，姻缘大事皆有前定，孤今与卿成亲，丢下王氏昭君，孤很过意不去。"鲁妃乘机奏道："陛下如何发落昭君？"天子道："已命毛卿打发昭君回归。"鲁妃此刻生了妒心，怕的昭君放走，露出马脚，心中一想："昭君回家，她父母必然知情，倘泄漏风声，必要连累毛丞相吃罪不起。奴为西宫，全蒙毛相莫大之恩，奴在宫中不略施小计，害了昭君，连奴西宫之位也有些不稳。"眉头一皱，计上心来，便带笑叫声："陛下，想昭君既与臣妃同选到京，臣妃蒙恩收用，岂忍令她独自发回？宫中空房颇多，不如召她进宫居住，就是不利于陛下，只不许她相见，一日三餐、冬夏衣衫，俱照奴管待，也不枉同来入选一场。"天子听说，连声赞道："难得爱卿有此美意。明日可传孤旨出去，召收昭君入宫。"鲁妃大喜，又将天子灌得大醉，扶去龙床，先去安寝，她这里连夜安排计策，要害昭君。

且听下回分解。

第六十八回　林皇后得病归天，赛昭君充立正宫

诗曰：

非因薄命叹红颜，数定此生总是天。

贵到人王强不得，前姻缘即后姻缘。

话说国丈夫妻听了赛昭君一番言语，共吃一惊，叫声："娇儿，想你又无兄无弟，姐姐又死了，倘你去征番邦，一旦有失，叫你双亲倚靠何人？"赛昭君叫声："爹妈只管放心，孩儿不进皇宫便罢，若皇爷召娶奴家，姐姐之仇一定要报，怎不领兵出征？"国丈道："且等旨意下来，再作商议。"不言国丈府中之事。

且表正宫林后，自从昭君死后，每日在宫思想，只是痴痴呆呆，似颠非颠，忽然染成一病，茶也不思，饭也不想，日夜里只叫："妹妹那里去了？"脸上黄瘦不堪，慌得汉王忙召太医院来看林后，都说是七情六欲所伤，总看不出娘娘的病根。日复一日，林后病体十分沉重，汉王亲调汤药，无奈林后咽喉如锁，并不沾唇。可怜林后只为思想昭君，弄得三魂散去，六魄无归。到了那日三更时分，喉中气绝，一命归阴。三宫六院，无不悲啼，只哭得汉王，死而复生者几次，口口声声哭叫："林后，撇得孤王好苦也！"不住地跌足搥胸，喉咙都哭哑了。到了天明，也不临朝，吩咐宫娥将娘娘香汤沐浴，内外绉装大殓起来，然后用棺木装起，安停宫内。哀诏颁行天下，满朝文武，尽皆挂孝；百姓百日不许开荤，开丧举哀，七七道场，功德圆满，方命礼部选择日期出丧，安葬西山岭白云峰下。

丧事已毕，回朝归了正宫，冷冷清清，好不孤凄，汉王和衣哭倒龙床，一则思想林后，二则思想昭君，从此汉王想成一病，久不临朝。文武百官知道汉王有病，俱入宫中问安。汉王也勉强撑持，见了众文武，吩咐均免朝参。众文武口称领旨，便问："我主因什事情，龙体不安？"汉王道："孤因昭君死后，

未及一年，又把正宫林后死了，层层苦楚，心甚不宽，是以忧闷成疾。"众文武齐奏道："我主若因宫中无人内助，何不颁诏天下，召选美女？"汉王闻奏，摇摇手道："天下佳人虽多，只怕难及旧时两个宫人。"旁边闪出张丞相，高叫："我主既说身伴无人，难道忘却昭君娘娘的妹子赛昭君么？当日在坟上，已亲眼见过，后又将国丈召来，当面亲许，不肯断这门亲，算来今年已十八岁，可做昭阳掌印，望主准奏。"汉王闻奏，心中大喜，不觉病体减半了，便道："孤因病中昏聩，忘却赛昭君，烦卿到国丈府内，传孤旨意，说是正宫娘娘驾崩，昭阳无人掌印，皇爷不负前言，召选赛昭君为正宫皇后。户部动支黄金千两，烦卿料理一切喜礼，代朕一行，回朝定当加恩。"

张丞相领旨，同众文武出宫，回了府第，不敢耽搁，就在户部支了帑项，备办喜礼。百端百羊百果，总已现成，张相骑马，押着礼物，一路出了皇城，不多时就到得国丈府内下马。国丈连忙迎接进厅，礼物摆列厅上，张相开读诏书，国丈俯伏厅阶，听宣圣旨，上面特来召赛昭君，即着二位皇亲护送进京。国丈闻旨谢恩，收了礼物，送至后边，一面与张相见礼，一面吩咐摆酒，款待钦差。张相酒至半酣，催促动身。国丈点首，传谕后面夫人知道。夫人见圣旨又到，召选二女，急急进房告知女儿。赛昭君听说，心中大喜，连忙收拾预备。夫人叫丫环出问外边御辇可曾齐办。张相对国丈道："御辇已在外伺候多时了。请令媛就此登程。"国丈入内说了。免不得赛昭君向前拜别父母，又是一番悲苦，仍带了圣上前赐的二十四名宫女出来，厅前上辇。国丈吩咐家丁看守门户，同了张相上马。夫人坐轿，一众奴婢后面跟随御辇，两旁自有军士内侍护卫。一路不敢迟延，进得城来。汉王尚在宫中养病，未临朝政。国丈京中本有府第，同了夫人、女儿仍归私宅住下候旨，不表。

且言张相进宫复旨，见了汉王，三呼万岁，口称："臣遵旨，召王国丈并家眷等，已随旨来京，未奉宣召，不敢擅入宫门，请旨定夺。"汉王闻奏，龙心大悦，忙叫："平身，劳卿作伐，赐御酒五十瓶，彩缎百匹，算孤谢媒，赛昭君俟钦天监择日进宫。"张相领旨谢恩，退出朝门。汉王又命内侍传旨出去，召钦天监进宫伺候。钦天监领旨，不敢怠慢，进得宫来，见了汉王，三呼万岁。汉王叫平身，一面吩咐谕旨道："孤今宣封正皇后，非东西两院可比，烦卿要择吉日良辰，以成百年大事。"钦天监官领旨，取过历书，细细一看，便回奏道："据臣看来，明日乃黄道良辰，并无破犯，一定夫妻偕老，兴隆万年。"汉王闻奏大喜，登时脸上添光彩，十分病根除尽，打发钦天监出宫去后，一面吩咐宫娥，收拾昭阳正宫，一面传谕各宫嫔妃，伺候迎接皇后。一声旨下，谁不打点。

这一夜，汉王心急如火，并未安睡，只听谯楼三鼓，已交子时，即吩咐宫中，张灯结彩，点得如同白昼，亲排銮驾，候在宫门。张相早已知道，飞马报知国丈。国丈一闻此信，急急收拾，忙将女儿上辇，一路护送。进了午门，到了五凤楼前，只听得一片笙歌细乐齐奏，对对宫灯来接。接到娘娘，下了玉辇，汉王用手挽进昭阳正宫，先行私礼，后行朝礼，礼毕坐下。刚到五更，汉王出朝登殿，受文武朝贺，国丈亦随班见驾，汉王吩咐："众文武俱赴逍遥殿赐宴，张相陪国丈赐宴便殿。"一声旨下，众臣谢恩。汉王退朝，仍到昭阳正宫，新后连忙接驾，口呼："万岁，蒙恩抬举，召选入宫，念臣妾年幼，恐有不到之处，望皇爷恕罪。"汉王听这一阵燕语莺声，由不得心花放荡，连忙双手扶起，叫声："梓童休要如此客情，且赐锦墩坐下。"新后谢恩，站起告坐。汉王见她说话温存，身材窈窕，心中大喜。说着，不觉红日西沉，宫内点起灯来，汉王又在灯下观看佳人，越发十分出色，比在世昭君还要胜似几分。汉王正在赏玩新后，忽见内侍跪下启奏。

未知所奏何事，且听下回分解。

（据雪樵主人《双凤奇缘》，沈悦苓校点，春风文艺出版社1987年版）

编者按：题写"雪樵主人梓定"的《双凤奇缘》，全称《昭君和番双凤奇缘传》，又名《昭君传》《王嫱外传》等，是一部以昭君故事为题材的长篇章回小说，共八十回。学界普遍认为，作品大约成书于清乾隆末年至嘉庆初年。

《双凤奇缘》描写了王昭君一家先经历磨难后幸福团圆的结局，故事和结局基本上是《和戎记》的翻版，而世俗化倾向更加明显。小说在人物字号上多有更改，故事情节多有增饰：其一，将越州太守王朝珊改为王忠；将昭君之妹王秀真改为王婷，号赛昭君；将昭君亲弟王龙改为刘文龙，奉旨做了昭君弟弟，并更名为"王龙"。其二，虚构了越州少女鲁金定与王昭君一同进宫的情节，写毛延寿在昭君图像上暗画了"伤夫滴泪痣"，最终使得鲁金定被封西宫妃子，毛延寿又与鲁妃合谋设计，将昭君打入冷宫。其三，将西汉不同历史时期与匈奴发生过密切关联的著名人物李广、李陵、苏武、卫律等掺入昭君传说故事中，写汉王召选昭君之妹赛昭君为正宫皇后，皇后文武兼备，亲率李广、李能等精兵强将大败匈奴，活捉番王，为昭君报了大仇，并来到白洋河浮桥哭祭昭君。其四，描写昭君在出塞途中写血书，托鸿雁捎寄汉王；又虚构九天玄女赠昭君仙衣一件，番王强拉昭君同眠结果被仙衣银针刺得双手鲜血淋漓，以此保全了贞洁；等等。

《双凤奇缘》对于忠孝节义的充分肯定和对官场黑暗的抨击，以及历经磨难、终归团圆的故事模式的设计，迎合了世俗社会特别是广大市民阶层的欣赏情趣，故而坊间翻刻颇多，近代各地方戏戏班纷纷改编排演，如京剧《银雁关》《查头关》《骂毛延寿》、川剧《双凤奇》《吉星台》、晋剧《白阳河》、湘剧《昭君怨》、桂剧《昭君和番》、粤剧《猩猩追舟》等，无不以《双凤奇缘》为蓝本，其影响之深可见一斑。

春风图画返明妃（节录）

（清）周乐清

第五出　归璧

（生扮陈汤、外扮甘延寿、四卒引上）（生）俺陈汤。（外）俺甘延寿。（合）军士们，前途已近番界，贵人行车，速速趱行者。（内众应介、鸣金催行介）（生、外同唱）

【仙吕宫·鹊桥仙】早催车辆，暮巡营帐，咫尺汉番接壤。呀，烟尘一队马蹄忙，仔细看，番官乔样。

（副净白须扮伊秩王、四杂各持贡物加鞭急上）（杂蒙面扮毛延寿囚车同上）俺左伊秩訾，奉狼主之命，止住汉使。来此交界处所，你看尘头滚滚，想必到来。前面可是汉朝和亲护送的将军么？（生、外）然也。尊官何来？（副净）俺奉狼主之命，兼程而进，敬请还朝，另有表章辞谢。两国交好，不须送

女和亲。（生、外）呀，足见国主真诚。可好将表章大意略述一二么？（副净）
将军听启：

【锦上花】拜名花上苑天香，奈敝宫先已有糟糠，怕争春的梅与雪费平章。
虽则是遐德睦邻邦，毕竟是玉质难轻飏。两国欢情自久长，不关一女堤防。陪
臣赍表章，维愿彩币年年赐，金汤永不忘。

（生、外）原来如此，请尊官暂停客馆，再当领教。（副净）俺狼主立等回报，
不敢停留。俺先赴王都进表，二位将军不妨缓回。请了。（生、外）请了。（副净
急下）（生、外）妙呵！汉家祖德感人，得此一番行止，庶可保全国体也。不免
禀知贵人，就此回关，再行候旨便了。（下）（旦乘车，宫娥、车婆照前同上）

【南昌宫·梅花塘】意彷徨，写不尽愁千状。孽债种前生，拼着今生偿。
程途愈近，到此没商量。命不长，问谁吊裙钗一国殇。（杂禀介）启贵人，才
有陈、汤二将军，禀称番王遣使呈贡，沿途阻止。说已经立后，不敢受赐，并
将毛延寿押赴都中。现请贵人回车，入关候旨。（旦）呀！如此说来，我昭君
或有生机矣！（众作回车行介）（旦且行且唱介）

【秋夜月】猛回头重行旧日冈，落花忽又吹枝上。青翻草色春重酿，也是
我垂死人回生样。（同下）（末扮东方朔、贴扮青鸟使上）（贴）东方仙翁，你
看一个番后被我言三语四，竟将汉女送回，你道可利害么？（末）果然巧语如
簧，间关妙舌。（贴）啐，又来说我本相了。（末、贴同唱）

【仙吕宫·尾声】算天公多情，况神仙一样有情肠。今日呵，凭仗神风把
玉女帮。（贴）昨闻娘娘说，王嫱生有仙骨，恐其堕落荣华，还要度他超登仙
籍哩！（末）正是，且同回复命者。（同下）

第六出　圆乐

（旦扮昭君二宫娥同上）

【仙吕宫引唐多令】万点碧云秋，红颜不自由，纷纷往事几浮沤？何处神
仙垂救，情脉脉，路悠悠。我昭君自返雁门，又经多日。想从前历尽艰辛，幸
免沦落番邦。从今勘破尘缘，当洗心向道矣。

（杂扮宫娥上）禀贵人，陈、甘二将，顷又接旨，已准番邦辞表。陈、甘
二将，加爵关内侯；毛延寿立时正法。并知前后已故，即备香车凤辇，迎接贵

人回朝，正位中宫。不日圣旨将到了。（旦）此事果然？（杂）奴婢怎敢谎言？（旦）如此，我当先修辞表。（作写表介）

【蛮江令】告君王，妾念从头剖，奉诏和亲边塞走。冒风霜弱质犬羊投，只望休兵解国忧。幸番邦悔罪，出塞又回驺。仗天威妾命得重生，更莫论画里容貌丑。写到此间，更觉酸心也！（又写介）

【黄钟宫·滴滴金】煌煌天语传来骤，中宫特册昭阳后，凄凉旧事难回首。辱君命谁之咎，风尘践蹂，他生未卜此生休。乞赐潜修，恩垂宽宥。表已修成，待有册使，再行陈奏便了。

（末、贴同上）〔集唐〕（末）五云遥指海中央，韦庄。（贴）天上人间两渺茫。曹唐。（末）珍重仙曹旧知己，谭用之。也应知有杜兰香。罗隐。我二人复命瑶池，又奉娘娘面谕，再来指示王嫱，同赴仙岛。并准他白日飞升，以偿素日艰苦。我想昭君好不侥幸也。来此已是，且伫立云中，看他举动。（贴）仙翁，你看他辞表，字字剀切。一经磨炼，顿弃浮华，真不负娘娘培植也。（末）这正是本根不昧。不免指点前程，使他明白。（下云介）（旦见惊介）呀！行院深僻，二位何来？（末）昭君不必惊疑，我即武帝时东方曼倩，他乃金母驾下青鸟使者。你可知和番曲折，风波了无挂碍，是何缘故？

【仙吕宫·一封书】且莫浪猜求，待做个昆仑友。他为你进番宫唧溜窃画图，如逋寇，巧语如簧赚番后。我这里准备仙车碧玉虬，宝月修，彩云收，金母来宣莫逗留。

（旦）原来二位是我恩星，谨当拜谢。（拜介）（末、贴答拜介）且慢，你可记前在金母行宫，琵琶诉怨，感动娘娘，我等施为，皆出娘娘所命。如今奉命而来，念你不恋浮华，生有仙骨，就此同赴瑶宫谒见者。（旦）呀！我王嫱何幸得此！

【玉交枝】谢娘娘云中援手，谢仙使向徼外搜求。恨层层魔障如环辏，幸灵光一点常留。琼霄撇下白云楼，宫衣割断红霓袖。更不消液炼丹修，容易煞鸾骖凤游。二位且请少待。（唤介）侍儿那里？（两杂应上）贵人有何吩咐？（旦）桌上表章一道，如有诏使到来，即交复命。我即随二位仙人去也。（杂见末、贴介）呀，这二人从何而来？（旦）你等不必多言。

【光光乍】君恩惭负负，仙路去悠悠。再休提太液芙蓉未央柳，长辞宫阙离尘垢。（向末、贴介）王嫱事了，愿随同往。（末、贴）妙呵，好洒脱也！

（作驾云末、贴且行且唱介）

【侥侥令】你看这一边灵岳高低岫，那一边银河清浅流。从今后采药扫花参左右，冷笑他飞燕乘风裙幅留。（虚下）（两杂）奇哉，王贵人竟平地登云去了！不免将此奏章，报知陈、甘二将军去。（下）

（末、贴同旦上）来此已是仙山。（老旦扮王母、杂扮四仙女引上，老旦）[集唐]未尽天山行路难，万楚。洞宫深锁碧瑶坛。李群玉。再三怜汝无他意，白居易。青鸟殷勤为探看。李商隐。（坐介，末、贴）启娘娘，王嫱宣到了。（旦拜介）娘娘在上，王嫱稽首谢恩。（末、贴暗下）（老旦）昭君听者：

【中吕宫·石榴花】可敬你千金不屑把画师求，可怜你和亲险作单于耦，可惜你倾城颜色比花羞，恶东风吹成憔瘦。幸得个秋波一转又回眸，早已是仙缘相凑。从今后消释了恩与仇，好检点住瀛洲。

（旦跪介）王嫱孱弱女子，蒙娘娘生死肉骨，拔地升天，始终彻悟矣。（老旦）我这里仙女成群，如王子登弹八琅之璈，董双成吹云和之笙，石公子击昆庭之金，许飞琼鼓震灵之簧，阮凌华拊五云之石，范成君击湘阴之磬，段安香作九天之钧。今你善弹琵琶，恰合八音。传众仙女，今日昭君初到，可同来相见。就此设筵并作仙乐者。（四杂应下，小旦、贴依旦，杂扮仙女七人同上）（各见介，内作细乐，老旦上坐，众旁坐，各持乐器，旦弹琵琶，众且饮且唱介）

【中吕宫·驮环著】看浮云苍狗，看浮云苍狗，下界悠悠。玉佩玎冬，霓裳抖擞，若不遇迍遭，未必弃繁华脱离尘垢。从今守秘篆丹邱，看琼叶灵榆长茂。秋风溜，逸韵流，漫和钧天永随金母。（众）且请昭君独弹一调。（旦）恐尘凡下调，难杂仙音。（作弹琵琶唱介）

【大和佛】漫捻轻拢落指柔，清商气韵留。小弦袅袅大弦道，浑不似鹤唳九霄秋，浑不似金戈铁骑沙场走，浑不似芭蕉风雨夜窗愁，浑不似秋树鸣蜩春岸莺啼柳。幸脱了沙漠地芦箛悲吼，来把仙音凑。惭愧煞依傍吹竽，作东郭俦。（老旦）妙呵！众仙女再饮一巡者。（众合唱合调乐器照前）

【古轮台】会同俦，仙山无乐也无忧。龙膏麟脯如船藕，浆斟北斗，满泛香瓯。一曲元灵欢侑，云外悠悠。金铿石透，商飚何处卷清秋。鱼龙夜吼，抱鹍弦韵远声幽。是人间绝技，仙山佳话，何必八音同奏？若个上琼楼，知音遘，此曲只应天上有。（同下）

【意不尽】琵琶怨写杜陵叟，环佩声归夜月秋。又何妨玉关回首，补一曲春风向海上洲。

[集唐]

明珠解去又能圆，卢纶。姓字今为第几仙。元结。

更若红颜生羽翼，杜甫。香风引到大罗天。牛僧儒。

[其二]

风吹歌管下云端，韩偓。琪树深深玉殿寒。崔鲁。

西望瑶池降王母，杜甫。碧桃何处更骖鸾。薛逢。

[周乐清《补天石传奇》，据南京大学图书馆藏道光十年（1830）静远堂刻本]

编者按：《春风图画返明妃》，又简称《琵琶语》，是晚清剧作家周乐清的主要剧作之一。剧本共六折，描写昭君奉诏和番，陈汤、甘延寿护送行至雁门关前，被西王母遣东方朔和青鸟使者设计相救，使得匈奴单于放弃美女和亲之约，与汉朝交好，昭君最终归汉并升仙。

《春风图画返明妃》乃翻案之作，与前人昭君戏大多抒写悲怨之情显然有别。周乐清将神话故事和历史传说结合起来对昭君出塞结局进行艺术改造，虚构昭君最终无须和亲，而安然返回汉朝，并因其品性高洁被引渡瑶宫成仙。明清以来，中国北方地区民间多建有昭君娘娘庙，祀奉昭君娘娘神像，当是此剧生造昭君飞升成仙的依据。

四、民国

王昭君（节录）

郭沫若

第二幕　王昭君所居之掖庭

雪景。右翼一带石山。左后隔现掖庭之一部，庭外有栏干回护。庭前斜流御沟一道，沟上横一弓桥，前后有石栏。左路斜走通掖庭，路旁大理石狮各一。右路走入假山中隐去。沟岸多古槐，木叶已脱落。槐下有梅花数株，花正开。

背面一带宫殿的远景。

王昭君束发为辫，着玄色长衣，全无修饰，扶王母在树下盘桓。王母白发，黄衣，两眼凝滞。

王　母　（若有所寻索，口中呼叫）人往哪儿去了呢？人往哪儿去了呢？……
　　　　毛延寿自左端石桥后栏上。

毛延寿　（竢母女盘桓至桥头时）王昭君！
　　　　王昭君扶母延伫。

王　母　（欲作驰脱势）人往哪儿去了呢？……人往哪儿去了呢？……
　　　　此语须叫至将死时，不可间断。

毛延寿　王昭君！你假如是个聪明人，我说的话，你总该明白的了。你欺诳了朝廷是罪不容诛的呢。

王昭君　（低抑）你不欺诳朝廷！你献去的画像是假的，我早就知道了。你的目的，不过想要我给你点子钱罢了。钱我是没有，他们要杀我们母女，我希望他们快来，好把我们母女所身受的痛苦超脱。（渐渐激昂起来）毛延寿，你去吧！你快去叫他们来，来杀我们母女！（复扶母往雪上盘旋）

毛延寿　（沉默了一会）王昭君，你别太倔强了。……你并不是在和我作对，你是在和你的命运作对呀！……我今天来，是为救你而来，你莫把恩人当做仇人了。……你须晓得，我的势力是比寻常不同。当今皇上是最亲信我的，我说一句，他要听十句。我把你的丑像献去，——这大约是龚宽告诉你的吧？——也并不曾料得会生出这样的结果。我是望你早迟看重了我，我可以向皇帝说明，是我献像时弄错了人，我再把你的真像献去，那时你不愁不能荣达。……但是谁能料得会生出这样的结果呢。……

母女复盘旋至桥头。

毛延寿　王昭君，现刻还不算迟，我的力量还能救你。我只消把你的真像献去，皇上是定能收回成命的。

王昭君无语，仍扶母盘旋而去。

毛延寿　（起立在桥上往来一两遍，徐徐向母女身旁走去）王昭君，我知道你就要报偿我，你现刻的身边恐怕也不能够。可是，我是可以救你的。（尾随二人）王昭君，你看那边是鸳鸯殿，这边是披香殿，那儿是玉填居楹，金璧饰珰，墙不露形，屋不呈材，隋侯明月，流耀含英，珊瑚碧树，周阿而生，那里面的人是红罗绮组，俯仰如神。王昭君，那儿的荣华是在向你微笑。……王昭君，腥膻的北风从沙漠吹来，带来的消息是，那儿是广漠连天，黄沙遍地，人如野兽，茹腥逐膻，淫如山羊，狠如犬狼，穹庐卑陋，夏则燠热，冬亦不能避寒。王昭君，那儿的淫风也在向你狞笑。……王昭君，你的命运替你开张着两条路，你还是想走近路，还是想走远路呢？

王昭君无语如前。

毛延寿　（愈逼近王昭君身旁）王昭君！我其实是……爱你呢！啊，梅花没有你这样的清艳，白雪没有你这样的纯洁，春天是栖寄在女儿们的心里的，你没要象那槁木一样的枯寂吧。（手抚其背）王昭君！

王昭君　（瞋视，闪避其手，离去）甚么！

毛延寿　（伫立复追去）王昭君！我知道你现刻也不会有金钱报酬我，但是呢，你……你有比金钱还要贵重的……你能够……（馋脸走至王昭君面前）

王昭君　（避易）甚么？

毛延寿　啊，我是……（左右顾）我是想吃你这个樱桃！（双手搭王昭君肩上，
　　　　欲接其吻）

王昭君　（放手，用力披毛延寿颊，拍然有声）狗，狗不如的下走！

王　母　（奔向树间，口中仍呼）人往哪儿去了呢？……人往哪儿去了
　　　　呢？……

王昭君　（驰至母旁，扶之）姆妈！儿在这里呀，姆妈！

毛延寿　（自扪其颊）哼，你，你，你打我！你打，打，打得好，打，打得
　　　　好。我叫你今晚上，你这两只母鸡便会没，没，没，没有命活！（匆
　　　　匆向桥上跑去）

　　　　劈头，汉元帝手执画轴同毛淑姬、龚宽及侍卫数人自山石后走出。

毛延寿　（惊惶失措）啊，陛下！

汉元帝　王昭君呢？啊啊，那是她了，那是她了，（指王昭君母女）那扶着狂
　　　　母在梅花树下盘旋的。啊啊，怪可怜人的！（顾毛淑姬）你去请她们
　　　　到桥上来，我有话说。（顾龚宽）龚宽，你去叫御医来吧。

龚　宽　是。（下）

　　　　汉元帝及毛淑姬步至桥上，毛延寿及侍卫数人默侍桥之右侧。

毛淑姬　（步至王昭君母女旁）王待诏，皇帝陛下召你们往桥上去对话。

　　　　王昭君颔首扶母随毛淑姬至桥上。

汉元帝　（坐桥栏上）啊，王昭君，是我害了你们的一家，我自己做了当代的
　　　　桀纣。我直到今天才明白了我误信了小人。（回顾毛延寿）毛延寿！
　　　　你来。

　　　　毛延寿迟迟而前。

汉元帝　（以画轴示毛延寿）延寿，你这画的像我应该道谢你，但是你刚才在
　　　　这儿做的勾当，我是在山石后面听得分明的了。延寿，我不想你竟有
　　　　这样禽兽的心肠！

　　　　毛延寿俯首无言。

汉元帝　唉，人真正是不容易知道的。我平常待你自信不薄，我封你为尚方画
　　　　伯，赐你不少的俸钱，这怕是自有天地以来的破例。你试想，一个画

匠几曾有人和一位万乘的天子称弟称兄的呢？

毛延寿俯首无言。

汉元帝　唉，不想出你那么贪鄙。把你的一枝烂笔来骗女人的钱，污秽我的宫廷。啊，你这禽兽！你这禽兽不如的毛狗！你还在这儿欺凌孤儿、寡母，你还想偷食禁脔啦？你这禽兽！你这禽兽不如的色鬼！

毛延寿　（低首下心地）陛下，你请饶恕我吧。我以后要多替你画些……

汉元帝　（怒招侍卫）来！你们快把这禽兽拿去砍了，把头首给我送来！

侍卫数人缚毛延寿。

毛延寿　（白眼）喂，汉皇帝，你要杀我了吗？你画春宫的时候要我，你如今有了绝代的佳人，你要杀我了吗？你做起你那个仁慈的面孔，其实你那面孔下面的骚毛比山羊还要长五寸呢。啊啊，我是可以死了。我死了，诅咒你就在今年年内跟着我来！（睊睊其女）淑姬，你也可以荣华利达了。你的买卖做得好，你卖了你的老子啦！啊，可怜你是受了龚宽的骗！你知道吗？龚宽他已经是有妻、有子的人呢！他而且是花街柳巷的狂徒，他只要看见女人的红裙便要发疯的。你以为他是好方正的男子吗？你假如不信，你可以问问那位王昭君呀！

侍卫强牵毛延寿。

毛延寿　啊，我也可以死了，我是死无余憾了，王昭君的嫩手打过我的脸，我是死无余憾的了。王昭君哟！我祝你一生做个永久的处子哟！……

侍卫强牵毛延寿下。

毛淑姬欲随，复止。默倚桥栏俯视。

舞台沉默。

王　母　（仍呼唤）人往哪儿去了呢？……人往哪儿去了呢？……

汉元帝　（呆立了一会）啊，这是多么深秘的天启哟！世间上实在是一个人也没有了。啊，老妈妈，你是唤醒人世的圣母！你的女儿是不会到匈奴去的呢，老妈妈，你的女儿是不会到匈奴去的呢！

王母辍呼，呈凝神状。

汉元帝　老妈妈，王昭君是不会到匈奴去的，我可以任意命人代替呢。

王　母　啊，是甚么人在向我讲话？

汉元帝 我是当今天子呢。

王 母 （跪倒）喂呀！当今天子皇帝陛下，万岁万岁万万岁呀！

汉元帝 （扶王母）老妈妈，你起来，你的女儿王昭君，她不会到匈奴去了。

王 母 真的吗？

汉元帝 我是不说谎的，你的女儿，我真的不叫她到匈奴去了。

王 母 （起抱王昭君）哈哈，女儿！哈哈，女儿！你是不会到匈奴去了。哈
哈，女儿！你是不会到匈奴去了。哈哈，哈哈，哈哈。……（笑倒在
地，死）

王昭君 （跪抚其母）姆妈！姆妈！

汉元帝 （摸王母手）啊，连脉都停了，这是怎么弄起了的呢？这是怎么弄起
了的呢？啊，太医还不见来！

毛淑姬趋抚王母尸，立王昭君旁，无语。

龚宽领太医、侍卫数人同上。

王昭君 （哭声）姆妈，姆妈呀！你怎么不答应你的女儿呢？你就丢下你女儿
去了吗？姆妈，姆妈呀！你再答应你女儿一声吧！……你睁开你的眼
睛，再看你女儿一眼吧！姆妈，姆妈呀！你就丢下你女儿去了吗？你
睁开你的眼睛，再看你女儿一眼吧！……

汉元帝 昭君，你别要过于伤感，她是惊喜，一时转不过气来，你要使她安静
一下才好。

王昭君 姆妈，姆妈呀！你就丢下你女儿去了吗？姆妈，姆妈呀！你再看你女
儿一眼吧！……

龚宽与太医侍桥右。

龚 宽 陛下，御医来了。

汉元帝 啊，你们在迟挨些什么！快走来诊察一下吧！

龚宽与太医渡桥。

王昭君 姆妈，姆妈呀！你睁开眼睛，再看你女儿一眼吧！……

汉元帝 （向王昭君）昭君，你要镇静才行，等太医来察看吧。（向太医）这
位姆妈，是才笑断了气的，你快把她救转来。

太 医 待臣诊视。（就王母，摸额摸手，阐衣摸胸腹，连连摆头）陛下，臣

　　　　　知道，这是不可救药了。腹部虽然有微温，心窍已不鼓动，脉是停
　　　　　了，额是冷了。虽有扁鹊再生，恐亦无回生之术。

王昭君　啊，姆妈呀！……（哭泣）

汉元帝　哼，真没中用！你们滚吧！龚宽，你教他们来把这尸首抬下去，埋在
　　　　　个好的地方。毛延寿的头首你替我拿来。

　　　　　龚宽挥侍卫诸人运尸同下。

　　　　　王昭君掩面跪哭不起。

毛淑姬　昭君姐姐，你不要那样伤心，我们都是一样，是什么都失掉了的人，
　　　　　你看我，我连我的眼泪都已经失掉了。

汉元帝　（向毛淑姬）淑姬，你也可以去了。

毛淑姬　啊，我也可以去了。但是我往哪儿去呢？（离王昭君侧，欲行）

王昭君　（执毛淑姬衣袂）淑姬姐姐！

　　　　　毛淑姬伫立。

汉元帝　昭君，你别要太伤感了。人死了是哭不转来的，别把身子哭坏了。

王昭君　（起立）淑姬姐姐，你引我一同去吧！

汉元帝　（惊愕）昭君，你去不得，你要往哪儿去？

王昭君　我要往匈奴单于呼韩邪的幕下去。

汉元帝　昭君，你去不得，我不要你到匈奴去，我立刻换一个人来代替你就
　　　　　是了。

王昭君　你不要我去，我也还是要去。我现在是什么都没有的人，我欢乐也没
　　　　　有，苦痛也没有了。我的欢乐我哥哥替我带去了，我的苦痛我妈妈替
　　　　　我带去了。啊，我现在只剩得一块肉，我这块肉我愿有炽热的砂石来
　　　　　灸灼，狼犬的爪牙来撕裂。我能看见我的心肝被狼子衔去在白齿中间
　　　　　咀嚼，我的眼睛被野鸦啄去投在北海的冰岛上纳凉，我或者还可以生
　　　　　些苦痛的感觉，或者还可以生些欢快的感觉。

汉元帝　你别要那么悲愤，我立刻就册封你为皇后，你总可以快乐了。

王昭君　皇后又有什么！能够使我的妈妈再生，能够使我钟爱的哥哥复活吗？

汉元帝　你要知道我是爱你呢。

王昭君　你纵使真在爱我，也是无益；我是再没有能以爱人的精魂的了。

汉元帝　你纵使不爱我，你留在宫中不比到穷荒极北去受苦的强得多了吗？

王昭君　啊，你深居高拱的人，你也知道人到穷荒极北是可以受苦的吗？你深居高拱的人，你为满足你的淫欲，你可以强索天下的良家女子来恣你的奸淫！你为保全你的宗室，你可以逼迫天下的良家子弟去填豺狼的欲壑！如今，男子不够填，要用到我们女子了，要用到我们不足供你淫弄的女子了。你也知道穷荒极北是受苦的地域吗？你的权力可以生人，可以杀人，你今天不喜欢我，你可以把我拿去投荒，你明天喜欢了我，你又可以把我来供你的淫乐，把不足供你淫乐的女子又拿去投荒。投荒是苦事，你算知道了，但是你可知道，受你淫弄的女子又不自以为苦吗？你究竟何所异于人，你独能恣肆威虐于万众之上呢？你丑，你也应该知道你丑！豺狼没有你丑，你居住的宫廷比豺狼的巢穴还要腥臭！啊，我是一刻不能忍耐了，淑姬，你引我去吧！不则我引你去，引你到沙漠里去！

　　　　龚宽捧毛延寿的首级上。

毛淑姬　（趋前受首）啊，这便是我父亲的头首！父亲哟，你作伪一世，只落得这样一个下场。但是我如今也醒了，我当初以为你的作恶是你自己的罪过，我现在才知道是错怪你了。在这天下为私的制度之下，你喜欢要钱，在这一夫可以奸淫万姓的感化之下，你喜欢渔色，这个我们何能怪你！爸爸，我是错怪你了！啊啊，但是，但是你死了也干净。的可以少作些恶，少使人因你的作恶而受苦。（授首与汉元帝）陛下哟，这是一张镜子，你可以照照你自己的面孔吧！（挽王昭君）昭君姐姐，走，我陪你到沙漠里去！

龚　宽　（畏怯地）淑姬，你怎么的？你怎么可以去？

王昭君　（向龚宽）龚宽先生，我多谢你呢。你今天清晨不是还强要我和你私奔吗？我现在跟着我淑姬姐姐私奔了，私奔到沙漠里去了。

　　　　二女下。汉元帝、龚宽瞪目而视。……

　　　　　　（据《郭沫若全集·文学编》，第六卷，人民文学出版社1986年版）

　　编者按：郭沫若《王昭君》创作于1923年，正是新文化运动产生极大影响之时。《王昭君》可谓一部历史新编剧，剧中人物既有采自史籍如王昭君、汉元帝、呼韩邪单于等，也有采自早期小说作品如毛延寿、龚宽等，还有纯属虚构人物如毛淑姬等。而剧情几乎全然虚构重编，有三点值得关注的变化：第一，虚构了王昭君哥哥因朝廷选美遣送昭君入宫而投江自尽、王昭君母亲因昭君出塞而疯癫至死等故事，以此揭露了封建王朝的腐败和冷酷无情。第二，将汉元帝、毛延寿、龚宽等男性全部塑造成自私卑劣的贪色之徒，暴露了男权统治下的世界的可怕与虚伪可鄙。汉元帝好色无度，遍选天下美色入宫，见昭君绝色便毁弃与匈奴的约定，强留昭君在汉宫。宫廷画师毛延寿与元帝称兄道弟，被封为尚方画伯，便依仗元帝宠信大肆索贿，搜刮民财，当昭君无钱贿赂他时，他便妄想昭君以色酬谢，露出丑恶嘴脸。毛延寿的徒弟龚宽外表和善，实则灵魂肮脏，到处甜言蜜语哄骗良家女性。剧本充分展现了男权世界的肮脏龌龊。第三，王昭君与汉元帝之间不再是帝妃关系。昭君与元帝之间不存在感情纠葛，也没有所谓"明妃"封号，昭君只是一个有个性有主见、坚决拒绝行贿画工毛延寿的宫女，对于汉元帝的讨好与求爱亦嗤之以鼻。毛延寿之女毛淑姬乃纯属虚构人物，她与王昭君一道构成了舞台上的亮点。她们心地纯洁善良，富于同情心。剧本重点将她们塑造成心性觉醒、性格坚强的女性形象，她们不愿做腐朽宫廷制度的牺牲品，也鄙视做龌龊的男人们的附庸品，毅然投身荒凉的万里沙漠，去那里寻找新的人生寄托。剧本给人一种全新的面貌，故事、人物、理念已全然偏离历史本身，作者以昭君出塞为题材，目的不是为了反映民族和亲，而是为了突显女性觉醒和批判封建王朝的主题，这与"五四"时期高扬女性解放的社会新思潮密不可分，在昭君故事演变史上确立了自身的独特性，给现当代作家们以显著的艺术启迪。

昭君（节录）

顾青海

第三幕 汉帝寝所 下午将晚时

[汉帝寝疾，躺床上，床边一小几，置药饵，台一方，有一长椅（沙发式的，不过要知道是汉朝，不是中华民国）台后床脚处有三梯级，通又一室，而隔以朱红之帘，不启。台景应作深色。汉帝衣寝服，裹龙被。碧玉仍是浓装。药几上置一锦匣，开一面，内盛毛延寿首级。]

碧 （走近皇侧）陛下，陛下。

[皇转侧，微张眼，晕过去似的。]（半晌）（碧走回坐长椅上，摇头，向右门帘外暗示，摇手）

碧 （一会儿，又走近皇侧）陛下，陛下。

[皇不动，忽转侧向内。][碧默视一会，走至右门帘侧，微启。]

碧 （轻轻地）进来！

[一小白脸式的人进来，即太子。]

太 怎样了？

碧 他（轻）晕过去了。

太 好姊姊，让他晕过去，我们玩玩。

碧 （十分靠近太子）（淫笑）殿下也犯着同皇上一样的毛病，太爱玩儿。我可不再同你玩了。回头你又病着，要怪我。

太 （拥碧）我怪你？只要你不怪我，我死了也愿意！这（指皇）一把老骨头我不怕。一把老骨头？他不知道曾经抱过多少的美女，享过多少福！贵妃，我的碧玉，谁都要变一把老骨头的！我们得在变成一把老骨头以前，好好的乐。

碧 （抚太子发）你真是你父亲的儿子！

太 （喜）不敢当，不敢当。我对于这一道，寻快乐，恐怕我还能教训教训他！

碧 （打太子）别胡说了，他还没有过去呢！回头他的病有了转机，好了。

要是他听见我们今天的话，他可会重重地教训你。

太　　（摇头）不要害怕，他是不中用的了，我就等着那回光返照。到了那个时候，我可就（欢喜）了不得了。碧玉，你先叫我做一声"陛下"。

碧　　我不敢。

太　　你要不叫，回头他死了我把你去殉葬！

碧　　（害怕）（轻轻地跪一膝，把头置太子膝上，哀求）陛下，难道你同他一样的没有恩义？真要把我活埋？

太　　（微笑）哪儿，我不过哄着你叫我一声，别怕，碧玉，我把这毛延寿的头给他殉葬。一起的宫女，是他的，就是我的！

碧　　反正，他早就把我们都忘了。前几天他还没有晕过去，能讲话的时候，整天就念着王昭君。

太　　让他念去！可是碧玉，这不是，王昭君已经去了六年了么？那个时光，我才十三岁，不懂人事，她就去了，你说可惜不可惜？把一朵鲜花活埋在沙漠里头？（指）这一把老骨头，真糊涂！

碧　　倒也不是他糊涂，是毛延寿太坏了。不过，就是王昭君在宫里头，到今天这种光景，你可也拿不到手。

太　　为什么？

碧　　王昭君不比我。殿下，她是个有贞操的，有勇气的女郎。

太　　你怎么知道？

碧　　让我告诉殿下罢，王昭君的到沙漠去，因为她打了毛延寿一个嘴巴。（指毛头）

太　　怎么呢？

碧　　因为毛延寿是一个淫棍，想占昭君的便宜！
　　　　［此时皇忽微吁。］

太　　（略侧视）别理他，我们讲下去。

碧　　（走向床侧）（轻）不行，（向皇）陛下，陛下。
　　　　［皇又转侧向外，但目已不张开。］

太　　他是糊涂了，（近前）别惊动他。好姊姊，我们乐一下子。
　　　　［碧被太子挽向长椅］

[此时台后床脚处较高小门之朱帘忽轻微慢慢的半启，王昭君的神魂全身穿白的忽现，两人正背着胡闹，不曾注意。皇忽咳嗽。]

[二人急走至皇侧，王昭君之魂又不见，朱帘仍闭。]

太　　陛下，陛下。

碧　　陛下，陛下。

[皇又转侧向内晕去。]

太　　（轻轻地）真会胡闹，好姊姊，我们乐一下子。

碧　　（推他）不行，你何必这么忙？这一会儿，我也得学学王昭君的坚贞！

太　　还要王昭君，王昭君的！告诉你罢，王昭君已经死了，已经死了半年多！因为（指皇）他病了，所以我始终没有提起。

碧　　这是真的么？她怎么死的呢？她这一辈子，不太苦么？

太　　苦倒也不苦，可汗待她好极了，她也喜欢可汗。所以我们这几年从没有匈奴南下的消息，连长城倒了几处也不用重筑。王昭君，听说她真爱上了可汗呢。她真真是一个奇女子。

碧　　可汗爱她，那么她怎样又死了呢？她还不到三十岁？

太　　马将军报告说，可汗去年冬天从马上掉下来，死了。到今年春天，王昭君也因为悲伤死了。现在已经五六个月了，时时刻刻，不一定匈奴又要下来抢呢！

碧　　真真可怜。一个女子的漂泊，比男子还苦恼。

太　　得，我们管她干什么？死了就完了。难道她还真真有灵魂？好姊姊，我们乐一下子！

[太子正又要拉碧玉，仍背着后面之帘，忽昭君魂又微启帘幕。此次，全身毕现，灯光转绿，皇又大咳，转侧，似欲起立向昭君处，昭君完全不动，两目先注毛延寿之头，忽又注皇，半晌。太子碧玉二人始觉不安，回身向皇床侧。昭君魂又隐。]

碧　　陛下。

[皇又昏去。]

太　　（停一会）得，临死还要胡闹。碧玉我们上那屋里去玩。（拉碧玉从右门出）

　　　　［此时床后门帘忽大开，昭君魂无声地走下；至皇床侧，默立一会。右门
　　　　　　外吹入一片片笑声。］

昭　　（轻幽地）陛下，（皇忽咳）

　　　（一停）陛下。

　　　［皇正卧，忽张目，视昭君半晌，似欲起坐。］

皇　　谁？

昭　　陛下，是王昭君。陛下难道已经忘了王昭君么？

皇　　（以支离的手拭目）没有，嘿，没有的事。王昭君，你回来了么？

昭　　是的，陛下，我回来了。听说你病了，我来——安慰安慰你！

皇　　昭君，你几时回来的？他们为何不早早告诉我呢？（因病弱，故又一停）
　　　昭君，要是你早回来两个月，我不是连病都没有了？（又一停）你看，
　　　（支离着半坐）你看，你一来，我的病不就好了一半儿了么？

昭　　但愿陛下，不要着急，好好地养着，自有那一天。

皇　　那一天好么？啊，好，我真快乐！昭君，你走近些。（一响）昭君，你
　　　为什么回来啦？可汗待你不好么，他不喜欢你吗？嘿，这野人真岂有
　　　此理。

昭　　（忽发怒）陛下，你错了！（又自抑）我是回来安慰你的。告诉你罢，
　　　可汗真爱我。可是，（悲）他，他死了！

皇　　可汗死了？那么你不是可以长住在宫里头，等我病好了，咱们一块儿
　　　玩。嘿，我真痛快！

昭　　（苦笑）哈哈哈哈。（谈旁的事）（指毛头之匣）这不是毛先生吗？

皇　　这是毛先生，老毛，我的好朋友。昭君你要知道，他是我顶顶相信的
　　　人。可是他也曾经没了良心欺骗我。（一停）嘿，他活着，是靠不住。
　　　现在我又舍不得他。哈哈，昭君，我这老朋友现在老实了。我无聊的时
　　　候，同他谈谈，他从不说违拗我一句，现在他真是忠心，真是靠得住。
　　　嘿，比我的儿子好多了！

　　　［右门帘外传来一阵呼笑声！］

皇　　（静听一刻）让他去，让他们去闹，昭君只要有你陪着我，旁的我什么
　　　也不管。

昭　　（忽然正色）陛下，你难道不知道，我是个有夫之妇么？

皇　　嘿，有夫之妇？有夫之妇！我还不是有妇之夫？昭君，这些东西，咱们谈不到！圣人的礼教是拿来管老百姓的。只要你长的美，只要我是当今的天子，咱们别管这一套。当然，要是你是一个闺女，我就更喜欢了。你现在不是闺女，嘿，也没有什么的。

昭　　（怒怒）天子，当今的天子！（讥）哈哈，大汉皇帝，我告诉你，我告诉你！你，配当老天爷的儿子？可汗同我才是老天爷的子女！（指着毛的头，又指着皇）你们两个是一对淫棍！你们，活的时候无恶不作，一面拿礼教来压着小百姓，叫他们把有点颜色的子女给你，做忠心的表现。一面你们连禽兽都不如，把这些有点颜色的子女来糟蹋！你，你还想活着再来侮辱我？可不能！

　　　〔此时外边笑声大作！〕

皇　　昭君（疑惑），你疯了么？（自己摸头）是我做梦么？

昭　　是你做你最末了的一个梦！（指右门外）你听，听，老头儿，你听听，你还活着，你那儿子已经同你的新贵妃好乐呢！

皇　　（一阵难过）啊，这也是一辈子。昭君，你为什么骂人，你以为我喜欢你到极点了，连骂我都不要紧？你别想错了。

昭　　（自言）碧玉也是可怜，韩飞琼是更可怜了，被抛弃了，快殉葬了，我在窗缝里看她在哭呢；这，这是女子的下场？男子，能随便地要一个抛一个的，把女子做玩意儿。女子可得守着礼教。中心的痛苦，还得装着微笑！就像碧玉，她也何尝想要这么淫荡，她何尝因为淫荡享过了福？这都是要想法子解除心中的害怕，来敷衍着这猪狗似的大汉皇帝，和大汉皇帝的正统！老头儿！（深幽地）你别看错了人。我不是王昭君，我是王昭君的灵魂！

　　　〔昭君魂注视皇帝半晌，忽慢慢的轻轻的退上台级，背着门帘站住。〕

皇　　（骇得不能成声）喔……

昭　　老头儿，我本来想回来劝劝你，安慰安慰你，哪儿知道这六年来，除了杀死一个毛延寿以外，你还同从前一样！牺牲一个小女子去抵抗匈奴，是多么可羞耻的一件事！幸而，匈奴这六年不曾下来。你再想想，一个小女人能为大汉抵御了匈奴，你们岂不应该更当惭愧？我这六年天天就盼望你们要自强，因为我知道我的命是活不长的！我今天，是为着大汉的人民，为着我的爹娘，我的家乡，要来告诉你，告诉你匈奴的兵就快要南下了。哪儿知道你一看见我还是这一套！

［此时碧玉太子二人带笑携手入，未注意台后门。］

太　　看看他过去没有？刚才好像叽哩咕噜的，忽然又不响了。

碧　　陛下！

［两人俯着看皇帝，但见皇帝两眼死盯着台后门上，二人视线随之，见昭君魂皆退缩几步，不能成声。］［昭君魂又隐。］

小　　（下面声音）我告诉你们陛下病了，不见，不见，你还要胡闯进来？

牛　　不见也得见，陛下，回陛下。

［牛、马见皇瞪目之状，吃惊。牛走至榻前，轻呼。］

牛　　陛下。

［皇注目视牛，皇太子及碧玉至床侧抚皇。］

皇　　（似醒）嘿，好糊涂，（半晌）牛宰相，干什么？

牛　　回陛下，马将军回来了。

皇　　（惊）嘿，马将军回来了？他回来干么？叫他来。

［牛示意于马，马走至榻前。］

马　　回陛下，匈奴又进关了，小可汗带着十万人马，前晚忽然的下了凉州，小的没有法子，跑回来报告。王昭君，是真死了。

皇　　（急极，挣扎起坐）嘿，这怎么办呢，这怎么办？嘿，马将军，王昭君，她真死了吗？我可真（目视昭君魂处）（要慢）见了，真见了鬼！

［皇微微喘息，诸人皆上。］［静默半晌。］

牛　　陛下？

马　　（视察）陛下过去了。

［诸人略视一会，牛忽向皇太子跪下。］

牛　　殿下，陛下过去了，请殿下到殿上去，接受宝位，商议事情。

太　　（摇手）慢着，我先封你们一封。（向碧玉）碧玉，过来，我封你做，啊，做个富贵文雅的妃子罢！

碧　　（跪下）谢谢陛下。（起来）

　　　　[此时昭君忽又现出全身，诸人若有吸力被吸似的俱向着她，骇得不能言。]

昭　　碧玉妹妹，认识我么？我是王昭君，王昭君的魂！

碧　　（怕）你……你……来干什么呢？

昭　　（轻而慈）妹妹，你不要怕我。我从沙漠来，乘着北风，（此时外面又现嘈杂声，小二拦着牛宰相、马将军上）过了长城，为的是有点点事情告诉你。（向太子）你听着，匈奴的兵不久就要过居庸关了。现在要好好地安排着抵御，还来得及！（停半晌）（向太子）你要知道，王昭君只有一个，我的可汗也只有一个。现在都死了。匈奴是匈奴，没有不想往南来的。要是大汉再不争一口气，我的坟墓，（悲向碧玉）妹妹，可抵挡不住匈奴南下的马蹄。（向碧）妹妹，我可怜你，我们做一辈子女子，你的道儿比我的还难走。我不能责备你，你连我在沙漠里享受的自由都没有！妹妹，保重些。（向太子）你这小孩子，学好些！（向牛、马）你们，要知道啊，忠心得先报国！

　　　　[此时昭君魂复从门后退出，诸人惊叫。]

（幕落）

（据顾一樵、顾青海《西施及其他》，商务印书馆1936年版）

　　编者按：顾青海《昭君》作于1934年，1936年商务印书馆将该剧与顾一樵创作的话剧《西施》一起刊印出版。兹选录了该剧第三幕，并将少量民国时期习用的词语如"不兴""已竟"等改为今之习用词语"不行""已经"等，此外对一些不规范的标点符号也做了修正。

　　顾剧《昭君》受郭沫若《王昭君》的影响是明显的，直面抨击封建帝王的震耳发聩的台词同样存在。如"大汉皇帝，我告诉你，我告诉你！你，配当老天爷的儿子？可汗同我才是老天爷的子女！你们两个是一对淫棍！你们活着时候无恶不作，一面拿礼教来压着小百姓，叫他们把有点颜色的女子给你，做忠心的表现。一面你们连禽兽都不如，把这些有点颜色的女子来糟蹋！""碧玉也是可怜，韩飞琼是更可怜了，被抛弃了，快殉葬了，我在窗缝里看她在哭呢；这，这是女子的下场？男子，能随便地要一个抛一个的，把女子做玩意儿。女子可得守着礼教。中心的痛苦，还得装着微笑！就像碧玉，她也何尝想要这么淫荡，她何尝因为淫荡享过了福？这都是要想法子解除心中的害怕，来敷衍着这猪狗似的大汉皇帝，和大汉皇帝的正统！"在王昭君与汉元帝之间，没有任何缠绵幽怨，有的只是王昭君的愤怒仇恨与汉元帝的沮丧颓废。剧作还描写了太子殿下的堕落淫荡，通过碧玉的嘴讥嘲太子"犯着同皇上一样的毛病"，"你真是你父亲的儿子"，以此展现了封建王朝的没落腐朽。王昭君等女性无疑是"五四"新女性的写照，是反封建帝制和礼教的斗士，体现了鲜明的时代精神。

但顾剧《昭君》又有若干演变，所体现的时代精神要比郭剧《王昭君》更加复杂丰富。一是客观上还原了昭君和亲的史实。郭剧《王昭君》仅写到昭君愤然出走汉宫，匈奴单于并未出场。而顾剧《昭君》则明确叙述昭君在大漠生活了六年，并与年轻刚健的可汗相亲相爱，共同维护汉匈边境的安宁。当可汗不幸从马上摔死后，昭君亦悲伤而死。剧作家主要不是为了反映汉匈和睦关系，而是以可汗英姿勃发和情深义重，来衬托汉帝的沉湎酒色与行尸走肉，以此揭示民族国家走向衰败、屡遭外敌欺凌的根由。二是借和亲故事抨击国民党不抵抗政策。1931年，日本军队蓄意制造"九·一八"事变，乘机攻占沈阳等地，并陆续侵占了东北三省，全国各族民众民族情绪高涨，抗击日本帝国主义的呼声不断，而国民政府却下令执行不抵抗政策，二十万东北军不战而逃。故而，作于1934年的《昭君》以匈奴侵扰来隐指日本军国主义的狼子野心，以汉朝军队的弃城而逃来讥嘲国民党军队的怯懦无能。剧作者让昭君的灵魂回到汉宫讽刺汉元帝道："牺牲一个小女子去抵抗匈奴，是多么可羞耻的一件事！幸而，匈奴这六年不曾下来。你再想想，一个小女人能为大汉抵御了匈奴，你们岂不应该更当惭愧？"这显然是讽刺国民政府对日本采取的退让政策。三是歌颂了昭君忧国忧民的爱国情怀，以唤起广大民众的救亡行动。剧本虚构了昭君死后忧心汉朝的危局，她的灵魂告诫依旧痴迷色欲的汉元帝要振作自强，准备抵御匈奴小可汗的入侵。又特地对汉朝太子说："你听着，匈奴的兵不久就要过居庸关了。现在要好好的安排着抵御，还来得及！……要是大汉再不争一口气，我的坟墓，妹妹，可抵挡不住匈奴南下的马蹄。"剧作家顾青海分明感到日本军国主义一定会发动全面侵华战争，故借《昭君》剧表达了内心深处的焦虑，呼吁广大民众起来爱国、救国。其时代感极其强烈，也使汉家女子王昭君的爱国主义形象跃然纸上。

第三编　评论

一、 汉魏六朝隋唐

焦氏易林（节录）

（西汉）焦延寿

卷 四

萃之第四十五

［临］ 昭君守国，诸夏蒙德。异类既同，崇我王室。……

［益］ 长城既立，四夷宾服。交和结好，昭君是福。

（焦延寿《焦氏易林》卷4，据《四库全书》第808册，上海古籍出版社

1987年版）

　　编者按：今昭君文化研究界多有学者将《焦氏易林》中两处赞语视为最早咏唱昭君和亲之作，认为和亲是对国家的守卫，是为国家构筑长城，采取"交和结好"之策，能使"诸夏蒙德""四夷宾服"，是国家和人民的福祉。焦延寿的观点代表了王昭君同时代人民对于和亲的基本看法。但对这两首诗的含义亦多有质疑之声，基本理由有二：一是顾炎武《日知录》、纪晓岚《四库提要》等文献早已考证焦延寿乃汉昭帝、汉宣帝时人，早于昭君时代，他不可能知道王昭君出塞和亲事；二是《焦氏易林》中所谓"昭君"，乃彰显君王之意，非指和亲女子王昭君。晚清学者尚秉和在《焦氏易林注》中云："震为君，坤为文，故曰昭君。坤为死、为国，昭君死国言昭王南征不返也。"又曰："震为君，坤为文，艮为明，故曰昭君。顾宁人以昭君为王嫱，岂知萃之临曰'昭君守国'，鼎之噬嗑曰'昭君丧居'，皆因卦有坤离之象，固非指王嫱也。"兹录《焦氏易林》两条赞语于此，以备学界进一步研讨。

文选注（节录）

（南朝梁）萧统 编 （唐）李善 注

卷十八

笙赋（潘安仁）

尔乃引飞龙，鸣鹍鸡，双鸿翔，白鹤飞。飞龙、鹍鸡已见上文。古乐府有《飞来双白鹤》篇。子乔轻举，明君怀归，荆王喟其长吟，楚妃叹而增悲。歌录曰："吟叹四曲：《王昭君》《楚妃叹》《楚王吟》《王子乔》，皆古辞。《荆王》《子乔》，其辞犹存。"夫其凄戾辛酸，嘤嘤关关，若离鸿之鸣子也。

（潘岳《笙赋》及注，据《文选注》卷18，第2册，上海古籍出版社1986年版）

　　编者按：潘岳（字安仁）为西晋人，李善为初唐人，从潘岳《笙赋》之描述及李善《文选注》之诠释来看，六朝隋唐时期乐坛流行《吟叹四曲》，皆以凄悲酸楚为基调，《王昭君》为四曲之一。

六臣注文选（节录）

（南朝梁）萧统 编 （唐）李善 等注

卷十六

恨　赋

若夫明妃去时，仰天太息。善曰："《战国策》曰：'樊於期仰天太息流涕。'"翰曰："王昭君，齐国王襄女也，年十七，献汉元帝，会匈奴遣使请一女子，帝谓后宫欲至单于者起，昭君喟然而叹，越席而起，乃赐单于。后为触晋文帝讳，改为明妃。君者，贵人通称。"紫台稍远，关山无极。善曰："紫台，犹紫宫也，古乐府相和歌有《度关山》曲。"济曰："紫台，宫也，天子所居处，明妃适单于，故云稍远极穷也。"摇风忽起，白日西匿。善曰："《尔雅》曰：'飙飙，谓之飚飚，音扶，飘与摇同。'《登楼赋》曰：'白日忽其西匿。'潘岳《寡妇赋》曰：'日杳杳而西匿'。"良曰："摇风，飘风也；匿，藏也。"陇雁少飞，岱云寡色。善曰："《汉书》曰：'凡望云气，勃碣海岱之间气皆黑。'"铣曰："雁南飞将尽，明妃见而怀乡，仰视云气皆无色。陇、岱，并山名。"望君王五臣作子。兮何期，终芜绝兮异域。善曰："《鬻子》曰：'君王欲缘五常之道而不失，则可以长矣。'《李陵书》曰：'生为异域之人。'"向曰："域，国也；芜，犹废也。明妃适异域，望汉无期，有以斯恨也。"

（《六臣注文选》卷16，据《四库全书》第1330册，上海古籍出版社1987年版）

编者按：《六臣注文选》，编者是梁代萧统，注者是唐代李善、吕延济、刘良、张铣、李周翰、吕向六位学者，是众多《文选》版本中最有代表性且流传最久的注本。注文中的"善曰"指李善之注，"翰曰"指李周翰之注，"济曰"指吕延济之注，"良曰"指刘良之注，"铣曰"指张铣之注，"向曰"指吕向之注。其中，李周翰说昭君触晋文帝讳，改称"明妃"，似为个人之推测。西晋石崇说王昭君因触文帝讳而改称王明君，并未提及"明妃"，称明妃始于南朝江淹。

昭君怨（其一）

（唐）东方虬

汉道方全盛，朝廷足武臣。何须薄命妾，辛苦事和亲！

（东方虬《昭君怨》，据《全唐诗》卷100，第2册，中华书局1999年版）

编者按：对于王昭君出塞一事，历来存在肯定和亲与反对和亲两种不同的声音和态度。较之肯定和亲的声音，唐代反对和亲的声音似乎更占上风，东方虬为武则天时代的文人，作诗以昭君出塞为话题，发议论表达对历史上和亲政策的不满，其立场十分鲜明，《昭君怨》其一便是其中的代表作。同时，诗中蕴含了批评朝廷文臣武将腐败无能的旨意，开启了后世借昭君和亲话题以抨击朝廷软弱无能为主题的文学创作之路。戎昱《咏史》、胡曾《汉宫》等莫不将批评矛头指向百无一能的文武百官。

于阗采花

（唐）李白

于阗采花人，自言花相似。明妃一朝西入胡，胡中美女多羞死。乃知汉地多名姝，胡中无花可方比。丹青能令丑者妍，无盐翻在深宫里。自古妒蛾眉，胡沙埋皓齿。

（李白《于阗采花》，据《全唐诗》卷163，第3册，中华书局1999年版）

编者按：李白在诗中借昭君失意故事揭露是非不辨、美丑不分的丑恶现象，实开后世昭君文学创作以批判君王昏庸、导致人才埋没为主题之先河。

咏　史

（唐）戎昱

汉家青史上，计拙是和亲。社稷依明主，安危托妇人。岂能将玉貌，便拟静胡尘。地下千年骨，谁为辅佐臣？

（戎昱《咏史》，据《全唐诗》卷270，第4册，中华书局1999年版）

编者按：此诗立场鲜明，反对一味求和、将国家安危寄托于妇女的羁縻政策，语言干脆有力，产生较大影响。《资治通鉴》等史籍载，唐宪宗时，多有大臣力主嫁公主与北蕃和亲，而学士薛文遇吟诵戎昱咏昭君诗以劝阻唐宪宗，使唐宪宗勃然大怒，怒斥和亲派的软弱无能，以致朝廷内外不敢再提嫁公主之事。可见，戎昱"地下千年骨，谁为辅佐臣"之类的责问具有撼动人心的魅力。

咏和亲

（唐）苏郁

关月夜悬青冢镜，寒云秋薄汉宫罗。君王莫信和亲策，生得胡雏虏更多。

（苏郁《咏和亲》，据《全唐诗》卷472，第7册，中华书局1999年版）

王昭君

（唐）张仲素

仙娥今下嫁，骄子自同和。剑戟归田尽，牛羊绕塞多。

（张仲素《王昭君》，据《全唐诗》卷367，第6册，中华书局1999年版）

　　编者按：张仲素秉持明确的肯定和亲政策的立场，与东方虬等文人的观点形成了鲜明对比。尽管他在诗中认为昭君远嫁匈奴是"下嫁"，略显大汉民族主义心态，但充分肯定了民族和亲所带来的国家安宁和经济繁荣，表现了其远见卓识。此诗是唐诗中正确看待昭君出塞与民族和亲政策的经典之作，获得后人一致好评。

解昭君怨

（唐）王叡

莫怨工人丑画身，莫嫌明主遣和亲。当时若不嫁胡虏，只是宫中一舞人。

（王叡《解昭君怨》，据《全唐诗》卷505，第8册，中华书局1999年版）

　　编者按：一般文人认为昭君出塞凄苦悲怨，实为人生之大不幸，而王叡特以《解昭君怨》为题，明示其用意正相反，认为昭君出塞因祸得福，实是一件幸事，表现了其独到的见解。正如宋人赵令畤《侯鲭录》卷二所评："王叡作《解昭君怨》，殊有意思，能到人妙处。"张仲素从家国层面肯定昭君出塞，王叡则从个人角度肯定昭君和亲。

昭君怨

（唐）白居易

明妃风貌最娉婷，合在椒房应四星。只得当年备宫掖，何曾专夜奉帏屏。见疏从道迷图画，知屈那教配房庭。自是君恩薄如纸，不须一向恨丹青。

171

（白居易《昭君怨》，据《全唐诗》卷439，第7册，中华书局1999年版）

编者按：白居易《昭君怨》表现出了过人的思想高度，显然是借题发挥、别有寄托。诗人认为昭君的悲剧不要一位怪罪宫廷画师，其根本原因在于"君恩薄如纸"，汉帝薄情寡恩直接导致了昭君的去国离乡。如果说李白在诗中将批评矛头指向朝廷政治，那么白居易诗锋芒所向则进一步直指最高统治者，深刻地启发了宋人王安石《明妃曲》、欧阳修《再和明妃曲》等唱和诗的创作。

汉　宫

（唐）胡曾

明妃远嫁泣西风，玉箸双垂出汉宫。何事将军封万户，却令红粉为和戎！

（胡曾《汉宫》，据《全唐诗》卷647，第10册，中华书局1999年版）

编者按：与白居易《昭君怨》的批评矛头不同，胡曾在诗中发议论，侧重批判尸位素餐的将军。戎装威风的将军身负平戎止战之职责，却令柔弱女子去和戎，从而窃得安边之功，身封万户侯。胡曾对于封建时代将军的批判是直接而深刻的，与戎昱《咏史》诗有异曲同工之妙，元明清时期昭君戏将抨击碌碌无为的文臣武将作为重要主题之一。

历代名画记（节录）

（唐）张彦远

卷　二

叙师资传授南北时代

自古论画者，以顾生之迹天然绝伦，评者不敢一二。余见顾生评论魏晋画人，深自推挹卫协，卫协、顾恺之，并见第五卷。即知卫不下于顾矣。只如狸骨之方，右军叹重；龙头之画，谢赫推高。名贤许可，岂肯容易？后之浅俗安能察之详？……

若论衣服车舆、土风人物，年代各异，南北有殊。观画之宜，在乎详审。只如吴道子画仲由，便戴木剑；阎令公画昭君，已着帏帽。殊不知木剑创于晋代，帏帽兴于国朝。举此凡例，亦画之一病也。且如幅巾传于汉魏，幂离起自齐隋，幞头始于周朝，折上巾，军旅所服，即今幞头也。用全幅皂向后幞发，俗谓之"幞头"。自武帝建德中裁为四角也。巾子创于武德朝，服靴衫岂可辄施于古象，衣冠组绶不宜长用于今人。芒屩非塞北所宜，牛车非岭南所有。详辩古今之物，商较土风之宜，指事、绘形可验时代。其或长生南朝，不见北朝人物；习熟塞北，不识江南山川；游处江东，不知京洛之盛。此则非绘画之病也。故李嗣真评"董展"云："地处平原，阙江南之胜；迹参戎马，乏簪裾之仪。此是其所未习，非其所不至。"如此之论，便为知言。譬如郑玄未辩枑梨，蔡谟不识螃蟹，魏帝终削《典论》，初以其无火浣布，著《典论》言之，刊于太学。后有外国献火浣布，遂削弃《典论》也。隐居有昧药名，陶隐居《本草》，多未晓北地药名也。吾之不知，盖阙如也。虽有不知，岂可言其不博？精通者所宜详辩南北之妙迹、古今之名踪，然后可以议乎画。

（张彦远《历代名画记》卷2，据《四库全书》第812册，上海古籍出版社1987年版）

编者按：从晚唐张彦远《历代名画记》的叙说中，可知晋唐时期昭君出塞便频见于绘画艺术之中，只是昭君穿戴、身姿、颜貌、情态等皆出自画家们的想象，难免打上不同时代的烙印，不可能是历史原貌的复制。文中"李嗣真评'董展'"一句，包含了三位画家，李嗣真为唐朝画家，"董展"指北周末年著名画家董伯仁和展子虔，他们都善画人物、车马、楼台、山水等，他们同时入隋，并称"董展"。"陶隐居"，即陶弘景，南朝齐梁时期著名道士，著有《本草经集注》等。

设为毛延寿自解语

（唐）程晏

帝见王嫱美，召毛延寿责之曰："君欺我之甚也！"延寿曰："臣以为宫中美者，可以乱人之国。臣欲宫中之美者，迁于胡庭。是臣使乱国之物，不逞于汉而移于胡也。昔闳夭献美女于纣，而免西伯；齐遗女乐于鲁，而孔子行；秦遗女乐于戎，而间由余，是岂曰选其恶者遗之，美者留之邪？陛下以为美者，是能乱陛下之德也。臣欲去之，将静我而乱彼。陛下不以为美者，是不能乱我之德，安能乱彼谋哉？臣闻：太上无乱，其次去乱，其次迁乱。今国家不能无乱，陛下不能去乱，臣为陛下迁乱耳。恶可以为美为彼得乎？"帝不能省。君子曰："良画工也，孰诬其货哉！"

（程晏《设为毛延寿自解语》，据董诰等编《全唐文》卷821，第9册，中华书局2013年版）

编者按：程晏《设为毛延寿自解语》虚构了画工毛延寿与汉帝的一番对话，在写作上颇富特色。但作者将王昭君视为致乱的尤物、祸水，是典型的"女色祸水论"腔调。同时，作者否定历史上和亲政策在民族交流融合中所发挥的积极作用，将遣送女子和亲四夷称为"迁乱"。这种观点实为典型的迂腐之论和民族偏见。

毛延寿
（唐）周昙

不拔金钗赂汉臣，徒嗟玉艳委胡尘。能知货贿移妍丑，岂独丹青画美人。

（周昙《毛延寿》，据《全唐诗》卷729，第11册，中华书局1999年版）

旧唐书（节录）
（后晋）刘昫、赵莹等

卷四十五

今议者皆云秘阁有《梁武帝南郊图》，多有衣冠乘马者，此则近代故事，不得谓无其文。臣案：此图是后人所为，非当时所撰。且观当今有古今图画者多矣，如张僧繇画《群公祖二疏》，而兵士有着芒屩者；阎立本画《昭君入匈奴》，而妇人有着帷帽者。夫芒屩出于水乡，非京华所有；帷帽创于隋代，非汉宫所作。议者岂可征此二画以为故实者乎！由斯而言，则梁武南郊之图义同于此。

（据刘昫、赵莹等《旧唐书》卷45，第6册，中华书局1975年版）

编者按:《新唐书》卷二十四亦有类似文字记载,足见阎立本所画《昭君出塞图》(或名《昭君入匈奴》)为唐代名画之一,也反映了昭君出塞故事对于绘画艺术的影响。

王昭君

(南唐)李中

蛾眉翻自累,万里陷穷边。滴泪胡风起,宽心汉月圆。飞尘长翳日,白草自连天。谁贡和亲策,千秋污简编!

(李中《王昭君》,据《全唐诗》卷749,第11册,中华书局1999年版)

编者按:将王昭君出塞和亲视为民族之耻辱,认为是一种有污史册的下策。这实属大汉民族主义情调的体现。李中《王昭君》诗中的议论,在古代以昭君为题材的诗歌创作中是最偏激的言论之一,在古代文士阶层中具有一定代表性。

二、两宋

代王昭君谢汉帝疏

（北宋）柳开

臣妾奉诏出妻单于，众臣谓臣妾有怨愤之心，是不知臣妾之意也。臣妾今因行，敢谢陛下以言，用明臣妾之心无怨愤也。

夫自古妇人，虽有贤异之才、奇畯之能，皆受制于男子之下，妇人一挫至死，亦罔敢雪于心，况幽闭殿廷，备职禁苑，悲伤自负，生平不意者哉！臣妾少奉明选，得列嫔御，虽年华代谢，芳时易失，未尝敢怨尤于天人；纵绝幸于明主，虚老于深宫，臣妾知命之如是也。不期国家以北敌未庭，干戈尚炽，代马南牧，圣君北忧，虑烦师征，用惜民力；征前帝之事，兴和亲之策，出臣妾于掖垣，妻匈奴于沙漠，斯乃国家深思远虑、简劳省费之大计也。臣妾安敢不行矣！况臣妾一妇人，不能违陛下之命也。

今所以谢陛下者，以安国家、定社稷、息兵戈、静边戍，是大臣之事也。食陛下之重禄，居陛下之崇位者，曰相，宜为陛下谋之；曰将，宜为陛下伐之。今用臣妾以和于戎，朝廷息轸顾之忧，疆场无侵渔之患，尽系于臣妾也。是大臣之事，一旦之功，移于臣妾之身矣。臣妾始以幽闭为心，宠幸是望，今反有安国家、定社稷、息兵戈、静边戍之名垂于万代，何有于怨愤也！愿陛下宫闱中复有如臣妾者，臣妾身死之后，用妻于单于，则国家安危之事，复何足虑于陛下之心乎！

陛下以此安危系于臣妾一妇人，臣妾敢无辞以谢陛下也！

（据柳开《河东集》卷3，见《四库全书》第1085册，上海古籍出版社1987年版）

编者按：柳开《代王昭君谢汉帝疏》可谓一篇以昭君出塞和亲为题材的奇文。北宋初期屡受辽国侵扰，因伐辽之战失败而主和派气焰日盛，使宋太宗逐渐倾向于割地求和。柳开不满北宋君臣不思富国强兵之策、以牺牲国家利益求得苟安一时的行为，以昭君口吻代昭君立言，对北宋王朝贪图苟安的君王和自私无能的将相作了辛辣的嘲讽，说他们身为安邦定国的男儿，食禄居位，负护国守土之责，不料竟将国家安危"系于臣妾一妇人"。作者借题发挥，对现实表达了强烈的愤懑之情，这种思想深刻地影响了元人马致远《汉宫秋》等作品批判主题的构思和创作。

《代王昭君谢汉帝疏》存在多处异文，"一挫至死"，一作"抑挫至死"；"以北敌未庭"，一作"以戎虏未庭"；"代马南牧"，一作"胡马南牧"；"用惜民力"，一作"用竭民力"；"何有于怨愤也"，一作"是臣妾何有于怨愤也"。

太平御览（节录）

（北宋）李昉等

卷第五百八十三

傅玄《琵琶序》曰：闻之故老云：汉遣乌孙公主，念其行道思慕，使二知音者，载琴、筝、筑、箜篌之属，作马上之乐。观其器，盘圆柄直，阴阳序也；四弦，法四时也。以方语目之，故云琵琶也，取易传于外国也。杜挚以为嬴秦之末，盖若长城之役，百姓弦鼗而鼓之。二者各有所据，以意断之，乌孙近焉。石崇《琵琶引》曰：王明君本为昭君，以触文帝讳改。匈奴请婚，元帝以明君配焉。昔公主嫁乌孙，令琵琶马上作乐，以慰其思。其送明君亦然，故序之云耳。

（据李昉等《太平御览》卷583，第3册，中华书局1960年版）

乐府诗集（节录）

（北宋）郭茂倩

卷五十九　琴曲歌辞三

《昭君怨》，汉王嫱。

《乐府解题》曰："王嫱，字昭君。《琴操》载：昭君，齐国王穰女。端正闲丽，未尝窥门户。穰以其有异于人，求之者皆不与。年十七，献之元帝。元帝以地远不之幸，以备后宫。积五六年，帝每游后宫，常怨不出。后单于遣使朝贡，帝宴之，尽召后宫。昭君盛饰而至。帝问：'欲以一女赐单于，能者往。'昭君乃越席请行。时单于使在旁，惊恨不及。昭君至匈奴，单于大悦，以为汉与我厚，纵酒作乐。遣使报汉，白璧一只，骒马十匹，胡地珍宝之物。昭君恨帝始不见遇，乃作怨思之歌。单于死，子世达立，昭君谓之曰：'为胡者，妻母；为秦者，更娶。'世达曰：'欲作胡礼。'昭君乃吞药而死。"按《汉书·匈奴传》曰：竟宁中，呼韩邪来朝，汉归王昭君，号宁胡阏氏。呼韩邪死，子雕陶莫皋立，为复株累若鞮单于，复妻昭君。不言饮药而死。

卷六十二　杂曲歌辞二

《妾薄命》二首，魏曹植。

《乐府解题》曰："《妾薄命》，曹植云：'日月既逝西藏。'盖恨燕私之欢不久。梁简文帝云：'名都多丽质。'伤良人不返，王嫱远聘，卢姬嫁迟也。"

（据郭茂倩《乐府诗集》卷59、卷62，第3册，中华书局1979年版）

编者按：宋人郭茂倩《乐府诗集》有两点信息值得注意：一是郭茂倩不赞同《琴操》关于王昭君吞药而死的荒诞说法；二是魏晋人作《昭君怨》《妾薄命》等乐府诗均以伤感悲怨为基调，都对远嫁的王昭君给予深厚的同情，即将昭君出塞视为悲剧。

文中说匈奴单于为感谢汉朝赐婚，特遣使向汉朝送礼物，其中有"白璧一只"，疑为"白璧一双"之误。一是因为送礼物以双数为佳，诸多文献记述单于向汉朝送"白璧一双"；二是"隻"（只）"雙"（双）二字在古代形近，容易混淆，当是书写或抄写之误所致。

论衣冠异制

（北宋）郭若虚

自古衣冠之制，荐有变更，指事绘形，必分时代。衮冕法服，三《礼》备存，物状实繁，难可得而载也。

汉魏已前始戴幅巾，晋宋之世方用幂䍠。后周以三尺皂绢向后幞发，名"折上巾"，通谓之"幞头"，武帝时裁成四脚。隋朝惟贵臣服黄绫纹袍、乌纱帽、九环带、六合靴，起于后魏。次用桐木黑漆为巾子裹于幞头之内，前系二脚，后垂二脚，贵贱服之，而乌帽渐废。唐太宗尝服翼善冠，贵臣服进德冠。至则天朝以丝葛为幞头巾子，以赐百官。开元间始易以罗，又别赐供奉官及内臣圈头宫样巾子，至唐末方用漆纱裹之，乃今幞头也。

三代之际，皆衣襕衫。秦始皇时以紫绯绿袍为三等品服，庶人以白。《国语》曰："袍者，朝也，古公卿上服也。"至周武帝时下加襕。唐高宗朝给五品已上随身鱼，又敕品官紫服、金玉带、深浅绯服，并金带、深浅绿服，并银带深浅青服，并输石带，庶人服黄铜铁带。一品以下文官带手巾、算袋、刀子、砺石，武官亦听。睿宗朝制，武官五品已上带七事跕蹀，佩刀、刀子、磨石、契苾真、哕厥、针筒、火石袋也。开元初复罢之。晋处士冯翼，衣布大袖，周缘以皂，下加襕，前系二长带，隋唐朝野服之，谓之"冯翼之衣"，今呼为"直裰"。《礼记·儒行篇》：鲁哀公问于孔子曰："夫子之服，其儒服与？"孔子对曰："丘少居鲁，衣逢掖之衣。长居宋，冠章甫之冠。"注云："逢，大也。大掖，大袂，禅衣也。逢掖与冯翼音相近。"

又《梁志》有裤褶以从戎事。三代已前，人皆跣足；三代以后，始服木屐。伊尹以草为之，名曰履；秦世参用丝革。靴本胡服，赵灵王好之，制有司衣袍者宜穿皂靴。唐代宗朝，令宫人侍左右者穿红锦靿靴。凡在经营，所宜详辩。至如阎立本图《昭君妃音配。虏》，戴帷帽以据鞍；王知慎画《梁武南郊》，有衣冠而跨马，殊不知帷帽创从隋代，轩车废自唐朝，虽弗害为名踪，亦丹青之病尔。帷帽如今之席帽，周回垂网也。

（据郭若虚《图画见闻志》卷1，中华书局1985年版）

编者按：郭若虚《论衣冠异制》一文，收入其《图画见闻志》卷一中，清人王毓贤《绘事备考》卷一抄录此文，并将题目改为《服饰》，文字略有改动。从诸多文献记述看，隋唐之世阎立本确为画昭君出塞的名家。

明妃曲二首

（北宋）王安石

明妃初出汉宫时，泪湿春风鬓脚垂。低徊顾影无颜色，尚得君王不自持。归来却怪丹青手，入眼平生几曾有。意态由来画不成，当时枉杀毛延寿。一去心知更不归，可怜着尽汉宫衣。寄声欲问塞南事，只有年年鸿雁飞。家人万里传消息，好在毡城莫相忆。君不见咫尺长门闭阿娇，人生失意无南北。

明妃初嫁与胡儿，毡车百辆皆胡姬。含情欲说独无处，传与琵琶心自知。黄金捍拨春风手，弹看飞鸿劝胡酒。汉宫侍女暗垂泪，沙上行人却回首。汉恩自浅胡自深，人生乐在相知心。可怜青冢已芜没，尚有哀弦留至今。

（王安石《明妃曲》，据傅璇琮主编《全宋诗》卷541，第10册，北京大学出版社1998年版）

编者按：北宋著名政治家和文学家王安石作《明妃曲二首》，曾激起了北宋文坛歌咏王昭君的创作高潮，欧阳修、司马光、梅尧臣、曾巩等文豪皆有和诗，欧阳修作《明妃曲和王介甫作》《再和明妃曲》、司马光作《和王介甫明妃曲》、梅尧臣作《和介甫明妃曲》等，一时成为诗界佳话。

王安石《明妃曲二首》虽为抒情诗，却重在议论，借古人之酒杯浇心中之块垒，抒发了对于埋没人才的现实政治的不满之情。然而，这两首诗的阅读效果远远超出了作者创作的本意，后世读者从诗中读到了许多非同凡响的思想观念：其一，摈弃了当时极为偏狭的民族心理，发出了"汉恩自浅胡自深，人生乐在相知心"的惊世骇俗之论，一反昭君在大漠孤独无靠、备受摧折的传统观念，欢唱"家人万里传消息，好在毡城莫相忆"的别样之音。其二，宣扬人生幸福快乐的关键在于"相知心"。在诗人看来，人生是得意还是失意，是要看知心与不知心，若彼此"心相知"，自然一切都珍贵。诗人能超越胡汉之分，抛弃大民族主义偏见，从新评价昭君出塞的是与非，确非常人所可比肩。其三，"人生失意无南北"，诗人认为无论胡地还是汉地，无论朝廷命官还是普通百姓，都存在着失意抑郁的现象，那种以为昭君出塞乃是人生失意象征的观点是不可取的。诗人将昭君的遭遇，提高到人生哲理的高度，打通了昭君与无数人生失意者的联系，而且明显将批评锋芒指向国家政治层面，"意态由来画不成，当时枉杀毛延寿"，显示了一种开阔深广的胸怀眼界。欧阳修《再和明妃曲》在此基础上发出了对于封建腐败政治的质疑之声："虽能杀画工，于事竟何益！耳目所及尚如此，万里安能制夷狄？"

　　由于王安石在诗中发他人所未发，所以在保守的封建时代颇遭非议。李壁《王荆公诗注》卷六引南宋朝臣范冲云："孟子曰：'无父无君，是禽兽也。'以单于有恩而遂忘君父，非禽兽而何？"南宋著名文人罗大经在《鹤林玉露》卷八中云："至于荆公云'汉恩自浅胡自深，人生乐在相知心'，则悖理伤道甚也。"又在卷十中贬责王安石云："其咏昭君曰'汉恩自浅胡自深，人生乐在相知心'，推此言也，苟心不相知，臣可以叛其君，妻子可以弃其夫乎？其视乐天'黄金何日赎蛾眉'之句，盖天渊悬绝也。"这类指责既暴露了封建文人们的迂阔，也无法掩饰王安石思想境界的卓绝超凡。

再和明妃曲

（北宋）欧阳修

汉宫有佳人，天子初不识。一朝随汉使，远嫁单于国。绝色天下无，一失难再得。虽能杀画工，于事竟何益！耳目所及尚如此，万里安能制夷狄？汉计诚已拙，女色难自夸。明妃去时泪，洒向枝上花。狂风日暮起，漂泊落谁家？红颜胜人多薄命，莫怨春风当自嗟。

（欧阳修《再和明妃曲》，据傅璇琮主编《全宋诗》卷289，第6册，北京大学出版社1998年版）

　　编者按：王安石作《明妃曲二首》后，欧阳修作二首和诗，即《明妃曲和王介甫作》《再和明妃曲》。欧阳修的和诗虽然显示了较为狭隘的民族观念，但作品把批判矛头直指最高统治者，"耳目所及尚如此，万里安能制夷狄？"其政治批判意识又比王安石之作更加强烈。

两首《明妃曲》和诗是欧阳修颇感自负的名作。《石林诗话》云："欧公一日被酒，语其子棐曰：吾诗《庐山高》，今人莫能为，惟李太白能之；《明妃曲》后篇，太白不能为，惟杜子美能之。至于前章，则子美亦不能为，惟吾能之也。"

唐崇徽公主手痕和韩内翰

（北宋）欧阳修

故乡飞鸟尚喁啾，何况悲筇出塞愁。青冢埋魂知不返，翠崖遗迹为谁留。玉颜自古为身累，肉食何人与国谋。行路至今空叹息，岩花涧草自春秋。

（欧阳修《唐崇徽公主手痕和韩内翰》，据傅璇琮主编《全宋诗》卷294，第6册，北京大学出版社1998年版）

道山清话（节录）

（北宋）王暐

神宗一日在讲筵，既讲罢，赐茶，甚从容。因谓讲筵官："数日前因见司马光《王昭君》古风诗甚佳，如：'宫门铜镮双兽面，回首何时复来见。自嗟不若住巫山，布袖蒿簪嫁乡县。'读之使人怆然！"时君实病足在假已数日矣。吕惠卿曰："陛下深居九重之中，何从而得此诗？"上曰："亦偶然见之。"惠卿曰："此诗不无深意。"上曰："卿亦尝见此诗耶？"惠卿曰："未尝见此诗，适但闻陛下举此四句耳。"上曰："此四句有甚深意！"

（王暐《道山清话》，据《四库全书》第1037册，上海古籍出版社1987年版）

绀珠集（节录）

（北宋）朱胜非

卷八 古乐府

昭君自请往匈奴

明君即昭君，避晋文讳改焉。《琴操》载：昭君，齐人王穰女。极美，献之元帝数年，帝未见之。因单于入朝，帝宴之，禁中后宫执事嫔御皆侍，昭君在列。酒酣，帝曰："欲以一女遗单于，谁能行者？"昭君怨帝，即出请往，帝见悔之。旧说不同。

（朱胜非《绀珠集》卷8，据《四库全书》第872册，上海古籍出版社1987年版）

　　编者按：《绀珠集》是中国古代一部笔记小说总集。原本不著编辑者姓名，晁公武《郡斋读书志》载有《绀珠集》十三卷，编者为朱胜非。《绀珠集》收录百家纪事编辑而成，以传说唐人张说有绀珠，见之则能记事不忘，故以此为名。朱胜非辑录了《琴操》关于王昭君"自请和亲"的说法，但又指出"旧说不同"，说明他对于"自请说"存疑。

题李伯时画昭君图并序

（北宋）韩驹

《汉书》：竟宁元年，呼韩邪来朝，言愿婿汉氏，元帝以后宫良家子王昭君字嫱配之，生一子。株累立，复妻之，生二女。至范晔书始言入宫久不见御，积怨掖庭，因请行。单于临辞大会，昭君丰容靓饰，顾影徘徊，竦动左右，帝惊悔，欲复留而重失信夷狄。然晔不言呼韩邪愿婿，而言赐五官女；又言字昭君，生二子，与前书皆不合。其言不愿妻其子而诏使从胡俗，此是乌孙公主，非昭君也。《西京杂记》又言元帝使画工图宫人，宫人皆赂画工，而昭君独不赂，乃恶图之。既行，遂按诛毛延寿。《琴操》又言：本齐国王穰女，端正闲丽，未尝窥看门户。穰以其有异，人求之不与。年十七，进之帝，以地远不幸，欲赐单于美人，嫱对使者，越席请往。后不愿妻其子，吞药而卒。盖其事杂出，无所考正，自信史尚不同，况传记乎？要之，《琴操》最抵牾矣。按：昭君，南郡人，今秭归县有昭君村，村人生女，必灼艾灸其面，虑以色选故也。昭君卒，葬匈奴，谓之青冢。晋以文王讳昭，号明妃云。

昭君十七进御时，举步弄影飏蛾眉。自怜窈窕出绝域，八年未许承丹墀。在家不省窥门户，岂知万里从胡虏。丰容靓饰亦何心，尚欲君王一回顾。君不见班姬奉养长信宫，又不见昭仪举袂前当熊。盛时宠幸只如此，分甘委弃匈奴中。春风汉殿弹丝手，持鞭却趁奚鞍走。莫道单于无复情，一见纤腰为回首。含悲远嫁来天涯，不如夔州处女鬓半华。寄语双鬟负薪女，灸面慎勿轻离家。

（韩驹《题李伯时画昭君图》，据傅璇琮主编《全宋诗》卷1439，第25册，
北京大学出版社1998年版）

编者按："二十四史"作为封建时代的正史，具有很高的史学价值和权威性，因而很少读者怀疑《后汉书》等史书记载的真实性。北宋文人韩驹对范晔《后汉书》中关于王昭君出塞事的记录进行质疑和辨正，可谓否定昭君"自请出塞"的第一人。今之学界若干学者认为，昭君"自请出塞"表现了王昭君的过人之处，否定"自请出塞"则贬抑了昭君形象。其实，即便历史上昭君无"自请出塞"之举，也丝毫无损于昭君出塞的客观效果及其所做出的突出贡献。此外，韩驹说昭君因触晋文帝讳而号"明妃"，当是接受唐人李周翰注《文选》的说法。

侯鲭录（节录）

（北宋）赵令畤

卷 二

王叡《解昭君怨》

余崇宁中，坐章疏入籍为元祐党人。后四年，牵复过陈，张文潜、常希古

皆在陈居，相见慰劳之。余答曰："炙毂子王叡作《解昭君怨》，殊有意思，能到人妙处。"词云："莫怨工人丑画身，莫嫌明主遣和亲。当时若不嫁胡虏，只是宫中一舞人。"文潜云："此真先生所谓笃行而刚者也。"

（据赵令畤《侯鲭录》卷2，中华书局2002年版）

编者按：赵令畤，宋皇族后裔，与苏轼交好，苏轼等人被贬，赵坐元祐党籍，被废期间与张文潜等文友相见，以唐人王叡《解昭君怨》自慰。王叡，号炙毂子，《侯鲭录》四库本作"灵毂子"，当是抄录之误。

类说（节录）

（北宋）曾慥

卷　七

画　病

吴道子画仲由戴木剑，阎令公画昭君着帷帽，殊不知木剑创于晋代，帷帽兴于本朝。举此凡例，亦画之病也。且如幅巾传于汉魏，幂䍦起自齐隋，幞头用于周朝，巾子创于武德。胡服靴衫岂可辄施于古像？衣冠组绶不宜常用于今人。芒屩非塞北所宜，牛车非岭南所有。辨详今古之物，商酌土风之宜，指事绘形可验时代。其或生长南朝，不见北朝人物；习熟塞北，不识江南山川。故李嗣真评"董展"云："地处平原，缺江山之助；迹参戎马，乏簪裾之仪。"如郑玄未辨柤梨，蔡谟不识螃蟹，魏帝终刊《典论》，隐居昧北药之名。吾之不知，盖阙如也。精通南北之迹，详辨古今之名，然后可以议画。黄初以其无火浣布，著《典论》，刻揭太学后，外国献火浣布，遂刊弃《典论》。陶隐居《本草》，多未晓北地药名。

（据曾慥《类说》卷7，文学古籍刊行社1955年版）

编者按：曾慥《画病》基本抄录了张彦远《历代名画记》中的文字而略有改动。原文中"李嗣真评董、展之"一句文意混淆不清，应为"李嗣真评董、展云"之误，兹将"之"字改为"云"字。

诗话总龟（节录）

（北宋）阮阅

后集　卷三十五

伤悼门

《王直方诗话》云：邢居实，字惇夫，年少豪迈，所与游皆一时名士。方年十四五时，尝作《明妃引》，末句云："安得壮士霍嫖姚，缚取呼韩作编户？"诸公多称之。既卒，余收拾其残草，编成一集，号曰《呻吟》。

后集　卷四十一

歌咏门

石季伦《王明君辞》云："延我以穹庐，加我阏氏名。"阏氏，单于妻也。上乌前、下章移切。《前汉·匈奴传》曰："冒顿后有爱阏氏，生少子。"颜注："阏氏，匈奴皇后号。"刘贡父云："匈奴单于号其妻为阏氏耳。颜便以皇后解之，大俚俗也！"《西河旧事》云："失我祁连岭，使我六畜不蕃息。失我焉支山，使我妇女无颜色。"盖北方有焉支山，山多红蓝，北人采其花染绯，取其英鲜者作胭脂，妇人妆时，用此颜色，殊鲜明可爱。匈奴名妻阏氏，言可爱如胭脂也。钱昭度作《王昭君》诗云："阏氏才闻易妾名，归期长似俟河清。"则误读氏字为姓氏之氏矣。《艺苑雌黄》。

古今辞人作明妃辞曲多矣，意皆一律。惟吕居仁独不蹈袭，其诗云："人生在相合，不论胡与秦。但取眼前好，莫言长苦辛。君看轻薄儿，何殊胡地人。"《苕溪渔隐》。

韩子苍《题昭君图》诗："寄语双鬟负薪女，炙面谨勿轻离家。"余考《唐逸士传》云："昭君村至今生女，必炙其面。"白乐天诗："至今村女面，烧灼成瘢痕。"乃知炙面之事，乐天已先道之也。《复斋漫录》。

《汉书》：竟宁元年，呼韩邪来朝，言愿婿汉氏。元帝以后宫良家子王昭君字嫱妃（配）之，生一子。株累立，复妻之，生二女。至范晔书始言入宫久不见御，积怨，因掖庭令请行。单于临辞大会，昭君丰容靓饰，顾影徘徊，竦动左右。帝惊悔，欲复留，而重失信夷狄。然晔不言呼韩邪愿婿，而言赐以宫女，又言字昭君，生二子，与前书皆不合。其言不愿妻其子而诏使从胡俗，此自是乌孙公主，非昭君也。《西京杂记》又言：元帝使画工图宫人，皆赂画工，而昭君独不赂，乃恶图之。既行，遂诛毛延寿。《琴操》又言："本齐国王穰女，端正闲丽，未尝窥看门户。穰以其异，人求之不与。年十七，进之帝，以地远不幸。欲赐单于美人，嫱对使者越席请往。后不愿妻其子，吞药而卒。"盖其事杂出，无所考正。自信史书尚不同，况传记乎？要之，《琴操》最牴牾矣。按昭君，南郡人，今秭归县有昭君村，村人生女，必灼艾炙其面，虑以色选故也。昭君卒，葬匈奴，谓之青冢。晋以文王讳昭，号明妃云。韩子苍《昭君图叙》。

（据阮阅《诗话总龟》后集卷35、卷41，人民文学出版社1987年版）

编者按：阮阅编《诗话总龟》，原名《诗总》，约成书于宋徽宗宣和年间。至宋孝宗乾道三年（1167年）前后，以《诗话总龟》之名行世，与原本已有不同。而胡仔《苕溪渔隐丛话》前集卷十一云："闽中近时又刊《诗话总龟》，此集即阮阅所编《诗总》也。……其《诗总》十卷，分门编集，今乃为人易其旧序，去其姓名，略加以苏黄门诗说，更号曰《诗话总龟》，以欺世盗名耳。"可知《诗话总龟》已非原貌。今学界普遍认为，《诗话总龟》前集五十卷，基本为阮氏本人所辑；后集五十卷，为南宋光宗时书坊拼凑而成。注释引阮阅之后的文人著作，亦足以说明了这一点。《诗话总龟》谈及昭君事基本引录他人文献，罕有个人之论，总体价值不大。

细君并序

（南宋）曹勋

汉武帝元封中，以江都王女细君为公主，嫁与乌孙昆弥，至国而自治官室，岁时一再会，言语不通，公主悲愁，自为哀怨之歌。其后元帝亦以王穰女昭君嫁匈奴单于，昭君至胡作歌自伤，后人多为歌诗，流为乐府，遂有《明妃怨》《昭君怨》。独细君最远而悲思尤甚，又世人无有哀感之作，余亦迹而新之，抑亦摅昔人之忧愤，为来者之深戒云。

族类皆有偶，所偶各有方。我本汉家女，远嫁乌孙王。言语既不通，嗜欲宁相当。生肉以为食，膻酪以为浆。毛卉袭衣服，蒜薤为馨香。呜呜当歌舞，跳跃纷低昂。风沙障白日，四野皆苍黄。逐猎射禽兽，藉草毡为墙。喜怒不可测，贪戾过豺狼。自为治宫室，仅能庇风霜。岁时一相见，但见眉目光。东南望汉日，独觉胡天长。飞鸟恋故林，游子思故乡。而我被遐弃，失身投穷荒。明明汉天子，一女奚足伤。武威与文德，岂不在周行。吾王居下国，奉上固所当。结亲徒自辱，掩泣羞汉皇。

（据曹勋《松隐集》卷6，第1册，文物出版社1982年版）

编者按：曹勋《细君》及其序言，流露出了若干狭隘的民族偏见，如"喜怒不可测，贪戾过豺狼""结亲徒自辱，掩泣羞汉皇"等。但曹勋深情地表达了对于古代和亲女子尤其是细君公主的同情，客观反映了包括王昭君在内的历代和亲女性所共有的"飞鸟恋故林，游子思故乡"的苦涩心境，同时，也道出了昭君出塞产生的影响力远大于细君和亲的客观存在。"贪戾过豺狼"一句，一作"贪戾讵易量"。

邺守以石刻屈平昭君像见惠并序

（南宋）李流谦

邺守以石刻屈平、昭君像见惠，因思大夫之忠贯白日而凌秋霜，在所不论。而昭君以倾国之艳，擅天下之色，乃不肯自同众姬，货画师以求媚，此尤为可感者，为赋此篇。

璇题朝曦丽，椒殿春风香。带日羞寒鸦，洒盐引痴羊。那知韶蒨妍，有此秋节刚。千金非我爱，所重在行藏。奋然斩画史，低头笑君王。呈身由诡壬，百态恐不当。照影见冠佩，岂不羞帏房。自从到北庭，几阅紫塞霜。年年鸿雁归，不寄一字将。却悲降将军，高台望故乡。至今青冢上，沙草不肯黄。吾观娇色儿，睥睨此滥觞。孽阉擅国辟，天地为低昂。眼前杀师傅，但有涕淋浪。区区一女子，去留系毫芒。我行桃李村，高髻余旧妆。负薪行汲泉，不愿同康庄。为计盍不尔，乃以美自戕。初心岂其然，薄命遭彼狂。离骚照白日，至今祖文章。婉娈古称士，后先出寒乡。遗刻共想像，再歌重慨慷。

（李流谦《郫守以石刻屈平昭君像见惠并序》，据傅璇琮主编《全宋诗》卷
2113，第38册，北京大学出版社1998年版）

编者按：从李流谦这首诗及序言中，不难看到王昭君在宋代朝野中具有崇高的地位，一些文人官吏以石刻昭君像，将王昭君与伟大爱国诗人屈原相提并论，表达了对于王昭君高尚人格的礼赞。原诗标题过长，编者在出处与目录处做了适当删节，另加上"并序"二字。诗中"画史"指宫廷画师。

演繁露（节录）

（南宋）程大昌

卷十三

明妃琵琶

琵琶所作，为乌孙公主所出塞也。文人或通明妃用之，姚令威辨以为误，是矣。然《玉台新咏》载石崇《明妃词序》曰："公主嫁乌孙，令琵琶马上作乐，以慰其道路之思，其送明妃亦必尔也，其造新曲多哀声，故书之于纸。"则崇之明妃诗尝以写诸琵琶矣。郭茂倩著为乐书，遂载崇此词入之楚调中。楚调之器凡七，琵琶其一也，则谓明妃为琵琶，辞亦无不可。

（程大昌《演繁露》卷13，据《四库全书》第852册，上海古籍出版社
1987年版）

编者按：文中提及的"姚令威"，即姚宽，北宋末期史学家和诗人。"文人或通明妃用之"一句中，"通"含"移于"之义。

通志（节录）

（南宋）郑樵

卷四十九　乐略一

清商曲七曲

王昭君，亦曰王嫱，亦曰王明君。名嫱，字昭君，避晋文帝讳，改曰明君。汉元帝时，匈奴盛，请婚于汉，帝以后宫良家子昭君配焉。元帝之时，后宫掖庭员数多，帝不及遍识，令毛延寿画图。延寿取金于后宫，而昭君不与，故陋其姿。及昭君既出宫，帝为愕然，杀延寿。其时公主嫁乌孙，为马上弹琵琶作乐，以慰其道路之思。其事多见载籍，其词云："吾家嫁我兮天一方，远托异国兮乌孙王，穹庐为室兮旃为墙。"旃，帐也。按《汉书》：乌孙使使献马，愿得尚公主，乃遣江都王建女为公主，以妻乌孙焉。此则是也。若以为延寿画图之说，则委巷之谈流入风骚人口中，故供其赋咏，至今不绝。

（据郑樵《通志》卷49，第1册，中华书局1987年版）

　　　编者按：作为史学家，郑樵是不相信"画工丑图"之说的，认为不过是"委巷之谈流入风骚人口中"而已。但他也承认文学创作极大地推动了昭君故事的传播。

苕溪渔隐丛话（节录）

（南宋）胡仔

前集卷第十六　韩吏部上

《高斋诗话》云："白乐天《琵琶行》云：'曲罢曾令善才伏'，而善才姓名不见于传记，后见《琵琶录》云：'元和中，曹保有子善才，善才有子纲，皆能琵琶。'又有裴兴奴，与曹同时，《乐府杂录》云：'纲善为运拨，兴奴长于拢捻，时人谓纲有右手，兴有左手。'乐天又有《听曹纲琵琶示重莲诗》曰：'谁能截得曹纲手，插向重莲红袖中？'"

苕溪渔隐曰："东坡《听琵琶诗》云：'何异乌孙送公主，碧天无际雁行高。'乃用《文选·王明君辞序》云：'昔公主嫁乌孙，令琵琶马上作乐，以慰其道路之思。其送明君亦尔。'则琵琶非起于明君，盖前已有也。《释名》云：'琵琶本胡中马上所鼓也。四弦象四时也。推手向前曰琵，却手向后曰琶，因以为名焉。'"

前集卷第二十一　香山居士

王直方《诗话》云："古今人作《昭君词》多矣，余独爱白乐天一绝，云：'汉使却回凭寄语，黄金何日赎蛾眉？君王若问妾颜色，莫道不如宫里时。'盖其意优游而不迫切故也。然乐天赋此时年甚少。"

（据胡仔《苕溪渔隐丛话》前集卷16、卷21，廖德明校点，人民文学出版社1962年版）

后集卷第二十三　六一居士

苕溪渔隐曰："《石林诗话》云：'欧公一日被酒，语其子棐云："吾诗《庐山高》，今人莫能为，惟李太白能之；《明妃曲》后篇，太白不能为，惟杜子美能之；至于前篇，则子美亦不能，惟吾能之也。"'近观《本朝名臣传》，乃云：'欧阳修为诗，谓人曰：《庐山高》，惟韩愈可及；《琵琶前引》，韩愈不可及，杜甫可及；《后引》，李白可及，杜甫不可及。其自负如此。'则与《石林》所纪全不同。《琵琶引》即《明妃曲》也。此三诗并录于此。《庐山高赠同年刘凝之归南康》，其诗云……《明妃曲和王介甫作》其一云：'胡人以鞍马为家，射猎为俗。泉甘草美无常处，鸟惊兽骇争驰逐。谁将汉女嫁胡儿，风沙无情貌如玉。身行不遇中国人，马上自作思归曲。推手为琵却手琶，胡人共听亦咨嗟。玉颜流落死天涯，琵琶却传来汉家。汉宫争按新声谱，遗恨已深声更苦。纤纤女手生洞房，学得琵琶不下堂。不识黄云出塞路，岂知此声能断肠。'其二云：'汉宫有佳人，天子初未识。一朝随汉使，远嫁单于国。绝色天下无，一失难再得。虽能杀画工，于事竟何益。耳目所及尚如此，万里安能制夷狄？汉计诚已拙，女色难自夸。明妃去时泪，洒向枝上花。狂风日暮起，飘泊落谁家。红颜胜人多薄命，莫怨春风当自嗟。'余观介甫《明妃曲》二首，辞格超逸，诚不下永叔，不可遗也，因附益之。

其一云：'明妃初出汉宫时，泪湿春风鬓脚垂。低回顾影无颜色，尚得君王不自持。归来却怪丹青手，入眼平生未曾有。意态由来画不成，当时枉杀毛延寿。一去心知更不归，可怜着尽汉宫衣。寄声欲问塞南事，只有年年鸿雁飞。家人万里传消息，好在毡城莫相忆。君不见咫尺长门闭阿娇，人生失意无南北。'其二云：'君妃出嫁与胡儿，毡车百辆皆胡姬。含情欲语独无处，传与琵琶心自知。黄金捍拨春风手，弹看飞鸿劝胡酒。汉宫侍女暗垂泪，沙上行人却回首。汉恩自浅胡自深，人生乐在相知心。可怜青冢已芜没，尚有哀弦留至今。'"

后集卷第四十　丽人杂记

韩子苍《昭君图叙》云："《汉书》：竟宁元年，呼韩邪来朝，言愿婿汉氏。元帝以后宫良家子王昭君字嫱配之，生一子。株累立，复妻之，生二女。至范晔《书》，始言入宫久不见御，积怨，因掖庭令请行。单于临辞大会，昭君丰容靓饰，顾影徘徊，竦动左右。帝惊悔，欲复留，而重失信夷狄。然晔不言呼韩邪愿婿，而言四五宫女，又言字昭君，生二子，与前书皆不合。其言不愿妻其子，而诏使从其俗，此是乌孙公主，非昭君也。《西京杂记》又言：元帝使画工图宫人，宫人皆赂画工，而昭君独不赂，乃恶图之。既行，遂按诛毛延寿。《琴操》又言：本齐国王穰女，端正闲丽，未尝窥看门户。穰以其有异，人求之不与。年十七，进之帝，以地远不幸。欲赐单于美人，嫱对使者越席请往，后不愿妻其子，吞药而卒。盖其事杂出，无所考正，自信史尚不同，况传记乎？要之，《琴操》最牴牾矣。"按：昭君，南郡人，今秭归县有昭君村，村人生女，必灼艾灸其面，虑以色选故也。昭君卒葬，匈奴谓之青冢。晋以文王讳昭，故号明妃云。

《复斋漫录》云："韩子苍《题昭君图》诗：'寄语双鬟负薪女，炙面谨勿轻离家。'余考《唐逸士传》云：'昭君村至今生女，必炙其面。'白乐天诗：'至今村女面，烧灼成瘢痕。'乃知炙面之事，乐天已先道之矣。"苕溪渔隐曰："古今词人作明妃辞曲多矣，意皆一律，惟吕居仁独不蹈袭。其诗云：'人生在相合，不论胡与秦。但取眼前好，莫言长苦辛。君看轻薄儿，何殊胡地人。'"

《艺苑雌黄》云："石季伦《王明君辞》云：'延我于穹庐，加我阏氏名。'

阏氏，单于妻也。上乌前、下章移切。《前汉·匈奴传》曰：'冒顿后有爱阏氏，生少子。'颜注：'阏氏，匈奴皇后号。'刘贡父云：'匈奴单于号其妻为阏氏耳。'颜便以皇后解之，大俚俗也！《西河旧事》云：'失我祁连岭，使我六畜不蕃息。失我焉支山，使我妇女无颜色。'盖北方有焉支山，山多作红蓝，北人采其花染绯，取其英鲜者作胭脂，妇人妆时，用作颊色，殊鲜明可爱。匈奴名妻阏氏，言可爱如胭脂也。钱昭度作《王昭君》诗云：'阏氏才闻易妾名，归期长似俟河清。'俟，原作候，今据徐钞本、明钞本校改。则误读氏字为姓氏之氏矣。"

　　　　　（据胡仔《苕溪渔隐丛话》后集卷23、卷40，廖德明校点，人民文学出版社1962年版）

　　编者按：南宋胡仔诗话集《苕溪渔隐丛话》，分前集六十卷、后集四十卷，搜辑、整理相关资料前后花费了二十余年时间，评论对象上起《诗经》，下至南宋初年，以诗人为纲，按年代先后排列。其中评说了不少以昭君为题材的名诗及诗人相关轶事，如白居易、欧阳修、王安石、苏轼、韩驹等，不但独具见解，还颇富文献价值。

学林（节录）

（南宋）王观国

卷第三

名　讳

　　夏商无所讳，讳自周始，然而不酷讳也。……秦汉以来，始酷讳矣。秦始皇名政，故正月读音征，而书史释音皆音正月之正为征也。汉高祖名邦，故《史记》《前汉书》不用"邦"字，凡"邦"字皆改"国"字也。吕后名雉，《前汉·吕后纪》注曰："雉之字曰野鸡。"故汉人文字皆谓"雉"为野鸡。《史记·封禅书》曰："野鸡夜声。"《前汉·郊祀志》曰："野鸡夜鸣。"《杜邺传》曰："野鸡著怪。"若此类是也。……晋文帝名昭，故王昭君改为王明君。经史中昭穆之昭本音招，以避晋文帝讳皆呼昭音韶。

卷第四

王昭君

观国案：《前汉·元帝纪》曰"王嫱为阏氏者"，书其名也。注云："王氏女名嫱字昭君。"是也。而《后汉·匈奴传》曰"王昭君字嫱"，误矣。五臣注《文选》谓"昭君，后妃之位"，亦误矣。《前汉·元帝纪》曰："匈奴呼韩邪单于来朝，诏赐单于待诏掖庭王嫱为阏氏。"盖单于请婚，当时朝议许与单于和亲，则汉之君臣讲之素定矣。及单于来朝而以待诏掖庭王嫱为阏氏，豫选定也，其礼仪恩数，皆已素定，非仓促临事而为之也。而《后汉·匈奴传》乃谓以宫女五人赐之，又谓昭君自求行，又谓呼韩邪临朝辞，帝召五女以示之，而昭君丰容靓饰，竦动左右。帝见大惊，意欲留之，而难于失信，遂与匈奴。此皆误也。盖王嫱为阏氏者，行婚礼也，若以宫女五人赐之，则何人为阏氏耶？汉既许婚也，岂必待单于临辞，然后以五女示之耶？《后汉·匈奴传》所言王昭君一节，首尾皆乖谬之甚！杀画工毛延寿之事，尤不可信。按：单于和亲，乃汉家大事，若以宫女妻之，而未尝简阅其人，凭画图以定大事，恐当时君臣，不如此之卤莽。汉赐单于阏氏，乃披画图貌，择陋者赐之，又非和亲之意。盖小说多出于传闻，不可全信。

卷第八

胡 笳

秦再思《纪异录》曰："《琴谱》胡笳曲者，本昭君见胡人卷芦叶而吹之，昭君感之，为制曲，凡十八拍。"观国按：《后汉·烈女传》：董祀妻，蔡邕女也，名琰，字文姬。博学有才辨，适卫仲道，夫亡无子。兴平中丧乱，文姬为胡骑所获，在胡中十二年。曹操素与邕善，痛其无嗣，乃遣使以金璧赎之，而嫁于祀。后感伤乱离，作诗二章，辞皆载在本传。今世所传《胡笳十八拍》，亦或用文姬诗中语。盖非文姬所撰，乃后人撰以咏文姬也。小说谓昭君制曲，则误矣。王荆公作集句《胡笳曲十八拍》，首言"中郎有女能传业，颜色如花命如叶"者，亦咏蔡文姬也。王昭君未尝有曲传于世。

（据王观国《学林》卷3、卷4、卷8，田瑞娟点校，中华书局1988年版）

编者按：在对《后汉书·南匈奴列传》所载王昭君之字号、自请出塞等史实的辨正上，南宋文人王观国在《学林》中做了较为全面的分析，这种分析是建立在史实基础上的科学合理的分析，令人信服。对于民间盛传昭君作《胡笳十八拍》等问题也做了较为合乎情理的结论。

韵语阳秋（节录）

（南宋）葛立方

卷第十五

《文选》载石季伦《昭君辞》云："昔公主嫁乌孙，令琵琶马上作乐，以慰其道路之思，昭君亦然。"则马上弹琵琶，非昭君自弹也，故孟浩然《凉州词》云："故地迢迢三万里，那堪马上送明君。"而东坡《古缠头曲》乃云："翠鬟女子年十七，指法已似呼韩妇。"梅圣俞《明妃曲》亦云："月下琵琶旋制声，手弹心苦谁知得？"则皆以为昭君自弹琵琶，岂别有所据耶？

卷第十九

古今人咏王昭君多矣。王介甫云："意态由来画不成，当时枉杀毛延寿。"欧阳永叔云："耳目所及尚如此，万里安能制夷狄？"白乐天云："愁苦辛勤憔悴尽，如今却似画图中。"后有诗云："自是君恩薄于纸，不须一向恨丹青。"李义山云："毛延寿画欲通神，忍为黄金不为人。"意各不同而皆有议论，非若石季伦、骆宾王辈徒叙事而已也。邢惇夫十四岁作《明君引》，谓："天上仙人骨法别，人间画工画不得。"亦稍有思致。

（据葛立方《韵语阳秋》卷15、卷19，上海古籍出版社1984年版）

编者按：文中所说"邢惇夫"，原名邢居实，字惇夫，一作敦夫，北宋诗人，号称神童，十四岁（一说八岁）作《明妃引》，在诗坛颇负赞誉，与苏轼、黄庭坚、秦观等文豪为忘年交，著有《呻吟集》。可惜英年早逝，卒年仅二十岁。

明　妃

（南宋）吕本中

秦人强盛时，百战无逡巡。汉氏失中策，清边烽燧频。丈夫不任事，女子去和亲。君王为置酒，单于来奉珍。朝辞汉宫月，暮随胡地尘。鞍马白沙暮，旗裘黄草春。人生在相知，不论胡与秦。但取眼前好，莫言长苦辛。君看轻薄儿，何殊胡地人。

（吕本中《明妃》，据傅璇琮主编《全宋诗》卷1606，第28册，北京大学出版社1998年版）

编者按：吕本中继承和发扬了王安石《明妃曲》中"人生乐在相知心"的旨意，认为双方只要真心相爱，不管是汉人还是胡人，都是幸福美满的，即使生活条件艰苦也算不上什么。不以歧视心态看待王昭君远嫁匈奴，表现了开明的民族思想。

容斋四笔（节录）

（南宋）洪迈

卷第十一

文与可乐府

今人但能知文与可之竹石，惟东坡公称其诗骚，又表出"美人却扇坐，羞落庭下花"之句。予常恨不见其全，比得蜀本石室先生《丹渊集》，盖其遗文也。于乐府杂咏，有《秦王卷衣篇》曰："咸阳秦王家，宫阙明晓霞。丹文映碧镂，光采相钩加。铜螭逐银猊，压屋惊蟠拏。洞户锁日月，其中光景赊。春风动珠箔，鸾额金窠斜。美人却扇坐，羞落庭下花。闲弄玉指环，轻冰扼红牙。君王顾之笑，为驻七宝车。自卷金缕衣，龙鸾蔚纷葩。持以赠所爱，结欢期无涯。"其语意深入骚人阃域。又有《王昭君》三绝句云："绝艳生殊域，芳年入内庭。谁知金屋宠，只是信丹青。""几岁后宫尘，今朝绝国春。君王重恩信，不欲遣他人。""极目胡沙满，伤心汉月圆。一生埋没恨，长入四条弦。"

令人读之缥缥然感慨无已也！

（据洪迈《容斋随笔·容斋四笔》卷11，下册，上海古籍出版社1978
年版）

太仓稊米集（节录）

（南宋）周紫芝

卷六十五

王昭君不赂画工

王昭君不赂画工，遂不得幸，卒使元帝杀毛延寿。非也。元帝按图，见昭君之陋，乃以配单于，及召见而美，始有悔心。知其美，岂不能以一女子易之？患在失信故也。使帝果以失信为嫌，其始必不肯按召陋姬，以贻单于之怒。若以此取怒蛮君，其祸与失信孰为轻重？吾知其说之非也。

或谓昭君貌极妍，在后宫五六年，不得幸。后单于遣使朝贺，帝问："欲以一女子赐单于，谁能行者？"昭君乃越席请行。帝见之惊，业已对使者，遣之，不及免。至单于果大悦。盖士有抱负伟器，块然与俗士同群，岂能无怏怏不平之意？女子以姿貌取悦于人，慧丽风流而少年，委置闺阃，不为当世所赏，其意当复如何？孔子曰："道不行，乘桴浮于海。"昭君之请行，盖有以哉！

（周紫芝《太仓稊米集》卷65，据《四库全书》第1141册，上海古籍出版
社1987年版）

编者按：对于汉元帝按图画诏令丑陋宫女远嫁单于之说，周紫芝深表不信。但对于昭君自请和亲之说表示赞同，并认为这是卓绝而孤独的昭君不满被埋没深宫的行为，把昭君比拟不得志的国士，实为一种非俗之论。

能改斋漫录（节录）

（南宋）吴曾

卷五　辨误

胡笳十八拍

王观国《学林新编》曰："秦再思《纪异录》云：'《琴谱》胡笳曲者，本昭君见北人卷芦叶而吹之，昭君感焉，为制曲，凡十八拍。'观国以为董祀妻蔡琰文姬为胡骑所获，归作诗二章。今世所传胡笳曲十八拍，亦用文姬诗中语，盖非文姬所撰。乃后人所撰，以咏文姬也。《纪异》谓昭君制曲，则误矣。王荆公作集句《胡笳曲十八拍》，首言'中郎有女能传业'者，亦咏蔡文姬也。王昭君未尝有胡笳曲传于世。"以上皆王说。

予按：《琴集》曰："大胡笳十八拍，小胡笳十九拍，并蔡琰作。"及案蔡翼《琴曲》，有大小胡笳十八拍。大胡笳十八拍，沈辽集，世名"沈家声"。小胡笳又有契声一拍，共十九拍，谓之"祝家声"。祝氏不详何代人。李良辅《广陵止息谱序》曰："契者，明会合之至理，殷勤之余也。"李肇《国史补》曰："唐有董庭兰善沈声，盖大小胡笳云。以此校之，观国谓非文姬所撰，亦非矣。

予又按：谢希逸《琴论》曰："平调《明君》三十六拍，胡笳《明君》二十八拍，清调《明君》十三拍，间弦《明君》十九拍，蜀调《明君》十二拍，吴调《明君》十四拍，杜琼《明君》二十一拍，凡有七曲。"然则明君亦有胡笳，但拍数不同耳。庾信诗云："方调琴上曲，变入胡笳声。"观国谓昭君不能制曲，又非也。

嫱者禁中妇官

应劭注元帝诏曰："王樯，王氏女，名樯，字昭君。"予以为非是。盖昭君不名樯，"嫱"乃禁中妇官耳。按《周礼》："天子有九嫔。"嫔亦是妇官。《春秋》昭公三年，《左传》："齐侯晏婴请继室于晋，曰：'择之以备嫔嫱，寡人之望也。'"杜预注曰："嫔嫱，是妇官。"又哀公元年，《左传》说夫差，宿有妃嫱嫔御焉。然则应解以嫱为昭君之名，误矣。《汉书》亦止云："元帝以后宫良家子王嫱字昭君赐单于。"不斥为名也。然古本《汉书》皆作此"嫱"字，何耶？

（据吴曾《能改斋漫录》卷5，上册，上海古籍出版社1960年版）

卷十五　方物

美色不生中华

自古美色未必生于中华也。故曰西施生苎萝山，昭君生秭归县，绿珠生白州，故今白州双角山前犹存绿珠井。绿珠，本梁氏子，今有绿珠水，相传水旁间产美丽。

（据吴曾《能改斋漫录》卷15，下册，上海古籍出版社1960年版）

编者按：西施，今浙江诸暨人；王昭君，今湖北兴山人；绿珠，今广西博白人，皆为中国古代著名美人。文中所谓"中华"，指中原地区，与明清近代以来所说的"中华"概念不完全相同。

石林诗话（节录）

（南宋）叶梦得

前辈诗文各有平日得意处，不过数篇，然他人未必能尽知也。毗陵正素处士张子厚善书，余尝于其家见欧阳文忠子棐以乌丝栏绢一轴，求子厚书文忠《明妃曲》两篇、《庐山高》一篇。略云："先公平日未尝矜大所为文，一日被酒，语棐曰：'吾《庐山高》，今人莫能为，唯李太白能之。《明妃曲》后篇，太白不能为，唯杜子美能之。至于前篇，则子美亦不能为，唯吾能之也。'因欲别录此三篇也。"

（据叶梦得《石林诗话》，中华书局1991年版）

昭君曲并序

（南宋）姚宽

石崇云："昔公主嫁乌孙，令琵琶马上作乐，以慰其道路之思，送昭君亦然。"非昭君自弹琵琶也。昭君恨帝始不见遇，席上请行，单于得昭君大喜，献白璧一双，骏马数匹而已。昭君留北地，作怨思之歌，传于汉，后为此辞者，多遗其事实。

汉宫深锁千蛾眉，妒宠争妍君不知。昭君自恃色殊众，画师忍为黄金欺。当时望幸君不顾，泪湿花枝怨无主。一朝按图聘绝域，慷慨尊前为君去。萧萧车骑如流水，惨澹风沙千万里。昔年公主嫁乌孙，妾身况是良家子。自嗟薄命无归路，弱质安能事强主。可怜宫锦换毡裘，忍变故音作新语。马上琵琶送将远，行路闻之亦凄断。寄书空怀雁南飞，只有怨歌传入汉。汉家失计何所获，羽林射士空头白。白璧骏马无时无，倾国倾城难再得。

（姚宽《昭君曲》，据傅璇琮主编《全宋诗》卷1969，第35册，北京大学出版社1998年版）

己丑二月七日雨中读《汉元帝纪》效乐天体

（南宋）周必大

昭君颜如花，万里度鸡漉。古今罪画手，妍丑乱群目。谁知汉天子，祛服自列屋。有如公主亲，尚许穹庐辱。况乃嫔嫱微，未得当獯鬻。奈何弄文士，太息争度曲。生传琵琶声，死对青冢哭。向令老后宫，安得载简牍。一时抱微恨，千古留剩馥。因嗟当时事，贤佞手反复。守道萧傅死，效忠京房戮。史臣一张纸，此外谁复录。有琴何人操，有冢何人肃。重色不重德，聊以砭世俗。古今赋昭君曲，虽大贤所不免。仆矫其说，无乃过乎？

（据周必大《文忠集》卷4，见《四库全书》第1147册，上海古籍出版社1987年版）

编者按：周必大认为在许多文人笔下，昭君远嫁大漠穹庐是一种耻辱，以致昭君"生传琵琶声，死对青冢哭"。然而，"向令老后宫，安得载简牍。一时抱微恨，千古留剩馥"，如果昭君老死宫中，何得青史留名？生前远离父母故国，难免存在些许遗恨，但死后千载留香，成为福泽后世、受人膜拜的巾帼英雄。

明妃出塞并序

（南宋）刘子翚

李伯时画十古图，郑尚明作诗。诗辞多振绝，因为同赋。

羞貌丹青斗丽颜，为君一笑靖天山。西京自有麒麟阁，画向功臣卫霍间。

（刘子翚《明妃出塞》，据傅璇琮主编《全宋诗》卷1917，第34册，北京大学出版社1998年版）

　　编者按：宋人刘子翚认为昭君出塞其功盖世，堪与卫青、霍去病比肩，其塑像应置于麒麟阁中。这是对于昭君历史贡献的公正评价。诗中第二句"靖天山"，一作"静天山"。

昭君曲并序

（南宋）郑舜卿

　　前辈作《昭君曲》，其辞多后人追感昭君之事而怜之耳，未足以见当时马上之情而寄其隐悲也。从当时之称，当曰《昭君曲》。

　　沙平草软云连绵，臂弱不胜黄金鞭。琵琶围绕情如诉，妾心骤感君王怜。自入昭阳宫，过箭流芳年。姹娥容华貌如玉，琐窗粉黛添婵娟。妾丑已自知，羊车春草空芊芊。内中时时宣画工，分定愧死行金钱。那知咫尺间，笔端变嫭妍。玉阶铜砌呼上马，重瞳光射搔头偏。念此一顾恩，穹庐万里宁无缘。紫台房栊梦到晓，日暮忍看征鸿翩。吞声不敢哭，哭声应彻天。但得君王知妾身，应信目前皆山川。不必诛画工，此事古则然。但愿夕烽常不惊甘泉，妾身胜在君王前。寄语幕南诸将军，虎头燕颔食肉休筹边。自呼琵琶写此曲，有声无调谁能传。

（据南宋佚名编《诗家鼎脔》卷上，见《四库全书》第1362册，上海古籍出版社1987年版）

　　编者按：此诗未收入《全宋诗》，见于《诗家鼎脔》卷上。《诗家鼎脔》未著编者姓名，今学者汪俊、陈宇著文《〈诗家鼎脔〉编者考实》，认为编者为南宋末期江湖诗人戴复古，可视为江湖诗派的微型选本，实为戴复古个人好友的诗歌选集。此可备一说。郑舜卿《昭君曲》一方面揭露宫廷中是非不分的黑暗现实，另一方面歌颂了昭君为国分忧的高尚襟怀。

渭南文集（节录）

（南宋）陆游

卷二十七

跋郑虞任《昭君曲》

自张文潜下世，乐府几绝。吾友郑虞任作《昭君曲》，如"羊车春草空芊芊"及"重瞳光射搔头偏"之类，文潜殆不死也。"但愿夕烽长不惊甘泉，妾身胜在君王前。"能道昭君意中事者。淳熙甲辰三月二十三日，甫里陆某书。

（陆游《渭南文集》卷27，据《四库全书》第1163册，上海古籍出版社1987年版）

明妃曲

（南宋）陆游

汉家和亲成故事，万里风尘妾何罪？掖庭终有一人行，敢道君王弃蕉萃？双駃驾车夷乐悲，公卿谁悟和戎非！蒲桃宫中颜色惨，鸡鹿塞外行人稀。沙碛茫茫天四围，一片云生雪即飞。太古以来无寸草，借问春从何处归！

（据《剑南诗稿》卷30，见钱仲联《剑南诗稿校注》，第3册，上海古籍出版社1985年版）

编者按：陆游《明妃曲》诗中第四句"蕉萃"，同"憔悴"。第七句"蒲桃宫"，本汉代长安宫名，汉哀帝时匈奴单于来朝见汉帝时住此宫，此处借指呼韩邪单于来朝时居住的宫舍。陆游是主战派文人，曾在抗金前线目睹过金人的杀戮，故而借昭君故事抨击朝廷投降派牺牲国家利益和人民利益的自私怯懦行为。

吴船录（节录）

（南宋）范成大

卷　下

己未，泊归州。峡路州郡固皆荒凉，未有若归之甚者。满目皆茅茨，惟州宅虽有盖瓦，缘江负山，逼仄无平地。楚熊绎始封于此，筚路蓝缕，以启山林，其后始大，奄有今荆湖数千里之广。

州东五里，有清烈公祠，屈平庙也。秭归之名，俗传以屈平被放，其姊女嬃先归，故以名，殆若戏论。好事者或书作此"姊归"字。

倚郭秭归县，亦传为宋玉宅。杜子美诗云："宋玉悲秋宅。"谓此县傍有酒垆，或为题作"宋玉东家"。

属邑兴山县，王嫱生焉。今有昭君台、香溪，尚存。城南二里有明妃庙。余尝论归为州僻陋，为西蜀之最，而男子有屈、宋，女子有昭君。阀阅如此，政未易忽。

（范成大《吴船录》卷下，据《吴船录及其他三种》，商务印书馆1937年版）

　　编者按：范成大认为僻壤秀水之地出杰士，秭归乃偏僻荒凉之郡县，奇男子有屈原、宋玉，奇女子有昭君，将昭君与屈、宋并列，表达了对于做出伟大历史贡献的王昭君的崇敬之情。东晋史学家习凿齿作《襄阳耆旧传》，指宋玉为"楚之鄢人"（今湖北襄阳市宜城人），非秭归县人，宋玉宅建于秭归，应是宋玉为屈原之弟子的缘故。

明妃曲

（南宋）王阮

黄尘漠漠风卷沙，明妃马上弹琵琶。琵琶一曲思归谱，明妃泪尽边人舞。边人不道思归苦，更问汉宫余几许。古来和戎人似铁，汉家和戎人似雪。午窗一抹春山横，万里关河不须设。燕支寒帐秋复春，翠被不禁愁杀人。人生不可无黄金，无黄金兮死沉沦。明妃也莫怨青冢，死有佳名生有用。君不见秦楼当日卷衣女，——空随宿草腐。

（据王阮《义丰集》，见《四库全书》第1154册，上海古籍出版社1987年版）

编者按：王阮，字南卿，德安（今江西德安县）人。南宋孝宗隆兴元年（1163）进士，官至抚州太守。为人刚正不阿，宰相韩侂胄欲见之，不往，韩怒，使奉祠归庐山以终。其才略深为朱熹叹赏，有《义丰集》一卷。王阮在《明妃曲》里虽然深叹昭君出塞之苦，但他高度肯定了昭君和戎为国家带来了和平环境，"万里关河不须设"，其功之大、其名之佳永垂青史，"明妃也莫怨青冢，死有佳名生有用"。与周必大等诗人诗作主旨略近。

九家集注杜诗（节录）

（南宋）郭知达 集注

卷三十

咏怀古迹五首

千载琵琶作胡语，分明怨恨曲中论。薛云："《释名》：推手向前曰琵，却手向后曰琶。因以为名。"赵云："旧注：昭君适匈奴，在路愁怨，遂于马上弹琵琶，以寄其恨，至今传之，名《昭君怨》。不知何所据？此盖牵于世俗所传昭君自能弹琵琶者，若鲁交诗'一曲琵琶马上弹，恨声飞入单于国'是已。所谓《昭君怨》者，自是时人赋乐府曲，以之为名。季伦《王明君词序》曰：'王明君者，本王昭君，以触文帝讳改焉。匈奴盛，请婚于汉，元帝以后宫良家子昭君配焉。昔公主嫁乌孙，令琵琶马上作乐，以慰其道路之思。其送明君亦必尔也。其造新曲多哀怨之声，故叙之于纸云尔。'详味此序，则马上弹琵琶者，乃所送昭君之人也，岂昭君自弹邪？故唐史官吴兢作《乐府古题要解》，亦取之以为据。若于琵琶为之胡语，则琵琶本胡中之乐，胡一名胡琴也。"

（据郭知达《九家集注杜诗》卷30，《四库全书》第1068册，上海古籍出版社1987年版）

编者按：注文中的"薛云"，指薛梦符对杜诗的注释；"赵云"，指赵彦材对杜诗的注释。薛、赵二人皆为北宋文人，是注释杜甫诗的九位诗评家之一，生平不详。其中赵彦材对于琵琶与昭君出塞是否存在关联的问题作了较为详尽的解释。

宝真斋法书赞（节录）

（南宋）岳珂

卷十一

沈叡达《昭君》诗帖银硃界行纸写楷书二十四行，尾记三行

圆明师为余鼓琴，作昭君操，因感其意，辞以赠之。

王昭君，汉宫女。生如桃李花，皓皓托朝露。不向春风荣，摧折在泥土。耻将黄金市颜色，空得君王一回顾。黄门扶我上车去，遥望汉宫隔烟雾。十年帘下学画眉，不知还为蛾眉误。当时悲怨或易忘，如今羁愁那可诉。梦中时复作歌舞，满目异类谁与语。胡风日夜惊吹沙，不知春来复秋去。一生此恨终难言，独自援琴传作谱。传作谱，一曲未终泪如雨。我来都城下，黄尘厌羁旅。道人为我试一弹，使我超然为怀古。

熙宁八年五月二十七日在普净僧舍写。钱塘沈辽叡达。

谯国曹诵贯通《尝观叡达书元丰辛酉上巳日题》：楷书二行。右沈叡达《昭君》诗帖真迹一卷。《昭君》之诗出于文人才士之手，盖不可胜数，而公独托琴以吊古即古以寓情，是有足称者。曹诵本济阳王佾诸孙戚里家子，绍圣间，仕至枢密副都承旨，与公岁月仅相后先而已。知敬慕如此，则公之书名盖已久矣。帖与宝晋四诗同得之京口。

赞曰：玉微十三，维以寓声。支郎何心，写脂粉情。汉冢春青，塞霜晓白。千年之悲，表此遗墨。

（岳珂《宝真斋法书赞》卷11，据《四库全书》第813册，上海古籍出版社1987年版）

编者按：宝真斋，为南宋名将岳飞之孙岳珂的居室名。《宝真斋法书赞》按分类法著录了岳家家藏旧帖，以每帖跋语后系赞语的形

式，详细记录了家藏旧帖的来历、印识、装裱等内容。"宝真"，含有以真实、本原为宝之意。岳珂还评说了每帖的用笔、结体、精神，在宋代书论史中具有非常特殊的地位，为研究宋朝历史、宋代书画鉴藏提供了丰富史料。

文中的"沈叡达"，即沈辽，字叡达，余杭（今浙江杭州）人，《梦溪笔谈》作者沈括的同族兄弟，北宋著名文人，自幼酷爱《左传》《汉书》，曾巩、苏轼等常与之唱和，王安石曾以"风流谢安石，潇洒陶渊明"之句赞誉沈辽。"宝晋"即宝晋斋，为著名僧人米芾的斋号。"支郎"，本指三国时期高僧支谦，此代指僧人米芾。

梁溪漫志（节录）

（南宋）费衮

卷 七

明妃曲

古今人作《明妃曲》多矣，皆道其思归之意，欧阳公作两篇，语固杰出，然大概亦归于幽怨。白乐天有绝句云："汉使若回烦寄语，黄金何日赎蛾眉？君王若问妾颜色，莫道不如宫里时。"其措意颇新，然问"黄金何日赎蛾眉"则亦寓思归之意，要当言其志在为国和戎，而不以身之流落为念，则诗人之旨也。

（据费衮《梁溪漫志》卷7，金圆校点，上海古籍出版社1985年版）

王昭君辞序

（南宋）吕午

女无美恶，入宫见妒；士无贤不肖，入朝见嫉。世率以为名言。以予观：女惟美，故恶者妒之；士惟贤，故不肖者嫉之。明妃入汉宫，绝世而独立，其辈行妒之久矣。当元帝按图召幸时，诸宫人皆重贿画工为进身计，明妃以色自负，独不予，故画工恶图之，使不得见。人莫不归咎于毛延寿之徒，不知诸宫人之重赂，正所以使之恶图明妃而后己可进也。一旦为和戎，故召见间，帝始惊悔，画工皆诛死，竟亦何益？前辈谓蛾眉先妒，明妃为去国之人，信哉！

尝因是论贤者不幸与群小并立，群小不惜金珍，交结佞幸以图进。贤者方厌恶唾骂之不暇，决不肯效尤。彼又惧贤者之进，必不便于己，其交结佞幸，不特自为，并欲倾谗贤者。迨事变兴，贤者已见挤而去，见大夫无可使者，人主始追咎左右平时毁誉之失实，赫然震怒，重置之法，不几于噬脐乎？故为人上者，于贤不肖之进退，能先觉而无后悔，不至如元帝之于明妃则善矣。虽然，明妃近在掖庭，为左右所蔽，不见御，帝昏迷可知。及因事而悟，尚能奋威断以诛画工，望之、猛、房为恭、显所谮以死，而于恭、显寂不闻行画工之诛，何耶？毋乃重于色而轻于贤耶？虽悟犹不悟，有若涑水易欺难悟与终不能悟之言，是可为万世戒矣。九华陈君民瞻取明妃出处，与古今歌咏会粹成篇，且锓之梓。或疑其何必为一妇人属意如此，比携编踵门告曰："观诸公咏明妃事，言人人殊，而于世教或有益，为我下一转语，见不徒编次之意。"予谓昔之编《国风》者，于咏妇人女子诗，靡不备载，圣人不删焉，所以示劝戒也。民瞻之意，殆出于此。故为即其关于君道之大者书之。

（据程敏政《新安文献志》卷18，见《四库全书》第1375册，上海古籍出版社1987年版）

编者按：《新安文献志》之编写者为程敏政，字克勤，明代休宁篁墩（今安徽黄山）人，聪明好学，酷爱读书，自幼就有"神童"之称。新安，古郡名，即徽州及严州大部，辖今安徽黄山市、绩溪县及江西婺源县、浙江建德市、淳安县等地。《新安文献志》共100卷，分甲、乙集。甲集60卷，专收徽州本郡自汉至明乡贤所撰之诗文；乙集40卷，则兼收外郡人及徽州先贤所撰之诗文。

吕午，为南宋徽州籍进士。文中"望之"，即西汉大臣萧望之；"猛、房"，指张猛、京房，汉元帝时著名儒士；"恭、显"，即弘恭、石显，汉元帝时期著名当权宦官。吕午《王昭君辞序》将汉宫女子王昭君的不遇与萧望之等贤臣惨遭陷害联系在一起，通过对汉元帝昏聩无能的抨击，表达了对于黑暗政治的强烈不满之情。所谓"涑水易欺难悟与终不能悟之言"，指司马光在《资治通鉴》中对于汉元帝的批评语。汉元帝常被权臣石显等欺蒙而始终不醒悟。司马光为山西夏县涑水乡人，世称涑水先生。

王荆公诗注（节录）

（南宋）李壁

卷 六

明妃曲其二

汉恩自浅胡自深，人生乐在相知心。可怜青冢已芜没，尚有哀弦留至今。

昭君死，单于葬之胡中，地多白草，而此冢独青。范冲对高宗尝云："臣尝于言语文字之间得安石之心，然不敢与人言。且如诗人多作《明妃曲》，以失身单于为无穷之恨，读之者至于悲怆感伤。安石为《明妃曲》，则曰：'汉恩自浅胡自深，人生乐在相知心。'然则刘豫不是罪过，汉恩浅而虏恩深也。今之背君父之恩，投拜而为盗贼者，皆合于安石之意。此所谓坏天下人心术。孟子曰：'无父无君，是禽兽也。'以单于有恩而遂忘君父，非禽兽而何？"公语意固非，然诗人务一时为新奇，求出前所未道，而不知其言之失也。然范公傅致亦深矣！

（李壁《王荆公诗注》卷6，据《四库全书》第1106册，上海古籍出版社1987年版）

编者按：从李壁的注释中可以看到两点信息：一是自王安石《明妃曲》诞生以来，在朝野上下产生了深刻的影响，以至君臣之间常常谈论此诗；二是王安石受到了封建正统势力的围剿，范冲的"禽兽"论无疑是极为恶毒的上纲上线，也是对于诗歌艺术迂腐可笑的理解。尽管李壁批评范冲罗织太过，但也以为王安石之言"固非"，是诗人追求新奇之失，显露了习以为常的传统观念。

野客丛书（节录）

（南宋）王楙

卷　八

明妃事

明妃事，《前汉·匈奴传》所载甚略，但曰"竟宁元年，单于入朝，愿婿汉氏，元帝以后宫良家子王嫱字昭君赐单于，单于欢喜"，如此而已。而《西京杂记》甚详，曰："元帝后宫既多，不得常见，乃使画工图形，按图召幸之，皆赂画工，多者十万，少者亦不减五万。独王嫱不肯，遂不得见。后匈奴入朝求美人为阏氏，于是上按图以昭君行。及去召见，貌为后宫第一，善应对，举止闲雅。帝悔之，而名籍已定，帝重失信于外国，故不复更人。乃穷竟其事，画工毛延寿等皆弃市。"《后汉·匈奴传》载此与记小异，曰："初，元帝时以良家子选入掖庭，时呼韩邪来朝，帝敕以宫女五人赐之。昭君入宫数岁，不得见御，积悲怨，乃请掖庭令求行。呼韩邪临辞大会，帝召见五女示之。昭君丰容靓饰，光明汉宫，顾影裴回，竦动左右。帝见大惊，意欲留之，而难于失信。"如《杂记》所说，则是昭君因不赂画工之故，致元帝误选己而行；如《后汉》所说，则是昭君因久不得见御，故发愤自请而行。二说既不同，而《后汉》且不闻毛延寿之说。《乐府解题》所说，近《西京杂记》；《琴操》所说，近《后汉·匈奴传》，然其间又自有不同。《琴操》谓单于遣使朝贺，帝宴之，尽召后宫，问谁能行者，昭君盛饰请行。如《琴操》所言，则单于使者来朝，非单于来朝也；昭君在帝前自请行，非因掖庭令请行也。其相戾如此。此事《前汉》既略，当以《后汉》为正，其他纷纷，不足深据。

卷　十

明妃琵琶事

傅玄《琵琶赋序》曰："故老言，汉送乌孙公主嫁昆弥，念其行道思慕，使知音者于马上奏之。"石崇《明君词》亦曰："匈奴请婚于汉，元帝以后宫良家子明君配焉。昔公主嫁乌孙，令琵琶马上作乐，以慰其道路之思，其送明君亦必尔也。"则知弹琵琶者，乃从行之人，非行者自弹也。今人画《明妃出塞图》，作马上愁容，自弹琵琶；而赋词者，又述其自鼓琵琶之意，失矣。鲁直《竹枝词》注引傅玄序，以谓马上奏琵琶乃乌孙公主事，以为明妃用，盖承前人误。仆谓黄注是不考石崇《明君词》故耳。

（据王楙《野客丛书》卷8、卷10，郑明、王义耀校点，上海古籍出版社1991年版）

编者按：王楙认为历代文献载录王昭君事迹相互矛盾，当以《后汉书》记载为基本依据。其实，《后汉书》杂糅了不少坊间传闻，其历史真实性北宋韩驹等学者早有辨析。文中所谓"黄注"即指黄鲁直《竹枝词》的注释。黄庭坚，字鲁直，号山谷道人，宋代江西诗派领袖。

鹤林玉露（节录）

（南宋）罗大经

乙编卷之二

去妇词

古今赋昭君词多矣，唯白乐天云："汉使却回凭寄语，黄金何日赎蛾眉？君王若问妾颜色，莫道不如宫里时。"前辈以为高出众作之上，亦谓其有恋恋不忘君之意也。欧阳公《明妃词》自以为胜太白，而实不及乐天。至于荆公云："汉恩自浅胡自深，人生乐在相知心。"则悖理伤道甚矣。杜子美儒冠忍饿，垂翅青冥，残杯冷炙，酸辛万状，不得已而去秦，然其诗曰："尚怜终南山，回首清渭滨。"恋君之意，蔼然溢于言外。其为千载诗人之冠冕，良有以也。

乙编卷之四

荆公议论

荆公诗云："谋臣本自系安危，贱妾何能作祸基。但愿君王诛宰嚭，不愁宫里有西施。"夫妲己者，飞廉、恶来之所寄也；褒姒者，聚子、膳夫之所寄也；太真者，林甫、国忠之所寄也。女宠蛊君心，而后憸壬阶之以进，依之以安。大臣格君之事，必以远声色为第一义。而谓"不愁宫里有西施"何哉？范蠡霸越之后，脱屣富贵，扁舟五湖，可谓一尘不染矣。然犹挟西施以行，蠡非悦其色也，盖惧其复以蛊吴者而蛊越，则越不可保矣。于是挟之以行，以绝越之祸基，是蠡虽去越，未尝忘越也。曾谓荆公之见而不及蠡乎！惟管仲之告齐桓公，以竖刁、易牙、开方为不可用，而谓声色为不害霸，与荆公之论略同。其论商鞅曰："今人未可非商鞅，商鞅能令政必行。"夫二帝三王之政，何尝不行，奚独有取于鞅哉？东坡曰："商鞅、韩非之刑，非舜之刑，而所以用刑者，则舜之术也。"此说犹回护，不如荆公之直截无忌惮。其咏昭君曰："汉恩自浅胡自深，人生乐在相知心。"推此言也，苟心不相知，臣可以叛其君，妻可以弃其夫乎？其视白乐天"黄金何日赎蛾眉"之句，真天渊悬绝也。

（据罗大经《鹤林玉露》乙编卷2、卷4，王瑞来点校，中华书局1983年版）

编者按：罗大经评价王安石《明妃曲》，亦从封建忠君思想和大汉族主义的角度予以否定，显然与范冲的论调如出一辙，只是语气较为温和。罗大经还认为唐人白乐天"汉使却回凭寄语，黄金何日赎蛾眉"之句远胜于王安石"汉恩自浅胡自深，人生乐在相知心"之句的思想境界，殊不知王安石《明妃曲》正源于白乐天"自是君恩薄如纸"之诗意。

竹庄诗话（节录）

（南宋）何汶

卷十七

邢居实《明妃引》《呻吟集》，公八岁作

《韵语阳秋》云："邢惇夫十四岁作《明君引》，谓：'上天仙人骨法别，人间画工画不得。'亦有思致。"《王直方诗话》云："惇夫年少豪迈，所与游皆一时名士，方十四岁时尝作《明妃引》，末云：'安得壮士霍嫖姚，缚取呼韩作编户。'诸公多称之。"

汉宫有女颜如玉，浅画蛾眉远山绿。披香殿里夜吹笙，未央宫中朝理曲。绛纱蒙笼双蜡烛，箫鼓声传春漏促。玉辇三更别院归，夜深月照黄金屋。莓苔满院无行迹，总为君王未相识。上天仙人骨法别，人间画工画不得。嫣然一笑金舆侧，玉貌三千敛颜色。罗帏绣户掩风香，一朝远嫁单于国。金凤罗衣为谁缕，长袖弓弯不堪舞。一别昭阳旧院花，泪洒胭脂作红雨。回头不见云间阙，黄河半渡新冰骨。马蹄已踏辽碣尘，天边尚挂长门月。黄沙不似长安道，薄暮微云映衰草。羌人马上鸣胡笳，绿发朱颜为君老。西风萧萧郅水寒，啼痕不断几阑干。年年看尽南飞雁，一去天涯竟不还。少年将军健如虎，日夕撞钟挝大鼓。宝刀生涩旌旗卷，汉宫嫁尽婵娟女。寂寞边城日将暮，三尺角弓调白羽。安得猛士霍嫖姚，缚取呼韩作编户。

卷二十

王叡《解昭君怨》

《诗事》云："炙毂子王叡作《解昭君怨》，殊有思，能道人好处。"

莫怨工人丑画身，莫嫌明主遣和亲。当时若不嫁胡虏，只是宫中一舞人。

（据何汶《竹庄诗话》卷17、卷20，常振国、绛云点校，中华书局1984年版）

编者按：邢居实号称"神童"，其作《明妃引》的年龄有"八岁"

和"十四岁"两种说法,一般取"十四岁"之说。《诗事》不题撰者,大约作于北宋,至迟作于南宋初年。原书久佚,亦罕见诸家著录,惟何汶《竹庄诗话》录存十余条。

诗人玉屑（节录）

（南宋）魏庆之

卷之十六　白香山

昭君词

古今人作《昭君词》多矣,余独爱白乐天一绝云:"汉使却回凭寄语,黄金何日赎蛾眉?君王若问妾颜色,莫道不如宫里时。"盖其意优游而不迫切故也。然乐天赋此时年甚少。《王直方诗话》。

卷之十九　中兴诸贤

徐思叔

《明妃曲》,古今作者多矣,近时徐思叔得之。所赋一篇,亦为时人脍炙。其词云:"妾生岂愿为胡妇,失信宁当累明主。已伤画史忍欺君,莫忍君王更欺虏。琵琶却解将心语,一曲才终恨何所。朦胧胡雾染宫花,泪眼横波时自雨。专房更倚黄金赂,多少专房弃如土。宁从别去得深嚬,一步思君一回顾。胡山不隔思归路,只把琵琶写辛苦。君不见有言不食古高辛,生女无嫌嫁盘瓠。"高辛事出《后汉书》。《余话》。

（据魏庆之《诗人玉屑》卷16、卷19,下册,上海古籍出版社1959年版）

偶记赋王昭君漫录之因览诗话中赋昭君者,命意多溺于情,遂出此作

（南宋）郑清之

伐国曾闻用女戎,忍留妖丽汉宫中。如知褒姒贻周患,须信巫臣为楚忠。青冢不遗芳草恨,白沟那得战尘空。解移尤物柔强虏,延寿当年合议功。

（据郑清之《安晚堂集》卷6,见《四库全书》第1176册,上海古籍出版社1987年版）

编者按：郑清之，字德源，别号安晚，鄞县（今浙江宁波）人。南宋大臣，官至右丞相。其诗句"解移尤物柔强虏，延寿当年合议功"，实与唐人程晏《设为毛延寿自解语》所谓"迁乱"同调。将昭君视为"尤物"，显然摆脱不了美色祸水论的局限。

后村诗话（节录）
（南宋）刘克庄

前集卷二

安晚丞相《昭君》诗云："解移尤物柔强国，延寿当年合议功。"意新而理长。

（据刘克庄《后村诗话》前集卷2，王秀梅点校，中华书局1983年版）

后集卷一

曾子固《明妃曲》云："丹青有迹尚如此，何况无形论是非。"诸家之所未发。《哭尹师鲁》云："悲公尚至千载后，况复悲者同其时。"意甚高。《挽丁元珍》云："鹏来悲四月，鹤去遂千年。"尤精切。《北归》绝句云："江海多年似转蓬，白头归拜未央宫。堵墙学士争相问，何处尘埃瘦老翁。"极似半山。谁谓子固不能诗耶！……

梁邵陵王《代旧姬》云："怨黛舒还敛，啼妆拭更垂。"武陵王《夜梦》云："昨夜梦君归，贱妾下鸣机。悬知君意薄，不着去时衣。"施荣泰《咏昭君》云："唧唧抚心叹，蛾眉误杀人。"姚翻《梦故人》云："觉罢方知恨，人心定不同。谁能对角枕，长夜一边空。"虽南朝人语，骎骎入晚唐矣。

（据刘克庄《后村诗话》后集卷1，王秀梅点校，中华书局1983年版）

续集卷一

《咏王昭君》云："忽见天山雪，还疑上苑春。"张文琮。"汉月正南远，燕山直北寒。"董思恭。"厌践冰雪域，嗟为边塞人。思从漠南猎，一见汉家尘。"又云："自嫁单于国，长衔汉掖悲。容颜日憔悴，有甚画图时。"郭元振。三首，内一首已入《诗选》。香山云："愁苦辛勤憔悴尽，而今却似画图中"之句本此。"一双泪滴黄河水，应得东流入汉家。"王偲。

（据刘克庄《后村诗话》续集卷1，王秀梅点校，中华书局1983年版）

新集卷一

《负薪行》言夔州俗，坐男而立女，有四十、五十无夫家者。末云："若道巫山女粗丑，何得此有昭君村。"《最能行》云："峡中丈夫绝轻死，少在公门多在水。小儿学问止论语，大儿结束随商旅。此乡之人气量窄，误竞南风疏北客。若道土无英俊才，何得山有屈原宅。"始言夔、峡二邦之陋，末以昭君、屈原勉励其土俗。公诗篇篇忠厚如此！

（据刘克庄《后村诗话》新集卷1，王秀梅点校，中华书局1983年版）

编者按：《后村诗话》是南宋诗人刘克庄创作的一部诗话体笔记，有前集二卷，后集二卷，续集四卷，新集六卷。刘克庄评论了若干以昭君故事为题材的诗歌作品，言简意赅。

王昭君

（南宋）盛世忠

汉使南归绝信音，毡庭青草始知春。蛾眉却解安邦国，羞杀麒麟阁上人。

（据陈起《江湖后集》卷14，见《四库全书》第1357册，上海古籍出版社
1987年版）

昭君行并序

（南宋）黄文雷

自石季伦始赋《昭君曲》，以后作者浸多，不容措手。每恨沿袭之误，作汉初和亲意著咏，非也。又按：竟宁元年，呼韩邪既婿汉氏，其年五月宫车晏驾矣，因并捄（《名贤集》作"正"）之，不惟祛词人之失，亦以解昭君于地下云。

君不见未央前殿罗九宾，汉皇南面呼韩臣。无人作歌继大雅，至今遗恨悲昭君。丙殿春闲斗冯傅，掖庭新花隔烟雾。嫖姚枉夺燕支山，玉颜竟上毡车去。人生流落那得知，不应画史嫌蛾眉。痴心惟恐琵琶语，归梦空随鸿雁飞。穹庐随分薄梳洗，世间祸福还相倚。上流厌人能几时，后来燕啄皇孙死。野狐落中高台倾，宫人斜边曲池平。千秋万岁总如此，谁似青冢年年青！

（黄文雷《昭君行》，据《全宋诗》卷3448，第65册，北京大学出版社1998年版）

　　编者按：石崇《王明君辞》将昭君出塞视为汉朝耻辱，后人多沿袭此说。黄文雷在《昭君行并序》里颇不以为然，诗作歌颂了汉朝的文治武功。这是黄文雷正确认识历史的表现，但可惜他依然认为昭君出塞是一场悲剧。

对床夜语（节录）

（南宋）范晞文

卷　　一

石季伦《王昭君诗序》云："匈奴请婚于汉，元帝以后宫良家子昭君配焉。昔公主嫁乌孙，令琵琶马上作乐，以慰其道路之思，其送昭君亦必尔也。"熟参此序，乃知昭君出嫁之时，未必以琵琶寄情，特后人想象而赋之耳。

卷　　五

刘长卿《王昭君歌》云："自矜娇艳色，不顾丹青人。那知粉绘能相负，却使容华翻误身。上马辞君嫁骄虏，玉颜对君啼不语。北风雁急浮云秋，万里独见黄河流。纤腰不复汉宫宠，双蛾长向胡天愁。琵琶弦中苦调多，萧萧羌笛声相和。谁怜一曲传乐府，能使千秋伤绮罗。"《铜雀台》尾句云："春风不逐君王去，草色年年旧宫路。宫中歌舞已浮云，空指行人往来处。"皆反复包蓄，得古风体。他如："朔风萧萧动枯草，旌旗猎猎榆关道。汉月何曾照客愁，胡笳只解催人老。"又："横笛能令孤客愁，绿波澹澹如不流。商声寥亮羽声苦，江天寂历江枫秋。"如此等作，尤不可以五言掩其美。

（据范晞文《对床夜语》卷1、卷5，中华书局1985年版）

文献通考（节录）

（南宋）马端临

卷二百三十六

文与可《丹渊集》四十卷

容斋洪氏《随笔》曰："今人但能知文与可之竹石，惟东坡公称其诗骚，又表出'美人却扇坐，羞落庭下花'之句。予尝恨不见其全。比得蜀本石室先生《丹渊集》，盖其遗文也。于乐府杂咏有《秦王卷衣篇》曰：'咸阳秦王家，宫阙明晓霞。丹文映碧镂，光彩相钩加。铜螭逐银猊，压屋惊蟠挐。洞户锁日月，其中光景赊。春风动珠箔，鸾额金窠斜。美人却扇坐，羞落庭下花。闲弄玉指环，轻冰抱红牙。君王顾之笑，为驻七宝车。自卷金缕衣，龙鸾蔚纷葩。持以赠所爱，结欢其无涯。'其语意深入骚人阃域。又有《王昭君三绝句》云：'绝艳生殊域，芳年入内庭。谁知金屋宠，只是信丹青。''几岁后宫尘，今朝绝国春。君王重恩信，不欲遣他人。''极目胡尘满，伤心汉月圆。一生埋没恨，长入四条弦。'令人读之，飘飘然感慨无已也。"

（据马端临《文献通考》卷236，下册，中华书局1986年版）

宾退录（节录）

（南宋）赵与峕

卷　　二

范冲尝对高宗云："诗人多作《明妃曲》，以失身胡虏为无穷之恨。独王安石曰：'汉恩自浅胡自深，人生乐在相知心。'然则，刘豫之僭非其罪，汉恩浅而虏恩深也。今之背君父之恩，投拜而为盗贼者，皆合于安石之意，此所谓坏天下人心者也。"临江徐思叔，得之。亦尝病荆公此语，谓卫律、李陵之风，乃反其意而为之，遂得诗名于时。其词云："妾生岂愿为胡妇，失信宁当累明主。已伤画史忍欺君，莫使君王更欺虏。琵琶却解将心语，一曲才终恨何数。

217

朦胧胡雾染宫花，泪眼横波时自雨。专房莫倚黄金赂，多少专房弃如土。宁从别去得深嚬，一步思君一回顾。胡山不隔思归路，只把琵琶写辛苦。君不见有言不食古高辛，生女无嫌嫁盘瓠。"

（赵与峕《宾退录》卷2，据《四库全书》第853册，上海古籍出版社1987年版）

浩然斋雅谈（节录）

（南宋）周密

卷　　中

黄文雷，字希声，永嘉人。希声有《看云》诗，不行于世；其赋《昭君行》特为一时名公所称道。其辞云："君不见未央前殿罗九宾，汉皇南面呼韩臣。无人作歌继大雅，至今遗恨悲昭君。丙殿春闲斗冯傅，掖庭新花隔烟雾。嫖姚枉夺燕支山，玉颜竟上毡车去。人生流落那得知，不应画史嫌蛾眉。痴心又共琵琶语，归梦岂随鸿雁飞。穹庐随分薄梳洗，世间祸福还相倚。上流厌人知奈何，后来燕啄皇孙死。野狐落中高台倾，宫人斜边曲池平。千秋万岁只如此，谁似青冢年年青。"按：竟宁元年，呼韩邪既婿汉氏，其年五月宫车晏驾，故云。……

吕紫微《明妃曲》："人生在相合，不论胡与秦。但取眼前好，莫言长苦辛。君看轻薄儿，何殊胡地人。"其意固佳，然不脱王半山"人生失意无南北"之窠臼也。

（据周密《浩然斋雅谈》卷中，《四库全书》第1481册，上海古籍出版社
1987年版）

编者按：从周密《浩然斋雅谈》等笔记记述看，黄文雷《昭君行》诗在当时颇受称道。周密所录黄诗与《全宋诗》本在文句上略有差异。吕紫薇，即吕本中，字居仁，号紫薇，原籍山东东莱，世称东莱先生，江西诗派重要诗人，著有《紫薇诗话》《紫薇词》等。

诗林广记（节录）

（南宋）蔡正孙

前集卷九

杜荀鹤《宫人斜》

草树愁烟似不春，晚莺哀怨问行人。须知一种埋香骨，犹胜昭君作虏尘。

愚谓：宫人斜，乃后宫嫔嫱所葬之丛冢也。此诗超出意外，用昭君事，有狐死正丘首之义。而昭君之死，亦可谓不得其正者，可怜也！

前集卷十

白乐天《昭君词》

汉使却回凭寄语，黄金何日赎蛾眉？君王若问妾颜色，莫道不如宫里时。

《王直方诗话》云："古今人作《昭君词》多矣，余独爱白乐天一绝，盖其意优游不迫切故也。乐天赋此诗时，年甚少。"

谢叠山云："此诗从《汉武帝李夫人传》变化来：夫人病笃，上临候之，夫人谢不可见，愿以兄弟为托。姊妹让之，夫人曰：'我以容貌得幸，今见我毁坏，必畏恶弃我，尚肯追思闵录其兄弟哉？'"

（据蔡正孙《诗林广记》前集卷9、卷10，常振国、绛云点校，中华书局1982年版）

后集卷一

明妃曲和王介甫作

其一：胡人以鞍马为家，射猎为俗。泉甘草美无常处，鸟惊兽骇争驰逐。谁将汉女嫁胡儿，风沙无情貌如玉。身行不遇中国人，马上自作思归曲。推手为琵却手琶，胡人共听亦咨嗟。玉颜流落死天涯，琵琶却传来汉家。汉宫争按新声谱，遗恨已深声更苦。纤纤女手生洞房，学得琵琶不下堂。不识黄云出塞路，岂知此声能断肠！

其二：汉宫有佳人，天子初未识。一朝随汉使，远嫁单于国。绝色天下无，一失难再得。虽能杀画工，于事竟何益！耳目所及尚如此，万里安能制夷狄？汉计诚已拙，女色难自夸。明妃去时泪，洒向枝上花。狂风日暮起，飘泊落谁家。红颜胜人多薄命，莫怨东风当自嗟。

《石林诗话》云："前辈诗文，各有平日得意处，不过数篇，然他人未必能尽知也。毗陵正素处士张子厚善书，余尝于其家见欧阳公子棐以乌丝栏绢一轴，求子厚书文忠公《明妃曲》两篇，《庐山高》一篇。略云：'先公生平未尝矜大所为文，一日被酒，语棐曰："吾诗《庐山高》，今人莫能为，惟李太白能之。《明妃曲》后篇，太白不能为，惟杜子美能之。至于前篇，则子美亦不能为，惟吾能之也。"因欲别录此三篇藏之，以志公意。'余在汝阴见棐，问之，亦然。今阅公诗者，盖未尝独异此三篇也。"

胡苕溪云："《石林诗话》云：'欧公一日被酒，语其子棐曰："吾诗《庐山高》，今人莫能为，惟太白能之。《明妃曲》后篇，太白不能为，惟杜子美能之。至于前篇，则子美亦不能为，惟吾能之也。"'近观《本朝名臣传》乃云："欧阳其为诗，谓人曰：'《庐山高》，惟韩愈可及；《琵琶前引》，韩愈不可，杜甫可及；《后引》，李白可及，杜甫不可及。'其自负如此，则与《石林》所纪全不同。《琵琶引》即《明妃曲》也。"

钱晋斋云："欧阳公《明妃后曲》，其间言近而宫廷闻见且有所不及，况远而万里之夷狄乎？此语切中膏肓。末言非元帝之不知幸于昭君，乃昭君之命薄，而不见幸于元帝也。信哉！"

附　王介甫《明妃曲》：

其一：明妃初出汉宫时，泪湿春风鬓脚垂。低回顾影无颜色，尚得君王不自持。归来却怪丹青手，入眼平生未曾有。意态由来画不成，当时枉杀毛延寿。一去心知更不归，可怜着尽汉宫衣。寄声欲问塞南事，只有年年鸿雁飞。家人万里传消息，好在毡城莫相忆。君不见咫尺长门闭阿娇，人生失意无南北。

黄山谷云："往岁尝与王深父语此诗，以为词意深尽。深父曰：'不然，孔子曰：夷狄之有君，不如诸夏之亡也。人生失意无南北，此语非是。'深父斯言，可谓忠孝之心矣！"

其二：明妃出嫁与胡儿，毡车百两皆胡姬。含情欲语独无处，传与琵琶心自知。黄金捍拨春风手，弹看飞鸿劝胡酒。汉宫侍女暗垂泪，沙上行人却回首。汉恩自浅胡自深，人生乐在相知心。可怜青冢已芜没，尚有哀弦留至今。

胡苕溪云："余观介甫《明妃曲》二首，辞格超逸，诚不下永叔，不可遗也，因附益之。"

（据蔡正孙《诗林广记》后集卷1，常振国、绛云点校，中华书局1982年版）

编者按：胡苕溪，即胡仔，著有《苕溪渔隐丛话》。钱晋斋，宋代文士，生平不详。黄山谷，即黄庭坚。王深父，即王回，字深甫，是王安石挚友，王安石曾称赞他为"有道君子"。

词源（节录）

（南宋）张炎

意　趣

词以意为主，不要蹈袭前人语意。如东坡中秋《水调歌》云："明月几时有，把酒问青天。不知天上宫阙，今夕是何年。我欲乘风归去，又恐琼楼玉宇，高处不胜寒。起舞弄清影，何似在人间。转珠帘，开绣户，照无眠。不应有恨，何事长向别时圆。人有悲欢离合，月有阴晴圆缺，此事古难全。但愿人长久，千里共婵娟。"……姜白石《暗香》赋梅云："旧时月色，算几番照我，梅边吹笛。唤起玉人，不管清寒与攀摘。何逊而今渐老，都忘却春风词笔。但怪得竹外疏花，香冷入瑶席。江国正寂寂，叹寄与路遥，夜雪初积。翠尊易泣，红萼无言耿相忆。长记曾携手处，千树压西湖寒碧。又片片吹尽也，几时见得。"《疏影》云："苔枝缀玉，有翠禽小小，枝上同宿。客里相逢，篱角黄昏，无言自倚修竹。昭君不惯胡沙远，但暗忆江南江北。想佩环月下归来，化作此花幽独。　犹记深宫旧事，那人正睡里，飞近蛾绿。莫似春风，不管盈盈，早与安排金屋。还教一片随波去，又却怨玉龙哀曲。等恁时再觅幽香，已入小窗横幅。"此数词皆清空中有意趣，无笔力者未易到。

用　事

词用事最难，要体认着题，融化不涩。如东坡《永遇乐》云："燕子楼空，佳人何在，空锁楼中燕。"用张建封事。白石《疏影》云："犹记深宫旧事，那人正睡里，飞近蛾绿。"用寿阳事。又云："昭君不惯胡沙远，但暗忆江南江北。想佩环月下归来，化作此花幽独。"用少陵诗。此皆用事不为事所使。

（据张炎《词源》卷下，夏承焘校注，人民文学出版社1981年版）

　　编者按：张炎说姜白石《疏影》中"昭君不惯胡沙远，但暗忆江南江北。想佩环月下归来，化作此花幽独"几句是"用少陵诗"，即指杜甫所作《咏怀古迹五首》其三，诗中有"环佩空归夜月魂"之句。

三、金元

青　冢

（金）王元节

环佩魂归青冢月，琵琶声断黑山秋。汉家多少征西将，泉下相逢也合羞。
（王元节《青冢》，据薛瑞兆、郭明志编《全金诗》卷37，第1册，南开大
学出版社1995年版）

昭君出塞图

（元）赵秉文

无情汉月解随人，羞向天涯照妾身。闻道将军侯万户，已将功业上麒麟。
（赵秉文《昭君出塞图》，据薛瑞兆、郭明志编《全金诗》卷73，第2册，
南开大学出版社1995年版）

唐诗鼓吹（节录）

（金）元好问 编　（元）郝天挺 注

卷　五

下第书呈友人（罗邺）

　　清世谁能便陆沉，《庄子·则阳篇》："孔子之楚，舍于蚁丘之浆。其邻有夫妻臣妾
登极者，仲尼曰：'是陆沉者也。'"注：陆沉，隐者，沉不在水而在陆。极，屋极也。相
逢休作忆山吟。唐灵彻诗云："相逢尽道休官去，林下何曾见一人。"若交仙桂在平地，
更有何人肯苦心。去国汉妃还似玉，汉王嫱，字昭君，在元帝宫中，宫人多，不得常
见，乃使画工图其形，宫人多赂画工，昭君自恃其貌，不与。及匈奴入朝，选宫人配之，
昭君以图当行，入辞，光彩射人，竦动左右。亡家石氏岂无金。石崇之富不赀，为赵王
伦所诛。王嫱之貌，季伦之富，可以保其宠，享其安，然竟不免去国亡家者，何也？时有

命也。诗意喻才虽高而下第者，亦有分也。且安怀抱莫惆怅，瑶瑟调高樽酒深。樽，一作深。当以远大自期。

（《唐诗鼓吹》卷5，据《四库全书》第1365册，上海古籍出版社1987年版）

王昭君

（元）徐钧

画工虽巧岂敢凭，妍丑何如一见真。自是君王先错计，爱将耳目寄他人。

（据胡凤丹《青冢志》卷4，见《笔记小说大观·五编》，第10册，台湾新兴书局1960年版）

归潜志（节录）

（元）刘祁

卷　　四

王元节，字子元，弘州人，余高祖南山翁婿也。家世贵显，才高，以诗酒自豪，擢第，得官辄归，不乐仕宦。与余从曾祖西岩子多唱酬。其《明妃》诗云："环佩魂归青冢月，琵琶声断黑河秋。汉家多少征边将，泉下相逢也自羞。"甚为人所传。

刘仲尹，字致君，号龙山，辽阳人，李钦叔外祖也。少擢第，终昭义军节度副使。案：《中州集》传，以潞州节度副使召为都水监丞卒，与此志所云终节度副使异。能诗，学江西诸公。其《墨梅》诗云："高髻长眉满汉宫，君王图上按春风。龙沙万里王家女，不著黄金买画工。"为人所传。

（据刘祁《归潜志》卷4，崔文印点校，中华书局1983年版）

编者按：《归潜志》是一部包容大量金代资料的笔记，归潜为刘祁居室名，因名其书。《四库全书》将其归属于"子部小说家类"。但四库本《归潜志》颇多错字，如"王元节"作"王元朗"，"黑河秋"作"黑江秩"，"李钦叔"作"李钦祖"，"昭义军"作"管义军"，"君王图上"作"君王图玉"等。兹依据明抄本何煌校注及其他文献予以更正。

敬斋古今黈（节录）

（元）李冶

逸文二

诸乐有拍，惟琴无拍，只有节奏。节奏虽似拍，而非拍也。前贤论今琴曲已是郑卫。若又作拍，则淫哇之声，有甚于郑卫者矣。故琴家谓迟亦不妨，疾亦不妨，所最忌者惟其作拍。而《能改斋漫录》论胡笳十八拍，引谢希逸《琴论》云："平调《明君》三十六拍，胡笳《明君》二十八拍，清调《明君》十三拍，间弦《明君》九拍，蜀调《明君》十二拍，吴调《明君》十四拍，杜琼《明君》二十一拍。"七曲皆言拍，果是希逸语否？在《琴操》其实不当言拍，止可言几奏也。今《琴谱》载大小胡笳十八拍，或十九拍者，乃后世琴工相传云尔。

（据李冶《敬斋古今黈》，刘德权点校，中华书局1995年版）

汉宫秋（节录）

（元）马致远

第二折

【牧羊关】兴废从来有，干戈不肯休。可不食君禄命悬君口。太平时，卖你宰相功劳；有事处把俺佳人递流。你们干请了皇家俸，着甚的分破帝王忧？那壁厢锁树的怕弯着手，这壁厢攀栏的怕攧破了头。

（尚书云）他外国说陛下宠昵王嫱，朝纲尽废，坏了国家。若不与他，兴兵吊伐。臣想纣王只为宠妲己，国破身亡，是其鉴也。（驾唱）

【贺新郎】俺又不曾彻青霄高盖起摘星楼，不说他伊尹扶汤，则说那武王伐纣。有一朝身到黄泉后，若和他留侯、留侯斯遘，你可也羞那不羞？你卧重裀食列鼎，乘肥马衣轻裘。你须见舞春风嫩柳宫腰瘦，怎下的教他环佩影摇青冢月，琵琶声断黑江秋？

（尚书云）陛下，咱这里兵甲不利，又无猛将与他相持，倘或疏失，如之奈何？望陛下割恩与他，以救一国生灵之命。（驾唱）

【斗虾蟆】当日个谁展英雄手，能枭项羽头，把江山属俺炎刘？全亏韩元帅九里山前战斗，十大功劳成就。您也丹墀里头，枉被金章紫绶；您也朱门里头，都宠着歌衫舞袖。恐怕边关透漏，殃及家人奔骤。似箭穿着雁口，没个人敢咳嗽。吾当僝僽，他也他也红妆年幼，无人搭救。昭君共你每有甚么杀父母冤仇？休休，少不的满朝中都做了毛延寿！我呵，空掌着文武三千队，中原四百州，只待要割鸿沟。陡恁的千军易得，一将难求。

（常侍云）见今番使朝外等宣。（驾云）罢罢罢！教番使临朝来。（番使入见科，云）呼韩耶单于差臣南来，奏大汉皇帝：北国与南朝自来结亲和好，曾两次差人求公主不与。今有毛延寿将一美人图，献与俺单于。特差臣来，单索昭君为阏氏，以息两国刀兵。陛下若不从，俺有百万雄兵，刻日南侵，以决胜负，伏望圣鉴不错。（驾云）且教使臣馆驿中安歇去。（番使下）（驾云）您众文武商量，有策献来可退番兵，免教昭君和番。大抵是欺娘娘软善，若当时吕后在日，一言之出，谁敢违拗！若如此，久以后也不用文武，只凭佳人平定天下便了！（唱）

【哭皇天】你有甚事疾忙奏，俺无那鼎镬边滚热油。我道您文臣安社稷，武将定戈矛。您只会文武班头，山呼万岁，舞蹈扬尘，道那声诚惶顿首。

（马致远《汉宫秋》，据王季思主编《全元戏曲》第2卷，人民文学出版社1990年版）

编者按：金元之际的文人，无论是王元节、赵秉文等诗人创作的诗歌，还是马致远等剧作家编写的剧本，其批判主题是十分突出的。在歌颂王昭君爱国情怀的同时，无不抨击腐败的政治，讽刺自私无能的文武百官，从而使正反形象形成了鲜明的对照，充分反映了易代之际进步文人反思历史、批判现实的时代思潮。

瀛奎律髓（节录）

（元）方回

卷之三 怀古类

过昭君故宅（崔涂）

以色静胡尘，名还异众嫔。免劳征战力，无愧绮罗身。骨竟埋青冢，魂应怨画人。不堪逢旧宅，寥落对江滨。

只第一句已感慨。"青冢"之句，本非奇异，第六句一唤醒，并第五句亦精神，"魂应怨画人"，妙甚！妙甚！

（据方回《瀛奎律髓》卷3，上海古籍出版社1993年版）

昭君词并序

（元）赵文

《琴操》载：昭君，齐王穰女，端正闲丽。穰献于元帝，帝不幸。积五六年，每游后宫，常怨不出。后单于遣使朝帝，宴之，召后宫，昭君盛饰至。帝问："欲以一女使单于，能者往。"昭君越席愿往。时单于使在旁，帝惊恨不及。昭君至，单于大悦，以汉厚我，报汉珍宝。昭君恨帝不见遇，作怨歌。单于死，子世达立。昭君谓之曰："为胡者，妻母；汉者，更娶。"世达曰："欲作胡。"昭君乃服药死。

荆公云："汉恩自浅胡自深，人生乐在相知心。"盖用《琴操》本意，而读者往往不察。

蜀江洗妍姿，万里献君王。君王不我幸，弃置何怨伤？君王要宁胡，借问谁能行。女伴各惧怯，畏此道路长。慨然欲自往，讵忍别恩光。倘于国有益，尚胜死空房。行行涉沙漠，风霜落红妆。得为胡阏氏，揣分已过当。单于感汉恩，边境得安康。一朝所夭死，掩泣涕沾裳。胡俗或妻母，何异豺与狼。仰天自引决，爱此夫妇纲。大忠与大义，二者俱堂堂。可怜千古无人说，只道琵琶能断肠。

（据赵文《青山集》卷7，见《四库全书》第1195册，上海古籍出版社

1987年版）

编者按：赵文《昭君词》表现了歧视"四夷"文化习俗的偏见，但同时也赞扬了王昭君不怕艰难困苦的牺牲精神，也肯定了昭君出塞给国家带来的和平福音，是大忠大义的英雄行为。

王昭君出塞图二首

（元）王恽

绝色当年冠汉宫，谁移尤物使和戎？流连不重君王欲，延寿丹青似有功。朔漠风沙异紫台，琵琶心事欲谁开。人生正有新知乐，犹胜昭阳赤凤来。

（据胡凤丹《青冢志》卷10，见《笔记小说大观·五编》，第10册，台湾新兴书局1960年版）

编者按：王恽《王昭君出塞图》其一表现出了陈腐的女色祸水的传统观念，其二则肯定了昭君出塞的个人价值，又表现出了非同一般的认知。

铁堠行

（元）郝经

汉家穷兵，漠南无王庭，解甲百万标北庭。高摩斗尾似阴山，冰埋雪渍生铁腥。杀气昏昏无白昼，行人不识呼铁堠。北去和林又数千，卫霍过此犹穷斗。中原无人益萧条，仅得呼韩一再朝。子卿不来王嫱去，平城冒顿仍自骄。长城蹴踏谁遮截，千年费尽九州铁。道傍白骨皆人堠，井田废后无长策。

（据郝经《陵川集》卷10，第2册，山西古籍出版社2006年版）

编者按：元代鸿儒郝经反对"华夷之分"，主张"四海一家"。在《铁堠行》中认为汉朝以穷兵黩武的方式解决民族纷争是不妥当的，战争只能带来双方经济萧条的悲剧局面。这种观点无疑是进步而有益的。

题昭君图

（元）张之翰

汉元宫中谁第一，最是王嫱好颜色。当时无金买画工，按图远嫁悔何及。黄沙白草塞外情，酸风吹入琵琶声。死为万里异乡鬼，至今青冢愁云生。君王枉杀毛延寿，似此妒贤人尽有，又有过于画图手。

（据张之翰《西岩集》卷4，见《四库全书》第1204册，上海古籍出版社
1987年版）

明妃二首

（元）耶律铸

汉使却回凭寄语，汉家三十六将军。劝君莫话封侯事，触拨伤心不愿闻。散花天上散花人，谁说香名更未闻。薄命换移仙寿在，不须青冢有愁云。

（据耶律铸《双溪醉隐集》卷6，见《四库全书》第1199册，上海古籍出
版社1987年版）

李太白集分类补注（节录）

（南宋）杨齐贤 集注 （元）萧士赟 补注

卷　　四

于阗采花

士赟曰：《乐录》："于阗采花者，蕃胡四曲之一。"太白此篇则借明妃之事以兴世之君子不遭明君，贤不肖易置，如明皇之思张九龄，虽遣祭曲江，竟何补哉？此诗旨意自国风中来，读者毋忽。

于阗采花人，自言花相似。明妃一朝西入胡，胡中美女多羞死。乃知汉地多名姝，胡中无花可方比。齐贤曰：《西域传》："于阗国王治西域，去长安九千六百七十里，于阗之西水皆西流。"丹青能令丑者妍，无盐翻在深宫里。自古妒蛾眉，胡

沙埋皓齿。齐贤曰：《西京杂记》曰："杜陵画工毛延寿善为人（形），丑好老少必得真。元帝宫人颇多，尝令画工图之，有欲呼者按图以召。故宫人多行赂于画工。昭君姿容甚丽，无所苟求，工遂毁其形状。后匈奴求美女，帝以昭君充行，既召见，悦之，而名字已去，遂不复留。帝怒杀毛延寿。"《列女传》："钟离春，齐无盐邑之女，为人极丑，皮肤染漆，行年四十嫁不售。齐宣宴于渐台，无盐诣之，召见，为陈四殆，王立拆渐台，拜无盐为后。"士赟曰：此篇是借事引喻，以刺时君昏聩，借听于人而贤不肖易置者，读之令人感叹。

（杨齐贤、萧士赟《李太白集分类补注》卷4，据《四库全书》第1066册，上海古籍出版社1987年版）

编者按：杨齐贤，字子见，宁远（今属湖南）人，南宋宁宗庆元五年（1199）进士，著名学者、诗论家。萧士赟，字粹可，宁都（今江西）人，元代著名学者，笃学工诗。对于李白诗的注释，杨齐贤侧重引录文献，针对诗作涉及的地名、典故加以注释；萧士赟则侧重解释诗中蕴含的宗旨和意义。

唐才子传（节录）

（元）辛文房

卷 十

王 焕

焕，大顺二年，礼部侍郎裴贽下进士及第，俄自左史拜考功员外郎。同年皆得美除，焕首唱感恩长句，上谢座主裴公，当时甚荣之。后以礼部侍郎致仕，年九十，见《睢阳五老图》。焕工诗，情极婉丽。尝为《惆怅诗》十三首，悉古佳人才子，深怀感怨者，以崔氏莺莺、汉武李夫人、陈乐昌主、绿珠、张丽华、王昭君及苏武、刘、阮辈事成篇，哀伤媚妩。如"谢家池馆花笼月，萧寺房廊竹飐风。夜半酒醒凭槛立，所思多在别离中"。又，"梦里分明入汉宫，觉来灯背锦屏空。紫台月落关山晓，肠断君王信画工"等，皆绝唱，喧炙士林。在晚唐诸人中，霄壤不侔矣。有集，今传。

（据辛文房《唐才子传》卷10，中华书局2020年版）

编者按：王焕，《全唐诗》《唐摭言》《唐诗纪事》等皆作"王涣"，作"王焕"应是辛文房之误。王涣，字文吉，太原（今山西太原）人，晚唐文学家，大顺二年（891）进士。

题昭君出塞图

（元）虞集

天下为家百不忧，玉颜锦帐度春秋。如何一段琵琶曲，青草离离咏不休！

（据胡凤丹《青冢志》卷10，见《笔记小说大观·五编》，第10册，台湾新兴书局1960年版）

昭君怨并序

（元）张翥

昔人赋《昭君词》，多写其红悲绿怨，作此解之。

队队毡车细马，簇拥阏氏如画。却胜汉宫人，闭长门，看取蛾眉妒宠。身后谁如遗冢，千载草青青，有芳名。

（张翥《昭君怨》并序，据唐圭璋编《全金元词》下册，中华书局1979年版）

题昭君出塞图

（元）张可久

辞凤阁，盼滦河，别离此情将奈何！羽盖峨峨，虎皮驮驮，雁远暮云阔。建旌旗五百沙陀，送琵琶三两宫娥。翠车前白橐驼，雕笼内锦鹦哥。他，强似马嵬坡。

（张可久《题昭君出塞图》，据隋树森编《全元散曲》上册，中华书局1964年版）

编者按：在元代文人对昭君出塞的咏唱中，颇多新词别调。虞集以诗、张翥以词、张可久以曲分别从正面肯定了昭君出塞的价值。虞集认为昭君出塞和亲，既使民族国家免除了战乱之灾忧，实现了天下一家亲的美好格局，又使本人受到单于珍爱，生活幸福，心情愉悦，是件大好事。张翥、张可久则描述单于十分珍惜汉匈和亲，庞大的迎亲队伍"羽盖峨峨，虎皮驮驮"，"旌旗五百沙陀"，"簇拥阏氏如画"，昭君出塞和亲远胜于幽闭长门的汉宫嫔妃与马嵬坡自尽的杨家贵妃，而且青史留芳名。元代诗人们对于历代文人描写昭君哀怨、青冢凄凉的风格颇为不满，张翥特以序言达意："昔人赋《昭君词》，多写其红悲绿怨，作此解之。"虞集更是发出反问之声："如何一段琵琶曲，青草离离咏不休！"皆表现了非同凡俗的识见。元代咏昭君作品多现新格调，较为集中反映了昭君文化的发展变化，这与元代中前期民族矛盾逐渐缓和、多民族逐渐走向融合的局势有着密切关系。

昭君怨

（元）周巽

汉宫佳人列仙姝，颜如舜华雪作肤。玉凤搔头金缠臂，琇莹充耳双明珠。美目清扬含百媚，同心绾结青珊瑚。三千宫女谁第一，当时王嫱绝代无。天子按图初未识，承恩远嫁南单于。朝辞皇都去，日逐胡马驱。边塞几千里，行行但长吁。心中万恨向谁诉，马上琵琶聊自娱。鸿雁南飞汉月远，骅骝北去燕草枯。朔风吹沙砭人骨，寒云雨雪断胡须。银瓮蒲萄初出酒，宝车骓驼新取酥。帐中强饮解愁思，情至酒酣愁未纾。明月流光照鞬毦，关路迢迢不可逾。几回梦想乘黄鹄，飞入长门侍玉舆。胡情不似汉恩重，妾意终怜君宠疏。君不见红颜命薄何足惜，长恨和戎计策迂。四弦不尽昭君怨，千古空留青冢孤。

（据周巽《性情集》卷1，见《四库全书》第1221册，上海古籍出版社1987年版）

唐音（节录）

（元）杨士弘 编 张震 注

卷 一

卢照邻《昭君怨》

乐府清商七曲，《昭君怨》亦其一也。《后明帝纪》：昭君，姓王，名嫱，字昭君，南郡秭归人也。充明帝宫人，帝令画工毛延寿图之，披图以进，宫人多行赂于画工。昭君姿容甚丽，无所苟求，遂毁其形。后匈奴求美人，昭君充行，在路愁怨，尝于马上弹琵琶以寄其恨，至今传之为《昭君怨》。

合殿恩中绝，交河使渐稀。肝肠随玉辇，形影向金微。汉宫草应绿，边廷沙正飞。愿逐三秋雁，年年一度归。合殿：未详。交河：《舆地志》：唐平高昌，以其地置西州交河郡，以河水分流绕城下，因名金微。杜氏《通典》：羁縻州有金微山，隶振武军。又唐贞观二年，铁勒九部大酋领率众降，分置金微都督府。

（杨士弘编、张震注《唐音》卷1，据《四库全书》第1368册，上海古籍出版社1987年版）

编者按：《后明帝纪》指《后汉书·明帝纪》。元人张震在解题中言昭君为后汉明帝宫人，与《汉书》所载昭君为前汉元帝宫女的事实明显不符，当是误记所致。《明帝纪》也并未记录昭君出塞事，记述昭君故事的文献是《后汉书·匈奴列传》。

风雅翼（节录）

（元）刘履

卷 四

石崇《王明君辞并序》

按：《伎录》：《王明君词》，石崇所造，乃相和歌辞之吟叹曲也。

王明君者，本是王昭君，以触文帝讳改焉。匈奴盛，请婚于汉，元帝以后宫良家子昭君配焉。……

此季伦述昭君之意而作也。夫昭君之失节，单于之乱伦，其事固为可丑。然亦录而不遗者，以为于此可见汉道之日衰，而使匈奴得遂所欲，足以垂鉴后世也。况其终篇不苟情，至词瞻有可观者焉。

（刘履《风雅翼》卷4，据《四库全书》第1370册，上海古籍出版社1987年版）

编者按：刘履认为昭君出塞嫁两代单于是失节的行为，这是典型的歧视北方游牧民族习俗之论。刘履是元末明初著名理学家，其《风雅翼》评诗多从理学观点出发，发掘诗歌符合儒家伦理道德规范的思想情感。

说郛（节录）

（元）陶宗仪

卷八十四上

临汉隐居诗话（魏泰）

杜牧《木兰庙》诗云："弯弓征战作男儿，梦里曾惊学画眉。几度思归还把酒，拂云堆上祝明妃。"殊有美思也。

（据陶宗仪《说郛》卷84，见《四库全书》第880册，上海古籍出版社1987年版）

刘彦昺集（节录）

（元）刘炳 撰 杨维桢 评

卷　三

明妃曲

胭脂马，雕鹰旗，狐裘蒙茸金络羁。白玉作鞭双袖垂，手抱琵琶红泪滋。黛云半鬌颜如玉，春娇学得娥眉绿。自拟将身宠汉宫，谁怜薄命归殊俗。穷阴绝漠易悲辛，落日哀笳处处闻。严霜夜锁关头月，朔气寒飞碛里云。鸿雁蔽天斜作字，骆驼连塞动成群。汉家君臣亦良苦，却将红粉和边土。庙堂肉食列重裀，汗简如何照今古。妾身分得君王忧，万死沙尘心亦休。肠断年年边地梦，心悬日日汉宫愁。百年一身何足道，妾容不似花容好。汉家三十六宫春，倾国倾城更有人。君王故杀毛延寿，特遣单于贡妾身。

评曰：结句佳！

（刘炳《刘彦昺集》卷3，据《四库全书》第1229册，上海古籍出版社
1987年版）

编者按：刘昺，亦写作刘炳，字彦昺，元末明初江西名士，所著
诗文本名《春雨轩集》，亦名《刘彦昺集》，元末著名诗人杨维桢为之
点评。

四、明

题昭君图

(明)赵介

玉筋啼红别汉京，天骄含笑拟长城。旁人莫讶腰肢瘦，犹胜嫖姚千万兵。
《皇明风雅》。

（据胡凤丹《青冢志》卷10，见《笔记小说大观·五编》，第10册，台湾
新兴书局1960年版）

归田诗话（节录）

(明)瞿佑

卷　上

昭君词

诗人咏昭君者多矣，大篇短章，率叙其离愁别恨而已。惟乐天云："汉使却回凭寄语，黄金何日赎蛾眉？君王若问妾颜色，莫道不如宫里时。"不言怨恨，而惓惓旧主，高过人远甚。其与"汉恩自浅胡自深，人生乐在相知心"者异矣。

卷　中

崇徽公主手痕

欧阳文忠公《题崇徽公主手痕》云："玉颜自古为身累，肉食何尝与国谋？"朱文公云："以议论言之，第一等议论；以诗言之，第一等诗。"其全篇云："故乡飞鸟尚啁啾，何况悲筛出塞愁。青冢芳魂知不返，翠崖遗迹为谁留？玉颜自昔为身累，肉食何尝与国谋？行路至今空叹息，岩花野草自春秋。"全篇前后亦相称。公主，仆固怀恩女，唐代宗册立之，以嫁吐蕃，此其出塞时所记云。

（据瞿佑《归田诗话》卷上、卷中，中华书局1985年版）

编者按：瞿佑认为白居易所写昭君诗着重描写王昭君的"惓惓旧主"情，远胜过那些抒发离愁别恨的昭君诗作，也高过王安石"汉恩自浅胡自深，人生乐在相知心"之境界，实表现了其浓厚的封建忠君思想。此外，唐代崇徽公主出嫁回纥可汗，《归田诗话》言其出嫁吐蕃，应为瞿佑误记。

唐诗品汇（节录）

（明）高棅

卷十一

常建《昭君墓》

汉宫岂不死，异域伤独没。万里驮黄金，蛾眉为枯骨。刘云：造意精巧。回车夜出塞，立马皆不发。共恨丹青人，坟上哭明月。刘云：千古词人之恨，写作当时事，断肠软语，不落脂粉，故他作不及。

（据高棅《唐诗品汇》卷11，上海古籍出版社1982年版）

编者按：《唐诗品汇》注释中的"刘云"，指南宋刘辰翁的评说。刘辰翁，字会孟，号须溪，庐陵（今江西吉安市）人，是南宋著名词人和文学评点家，颇具影响力。唐人常建《昭君墓》写昭君之悲怨，并无特别新意。刘辰翁主要从艺术上充分肯定了诗作的价值。

元诗体要（节录）

（明）宋公传

卷六　怨体

怨，恚恨也，乱世之音怨以怒。如《长门》《婕妤》《昭君》等作，载于《乐府诗集》者不少，其声哀思激切，今之选者类此。"落花杨柳"，得比兴意；

"秋风辘轳"，有赋咏体；"青闺长门"，乐天不能过之；"结杨柳"，王、张何足多让！其诸绝句情见乎辞，不得不录者。

（宋公传《元诗体要》卷6，据《四库全书》第1372册，上海古籍出版社1987年版）

编者按：明人宋公传在《元诗体要》卷六中收入了元代诗人林清源的《落花怨》《杨柳怨》，元好问的《秋风怨》《结杨柳怨》，范梈的《辘轳怨》，袁桷的《青闺怨》，宋无的《长门怨》，赵文的《婕妤怨》等，认为这些诗作与历代《昭君怨》诗一样都属于怨体诗，具有哀思激切的特征。

昭君怨并序

（明）黄淮

忧闷无聊，偶诵东方虬《昭君怨》三绝，后二首妙无以加，前一首颇伤于怨。予因效颦赋三章，非敢角胜也，聊以见志云耳！

欲语娇还怯，含颦耻复惊。和亲能固敌，妾不爱微生。
马上琵琶语，凄凉不忍听。自知缘薄命，谁复恨丹青！
北风号永夕，寒月照穹庐。梦里闻天语，褰衣下玉除。

（据黄淮《省愆集》卷下，见《四库全书》第1240册，上海古籍出版社1987年版）

谰言长语（节录）

（明）曹安

卷　上

王昭君，归州王穰女，入胡。《琵琶歌》云："蘡叶萋萋，其叶玄黄。有鸟处此，集于苞桑。"

汉刘敬封奉春君，主与匈奴和亲，王昭君怨之。元艾性夫诗云："合向胡天怨奉春。"以予考之，昭君自请行，若无怨。

《后汉书·匈奴传》言：呼韩邪单于来朝，愿为汉婿，后宫王嫱以积怨请行。此事之实也。《西京杂记》乃云：元帝使画工毛延寿图宫人形貌，按图召幸。王嫱以赂金少，画不及貌，及赐单于宫人，王嫱当行，帝见之悔，乃杀延寿。梁石门寅已辨之。惟李太白、杜子美二诗得正。王介甫《明妃曲》云："体态由来画不成，当时枉杀毛延寿。"欧阳永叔亦云："虽能杀画工，于事竟何益！"自是后人多本之。成化十二年夏，予过归德，阅州志载王嫱事，李杜二诗在，予跋以正其误。在滇闻人言《咏昭君》一首云："塞上北风吹翠钿，拥裘狐白胜于绵。将军食肉自无耻，女子别家诚可怜。青草不凋胡地雪，碧梧空老汉宫烟。琵琶千载人犹学，哀怨分明第四弦。"不及延寿事。

（据曹安《谰言长语》卷上，中华书局1991年版）

编者按：曹安，字以宁，号蓼庄，松江（今上海）人，明正统九年（1444）举人，曾任安邱县教谕等职。曹安作《谰言长语》，所谓"谰言"，即逸言也；所谓"长语"，即剩语也。自谓所著皆零碎之词，故取名《谰言长语》。文中"梁石门寅已辨之"一句，指元末著名学者梁寅，梁寅为江西新余人，长于诗词，学贯五经，明初曾结庐石门山，被人称为"石门先生"。

菊坡丛话（节录）

（明）单宇

卷　九

陆龟蒙，自号天随子，工诗。其赋《宫人斜》云："草树愁烟似不春，晚莺哀怨问行人。须知一种埋香骨，犹胜昭君作虏尘。"宫人斜，乃后宫葬嫔嫱丛冢也。此诗超出意外。

（单宇《菊坡丛话》卷9，据《续修四库全书》第1695册，上海古籍出版社2002年版）

编者按：晚唐陆龟蒙作《宫人斜》，认为宫女老死深宫，葬于宫外，虽然不无哀怨，但终归得到了"埋香骨"的结局，远胜于王昭君死后化作"虏尘"。这本是一种世俗之见，并无特别新奇处。而明人单宇认为此诗"超出意外"，实则表现了其识见不高。

题明妃图

（明）邱濬

莫向西风怨画师，从来旸谷日光遗。当时不遇毛延寿，老死深宫谁得知。

（据胡凤丹《青冢志》卷10，见《笔记小说大观·五编》，第10册，台湾新兴书局1960年版）

王明妃

（明）沈周

妾颜美如花，正可事和亲。宫中胜花者，留为君侧人。君王欲偃武，贱妾岂惜身。扬扬双蛾眉，万里扫胡尘。将军叹白发，翘首空麒麟。功当赏画师，重在画不真。

（据沈周《石田诗选》卷10，见《四库全书》第1249册，上海古籍出版社1987年版）

蟫精隽（节录）

（明）徐伯龄

卷　五

咏明妃

宋刘屏山先生咏明妃绝句云："羞貌丹青斗丽颜，为君一笑静天山。西京自有麒麟阁，画向功臣卫霍间。"诗载《负暄杂录》。予以为均之咏史也，而议论宏远，含蓄无限，较之胡曾所谓"何事将军封万户，却教红粉去和戎"，相去万万矣。

卷十四

明妃曲

颐菴胡祭酒若思《明妃曲》云："边地皆草白，琵琶多苦音。独留青冢在，直是汉恩深。"得少陵之意矣。存斋瞿先生宗吉有绝句亦云："独抱琵琶泪满襟，单于宁比汉恩深。他年冢上青青草，绝似虞姬一片心。"至如王介甫则云："汉恩自浅胡自深，人生乐在相知心。"即此可见不忠甚矣。虽然西汉之失天下不在匈奴，而在萧墙之内也。当武、宣之时，辟地万里，重译而来王者不可以枚计，出师破敌之盛，前古所未有，呼韩、郅支稽首阙下。元帝苟能奋武、宣之余烈，怀远安迩，施御戎之大策，因其来朝，绝其请婚和亲之议，岂不为有汉宗英哉！夫何以优柔庸懦之才，竟使红粉远嫁辱及宫闱，而咎画工。不知祸由聚麀之母后，外戚累世擅政，驯致酿成新室移鼎之变，千古不能无憾焉。故余咏明妃亦有鄙句云："樊青延寿诚堪死，何不先图王政君。"坐是故也。

（徐伯龄《蟫精隽》卷5、卷14，据《四库全书》第867册，上海古籍出版社1987年版）

编者按：《蟫精隽》今存十六卷，作者徐伯龄，字延之，嵊县（今属浙江）人，生卒年不详，主要生活于明天顺、成化年间。徐伯龄在文中明确反对民族和亲政策，将王安石的《明妃曲》视为不忠无义之作，是其思想偏见的表现。"颐菴"，指胡俨，字若思，洪武、永乐年间文人。"存斋"，指瞿佑，字宗吉，自号存斋，元末明初著名文学家。"王政君"，即汉元帝之皇后，王莽之姑，史籍常称为"元后"。"新室移鼎之变"，指王莽篡汉建立新朝。

昭君曲

（明）莫止

但使边城静，蛾眉敢爱身？千年青冢在，犹是汉宫春。《明诗别裁集》。

（据胡凤丹《青冢志》卷7，见《笔记小说大观·五编》，第10册，台湾新

兴书局1960年版）

编者按：莫止，字如山，号南沙，江苏无锡人，秀才，生平不详，有《石巢存稿》《南沙集》等。莫止《昭君曲》虽然只有短短二十字，却表现了非同凡响的格局。诗作前两句以昭君口吻抒情：只要能使边境安宁，我又岂敢顾惜自己！勾勒出昭君深明大义、勇于献身的形象。后两句是诗人盛赞昭君爱国情怀之深：青冢有情，魂系故国，由冢上草青联想到汉宫春色，虚实结合，突显了昭君对于祖国的无限深情。整首诗立意高远，格调悲壮，不落窠臼，实为明代昭君诗歌创作中的上乘之作。

明妃曲并序

（明）程敏政

《后汉·匈奴传》言：呼韩邪单于来朝，愿为汉婿，后宫王嫱以积怨自请行。此事之实也。《西京杂记》乃云：元帝使画工毛延寿图宫人形貌，按图召幸，王嫱以赂金少，画不及貌。及赐单于宫人，王嫱当行，帝见之悔，乃杀延寿。夫帝柔仁之主，谓其因女色杀画工，固不可信。而王嫱以无宠自请行，诚一污贱女子耳。后之为《昭君曲》者，多归咎元帝，殊不当云。

明妃本是巫山女，貌美如花解人语。家门正对楚王台，惯听乡人说云雨。一朝被选入汉宫，几年不识天子容。宫车日日向何所，鱼钥只把长门封。象床不寐心如捣，自惜红颜暗中老。裴回顾影泪双垂，生死不如台下草。胡王欲得汉家姬，六宫尽蹙双蛾眉。孤怀不觉心语口，犹胜永巷常凄其。欣然独上毡车里，胡王得之惊且喜。短箫吹出霸陵桥，两两雎鸠水中起。古城北去多战场，黄沙白草春无光。多情自得虏庭乐，回首汉月空茫茫。打围夜向阴山宿，更为胡王理丝竹。汉家莫悔误和戎，琵琶不是思归曲。

（据程敏政《篁墩文集》卷61，第2册，上海古籍出版社1991年版）

编者按：程敏政《明妃曲并序》为汉元帝回护，认为昭君因不被元帝宠爱而"自请行"，不过是"污贱女子"之行为。此实属罕见之恶评，反映了明代前期理学盛行背景下守旧文人思想意识的迂腐。

林泉随笔（节录）

（明）张纶言

卷　一

赵子龙《题昭君出塞图》诗云："我见此图重太息，毛生本是忠君客。冶容若使留汉宫，卜年未必盈四百。"又云："祸胎已入虎庭去，玉关寂寞无天骄。"此盖蹈袭前人之意也。与王安石所谓"意态由来画不成，当时枉杀毛延寿"之语略同，皆是反说。或曰，女之不遇，亦犹士之不遇也。当时，元帝按图召幸，昭君自恃其貌之美，不赂画工，而卒不蒙宠幸，遂致远嫁匈奴。所谓修正而不蒙福者也，此固然矣。夫恩宠荣幸可夸耀于一时，而未必能垂于永久。赵飞燕专宠昭阳，杨太真三千第一，迨至时势一去，废弃死亡，泯没澌尽，卒与腐朽同化。若昭君者，虽一时不遇，而千载之下莫不歌咏而伤叹之，其为孰得孰丧，必有能辩之者。

（据张纶言《林泉随笔》卷1，中华书局1985年版）

编者按：张纶言为宣城（今属安徽）人，明成化年间进士，曾任盐山令，生平事迹不可考。其《林泉随笔》是他读经、史、子、传诸书的心得笔记，一卷，有《今献汇言》本、《丛书集成初编》本等。《林泉随笔》中述及赵子龙有《题昭君出塞图》诗。赵子龙，籍贯事迹不详，与三国名将赵子龙同名，当属作者熟悉的底层文人。张纶言述及赵子龙所作昭君诗，不见全貌，但从引录的几句诗句来看，充斥陈腐的封建士大夫气味。而作者认为该诗意同王安石《明妃曲》，两者实不可能同日而语，显示了作者欣赏眼界的局限。当然，张纶言也充分肯定了昭君出塞和亲远胜于赵飞燕、杨玉环的宫廷争宠，认为这也是王昭君值得后人称道之处。

怀麓堂诗话（节录）

（明）李东阳

潘南屏时用深于诗，亦慎许可。尝与方石各评予古乐府，如《明妃怨》，谓古人已说尽，更出新意。予岂敢与古人角哉？但欲求其新者，见意义之无穷耳。

（李东阳《怀麓堂诗话》，据李庆立《怀麓堂诗话校释》，人民文学出版社
2009年版）

怀麓堂集（节录）

（明）李东阳

卷　一

明妃怨

莫倚朱颜好，妍媸无定形。莫惜黄金贵，能为身重轻。一生不识君王面，不是丹青谁引荐。谢云：说得宛曲，怨而不伤。空将艳质恼君怀，何似当时不相见。君王幸顾苦不早，不及春风与秋草。却羡苏郎男子身，犹能仗节长安道。休翻胡语入汉宫，谢云：又生一意。只恐伶人如画工。画工形貌尚可改，何况依稀曲调中。潘云：古今咏明妃甚多，殆无复措手处，此篇新意叠出，恨不使前人见之。

（李东阳《怀麓堂集》卷1，据《四库全书》第1250册，上海古籍出版社
1987年版）

编者按：李东阳《怀麓堂诗话》与《怀麓堂集》都述及文友对于《明妃怨》的评价。文中"谢云"，指谢榛的评说；"潘云"，指潘时用的评说。谢榛，字茂秦；潘时用，字南屏，皆是明代著名文人，与李东阳为知交文友。

明妃和汪抑之二首

（明）顾清

汉朝翁主半家人，临到王嫱国论新。解道怀戎尚忠信，庙堂谁谓少谋臣。

宣王六月驾戎车，武帝旌旗万里赊。独以一身宁四海，明妃何恨泣琵琶。

（据顾清《东江家藏集》卷6，见《四库全书》第1261册，上海古籍出版
社1987年版）

编者按：顾清，字士廉，松江府华亭县（今上海）人。弘治六年（1493）进士，曾任编修、礼部员外郎等职。汪抑之是礼部尚书，乃顾清的上司和好友。顾清在和诗中认为昭君出塞，有着"独以一身宁四海"的伟大功勋，作为卫国安民的巾帼英雄，昭君毫无遗恨。这是对昭君出塞客观公正的评价。

读石崇《王明君词》

（明）吴宽

晋代何人石季伦，古词始倡王明君。明君颜色不可见，后世只因颜色论。自兹词人不一一，其间言语何纷纷。吾思明君颜色未必美，画工被杀非信史。汉元嫁后汉成世，边塞年年通汉使。君王本是好色人，昭阳宫中潜祸水。岂不学曹瞒念蔡姬，黄金不惜赎蛾眉。又恨明君不制十八拍，思怨谁将心事知。呜呼！江都王女已先嫁，良家之子奚足悲。妇人出处亦有命，汉室御戎何失正。请君谱作琵琶词，莫怨匈奴怨刘敬。

（据吴宽《家藏集》卷24，上海古籍出版社1991年版）

青溪暇笔（节录）

（明）姚福

卷 二

友人彭三吾有《王嫱》诗，曰："妾分嫁单于，君恩本不孤。画工休尽杀，梦弼要人图。"得风人之体。

（姚福《青溪暇笔》卷2，据《续修四库全书》第1167册，上海古籍出版
社2002年版）

李诗选注（节录）

（唐）李白 撰 （明）朱谏 选注

卷 二

于阗采花

于阗采花人，自言花相似。明妃一朝西入胡，胡中美女多羞死。乃知汉地多名姝，胡中无花可方比。

赋也。于阗，国名，在西域，去长安万里，昆仑山之所在也。于阗之西，水皆西流。采花人，胡女也。明妃，汉王嫱昭君也。姝，美女也。按《乐录》：《于阗采花》者，蕃胡四曲之一也。白则以昭君之事言之，谓于阗采花之女自言其貌与花相似，以天下之女无与比伦者也。及至昭君一旦西入于胡，胡中美女又自深愧其不如，乃知汉女之佳，虽胡中之花亦莫与比，彼采花者徒夸其貌，又安敢与明妃较妍媸乎？

丹青能令丑者妍，无盐翻在深宫里。自古妒蛾眉，胡沙埋皓齿。

丹青，画工也。汉元帝宫人颇多，令画工图之，有所呼者，按图以召，故宫人多行赂于画工。昭君貌甚丽，无所请求，工遂毁其形状。后匈奴求婚，以昭君行，既召见，帝悦之，而名字已去，遂不复留，帝怒杀画工毛延寿。《烈女传》：钟离春，齐无盐邑之女，貌丑，四十嫁不售，齐宣王燕于渐台，无盐诣之，召见，为陈四殆，王立拆渐台，拜无盐为后。蛾眉皓齿，见前。承上言明妃为汉之名姝也，宜为君王之所宠，而乃见害于画工，则以丑者为妍，如无盐之女，反得承君之宠，而明妃远嫁于绝域。自古蛾眉皆遭见妒，故皓齿埋没于胡沙之中，不得居汉宫以近天子之清光也。按诗意，似谓中国有贤才不能取用，乃为夷狄所知，是大臣妒贤疾能而俾之不通也。南宋朱子名重外夷，宋使至金，金人必问朱先生安否。宋人不惟不能尊用，而又听谗斥逐之，亦犹此诗之所云云也。

王昭君

昭君拂玉鞍，上马啼红颊。今日汉宫人，明朝胡地妾。

赋也。昭君事见前《于阗采花》下。宫人，妃也。胡地妾，贱而怜之之辞也。与胡人为婚者，中国之耻也。以汉宫之人为胡地之妾，天子嫔御下事犬羊，卑辱甚矣。汉既无策，唐仍其弊，义成公主远嫁绝域，公主见唐使，恒痛咽不自胜，非独如昭君为异姓宫嫔临别哭泣而已也。白此诗寓讥刺之意亦深矣。

（朱谏《李诗选注》卷2，据《续修四库全书》第1305册，上海古籍出版

社2002年版）

编者按：李白所作昭君诗，其主旨是同情昭君命运之不幸，借昭君故事来揭露世俗社会是非美丑不分的丑恶现象。而朱谦认为李诗将与胡人通婚视为中国之耻、将明妃远嫁胡人视为"事犬羊"之辱。这无疑是过度解诗。

读《明妃传》

（明）陈洪谟

紫台春少颊啼红，豺狼鸂鶒类岂同。莫把哀弦咎图史，由来失策在和戎。

（据曹学佺《石仓历代诗选》卷475，见《四库全书》第1387册，上海古籍出版社1987年版）

蓉塘诗话（节录）

（明）姜南

卷　　十

咏明妃

箬冠徐延之云："宋刘屏山先生咏明妃绝句云：'羞貌丹青斗丽颜，为君一笑定天山。西京得有麒麟阁，画在功臣卫霍间。'诗载《负暄杂录》。予以为均之咏史也，而议论宏远，含蓄无恨，较之胡曾所谓'何事将军封万户，却教红粉去和戎'，相去万万矣。"以予言之，汉之和戎，尽为失策，屏山之诗意新而巧，而曾所责不为无谓也。

卷十四

青冢气

汉以王昭君嫁匈奴单于，死葬黑河之阳，胡地草多白，惟冢上草青，故谓之青冢。又相传每夜至四鼓时，冢上有气，直上冲天，元万户完仁山云如此。古今歌咏其事者甚众，近见元姑苏陆子方五绝句，意新而不俗，词怨而不怒，近代之佳作也。其一云："当时随例与黄金，不遣君王有悔心。近使却传延寿

247

死，回思终是汉恩深。"其二云："妍丑何须问画工，美人终日侍宫中。奉春初计真堪恨，欲望单于敬外翁。"其三云："青冢千年恨不埋，琵琶马上几时回。宇文高氏争雄日，突厥柔然献女来。"其四云："已恨丹青误妾身，何须更与妾传神。那知塞外风尘貌，不似昭阳殿里人。"其五云："啮雪中郎妾不知，脱身无计谩相于。劝君莫射南飞雁，欲寄思乡万里书。"

（姜楠《蓉塘诗话》卷10、卷14，据《续修四库全书》第1696册，上海古籍出版社2002年版）

七修类稿（节录）

（明）郎瑛

卷二十　辨证类

王昭君

昭君名嫱，初以良家子选入掖庭。汉元帝时呼韩来朝，敕以宫女五人赐之。昭君入宫数年不见御，积悲怨，乃请掖庭令求行。此《前汉·匈奴传》之言也。《西京杂记》乃云：帝常使画工图形，按图召幸，宫人皆赂画工，独王嫱不肯。后匈奴求美人为阏氏，上于是按图以昭君行。按《前汉书》作于班固，《杂记》乃葛稚川者也。稚川自云：《杂记》即刘歆之《汉书》，而班固所取不尽二万许言，及小异者，录成此书，余则固已全取为《汉书》矣。观此，则非小异，理当相同，或班史不载可也，今既载之，当以班史为是。盖班则汉人，而葛乃晋人也，亦或传写之讹，不可知。惜其葛言一出，而后世论者只据《杂记》之言，而不知昭君之实也。就如《杂记》所言，又当时画工，人皆（止）知毛延寿一人，而不知同时有刘向、陈敞、龚宽、杨杜、樊青等俱弃市。此又《乐府解题》所载。

卷三十　诗文类

题昭君

予尝拟为昭君辞帝语云："爱妾一身，孰若惜取沙场万骨哉！妾闻昔殷高宗以图得傅说而中兴，今陛下以图得妾而外靖。为妾之计，得自拟于古贤臣。"

自以意亦少可，后诵高季迪《明妃词》云："妾语还凭归使传，妾身没虏不须怜。愿君莫杀毛延寿，留画商岩梦里贤。"可谓闭门造车，出门合辙。

卷三十六 诗文类

伯厚不知诗

宋韩持国咏雪诗云："衣上六花飞不好，亩间盈尽是吾心。何由更得齐民暖，恨不偏于宿麦深。"宋王伯厚以为雪诗无出其右，予以此真村学究之诗也，俗云宋头巾耳，而王伯厚不知诗亦可知矣。此但取其有忧国爱民之意，岂诗也哉！又伯厚取朱新仲咏昭君诗于《困学纪闻》中云："当时夫死若求归，凛然义动单于府。不知出此肯随俗，颜色如花心粪土。"噫！此伯厚亦不善论而取之也。使昭君知此，不待其单于死而请也，亦不必其请而自尽矣。

《庐山高》《明妃曲》

《石林诗话》云：欧阳袭求章子厚书乃翁《庐山高》《明妃曲》藏于家，以公平日自喜此三诗也。尝被酒语袭曰："吾诗《庐山高》，今人莫能为，惟李白能之；《明妃曲》后篇，太白不能为，惟杜子美能之；前篇则子美亦不能也。"及观《名臣言行录》，又云：公谓人曰："《庐山高》，惟韩愈可及；《琵琶前引》，韩愈不可及，杜甫可及；《后引》，李白不可及，杜甫可及。"其与《石林》所记不同。予论《庐山高》全似太白，《前引》类杜，《后引》类韩，当以《石林》所记为是。但欧公自不当谓《前引》则子美亦不能此，或袭乃过美乃翁之辞，抑梦得误纪之耶？若《名臣录》所纪《庐山高》岂似韩耶？二引既不拟李，又杂太白之名，何也？此必其传闻也。

（据郎瑛《七修类稿》卷20、卷30、卷36，上海书店出版社2001年版）

　　编者按：卷二十中"人皆（止）知毛延寿一人"一句，上海书店本原作"人皆（正）知毛延寿一人"，依据上下文语意，改"正"为"止"。卷三十六中，"伯厚"指王应麟，王应麟字伯厚，南宋著名学者。"欧阳袭"为欧阳修之子，古代文献普遍作"欧阳棐"。

升庵集（节录）

（明）杨慎

卷　五

闲书杜律

杜诗可以意解，而不可以辞解，必不得已而解之，可以一句一首解，而不可以全帙解。全帙解必有牵强不通，反为作者之累。世传虞伯生注杜七言律，本不出自伯生笔，乃张伯成为之，后人驾名于伯生耳。其注首解"恨别"云："杜公初至成都，未得所依，故以别为恨。"不知唐室板荡，故园陷虏，虽得所依，岂不以别为恨？公岂如江贾淮商'风水为乡船作宅，一得醉饱不思家'者之乎？解"摇落深知宋玉悲"云："惟深知其故，故千年之后且为悲欢。惟其亦吾之师，故闵其萧条。"解"生长明妃"一首云：'惟其去紫台，故春风面不可见。惟其独留青冢，故环佩声归月下闻。'"此乃村学究腐烂讲套语，岂可笺杜乎？

卷四十九

冯夫人锦车

《汉书·西域传》：冯夫人，名嫽，汉宫人也，善史书，乘锦车，持节和戎而归。按：此事甚奇，而六朝唐人无入篇咏者。惟刘孝威诗云："锦车劳远驾。"骆宾王诗："锦车朝促候，刁斗夜传呼。"徐坚诗："云摇锦车节，月照角端弓。"仅一句一联而已。此事可画可歌，胜于咏明妃之失节、文姬之伤化多矣。

卷五十七

宋子虚咏史

宋子虚咏史凡三百余首，其佳者如《咏甘罗》云："函谷关中富列侯，黄童亦僭上卿谋。当年园绮犹年少，甘隐商山到白头。"……《咏宋宫人王婉容》云："贞烈那堪黠敌求，玉颜甘没塞垣秋。孤坟若是邻青冢，地下昭君见亦羞。"王婉容随徽、钦北去，粘罕见之，求为子妇，婉容自刎车中，虏人葬之道旁，可谓英烈矣。

卷六十

塞上梅

唐王建《塞上梅》诗云："塞上路傍一株梅，年年花发黄云下。昭君已殁汉使回，前后征人惟系马。日夜风吹满陇头，还随流水东西流。此花若近长安路，九衢年少无攀处。"按此诗，则塞上斧冰斫雪之地亦有梅花，可谓异矣。详诗之旨，以为汉使送昭君时所种，抑又异矣。而昔人咏梅花及赋昭君未有引此者，特表出之。元老滇南杨文襄公——清。《塞上》诗云："酒店茶房梅树，无梅无酒无茶。云外行行白雁，风前阵阵黄沙。"则地名梅树盖亦有因，而王建所赋殆非虚也。

（据杨慎《升庵集》卷5、卷49、卷57、卷60，上海古籍出版社1993年版）

编者按：杨慎在《升庵集》卷四十九《冯夫人锦车》一文中指责昭君之失节和文姬之伤风化（陈耀文《正杨》卷二亦载有此文而略有删节），是其思想陈腐的表现。但他述及了一个客观存在的现象，即六朝隋唐时期王昭君、蔡文姬颇受文人青睐，她们的故事常常成为歌咏的题材，而很少有文人关注和戎乌孙建有奇功的冯嫽夫人。冯嫽，西汉解忧公主的侍女，侍奉解忧公主和亲乌孙国，为汉乌和睦建立了卓越功勋，的确值得大书特书。但古代文人之所以更关注王昭君、蔡文姬，大概有两个原因：一是王昭君、蔡文姬承受的艰难困苦要大于冯夫人，经历也比冯夫人更为曲折；二是匈奴民族对于汉朝及后世的影响力远大于乌孙，而王昭君、蔡文姬又是两位与匈奴民族发生关联的著名女性，她们的经历和故事自然会成为后世文人们咏唱的热门话题。

《升庵集》卷五十七中，"宋子虚"即元代诗人宋无，字子虚，年少时颇富诗才。"粘罕见之，求为子妇"一句，四库本原作"尼雅满见之，求为子妇"，此为汉语音译之差异。粘罕，即完颜宗翰，女真名黏没喝，金朝名将。

谭苑醍醐（节录）

（明）杨慎

卷 七

小 说

说者云宋人小说不及唐人，是也，殊不知唐人小说不及汉人。如华峤《明妃传》云："丰容靓饰，光明汉宫，顾影徘徊，耸动左右。"伶玄《飞燕外传》云："以辅属体，无所不靡。"郭子横《丽娟传》云："玉肤柔软，吹气胜兰，不欲衣缨拂之，恐体痕也。"此岂唐人可及？

（杨慎《谭苑醍醐》卷7，据《四库全书》第855册，上海古籍出版社1987年版）

编者按：华峤，西晋初史学家，平原高唐（今山东禹城）人。其描写王昭君故事的小说早于东晋葛洪《西京杂记》和刘宋范晔《后汉书》，说明《西京杂记》《后汉书》等所记应采录华峤之小说。从《明妃传》标题看，魏晋之际就已有"明妃"之称。但华峤著小说《明妃传》多半是后人伪托，即便华峤创作了以昭君故事为题材的小说，也未必称为《明妃传》，后人改名的可能性很大。

王昭君并序

（明）陆深

昭君出塞，自是汉人御戎失策，却与寻常妇人失身不同。斩毛延寿正是淫其色耳，殊不成诛赏。昭君既去，亦不见有思汉思归之意，后来受彼淫烝，已化其俗矣。古今诗人咏昭君，多是题蔡琰耳，与文姬事颇不同。此亦史传疑义，因华泉有作次韵。

却抱琵琶别汉宫，长城万里戍楼空。一身远嫁从明主，半面新妆付画工。云外不殊青琐月，塞前初紧黑山风。异乡景物新相识，无限悲欢晓角中。

（据陆深《俨山集》卷11，上海古籍出版社1993年版）

编者按：陆深《王昭君》序言中"因华泉有作次韵"一句，华泉，即边贡，字廷实，因家居华泉附近，道号华泉子，历城（今山东济南市）人，明代"前七子"之一。边贡曾作《昭君出塞图》诗，诗云："帝遣才人出汉宫，远投殊域为和戎。琵琶晚映娥眉月，觱篥寒吹粉面风。终夜苦心悬北斗，隔年归信托南鸿。征鞍倦倚聊成寐，犹在长门女伴中。"陆深因之"次韵"作此诗。

戒菴老人漫笔（节录）

（明）李诩

卷 三

琵琶青冢

石季伦《王昭君诗序》云："匈奴请婚于汉，元帝以后宫良家子昭君配焉。昔公主嫁乌孙，令琵琶马上作乐，以慰其道路之思，其送昭君，亦必尔也。"熟参此序，乃知昭君出嫁之时，未必以琵琶寄情，特后人想像而赋之耳。此范晔文语，最足以祛众蔽。"匈奴地有黑河，青冢在黑河之旁，夜四鼓时，有气直上。"江阴万户完仁山云。古今人信琵琶而不知其讹，言青冢而不详其自，余故拈出。呼韩邪单于初请为汉婿，及死，子雕陶莫皋立，复妻昭君，生二女，一为须卜居次，王莽时入侍太后，失节如昭君，盖无足道者。

（据李诩《戒菴老人漫笔》卷3，魏连科点校，中华书局1982年版）

编者按：李诩，字厚德，江阴县（今属江苏）人，自号"戒菴老人"。《戒菴老人漫笔》是李诩晚年的笔记，注重考证史实，史料价值较高。但书中认为王昭君是失节女子，其事无足道者，实乃迂腐之论。

昭君词十八首并序

（明）罗洪先

王嫱事本不足传，古今作者多主悲怨，至所谓"汉恩自浅胡自深，人生乐在相知心"，斯于忠信也薄矣。予实病焉。间尝有拟窃取哀而不伤之义、词不尽达览者，其正之。

身在三千误有名，一朝诏下出长城。相逢惟有关山月，曾照宫中弄影情。

长秋才引到帘前，名姓谁知外国传。记得君王回盼处，肯分相识不相怜。

行人驻马莫惊嗟，处处溪流有落花。不待今朝悲远嫁，长门风雨即天涯。

淡扫蛾眉耻乞怜，几回春色负华年。而今不恨天涯别，恨不遭逢未别前。

情知马上去无还，遥指干旌认汉关。纵使生前胡地老，归魂犹得见南山。

使臣何日发长安，乍到边头可奈寒。多谢监宫频慰籍，得恩何似得归难。

愁向胡天别塞垣，一闻南雁一销魂。妾心纵得随明月，解近君王不解言。

不是君王爱不均，妍媸自古易迷真。明光咫尺犹难辨，何况飘零万里人。

翠华相望不相闻，空却巫山一片云。何事梦中还万里，竟令无路近明君。

谁将弦管奉君王，明月楼中夜未央。出塞声高调不得，由来此曲断人肠。

鸐鸰泉上髑髅残，满地黄云覆草寒。遇得花枝那忍弃，弃时容易遇时难。

凤钗鸾镜久生尘，三月胡天不识春。寄语女郎须爱惜，从来脂粉误人身。

马前双臂海东青，擒得哀鸿不忍听。我欲南归无羽翼，问渠何事度龙庭。

见说苍梧杳霭间，风波帝子几时还。胡沙恨是无湘竹，泪洒千行不作斑。

八月天山雨雪重，梦中犹记采芙蓉。当时水殿争凉处，同伴如今可忆侬。

夜夜秋风帐外惊，黄河东去带悲声。无情只有西流水，下陇何因诉不平。

天无穷尽地无边，此日愁心亦复然。赖得琵琶解传语，凄凉惟有后人怜。

黄金纵买毛延寿，玉貌当如薄命何。多少佳人怨憔悴，算来不属画图多。

（据罗洪先《念庵文集》卷20，上海古籍出版社1993年版）

四溟诗话（节录）

（明）谢榛

卷　一

五　三

韦、孟诗，《雅》之变也，《昭君歌》，《风》之变也。三百篇后，二作得体。梁太子不取《昭君》，何哉？

一一七

白乐天《昭君》诗曰："汉使却回凭寄语，黄金何日赎蛾眉？君王若问妾颜色，莫道不如宫里时。"此虽不忘君，而辞意两拙。予因之效颦曰："使者南归重妾思，黄金何日赎蛾眉？汉家天子如相问，莫道容光异旧时。"

卷　三

六　二

成皋王传易及子玄易问作诗有"缩银法"，何如？予因举李建勋诗"未有一夜梦，不归千里家"，此联字繁辞拙，能为一句，即缩银法也。限以炷香，香及半，玄易曰："归梦无虚夜。"香几尽，传易曰："夜夜乡山梦寐中。"予曰："一速而简切，一迟而流畅。其悟如池中见月，清影可掬；若益之以勤，如大海息波，则天光无际。悟不可恃，勤不可间。悟以见心，勤以尽力。此学诗之梯航，当循其所由而极其所至也。"翌日，传易复问余曰："昨所谈建勋之作，句稳意切，莫辨其疵，无乃虚字多邪？"予曰："晚唐人多用虚字，若司空曙'以我独沉久，愧君相见频'，戴叔伦'此别又万里，少年能几时'，张籍'旅泊今已远，此行殊未归'，马戴'此境可长往，浮生自不能'。此皆一句一意，虽瘦而健，虽粗而雅。盖建勋两句一意，则流于议论，乃书生讲章，未尝有一夜之梦而不归乎千里之家也。欧阳永叔亦有此病。《明妃曲》：'耳目所及尚如此'，'万里焉能制'其'夷狄'也哉！"传易曰："然！"

卷 四

七 一

七言近体，起自初唐应制，句法严整。或实字叠用，虚字单使，自无敷演之病。如沈云卿《兴庆池侍宴》："汉家城关疑天上，秦地山川似镜中。"杜必简《守岁侍宴》："弹弦奏节梅风入，对局探钩柏酒传。"宋延清《奉和幸太平公主南庄》："文移北斗成天象，酒近南山献寿杯。"观此三联，底蕴自见。暨少陵《怀古》："一去紫台连朔漠，独留青冢向黄昏。"此上二字虽虚，而措辞稳帖。《九日蓝田崔氏庄》："蓝水远从千涧落，玉山高并两峰寒。"此中二字亦虚，工而有力。中唐诗虚字愈多，则异乎少陵气象。

（据谢榛《四溟诗话》卷1、卷3、卷4，宛平校点，人民文学出版社1961年版）

编者按：《四溟诗话》原名《诗家直说》，清人翻刻时改为《四溟诗话》。《四溟诗话》卷三第六十二条中"欧阳永叔"一段文字，《续修四库全书》收录《诗家直说》原文为："欧阳永叔亦有此病。《明妃曲》：'耳目所及尚如此，万里焉能制夷狄。'夫耳目之所及者尚然如此，况万里之外，焉能制其夷狄也哉！传易曰：'然！'"与《四溟诗话》本有异，文意明白，言辞通畅，当以《续修四库全书》本为依据。

国雅品（节录）

（明）顾起纶

士品二

王朝霞籍安中

思多凄怨，托喻颇深。如《塞下》云："嘶马边尘黑，鸣笳陇日昏。"《昭君》云："身随胡地远，心是汉宫愁。"《寒村》云："古路无行客，闲门有白云。"《鹧鸪》云："长沙有迁客，莫向雨中啼。"《老马》云："只今弃掷寒郊路，犹自悲鸣向主人。"读此例数篇，俱堪泪下。昔班姬寓庚写怨，应场托雁言怀，良有以也。公才高不遇，尝隐于长乐山中，自称"白云樵者"。竟沦于幕职，悲夫！

士品三

杨修撰用修，张进士愈光

世阀骏英，巍科雄望，嚼咀搜玉，咳唾成珠。其为诗，杨如锦城雪栈，险怪高峻；张如兰津天桥，腾逸浮空，故并钟山川之灵乎？《卮言》又云："杨乃铜山金埒，张乃拙匠斧凿。"是讥其未融化也。杨之"罗衣香未歇，犹是汉宫恩"，"石帆风外矗，沙镜雨中明"，又"汀洲春雨搴芳杜，茅屋秋风带女萝"，"夜夜月为青冢镜，年年雪作黑山花"；张之"鸿雁不传云外字，芙蓉空照水中花"，"铜柱兼葭鸿雁响，铁城烟雨鹧鸪啼"，此例数篇，非雕饰曼语。

（顾起纶《国雅品》，据《四库全书存目丛书补编》第15册，齐鲁书社2001年版）

编者按：顾起纶，字更生，号元名，无锡（今江苏）人，活跃于嘉靖年间至万历初期，官至郁林州同知，著有《国雅品》等。《国雅品》简称《国雅》，六十卷，是一部明代诗人诗选。此书仿照钟嵘《诗品》之体例，对选本中"名家"加以品评。所选诗人，上起明初，下迄嘉靖末年，共二百余人。

《国雅品·士品二》中"王朝霞籍安中"条题目和诗作作者有误。明初文士王恭，字安中，长乐县（今福建）人，为"闽中十子"之一。洪武年间隐居七岩山，自号"皆山樵者"。永乐四年（1406）应召为翰林待诏，参与编修《永乐大典》，书成，授翰林院典籍，后弃官返乡，自号"白云樵者"等。"翰籍"为"翰林院典籍"之简称，《国雅品》中多有"翰籍"之名，如孙翰籍、高翰籍等，故而"王朝霞籍安中"应为"王翰籍安中"之误，即将"翰"误写作"朝霞"二字。但顾起纶所举《昭君》一诗为明初诗人王洪之作，见于王洪《毅斋集》卷三，原题《昭君怨》，诗云："掩泪向边州，君恩此日休。身随胡地远，心是汉宫愁。雁塞春难到，龙沙草易秋。玉容何足贵，翻作羽林羞。"

天中记（节录）

（明）陈耀文

卷四十三

马上之乐

故老言汉送乌孙公主嫁昆弥，念其行道思慕，使知音者载琴、筝、筑、箜篌之属，作马上之乐。傅玄《琵琶传序》。匈奴盛，请婚于汉，元帝以后宫良家子昭君配焉。昔公主嫁乌孙，令琵琶马上作乐，以慰其道路之思，其送明君亦必尔也。石崇《明君辞》。王昭君初适匈奴，在路愁怨，遂于马上弹琵琶以寄其恨，至今传之，谓之《昭君怨》。《图经》。

夫汉送公主，于马上作乐，季伦制辞，意昭君亦尔，未尝谓昭君自弹也。《图经》即以《昭君怨》实之，不知何所本也。而今人画《明妃出塞图》，作马上愁容，自弹琵琶，赋辞者多即以为昭君实事，盖承前人之误耳。

（据陈耀文《天中记》第 2 册，上海古籍出版社 1991 年版）

王昭君五首有序

（明）胡直

自石季伦以后，咏昭君者多矣。唐宋人独取白乐天二绝，以其语有眷国怀土之忱，读之良然。最后读郭代公诗，乃知乐天有所祖。郭诗云："容颜日憔悴，有甚画图时。"又云："始知君惠重，更遣画蛾眉。"斯其蔼然忠爱形言表矣，今古盖绝唱云。友人欧阳曰守示余和白之作，余因尾作五章，非将以追步逸响，聊亦各宣其所睹焉耳。

冰雪凋蝉鬓，风沙浣绮裳。愁容无复理，不为学新妆。

二

泪作冰霜结，愁添塞草翻。断肠那假寐，有寐是归魂。

三

自向金微去，几度阅黄河。妾心将妾泪，点点逐东波。

四

愿作随阳鸟，秋风一度翔。无恩承汉宠，只忆见君王。

五

传闻汉帝怒，遣将靖边氛。安得从俘虏，南随霍冠军。

（据胡直《衡庐精舍藏稿》卷7，上海古籍出版社1993年版）

艳异编（节录）

（明）王世贞

卷四十 鬼部五

田洙遇薛涛联句记

五羊田洙，字孟沂，洪武十六年甲子四月，随父百禄赴蜀成都教官。洙清雅有标致，书画琴棋，靡所不晓。……

洙由是常宿美人所。逾半年，人无知者。惟赏花玩月，举白弄琴，曲尽人间之乐。一夕，与洙论诗曰："唐人喜作回文，近时罕见。"洙曰："惟夫人柔情幽思，谈笑为之。若予荒钝，无复措辞。"美人笑曰："请试命题，以求教益。"洙遽曰："四时词也。"美人即赋诗曰：

花朵几枝柔傍砌，柳丝千缕细摇风。

霞明半岭西斜日，月上孤村一树松。右一。

凉回翠簟冰人冷，幽心清泉夏井寒。

香篆袅风青缕缕，纸窗明月白团团。右二。

芦雪覆汀秋水白，柳风凋树晚山苍。

孤灯客梦惊空馆，独雁征书寄远乡。右三。

天冻雨寒朝闭户，雪飞风冷夜关城。

鲜红炭火炉围暖，浅碧茶瓯注茗清。右四。

洙听罢，叹其妙敏。将濡毫属和，美人曰："正所谓木桃琼瑶，敢望报乎！"洙答曰："真乃是白雪阳春，难为和耳。"亦赓四韵曰：

芳树吐花红过雨，入帘飞絮白惊风。

黄添晚色青舒柳，粉落晴香雪覆松。右一。

瓜浮瓮水凉消暑，藕浸盘水翠嚼寒。

斜石近阶穿笋密，小池舒叶出荷团。右二。

残日绚红霜叶赤，薄烟笼树晚林苍。

鸾书寄恨羞封泪，蝶梦惊愁怕念乡。右三。

风卷雪篷寒罢钓，月辉霜杵冷敲城。

浓香酒泛霞杯满，淡影梅横纸帐清。右四。

美人且读且笑曰："绝妙好词。但两韵俱和则善矣。"洙曰："君子不欲多上人，且输一筹耳。"洙因曰："蜀中山水奇胜。自昔以来，多产佳丽。若昭君、文君、薛涛辈，以夫人方之，迨亦有优劣乎？"美人曰："昭君远嫁胡沙，卓氏当炉可耻。貌美命薄，俱受苦辛。使子遇薛涛，亦不啻如今日也。由是言之，固为优矣。"

（据王世贞《艳异编》卷40，江苏广陵古籍刻印舍1998年版）

艺苑卮言（节录）

（明）王世贞

卷 四

四·四八

唐人有佳句而不成篇者，如孟浩然"微云淡河汉，疏雨滴梧桐"，杨汝士"昔日兰亭无艳质，此时金谷有高人"，尉迟匡"夜夜月为青冢镜，年年雪作黑山花"，每恨不见入集中。杨用修尝为"青冢黑山补"一首，终不能称。近顾氏编《国雅》，乃称为用修得意语，可笑！

四·八四

欧阳公自言：《庐山高》《明妃曲》，李杜所不能作。余谓此非公言也，果尔，公是一夜郎王耳！《庐山高》仅玉川之浅近者，无论其他，只"半壁见海日，空中闻天鸡"，太白率尔语，公能道否耶？二歌警句，如"红颜胜人多薄命，莫怨春风强自嗟"，寻常闺阁不足形容明妃也；"耳目所及尚如此，万里安能制夷狄"，论学绳尺，公从何处削去之乎拾来？

（据王世贞《艺苑卮言》卷4，罗仲鼎校注，齐鲁书社1992年版）

编者按：顾起纶在《国雅品》中将唐人尉迟匡之诗句"夜夜月为青冢镜，年年雪作黑山花"误为明人杨用修之作，王世贞在《艺苑卮言》卷四中作了讥嘲和辨正。足见《国雅品》中张冠李戴的现象较为常见。

新刻增补艺苑卮言（节录）

（明）王世贞

卷　　二

石卫尉纵横一代，领袖诸豪，岂独以财雄之政才气胜耳？《思归引》《明君辞》，情质未离，不在潘、陆下，刘司空亦其俦也。《答卢中郎》，五言磊块，一时涕泪千古。

（王世贞《新刻增补艺苑卮言》卷2，据《续修四库全书》第1695册，上海古籍出版社2002年版）

弇州续稿（节录）

（明）王世贞

卷一百六十八

题古画《王昭君图》

余睹《王昭君出塞图》，后先凡三本，颇具汉家威仪，而呼韩邪来迓，则极骑吹、驼氍、毡车、弓篸之盛，宾主初觌，欢情与肃容两称。而此图则仅导者数胡骑，亦有汉儿一，以琵琶后随，一橐驼载服装而已。虽复低眉掩抑作怯寒状，而赞御皆宽然暇逸。意是出塞以后事。跋尾当有题识，今失之，不辨何人与何代。然其用笔殊精密，而番马犹有跛跋骄嘶之致，宛然胡环、张戡家风，似非南渡以后供奉手所办也。

昭君以良家子困掖庭，不胜牢骚愤郁，慨然请远适，又用其俗配呼韩邪子生二女，此与张元、吴昊何异？而书生弄笔，往往深怜而重与之，独渠宗介夫得其情与事，曰："汉恩自浅胡自深，人生乐在相知心。"虽然坐此二语，令人勘破其方寸，不待许冯瀛王而后恶其不纯也，则可笑已！

（王世贞《弇州续稿》卷168，据《四库全书》第1284册，上海古籍出版
社1987年版）

编者按：王世贞将昭君远嫁匈奴视同效力于西夏的张元、吴昊，自是一种不足评说的类比。但从王世贞《题古画王昭君图》的记述看，宋明之时美术界流行画昭君出塞图，而风格多样，胡汉人物各异，驼马器物纷呈。原文中"介夫"，应为"介甫"之误。"冯瀛王"指五代时冯道，曾倡议国子监校定印刷"九经"，中国古代官府大规模刻书自此开始。冯道死后，周世宗追封为瀛王。

明　妃

（明）朱朴

笑拂蛾眉出镜中，君王遣妾为和戎。后宫粉黛三千辈，谁有长城尺寸功。

（据朱朴《西村诗集》卷上，见《四库全书》第1273册，上海古籍出版社
1987年版）

反昭君怨

（明）李学道

明妃恃有倾城色，不赂画工空自惜。蛾眉翠黛目含情，昭阳从此浮云隔。遣嫁单于出汉宫，马前飒飒鸣寒风。为抱琵琶诉哀怨，怨声有尽心无穷。吁嗟乎！汉宫美人亦无数，买笑争怜学歌舞。纵然恩宠倾六宫，珠钿绣幕俱尘土。独有明妃传至今，骚人感咏诗成谱。当时不遇毛延寿，安得芳名播千古？《金华诗录》。

（据胡丹凤《青冢志》卷9，见《笔记小说大观·五编》，第10册，台湾新
兴书局1960年版）

编者按：李学道，字汝致，东阳（今属浙江）人，明嘉靖四十一

年（1562）进士。李学道将诗题为《反昭君怨》，说明他有意做翻案文章，认为王昭君芳名传千古，有什么怨恨遗憾的呢？但他认为是毛延寿促成了昭君留名青史，则显得识见不高。"马前飒飒鸣寒风"一句，《青冢志》作"马前飒飒鸣寒风"，当为笔误。

初潭集（节录）

（明）李贽

卷　　四

蔡文姬、王明君同是上流妇人，生世不幸，皆可悲也。元封中，以江都王建女细君为公主，妻乌孙王昆莫。昆莫年老，言语不通，公主悲哀，自作歌曰："吾家嫁我兮天一方，远托异国兮乌孙王。穹庐为室兮旃为墙，以肉为食兮酪为浆。居常土思兮心内伤，愿为黄鹄兮归故乡。"昆莫乃上书，请使其孙尚公主，诏许之。公主不听，亦上书言状，天子乃报，使从其俗。是亦一明君也，悲矣！孝武报使使从其俗，又非圣天子而何？

（据李贽《初潭集》卷四，上册，中华书局1974年版）

杜律詹言（节录）

（明）谢杰

卷　　一

《咏怀古迹五首》其三

群山万壑赴荆门，生长明妃尚有村。一去紫台连朔漠，独留青冢向黄昏。画图省识春风面，环佩空归夜月魂。千载琵琶作胡语，分明怨恨曲中论。

公此诗为近体之冠，称《明妃曲》中神诗。故"一去紫台连朔漠"，足兼"今日汉宫人，明朝胡地妾"之句。"独留青冢向黄昏"，足契"汉使却回凭寄语，黄金何日赎蛾眉"之意。"画图省识春风面"，足卑"意态由来画不成，当时枉杀毛延寿"之调，"环佩空归夜月魂"，足破"汉恩自浅胡自深，人生乐在相知心"之舛。"分明怨恨曲中论"，足轧"红颜胜人多薄命，莫怨春风当自嗟"之词。故曰公诗神诗也。说者谓是时肃宗以少女宁国公主下嫁回鹘，临别之语闻者酸心，公哀之，因借明妃为咏。

[谢杰《杜律詹言》卷1，据天津图书馆藏万历二十五年（1597）张应泰、

金士衡刻本]

编者按：谢杰，字汉甫，长乐（今属福建）人，明万历二年
（1574）进士，历任光禄寺丞、顺天府尹等职。《杜律詹言》成书于万
历年间，所谓"詹言"指烦琐、片面的言论，乃作者自谦之辞。该书
专注杜甫七律，其阐释诗旨多见创意，但传本罕见，故流传不广。谢
杰将杜甫《咏怀古迹五首》其三评为"近体之冠"，"《明妃曲》中神
诗"，无疑是最高的评价。

古乐苑（节录）

（明）梅鼎祚

衍录卷一　总论

清商曲七曲

《王昭君》：亦曰王嫱，亦曰王明君。若以为延寿画图之说，则委巷之谈流入风
骚人口中，故供其赋咏，至今不绝。

衍录卷三　历代名氏评论辩解

王昭君。名嫱，汉宫人。元帝时匈奴入朝，以嫱配之，号宁胡阏氏。

韦、孟诗，《雅》之变也；《昭君歌》，《风》之变也。三百篇后，二作得体。梁太子不
取《昭君》，何哉？《诗家直说》。

（梅鼎祚《古乐苑衍录》卷1、卷3，据《四库全书》第1395册，上海古籍

出版社1987年版）

编者按：梅鼎祚，字禹金，宣城（今属安徽）人，明代诗人、戏
曲家、小说家，世称宛溪先生。所说"清商曲七曲"指《子夜》《前
溪》《乌夜啼》《石城乐》《莫愁乐》《襄阳乐》《王昭君》。文中的《昭
君歌》《昭君》均指按清商曲《王昭君》乐调创作的歌词。

山堂肆考（节录）

（明）彭大翼

卷一百十四

丑　妇

王子秀曰："以德论王嫱、西施，善毁者不能蔽其好；以色论嫫姆、倭傀，善誉者不能掩其丑。"

（据彭大翼《山堂肆考》卷114，第3册，上海古籍出版社1992年版）

题白乐天集

（明）胡应麟

唐诗文至乐天，自别是一番境界，一种风流。而世规规以格律掎之，胡耳目之隘也？《倦绣图》诗："辽阳春尽无消息，夜合花开日又西。"中唐后第一篇，而《正声》不收，暨《品汇》亦失之，聊识于此。又，《昭君》一绝，亦可为中唐第一，《品汇》并失收。

（据胡应麟《少室山房集》卷105，上海古籍出版社1993年版）

诗薮（节录）

（明）胡应麟

内编卷六

乐天诗世谓浅近，以意与语合也。若语浅意深、语近意远，则最上一乘。何得以此为嫌？《明妃曲》云："汉使却回频寄语，黄金何日赎蛾眉？君王若闻妾颜色，莫道不如宫里时。"三百篇、《十九首》不远过也。

外编卷五

欧阳自是文士，旁及诗词。所为《庐山高》《明妃曲》，无论旨趣，只格调迥与歌行不同，惊骇俗流可耳，唐突李杜何也？

（胡应麟《诗薮》内编卷6、外编卷5，据《续修四库全书》第1696册，上海古籍出版社2002年版）

编者按：明代著名学者胡应麟在《题白乐天集》里将白居易《王昭君》评为"中唐第一"，又在《诗薮》内编卷六里说"三百篇、《十九首》不远过"，将其与《诗经》《古诗十九首》并列，足见其评价之高。胡应麟所说白居易之《昭君》或《明妃曲》，原题作《王昭君》。

雪涛诗评（节录）

（明）江盈科

一下第举子《题昭君图》云："一自蛾眉别汉宫，琵琶声断戍楼空。金钱买取龙泉剑，寄与君王斩画工。"盖以画工喻典试也，意亦巧矣。

白乐天《题昭君》云："汉使却回凭寄语，黄金何日赎蛾眉？君王若问妾颜色，莫道不如宫里时。"用意深远，思人所不及思，《香山集》中如此首亦难多觅。

（据陶珽《说郛续》卷34，见《续修四库全书》第1191册，上海古籍出版社2002年版）

五杂俎（节录）

（明）谢肇淛

卷八　人部四

美妇人多矣，然或流离颠沛，或匹偶非类，果红颜之薄命耶？抑造物之见妒也？妹喜、夏姬之伦无论已。西子失身吴宫，王嫱芜绝异域。昭阳姊妹，终为祸水；虢国兄弟，尺组绝命。不如意者不可胜数。惟文君之于长卿，绿珠之事季伦，可谓才色俱侔，天作之合矣，而一以琴心点玉于初年，一以行露碎璧于末路，令千古之下，扼腕陨涕，欲问天而无从也。

（据谢肇淛《五杂俎》卷8，上册，中央书店总店1935年版）

卷十二 物部四

京师有瞽者，善弹琵琶，能作百般声音。尝宴冠裳，匿屏帏后作之，初作如媪唤伎者声，继作伎者称疾不出，往复数四，谇诉勃溪，遂至掷器破钵，大小纷纭，或詈或哭，或劝或助。坐客惊骇欲散，徐撤屏风，则一瞽者，抱一琵琶而已，它无一物也。又有以一人而歌曲、击鼓钹、拍板、钟铙合五六器者，不但手能击，足亦能击，此亦绝世之技。惜乎但为玩弄之具，非知音者也。

汉嫁乌孙公主，令琵琶马上作乐以慰其心。后石季伦《明妃词》云："其送明君亦必尔。"已自臆度可笑。而《图经》即谓昭君在路愁怨，遂于马上弹琵琶以寄恨，相沿而误愈甚矣。今人不知琵琶为乌孙事，而概用之昭君；又不知琵琶为送行之乐，而概以为昭君自弹。盖自唐以来误用，至今而不觉也。

（据谢肇淛《五杂俎》卷12，下册，中央书店总店1935年版）

艺彀（节录）

（明）邓伯羔

卷　中

王明君

《后汉·匈奴传》言：呼韩邪匈奴来朝，愿为汉婿，后宫王嫱以积怨自请行。此事之实也。《西京杂记》乃云：元帝使画工毛延寿图宫人形貌，按图召幸，王嫱以赂金少，画不及貌。及赐单于宫人，王嫱当行，帝见之悔，乃杀延寿。夫元帝柔仁之主，谓其因女色杀画工，固不可信。而王嫱以无宠自请行，诚一污贱女子耳。后之为《昭君曲》者，多归咎元帝，殊不当云。程克勤学士有诗："明妃本是巫山女，貌美如花解人语。家门正对楚王台，惯听乡人说云雨。一朝被选入汉宫，几年不识天子容。宫车历历向何所，青苔不解长门封。象床展转心似捣，自惜红颜暗中老。裴回顾影泪双垂，生死不如台下草。胡王欲得汉家姬，六宫尽蹙双蛾眉。孤怀不觉心语口，犹胜永巷常凄其。欣然独上毡车里，胡王得之惊且喜。短箫吹出霸陵桥，两两雎鸠水中起。古城北去多战场，黄沙白草春无光。多情自得虏庭乐，回首汉月空茫茫。打回夜向阴山宿，更为胡王理丝竹。汉家莫悔误和戎，琵琶不是思归曲。"

（邓伯羔《艺彀》卷中，据《艺彀（外四种）》，上海古籍出版社1992年版）

编者按：邓伯羔，字孺孝，常州（今属江苏）人。其《艺彀》共三卷，补一卷，该书考订旧文，甚为详赡。作者在"王明君"条里指王昭君为"污贱女子"，显然是承袭了程敏政（字克勤）的狭隘之论。文中"打回夜向阴山宿"一句，当为"打围夜向阴山宿"之误。

说略（节录）
（明）顾起元

卷九　史别下

王昭君事，诗人雅好咏之，自石季伦《明妃词》后不可胜纪。杜工部诗云："千载琵琶作胡语，分明怨恨曲中论。"白少傅诗云："汉使却回凭寄语，黄金何日赎蛾眉？君王若问妾颜色，莫道不如宫里时。"欧阳文忠诗云："耳目所及尚如此，万里安能制夷狄？"皆以昭君入胡不忘汉致吊而悯之之意。独王荆公有"汉恩自浅胡自深"之句，人遂缘是以觇其非纯臣。要而论之，昭君本非贞女，荆公之言未必非，诸公之言未必实也。

按《前汉书·匈奴传》：元帝以后宫良家子王嫱字昭君赐呼韩邪单于，又言王昭君号宁胡阏氏，生一男伊屠知牙师，为右日逐王。呼韩邪死，其子雕陶莫皋立为复株絫若鞮单于，复妻王昭君，生二女，长女为须卜居次，小女为当于居次。《后汉书·南匈奴传》："知牙师者，王昭君之子也。昭君字嫱，南郡人也。初，元帝时，以良家子选入掖庭。时呼韩邪来朝，帝敕以宫女五人赐之。昭君入宫数岁，不得见御，积悲怨，乃请掖庭令求行。呼韩邪临辞大会，帝召五女以示之。昭君丰容靓饰，光明汉宫，顾景裴回，竦动左右。帝见大惊，意欲留之，而难于失信，遂与匈奴。生二子。及呼韩邪死，其前阏氏子代立，欲妻之，昭君上书求归，成帝敕令从其俗，遂复为后单于阏氏焉。"《西京杂记》云："元帝后宫既多，不得常见，乃使画工图形，案图召幸之。诸宫人多赂画工，独王嫱不肯，遂不得见。匈奴入朝，求美人为阏氏。于是上案图，以昭君行。及去，召见，貌为后宫第一，善应对，举止闲雅。帝悔之，而名籍已定，帝重失信于外国，故不复更人。乃穷案其事，画工毛延寿等皆弃市。"《琴操》曰："王昭君者，齐国王穰女也，年十七，仪形绝丽，以节闻国中，长者求之，皆不许，乃献汉元帝。帝造次不能别房帷，昭君恚怨之。会单于遣使，帝令宫人装出，使者请一女，帝乃谓宫中曰：'欲至单于者起。'昭君喟然越席而起，帝视之，大惊悔。是时使者并见，不得止，乃赐单于。"观此诸书所记相戾。如《琴操》所言，则昭君之始也，以不得幸御恚愤不堪而自请入胡，其后呼韩邪死又不能自守，遂复为后单于阏氏。行此乃淫佚之女，何云以节闻哉？《乐府解题》又云："昭君有子曰世违，单于死，世违继立，匈奴之俗，父死妻母。昭君问世违曰：'汝为汉也，为匈奴也？'对曰：'为匈奴耳！'昭君乃吞药自杀。"

夫昭君所生子自名知牙师，其继呼韩邪立者，乃雕陶莫皋，是呼韩邪大阏氏之子，昭君配之所生二女，王莽时曾讽令须卜居次入侍元后。两汉史所纪明白如此，何乃为此亡稽之言邪？后世遂有昭君死节及青冢之说，学士王达《笔畴》中常责昭君远嫁匈奴，不死于中路，及至见腥膻而后亡，不亦晚乎！不知昭君不惟不死，且不耻为两单于妻矣。太仓陆之箕曾于《笔畴》中笺记之，《金罍子》又备言其详。诗人徒以美艳失身异地过为悯惜，所谓未见好德如好色也。

（据顾起元《说略》卷9，上海古籍出版社1992年版）

　　编者按：宋明理学昌盛之世，多有文士以捍卫儒家伦理的道学家自居，忽视不同民族文化习俗的差异性，对王昭君嫁匈奴两代单于的经历横加指责，以此为失节失格之耻，并否定历代以同情昭君为基调的文学创作，斥之为"未见好德如好色"的表现。明代学者顾起元是较典型的例证。

杜臆（节录）

（明）王嗣奭

卷　八

咏怀古迹五首

五首各一古迹。……其三因昭君村而悲其人。昭有国色，而入宫见妒，公亦国士，而入朝见嫉，正相似也，悲昭以自悲也。"紫台"，用江淹赋中语，犹云"紫禁"。"连"，今作"婵"，缔姻也。既连朔漠，而冢独留青，知其虽死不忘故土也。至今画图可识者乃其面耳，不知魂犹南归，深夜月明，若闻环佩之声焉。"月夜"，当作"夜月"，不但对春风，而与夜月俱来，意味迥别。千岁犹存琵琶，犹作胡中之语，盖寓此怨恨于曲中，而人当自解也。

卷八补

《咏怀古迹》之三。《通》云："时肃宗以少女宁国公主下嫁回纥，临别之语，闻者酸心。公故借明妃之事以哀之。"邵云："明妃，单于既死，子达立，昭君谓达曰：'将为汉？将为胡？'曰：'为胡。'于是昭君服毒而死，胡地草白，其冢青。"记昭君事多不同，而此说又不知所出。果尔，非女中丈夫乎！

（王嗣奭《杜臆》卷8，据《续修四库全书》第1307册，上海古籍出版社2002年版）

编者按：《杜臆》是晚明学者王嗣奭晚年之作，是集其毕生心血的一部杜诗评论集，总结了其三十七年来对于杜甫诗歌的研究和整理，在杜诗学史上具有十分重要的地位。文中的"《通》云"，当指晚明举人胡震亨《李杜诗通》的注评，胡震亨曾编《李杜诗通》，其中《杜诗通》四十卷；"邵云"，指晚明贡生邵博的注评，邵博著有《杜律集解》。

玉芝堂谈荟（节录）

（明）徐应秋

卷　七

历代美人

自古美姝以色著称者，西子失身吴宫，王嫱芜绝异域，昭阳姊弟终为祸水，太真修糜绝命尺组，妹喜、妲己、玉儿、丽华、花蕚夫人之亡国，郑袖、卫子夫之被谗，乐昌、无双、柳姬之坎坷，文君点玉于初年，绿珠碎璧于末路，非烟、绿翘、狄夫人、霍小玉因色伤生，戚夫人、武惠妃、侯夫人、太平公主龆年毕命。彩云易散，古今同悲，不可一二数也。

（据徐应秋《玉芝堂谈荟》卷7，上海古籍出版社1993年版）

编者按：徐应秋所列历代美人中，有的是历史真实人物，如妲己、郑袖、戚夫人、卓文君、王昭君、张丽华等，有的却属于文学人物，如无双、霍小玉、非烟等。

万历版《马邑县志》（节录）

（明）宋子质 修 王继文 等 纂

卷　上

青冢，阔四五亩，高丈余，俗传王昭君墓。考昭君墓在化外丰州沙滩，今以为在此，或传者讹也。

［宋子质等《马邑县志》卷上，据民国二十五年（1936）铅印本］

书画跋跋续（节录）

（明）孙矿

卷　三

古画《王昭君图》

王氏跋一：昭君以良家子困掖庭，不胜牢骚愤郁，慨然请和蕃。又用其法配呼韩子，生二女，与张元、吴昊何异？而书生弄笔，往往深怜而重与之，则可笑矣。

昭君事载《汉书》及《西京杂记》甚明，此乃刘中垒父子所记，夫焉有误？其云请行者，乃出《后汉书》，不知传闻自何人，应未足据。其适单于后，甚能为汉和辑边塞，至所生女，且入侍元后。此正如士君子抱才德，乃见蔽于谗佞，贬谪远方，犹能为国家保土化俗，如李卫公之欲变黎然。作诗者深怜而重与之，自是情理，安得引张元、吴昊为比？使张、吴二人能使赵酋称臣奉贡，岂不亦宋之忠臣乎？且昭君何曾如中行说教单于叛汉哉！司寇此论欲在翻案，然亦过好奇矣！独汉元帝以斩郅支，故使呼韩畏惧，再来朝因求婿汉氏，愿保塞传之无穷。威德远振，乃千古大快事。今吟者或乃用和夷为嗤，似为负冤。余十五六时曾作《反昭君怨》三绝句、一长歌。今止记一绝："威振阴山肃，恩行瀚海春。前宫赐美女，不是事和亲。"语虽不工，然于事为核。

（孙矿《书画跋跋续》卷3，据《四库全书》第816册，上海古籍出版社1987年版）

编者按：注文中所说"王氏"，指明代著名诗人王世贞，王世贞曾作《题古画〈王昭君图〉》。王世贞做过刑部尚书，掌司法，故孙矿跋文中称王世贞为"司寇"。司寇为周朝六卿之一，掌管刑狱、纠察等事，与明代刑部尚书略近。孙矿表达了与王世贞完全相反的看法，充分肯定了王昭君的忠贞品性与爱国情怀，与张元、吴昊之流有着天壤之别。

露书（节录）

（明）姚旅

卷之四　韵篇中

吾乡黄汉荐，名幼藻，苏州别驾议之女，嫁林仪部仲子。丰姿韶秀，十三四即工声律，兼博子史。……《明妃曲》云："琵琶一曲度龙沙，悔入宫中斗丽华。万里孤身云外隔，恨教奴虏作夫家。"其二："天外胡风扑面沙，举头何处是中华？早知身被丹青误，但嫁巫山处士家。"其丽才雅藻，何减梅妃？惟是婿奇贫，一生寥落，三十九而卒，卒时犹诵"残灯无焰影幢幢"，悲夫！

（姚旅《露书》卷4，据《续修四库全书》第1132册，上海古籍出版社2002年版）

编者按：黄幼藻，字汉荐，晚明著名女诗人，福建莆田（今莆田市）人。聪慧异常，因家境贫寒和身体屏弱，而特别同情出塞的汉家弱女子王昭君，写诗抒发昭君出塞之怨恨，寄托自己身世之悲。晚明莆田籍文人姚旅在其《露书》中，对黄幼藻敏捷才思予以高度称赞，对其短暂的悲剧人生亦给予了深厚的同情。文章述及女诗人死时尚吟诵"残灯无焰影幢幢"诗句，即唐人元稹《闻乐天授江州司马》一诗："残灯无焰影幢幢，此夕闻君谪九江。垂死病中惊坐起，暗风吹雨入寒窗。"

昭君（节录）

（明）冯梦龙

昭君请掖庭令求行，非轻去其乡也。惜其名之不传，与面目之不经见于天下也。王荆公曰："自是如花画不成，当时枉杀毛延寿。"长卿氏曰："方昭君之行，'丰容靓饰，光动左右'，此即昭君图也；'戎服乘马，提一琵琶出塞而去'，此又即昭君图也。延寿岂能图昭君哉！"余谓延寿即能图昭君，使得进御，不过玉箪第床，一番恩宠而已。岂若青冢黄昏，令骚客情人凭吊于无穷也。昭君有子曰世违，单于死，世违继立。胡法：父死则妻其母。昭君问世违曰："汝为汉？为胡？"世违愿为胡，昭君乃吞药自杀。胡地草皆黄，惟昭君墓草独青。然则昭君又单于之贞妇矣。贞于汉不得，而贞于胡，究终心未尝忘汉。既死，而以青冢自旌。乃谤者曰："汉恩自浅胡自深！"岂不冤哉？

（据冯梦龙《情史》卷13，下册，上海古籍出版社1993年版）

二刻拍案惊奇（节录）

（明）凌蒙初

卷十七　同窗友认假作真，女秀才移花接木

小子为何说这一段鬼话？只因蜀中女子从来号称多才，如文君、昭君，多是蜀中所生，皆有文才。所以薛涛一个妓女，生前诗名不减当时词客，死后犹且诗兴勃然，这也是山川的秀气。

卷三十七　叠居奇程客得助，三救厄海神显灵

话说世间稗官野史中，多有纪载那遇神遇仙、遇鬼遇怪情欲相感之事。其间多有偶因所感撰造出来的，如牛僧孺《周秦行纪》道是僧孺落第时，遇着薄太后，见了许多异代本朝妃嫔美人，如戚夫人、齐潘妃、杨贵妃、昭君、绿珠，诗词唱和，又得昭君伴寝许多怪诞的话。却乃是李德裕与牛僧孺有不解之仇，教门客韦瓘作此记诬着他。只说是他自己做的，中怀不臣之心，妄言污蔑妃后，要坐他族灭之罪。这个记中事体，可不是一些影也没有的了？

（据凌濛初《二刻拍案惊奇》卷17、卷37，中华书局2009年版）

　　编者按：古代有不少文人称王昭君为"蜀中女子"，除了受马致远《汉宫秋》杂剧影响外，还有一个因素即昭君故里兴山县地处三峡腹地。长江三峡属于远古巴蜀地区范畴，历代文人习称三峡江段为"蜀江"，故而将王昭君称为"蜀中女子"在情理之中。

曲品补遗（节录）

（明）吕天成

陈宗鼎，吴郡人。所著传奇一本《宁胡记》。

此以匡衡为生，内状王嫱嫁胡事，宛转详尽，是着意发挥者。北词有《孤雁汉宫秋》剧，写汉帝诀别凄楚，虽有情境，殊失事实。今一正之，良快！叙亦骈美。

（吕天成《曲品补遗》，据吴书荫《曲品校注》，中华书局1990年版）

远山堂曲品（节录）

（明）祁彪佳

能　　品

《紫台怨》存。

向见元人《汉宫秋》剧，觉染指一脔，犹有余味。伯彭以工词丽响，为明妃写照。后之《紫台》相合也，更足以消磨青冢之幽恨矣。

杂　　调

《和戎》

明妃青冢，自江淹《恨赋》而外，谱之诗歌，袅袅不绝。乃被滥恶词曲占此佳境，反使文人绝笔，惜哉！

（祁彪佳《远山堂曲品》，据《中国古典戏曲论著集成（六）》，中国戏剧
出版社1959年版）

编者按：《紫台怨》是王元寿创作的传奇戏。王元寿，字伯彭，陕西合阳人，与祁彪佳为好友，祁以"工词丽响"称赏《紫台怨》。与此同时，祁彪佳认为明初剧作《和戎记》为民间"滥恶词曲"，颇显文人鄙视俗文学之弊。但他也客观地承认《和戎记》占尽剧坛"佳境"，达到了"反使文人绝笔"的艺术高度。

古诗镜（节录）

（明）陆时雍

诗镜总论

王昭君《黄鸟》诗，感痛未深。以绝世姿作蛮嫔，人苟有怀，其言当不止此，此有情而不能言情之过也。

（陆时雍《古诗镜·诗镜总论》，据《四库全书》第1411册，上海古籍出
版社1987年版）

卷二十八　北周

明君词（王褒）

兰殿辞新宠，椒房余故情。鸿飞渐南陆，马首倦西征。寄书参汉使，衔涕望秦城。惟余马上曲，犹作出关声。

王褒诗生气绝少，殆不多佳。《明君辞》："鸿飞渐南陆，马首倦西征"，语悴而温，恹恹肠断。

昭君辞应诏（庾信）

敛眉光禄塞，还望夫人城。片片红颜落，双双泪眼生。冰河牵马渡，雪路抱鞍行。胡风入骨冷，夜月照心明。方调琴上曲，变入胡笳声。

"夜月照心明"，当是"汉月照心明"。又"镜失菱花影，钗除却月梁"，难道昭君此时遂废妆耶？或胡饰兜鍪无所用故时物耶？此语何容轻下！

（陆时雍《古诗镜》卷28，据《四库全书》第1411册，上海古籍出版社
1987年版）

古诗镜·唐诗镜（节录）

（明）陆时雍

卷八　初唐第八

王昭君（梁献）

图画失天真，容华坐误人。君恩不可再，妾命在和亲。泪点关山月，衣销边塞尘。一闻阳鸟至，思绝汉宫春。

"妾命在和亲"，语温而痛！

卷五十三　晚唐第五

过昭君故宅（崔涂）

以色静胡尘，名还异众嫔。免劳征战力，无愧绮罗身。骨竟埋青冢，魂应怨画人。不堪逢旧宅，寥落对江滨。

三、四自负却带讽情。

（陆时雍《古诗镜·唐诗镜》卷8、卷53，据《四库全书》第1411册，上海古籍出版社1987年版）

型世言（节录）

（明）陆人龙

第十六回　内江县三节妇守贞，成都郡两孤儿连捷

峡云黯黯巫山阴，岷源汩汩江水深。

地灵应看产奇杰，劲操直欲凌古今。

有笺不写薛涛咏，有琴岂鼓文君音。

石镜纤月照夜抒，白帝轻风传秋砧。

凄然那惜茹蘗苦，铿尔益坚如石心。

白首松筠幸无愧，青云兰桂何萧森。

我今谩写入彤管，芳声永作闺中箴。

这首诗，单咏几个蜀中女子。蜀中旧多奇女子，汉有卓文君，眉若远山，面作桃花色，能文善琴。原是寡居，因司马相如弹《凤求凰》一曲挑他，遂夜就相如。有识的人道他失节。又有昭君，琵琶写怨，坟草独青，也是个奇女子。但再辱于单于，有聚尘之耻。唐有薛涛，人称他做女校书，却失身平康，终身妓女。

（据陆人龙《型世言》第16回，中华书局1993年版）

编者按：小说议论文字中"聚尘之耻"应是"聚麀之耻"之误，尘字的繁体为"塵"，与"麀"字形近。聚麀：指两代的乱伦行为。

但王昭君是遵匈奴民族之习俗而再嫁呼韩邪单于大阏氏之子的，不能以乱伦污点看待。将昭君嫁两代单于视为"聚麀之耻"，反映了作者思想观念的陈腐。

隋炀帝艳史（节录）

（明）齐东野人

第十五回　怨春偏侯夫人自缢，失佳人许廷辅被收

诗曰：

妾薄命，红颜自古成孤零。容分貌分何所凭，妍分媸分本无定。长门桃李不知春，嫩草承舆偏有兴。君不见，昭君千载恨画师，青冢黑河流不竟。又不见，庄姜悄悄怀忧心，绿衣黄里空悲咏。嗟哉岂是天有私，到底也非君薄幸。有才无命伤如何，茂陵秋雨相如病。

…………

侯夫人起初犹爱惜颜色，强忍死去调脂弄粉，以望一时的遇合；怎禁得日月如流，一日一日只管空度过去。不觉暗暗的香消玉减，虽有几个同行的姊妹时常来劝慰，怎奈愁人说与愁人，未免倒转添一番凄惨。后来闻得炀帝有旨亲选后宫，侯夫人又空喜欢了一番。不期只选得一两宫，因不中意，又停止了。这一遍又听得许廷辅来选，侯夫人未免又动了一片望幸的念头，谁知许廷辅必要礼物方肯来选。侯夫人听知此信，叹了一口气，说道："老天既生妾这般薄命，何消又生妾这样容颜！"一个心腹宫人说道："夫人何必自苦！有的是珠玉，何不拿几件去送他，得能够见了万岁，便不愁富贵矣！"侯夫人道："妾闻汉王昭君，宁甘点痣，必不肯以千金去买嘱画师；虽一时被害，远嫁单于，后来琵琶青冢，倒落了个芳名不朽。谁不怜她惜她，毕竟不失为千古的美人。妾纵然不及昭君，若要将珠玉去贿赂小人，以邀宠幸，其实羞为。"

（据齐东野人《隋炀帝艳史》第15回，李悔吾校点，群益堂1985年版）

编者按：明清小说戏曲多赞美西施、王昭君、貂蝉、杨玉环等美女之姿容，即所谓"四大美女"，但作品中的女性形象很少自比西施、

貂蝉、杨玉环等，却常常将王昭君引为同调，高度肯定昭君人格精神
之美。在四大美女中王昭君的地位是独一无二的。但"点痣"之说始
于元明戏曲，隋朝宫女不应有此闻。

徐氏笔精（节录）

（明）徐𤊱

卷四　诗谈

落　花

　　落花诗始于二宋，"汉皋佩冷临江失，金谷楼危到地香。将飞更作回风舞，
已落犹存半面妆。"诚绝唱也。余襄公云："金谷已空新步障，马嵬徒见旧香
囊。"至国朝作者愈盛，多至三十首矣。文征仲云："丹葩漂泊明妃泪，绿叶差
池杜牧情。"沈启南云："锦里门前溪好浣，黄陵庙里鸟还啼。"近岁滇中马弢
叔云："武陵路别回渔艇，金谷春深落妓钗。影摇团扇愁班女，艳逐微波度洛
妃。"山东于文若云："红楼白日怜珠坠，青冢黄昏痛玉埋。"吾乡董叔允云：
"拂地霓裳回妙舞，凌波罗袜冷香魂。楚妃腰细难胜雨，汉女身轻合避风。"建
溪丘文举云："撩乱隋宫抛剪彩，漂流秦苑弃余脂。"建溪魏君屏云："马嵬妃
死香犹在，垓下人亡血未干。"余少时亦曾赋十首，有云："丽华魂散胭脂井，
关盼香消燕子楼。"虽皆效法二宋，然比兴之体亦自俊丽可传也。

卷八　杂记

琵琶故事

　　琵琶故事，乌孙公主、王昭君、浔阳商妇最著，皆妇人也，男子无闻。

　　（徐𤊱《徐氏笔精》卷4、卷8，据《四库全书》第856册，上海古籍出版
社1987年版）

诗谭（节录）

（明）叶廷秀

卷　九

咏昭君诗

昭君诗至夥。至近世有"金钿换取龙泉剑，寄与君王斩画工"，怨而怒矣！何筹齐诗云："春到穹庐雪未融，日高毡帐暖如烘。当时不遇毛延寿，应恨孤眠老汉宫。"其意祖王荆公而非正。高太史启云："妾语还凭汉使传，妾身没虏不须怜。劝君莫杀毛延寿，留画商岩梦里贤。"较得诗家温厚之体。近日，谭贞默云："自古阏氏足美人，汉家平地说和亲。明妃莫恨毛延寿，底事全凭刘奉春。"以奉春君初开和戎之端，此诗亦足翻案。愚往有一诗云："马上琵琶和泪弹，胡沙万里汉衣寒。死生不怨毛延寿，国色岂从画里看。"

（叶廷秀《诗谭》卷9，据《续修四库全书》第1696册，上海古籍出版社2002年版）

影梅庵忆语（节录）

（明）冒襄 著 杜濬 评

姬谓余曰："我入君门整四岁，早夜见君所为，慷慨多风义，豪发几微，不邻薄恶，凡君受过之处，惟余知之亮之，敬君之心，实逾于爱君之身，鬼神赞叹畏避之身也。冥漠有知，定加默佑。但人生身当此境，奇惨异险，动静备历，苟非金石，鲜不销亡。异日幸生还，当与君敝屣万有，逍遥物外，慎毋忘此际此语！"噫吁嘻！余何以报姬于生死哉！姬断断非人世凡女子也。

杜茶村曰："才子佳人，多生乱世。如王嫱、文姬、绿珠，莫可缕数。姬生斯时，宜矣。奔驰患难，终保玉颜无恙；首邱绣闼，复得夫君五色彩毫，以垂不朽，孰谓其不幸欤！"

（冒襄《影梅庵忆语》，据《续修四库全书》第1272册，上海古籍出版社1995年版）

编者按：冒襄，字辟疆，号巢民，泰州如皋（今江苏）人，明末名士，明亡后隐居不仕，著笔记小说《影梅庵忆语》，"影梅庵"为其居室名。杜濬，字于皇，号茶村，晚号半翁，黄冈（今属湖北）人，明末诗人、学者。冒襄在《影梅庵忆语》中深情讲述自己与名姬董小宛的悲欢离合，杜濬在评赞中则将董小宛与王昭君、蔡文姬等列为"乱世佳人"。昭君出生于强大稳定的西汉中后期，将昭君视为"乱世佳人"，既与明末清初动荡不安的现实有关，也与历代昭君文学创作的悲剧基调分不开。

五、清

湛园札记（节录）

（清）姜宸英

卷　一

古事，人多相沿误用。高唐之梦，楚襄王也，而曰宋玉；百尺楼，刘玄德自拟也，而曰陈元龙；崔季圭伪为曹孟德对客，而孟德捉刀立其旁，则崔假也。而今称假倩者，反曰捉刀人。

石崇《昭君词叙》：昔公主嫁乌孙，令琵琶马上作乐，以慰其道路之思，其送明君亦必尔也。其造新曲，多哀怨之音，故叙之于纸云尔。观此则琵琶自是乌孙公主事，而所谓昭君琵琶者，特季伦之拟作耳。今人反以昭君为故实，於！乌孙之载在《汉书》者反置不用矣，是何异以退之之"天王明圣，臣罪当诛"实为文王《拘幽操》也。

（姜宸英《湛园札记》卷1，据《四库全书》第859册，上海古籍出版社1987年版）

咏王明妃序

（清）顾景星

序曰：王明妃当元帝初，待诏掖庭，久不得幸，妃内颇不平，值单于求汉女，盛饰越席请行，光彩动左右，帝惊悔不及。单于谓汉赐厚，献白璧、骡马、珍宝之物，请为天子守敦煌，休中国士卒。妃痛非本意，作诗曰："志念沈抑，不得颉颃。翩翩之燕，远集西羌。"顾子曰："妃不得志于中国而远嫁单于，卒使汉受其福，有孤臣义士之隐情焉。"《白茅堂集》。

（据胡凤丹《青冢志》卷3，见《笔记小说大观·五编》，第10册，台湾新兴书局1960年版）

王明妃

（清）顾景星

李陵不背汉，王嫱悲集羌。君恩不肯再，断绝彼中肠。丈夫各异志，女子亦有行。但恐兰蕙晚，不辞关路长。行行去故里，戚戚来此邦。綄缓耀金玺，云是单于王。毡帷出宛转，椎伎争扶将。白璧双报汉，为欢殊未央。晨瞻橐枪落，夜失族头芒。久戌获归国，病马亦解缰。长安百万户，共道蛾眉强。

（据胡凤丹《青冢志》卷5，见《笔记小说大观·五编》，第10册，台湾新兴书局1960年版）

明妃词

（清）顾景星

予幼有《王明妃》乐府，壮其忠义之情。读李白"昭君拂玉鞍"、白居易"汉使却回凭寄语"二词，又未尝不蠲伤也。体事缘情，复有斯作。

君恩联望断，冷落汉宫春。自为胡地妾，翻得号和亲。红颜天上落，呼韩笑解兵。虽为胡地妾，不负汉宫人。

（据胡凤丹《青冢志》卷8，见《笔记小说大观·五编》，第10册，台湾新兴书局1960年版）

编者按：顾景星为明末清初著名作家和爱国志士，以"孤臣义士"来高度肯定昭君之爱国品格，对王昭君的为人表达了由衷的钦敬，对王昭君出塞的苦寒生活也表达了深厚的同情。尽管顾景星认为王昭君远嫁大漠，并非出自本愿，但她个人做出了巨大的牺牲，国家因此得享安宁太平之福。这种评价是颇具见地的，对于明清时期尤其是近代广大觉醒的女性产生了较大影响。

历代诗话（节录）

（清）吴景旭

卷四十　杜诗卷下之上　律诗法

咏怀古迹五首　句字皆雅实，意度极高远

其三　昭君墓　牙锁格

羣山万壑赴荆门，生长明妃尚有村。王氏曰：荆门旧有明妃村。吴氏曰：此专言明妃事也。**一去紫台连朔漠，独留青冢向黄昏。**上句起第三联上句，下句起三联下句。紫台，汉宫名，言明妃入汉宫而后嫁于远，而卒死于远也。**画图省识春风面，环佩空归月夜魂。**上句承二联上句，而言明妃去矣，惟见画图；下句承二联下句，而言明妃死矣，惟于月下想其魂之归也。惟其去紫台，所以有画图可省；惟其有冢，所以归夜月之魂。交互曲折，各尽其妙耳。**千载琵琶如解语，分明哀怨曲中论。**此结起句，以终其意。

（据吴景旭《历代诗话》卷40，上册，中华书局1958年版）

　　编者按：吴景旭，字旦生，号仁山，归安（今浙江湖州）人，明末诸生，入清隐居未仕。吴景旭在《历代诗话》卷四十开头引元代诗人杨载的序言云："少年从叔父杨文主游西蜀，抵成都，过浣花溪，求工部先生之祠而观焉。有主祠者，工部九世孙杜举也，居于祠之后。予造而问之曰：'先生所藏诗律重宝，不犹有存者乎？'举曰：'吾鼻祖审言，以诗鸣于当世。厥后，言生闲，闲生甫，甫又以诗鸣。至于今，源流益远矣。然甫不传诸子，而独于门人吴成、邹遂、王恭传其法，故予传之三子者。"可见，注文中的"王氏"指王恭，"吴氏"指吴成，"邹氏"指邹遂。

　　杜甫原诗最后两句作"千载琵琶作胡语，分明怨恨曲中论"，与吴景旭所录略有差异。

明妃二首

（清）吴绮

莫怨妍娥向画中，明妃薄命在和戎。便教写得倾城貌，未必君恩冠后宫。

深宫岁岁闭容辉，一出榆关便不归。不为无金买图画，至今谁更识明妃。

（据胡凤丹《青冢志》卷5，见《笔记小说大观·五编》，第10册，台湾新兴书局1960年版）

无声戏序

（清）李渔

文章经千百世而不磨者，未尝以时为高下。然亦有十余年之间难易相去霄壤者，如今日之小说是矣。

万历以来，大人先生享承平之福，言及一夫作难，则震畏恐怖，不敢置对。向不更事者，夺其魄易，而醉其心亦易。若今日童稚、妇女，举亘古一见再见之事而习见之，犹人目击阿房之盛，而著小说者，将夸海市以耸其听，岂可得乎？若以劝戒言之，则人有非高庙玉环不盗、非长陵抔土不取者，虽孔子居其前、《春秋》列其侧尚无可如何，乃欲救之以小说，夫谁信之？

而《无声戏》不然，其大旨谓世之所处，多逆而少顺。就才貌言之，亦易见而足恃矣。若以为必售之资，即位兼将相，宠冠嫔御，而志犹未足；若以为必不售之资，则汾阳回銮灵武，与武穆抱痛临安；文姬身返汉廷，与明妃恨留青冢。死败者，理之常；而生成者，事之变也。能明此义，虽冶容果堪绝代，赤手自挽银河，一旦画图省识，琵琶遣行，蛩语惊闻，弧矢夕陨，正当抢地呼天之际，尚以此作火宅中清凉饮子，况生宇宙熙恬之日附翼攀鳞者。酬金不寒带砺之盟，锦袍得拜歌舞之赐，睹此持盈守正，免于祸患者哉！

如是，则《说难》可废，以为戏可，即以为《春秋》诸传亦可。

（据李渔《无声戏》，杜濬批评，人民文学出版社1989年版）

萤窗清玩（节录）

（清）佚名

第一卷　连理枝

艺祖喜曰："闺阁中有廊庙气，可谓文武兼备，才色双奇。合前二诗，足显我国文明之化。"命内监取出龙凤绣袍三袭，卧犀玉带三条，以均赐之。三人稽首谢恩，与众官将退出。忽有穿宫太监传出皇后旨意，宣召柳青青入宫。青青应召，入见后驾。参拜毕，后赐之坐。深嘉其功，青青谦奏如前。有内侍奏言：青青等在殿前赋诗，甚得圣意。后闻奏大喜，因指壁上昭君图，命青青题之。青青应旨题曰：

夏庭妹喜能倾国，周室褒妃亦破家。

不是明妃归虏去，当年汉鼎已分瓜。

后读而喜曰："古人有明妃怨、明妃曲、明妃吟、明妃诗。历代以来，题咏者何止千百！然或惜明妃之薄命，或詈画工之不仁，千载一词，从未有惜及汉家天下者。得卿如此翻案，别出新裁，直可尽掩前人矣。"遂命侍儿取出凤簪一对赐之，并敕銮仪卫驾车荣送青青回寓。

（据佚名《萤窗清玩》第 1 卷，上册，上海古籍出版社 1992 年版）

编者按：清代无名氏《萤窗清玩》虽是一部小说作品，但作者借书中人物对历代题咏昭君作品一味渲染昭君悲怨之情的主题及风格进行了相当深刻的否定，明显是有意做翻案文章，表现了作者过人的眼光和识见。

日知录（节录）

（清）顾炎武

卷十八

易　林

《易林》，疑是东汉以后人撰，而托之焦延寿者。延寿在昭、宣之世。《汉书·

京房传》曰："延寿以好学得幸梁王，王共其资用，令极意学。学既成，为郡史察举，补小黄令。"按：此梁敬王定国也，以昭帝始元二年嗣，四十年薨，当元帝之初元三年。其时《左氏》未立学官，今《易林》引《左氏》语甚多，又往往用《汉书》中事，如曰"彭离济东，迁之上庸"，事在武帝元鼎元年；曰"长城既立，四夷宾服，交和结好，昭君是福"，事在元帝竟宁元年。

卷二十一

李太白诗误

李太白诗："汉家秦地月，流影照明妃。一上玉关道，天涯去不归。"

按：《史记》言匈奴左方王将直上谷以东，右方王将直上郡以西，而单于之庭直代、云中。《汉书》言呼韩邪单于自请留居光禄塞下；又言天子遣使送单于出朔方鸡鹿塞，在今河套内。后单于竟北归庭。乃知汉与匈奴往来之道，大抵从云中、五原、朔方，明妃之行亦必出此。故江淹之赋李陵，但云"情往上郡，心留雁门"。而玉关与西域相通，自是公主嫁乌孙所经。太白误矣！《颜氏家训》谓：文章地理必须惬当。其论梁简文《雁门太守行》而言"日逐、康居、大宛、月支"；萧子晖《陇头水》而云"北注黄龙，东流白马"。沈存中论白乐天《长恨歌》"峨眉山下少人行"，谓"峨眉在嘉州，非幸蜀路"。文人之病，盖有同者。

卷二十五

毛延寿

《西京杂记》曰："元帝后宫既多，不得常见，乃使画工图形，案图召幸之。诸宫人皆赂画工，多者十万，少者亦不减五万。独王墙不肯，遂不得见。匈奴入朝，求美人为阏氏。于是上案图，以昭君行。及去，召见，貌为后宫第一，善应对，举止闲雅。帝悔之，而名籍已定，帝重信于外国，故不复更人。乃穷案其事，画工皆弃市，籍其家赀皆巨万。画工有杜陵毛延寿，为人形，丑好老少必得其真。安陵陈敞，新丰刘白、龚宽，并工为牛马飞鸟众势，人形好丑不逮延寿。下杜阳望亦善画，尤善布色；樊育亦善布色。同日弃市。京师画工于是差稀。"据此，则画工之图后宫乃平日，而非匈奴求美人时。且毛延寿特众中之一人，又其得罪以受赂，而不独以昭君也。后来诗人谓匈奴求美人，乃使画工图形，而又但指毛延寿一人，且没其受赂事，失之矣。

（顾炎武《日知录》卷18、卷21、卷25，据《四库全书》第858册，上海古籍出版社1987年版）

　　编者按：顾炎武以史籍及相关文献来论证王昭君出塞线路不经过玉门关一带。乾隆时期著名学者杭世骏在其《订讹类编续补》卷下中，以"玉关非明妃所经"为题，将顾炎武这段论述几乎原封不动抄在题目之下。从历史考证角度看，这当然没有问题，但以史学眼光评价诗人诗作，则未免过于拘泥，因为文学笔法不受空间地理限制，达到抒情写意目的即足矣。

杜诗阐（节录）

（清）卢元昌

卷二十五

咏怀古迹五首

　　群山万壑赴荆门，生长明妃尚有村。一去紫台连朔漠，独留青冢向黄昏。画图省识春风面，环佩空归月夜魂。六句明妃。千载琵琶作胡语，分明怨恨曲中论。二句怀。

　　怀明妃也。荆门一路，岩壑争趋，山川明秀，丽人诞焉，明妃是也。世传明妃村至今尚在。向使不入深宫，长为村女，则春风之面宁到紫台，夜月之魂不留青冢。不幸，紫台去，生长之村长辞矣；青冢留，生长之村不堪回首矣。惟其去，春风之面不可复识。使当年春风之面果能熟识，亦何至有紫台之去！乃元帝草草按图，不复辨其真伪，春风之面亦略识耳。及其死，夜月之魂未尝不归。使当年环佩之声不出深宫，亦何必有魂归之事？乃明妃死不忘汉，惜汉家不赎之生前，月夜之魂亦空归耳。凡此，皆明妃所怨恨者。此怨恨之情，明妃不能自陈，犹赖千载下词客骚人凭吊追赋。如《明妃怨》《明妃曲》诸乐府，其怨恨之情分明传出，使当年始终为汉之意，亦不至灭没也。

　　（卢元昌《杜诗阐》卷25，据《续修四库全书》第1308册，上海古籍出版

社2002年版）

板桥杂记（节录）

（清）余怀

下卷 轶事

云间才子夏灵首作《青楼篇》寄武塘钱漱广，末段云："二十年来事已非，不开画阁锁芳菲。那堪两院无人到，独对三春有燕飞。风弦不动新歌扇，露井横飘旧舞衣。花草朱门空后阁，琵琶青冢恨明妃。独有青楼旧相识，蛾眉零落头新白。梦断何年行雨踪，情深一调留云迹。院本伤心正德词，乐府销魂教坊籍。为唱当时乌夜啼，青衫泪满江南客。"观此，可以尽曲中之变矣，悲夫！

（据余怀《板桥杂记》下卷，李金堂校注，上海古籍出版社2000年版）

青冢铭

（清）尤侗

有美一人，爰生三楚。家近湘君，村连嫠女。云上鬟妍，山来眉妩。瓠齿能歌，弓腰善舞。年华似月，晓妆如霞。头宜搔玉，腕称封纱。昭阳惊燕，结绮羞花。徘徊鸾镜，踯躅羊车。红粉难逢，丹青易玷。黛短双蛾，朱残半面。未御金环，先捐纨扇。妾人自悲，君王不见。春风永巷，秋雨长门。珠帘昼掩，银烛宵昏。泪零宫草，梦断江苏。不妃赤帝，愿嫁乌孙。汉室和亲，匈奴请后。狗监催妆，姹娥折柳。拥髻升车，光射左右。天子拊髀，呼韩稽首。生辞金屋，远适玉关。萧条紫塞，迢递青山。箛吹忽起，马鸣不前。惊沙匝地，哀雁横天。鸭绿江旁，漫罗山下。貂帽狐裘，角弓玉弭。锦伞夫人，胡服骑射。乱点酥酡，轻飘兰麝。月高围屋，雪满拂庐。琵琶细语，垂手氍毹。阏氏一笑，醉倒单于。左贤色动，比妓蹦蹦。朔漠霜寒，帝京云杳。凛凛北风，依依南鸟。碧眼方骄，红颜易老。旃车晚出，毳帷夜嫭。悲来别鹤，惭去聚麀。宁甘仰药，岂忍抱裯？竟埋沙碛，敢望玉钩？魂兮归来，归彼归州。神游故乡，形销绝域。墓草青青，三年化碧。汉使伤心，胡儿叹息。恩怨千秋，声传玉笛。

世人多作《昭君怨》，予独非之。观匈奴遣使，请一女子，帝谓："后宫欲至单于者起。"昭君喟然而叹，越席而起，其毅然勇往，略无难色。所以愧汉天子，而实毛延寿之罪也。假使昭君终不自荐，一白头老宫人耳。即幸而被幸，如戚夫人，且害于吕野鸡；如班婕妤，且摈于赵飞燕。岂若可汗阏氏夜郎自大哉？虬髯客宁王扶余，不肯比肩褒鄂，亦鸡头牛后之意也。后如御沟红叶，战袍金锁，巧慧女郎，多用此法。不然，上阳长信，埋没红颜者几何？内人斜冢累累，何如三尺青坟，尚供古今才人嘘唏凭吊也哉！遂作《反昭君怨》云："不成为汉后，便去作阏氏。亦足当人主，还能杀画师。琵琶歌毳帐，酥酪醉金卮。强似长门里，秋风老黛眉。"昭君有知，必许予为知己。

（据尤侗《尤侗集》，杨旭辉点校，上册，上海古籍出版社2015年版）

　　编者按：尤侗《青冢铭》在古代昭君题材的散文作品中属于上乘之作。铭文的正文是四字句韵语，浓墨重彩地描绘了昭君"羞花"的美貌和"瓠齿能歌，弓腰善舞"的才情，讴歌了昭君魂归故乡的爱国情怀。正文之后是跋文，明确表达了反"昭君怨"的态度："世人多作《昭君怨》，予独非之。"特别肯定了昭君出塞的人生价值："上阳长信，埋没红颜者几何？内人斜冢累累，何如三尺青坟，尚供古今才人嘘唏凭吊也哉！"但尤侗仅从昭君个人功名角度出发，没有挖掘昭君出塞对于家国人民的贡献，这是尤侗认识上的不足。

吊琵琶（节录）

（清）尤侗

第四折

（旦儿奠科）昭君，你投水而亡，生为汉妃，死为汉鬼。后人乃云，先嫁呼韩邪单于，复为株絫单于妇，父子聚麀，岂不点污清白乎？

　　[沽美酒] 枉叫做左丘明、司马迁，辱抹了卫姬引《楚妃叹》，他不肯进穹庐黥墨面，又何曾叙抵羊牵黄犬？怎将汉宫人扭入《匈奴传》？

（据尤侗《吊琵琶》第4折，见邹式金、邹漪编《杂剧三集》，中国戏剧出
版社1958年影印本）

《吊琵琶》题词

（清）彭孙遹

明妃远行，千古恨事，文通解人，赋中亦草草，无论东篱矣。悔庵濡毫粉水，染纸锦江，如面其人，如闻其语。至借清筜之拍，极哀艳之思，调促音长，余音袅袅，缠绵欲绝。此词他人尚不堪多读，况于仆本恨人耶！走笔二章，以当倚和，情生于文，不自知其言之伤也。

一去红颜帝子家，至今哀怨写琵琶。朔天二月犹风雪，吹作明妃冢上花。

清词一奏和人稀，冉冉春云凝不飞。红粉青娥齐掩泣，情知不独为明妃。

（据尤侗《西堂乐府·吊琵琶》，见《续修四库全书》第1407册，上海古籍出版社2002年版）

兼济堂文集（节录）

（清）魏裔介

卷十七

世传王昭君出塞，马上琵琶及青冢遗迹，令人哀之。余读史，知其嫁呼韩邪单于后，生男伊屠智牙师，为匈奴右日逐王，则亦习而安其俗矣。故为绝句以嘲之，非敢唐突西子也：

汉宫一出号阏氏，博得单于惊喜时。生子为王名日逐，相传青冢也堪疑。

（据魏裔介《兼济堂文集》卷17，下册，中华书局2007年版）

编者按：魏裔介为清初名臣，他从历史的角度对千百年来有关王昭君出塞时自弹琵琶诉其悲怨、死后孤独葬于青冢的说法提出质疑，认为昭君远嫁单于后被封为阏氏，又生儿育女，其子被封王，她受到了特殊的尊敬，也习惯了草原民族生活习俗，由此可见人们常说的"昭君悲怨"显然与事实不符，大大值得怀疑。这种看法应更接近历史原貌。

读史吟评（节录）

（清）黄鹏扬

王　嫱

呼韩稽颡大人翁，十二将军此日功。麟阁久应图玉貌，王家大将点颜红。

汉与匈奴叛服不常，至孝武时，率十二部将军自将待边，匈奴警不敢出。虽征伐克获，而士马物故亦略相当。自孝元以王嫱赐呼韩邪，从是稽首臣服，三世称藩。以前若彼，以后若此，何逆顺之殊也！抑适逢其会欤？昭君号为宁胡阏氏，余谩为之语曰：王嫱制胜安边过十二部将军远矣，虽卫霍之功，何多让焉！

[黄鹏扬《读史吟评》，据康熙四十四年（1702）刻《说铃》本，四川大学图书馆藏]

编者按：黄鹏扬，字远公，晋江（今福建泉州）人，顺治十四年（1657）举人，著有《读史吟评》一卷，有清大学士英廉购进本、康熙四十四年刻《说铃》本等。黄鹏扬认为王昭君安边之功远胜于汉武帝时十二部将军。这种高度评价在古代学术界是十分罕见的。

题昭君冢

（清）钱良择

云阳苦雾当昼黑，长信秋风晚凄恻。汉王真不及单于，营缮佳城埋国色。崇邱涂圹巍然存，有情丰草围青痕。珠襦周匝玉匣固，至今香骨犹当温。中华佳丽蓣花尽，一坏万古留乾坤。沙场金屋何厚薄，月明彼此愁黄昏。胭脂山崩黑河竭，穹庐终不祧芳魂。我来吊古徘徊久，手抉蓬蒿奠卮酒。此是红颜最幸人，椒房永巷无其偶。并胜中宫老白头，黄貂新室称文母。

（钱良择《出塞纪略》，据张潮等辑《昭代丛书·辛集别编》卷23，第3册，上海古籍出版社1990年版）

编者按：作者在诗中议论颇多，一方面感叹汉王无能，怜惜昭君出塞之悲苦，另一方面又认为昭君出塞是幸事，不仅远胜宫中寂寞苍老的白头宫人，更被北方各族人民称为"文母"（文德之母）。诗中的"蕣花"指木槿之花，朝开暮谢，喻美人美貌之短暂易逝。坏（pēi），土丘。

幽梦影（节录）

（清）张潮

四

天下有一人知己，可以不恨。不独人也，物亦有之。如菊以渊明为知己，梅以和靖为知己，竹以子猷为知己，莲以濂溪为知己，桃以避秦人为知己，杏以董奉为知己，石以米颠为知己，荔枝以太真为知己，茶以卢仝、陆羽为知己，香草以灵均为知己，莼鲈以季鹰为知己，蕉以怀素为知己，瓜以邵平为知己，鸡以处宗为知己，鹅以右军为知己，鼓以祢衡为知己，琵琶以明妃为知己。一与之订，千秋不移。

三　十

昭君以和亲而显，刘蕡以下第而传，可谓之不幸，不可谓之缺陷。

（据张潮《幽梦影》，王峰评注，中华书局2008年版）

坚瓠集（节录）

（清）褚人获

丙集卷三

题昭君图

唐王献《题昭君图》云："莫怨宫人画丑身，莫嫌明主遣和亲。当时若不嫁胡虏，只是宫中一舞人。"明江阴一士子亦题其图云："骊山举火因褒姒，蜀道蒙尘为太真。能使明妃嫁胡虏，画工应是汉忠臣。"二诗俱有意致。《戒菴漫笔》云："士子名时，成化时人，忘其姓。"

（褚人获《坚瓠集》丙集卷3，据《续修四库全书》第1260册，上海古籍
出版社2002年版）

编者按：文中"王献"当作"王叡"。王叡为中唐诗人，生卒年不详。其诗题目在《全唐诗》和《青冢志》中均作《解昭君怨》，第一句中的"宫人"均作"工人"。所引"骊山举火因褒姒"一诗，乃南宋理宗时文士陈偶所作，题为《读明妃引》。

<h2 align="center">坚瓠补集（节录）</h2>

（清）褚人获

<h3 align="center">卷　二</h3>

<h4 align="center">昭　君</h4>

睹书与诗，昭君何尝忘汉！且胡地草皆黄，惟昭君墓草独青，既死犹以青冢自旌。王荆公云"汉恩自浅胡自深"，岂不冤哉？

古今咏明妃者甚众，然皆说是妇女怨叹之情，惟乐天"汉使却回频寄语，黄金何日赎蛾眉？君王若问妾颜色，莫道不如宫里时"，前辈以为高出众作之上，谓其有不忘君之意。欧阳永叔云："绝色天下无，一失难再得。虽能杀画工，于事竟何益。耳目所及尚如此，万里安能制夷狄？"遂为绝唱。钱颖题其图云："阴阳强合春风恶，山水含羞夜月寒。胡始下机开要路，汉终无力挽颓澜。固知作俑皆娄敬，图国君臣仔细看。"归罪娄敬，立意亦创。邓茂之诗："红颜薄命汉昭君，一曲琵琶拨塞云。藉此和戎为上策，满朝簪笏亦钗裙。"又某诗末云："籍令倚此为长计，昭君应合画麒麟。"又明江阴某题其图云："骊山举火因褒姒，蜀道蒙尘为太真。能使明妃嫁绝塞，画工应是汉忠臣。"

<h3 align="center">卷　六</h3>

<h4 align="center">明妃曲</h4>

明妃曲已见甲集。复录刘屏山云："羞貌丹青斗丽颜，为君一笑定天山。西

京自有麒麟阁，画向功臣卫霍间。"许梅屋云："汉宫眉妩息边尘，功压貔貅十万人。好把深闺旧脂粉，艳收颜色上麒麟。"又见无名氏一诗云："日暮惊筛乱雪飞，傍人相劝易罗衣。强来前殿看歌舞，共待单于夜腊归。"语意俱清新可诵。

（褚人获《坚瓠补集》卷2、卷6，据《续修四库全书》第1262册，上海古籍出版社2002年版）

编者按：褚人获《坚瓠补集》卷六所引无名氏《明妃曲》，实为唐代诗人储光羲的《明妃曲》组诗的第三首，见载于《储光羲集》和《全唐诗》，作者题为"无名氏"，当是失记所致。此外，所引南宋文人许棐（号梅屋）所作《明妃》一诗，字词略有差异。

隋唐演义（节录）

（清）褚人获

第二十八回　众娇娃剪彩为花，侯妃子题诗自缢

后宫有一个侯妃子，生得天姿国色，百媚千娇，果然是沉鱼落雁，闭月羞花；又且赋性聪慧，能诗善赋。自选入宫来，恃着有才有色，又值炀帝好色怜才，以为阿娇金屋，飞燕昭阳，可计日而待。谁知才不败命，色不逢时，进宫数年，从未见君王一面，终日只是焚香独坐。黄昏长夜，挨了多少苦雨凄风，春昼秋宵，受了多少魂惊目断。便是铁石人，也打熬不过，日间犹可强度，到了灯昏梦醒的时候，真个一泪千行。起初犹爱惜容颜，强忍去调脂抹粉，以望一时遇合。怎禁得日月如流，日复一日，只管虚度过去，不觉暗暗的香消玉减。虽有几个同行姊妹，常来劝慰，怎奈愁人说与愁人，未免转添一番凄惨。

一日闻得炀帝，又差许庭辅到后宫拣选宫女。有个宫人劝侯夫人拿几件珠玉送他，叫他奏知万岁。侯夫人道："妾闻汉室昭君，宁甘点痣，不肯以千金去买嘱画师；虽一时被遣，远嫁单于，后来琵琶青冢，倒落个芳名不朽，谁不怜他惜他？毕竟不失为千古美人。妾纵然不及昭君，若要去贿赂小人以宠幸，其实羞为。自恨生来命薄，纵使见君，也是枉然。倒不如猛拚一死，做个千载

伤心之鬼，也强似挨这宫中寂寞！"

（据褚人获《隋唐演义》第28回，中华书局2009年版）

编者按：明清时期多部小说描写隋炀帝时侯夫人被冷落而自尽的悲剧故事。侯夫人，史有其人，名字无考，生平不详，隋炀帝宫女之一，二十余岁自尽身亡。侯夫人引起后世小说家们的关注，主要源于她留下了一首著名的《自遣》诗："秘洞扃仙卉，雕房锁玉人。毛君真可戮，不肯写昭君。"

御制昭君墓诗并序

（清）爱新觉罗·玄烨

匈奴梗化边陲，自周秦汉唐无代不有。顷，朕于春夏亲统六师，破厄鲁特葛尔丹于克鲁伦河西北。复于秋九月西巡，由张家口出塞，抚察我边鄙。厄鲁特败残之众降者踵至，其头目来归者，咸与近职，开诚示信，绝无猜疑。冬十月十三日至归化城，为我兵屯戍之所。

城南十余里，土阜突然，传为昭君墓，即《志》所云青冢也。昔有不得志于功名或身遭迁谪，往往托昭君怨而为诗，以写其抑郁。则在当日之怨极而悲，又不知何如此冢之留兹土，适足为汉讥焉。我国家舆图远大，遐迩诸部落世世臣属，奔走不暇，凡有驱策如臂之使指，甘为仆婢而不辞。恒自缅怀前烈，敢不慎修思永！夫昭君墓，何足咏也！因之有感于治理，遂成八韵。

南北分天地，存亡见庙谟。含悲辞汉主，挥泪赴匈奴。目睹当年冢，心怀四海图。葆旌巡远徼，蕃落效驰驱。欲笑和亲失，还嫌饵术迂。汉贾谊策言以五术饵匈奴。开诚示异族，布化越荒途。漠漠龙沙际，寥寥雁塞隅。偶吟因有触，意独与人殊。

（据李光地《御定月令辑要》卷18，见《四库全书》第467册，上海古籍
出版社1987年版）

编者按：此诗并序亦见于圣祖仁皇帝《御制文集》第二集卷四十七。康熙以入主中原的帝王身份谈及昭君和亲问题，借此表达"意独与人殊"的看法。他认为汉朝"和亲失""饵术迂",不如开诚布公地处理民族关系,才能使荒僻的异族归化。总体来看,康熙帝对于民族问题的看法以及逐步实施的民族政策是比较开明的。

御定佩文韵府（节录）

（清）张玉书、陈廷敬 等 编

卷四之十

氏

阏氏:《史记索隐》:"阏氏,匈奴皇后号。"习凿齿《与燕王书》:"山下有红蓝花,北方人探取其花染绯黄,挼取其上英鲜者作烟肢,妇人将用为颜色。匈奴名妻作阏氏,言其可爱如烟肢也。"《汉书·匈奴传》:"王昭君号宁胡阏氏。"杨慎《敦煌乐》:"汉使牧羊旄节,阏氏马上琵琶。"

（张玉书等《御定佩文韵府》卷4,据《四库全书》第1011册,上海古籍出版社1987年版）

编者按:阏氏是匈奴单于妻妾的统称。单于为匈奴最高权力者,可有多个阏氏。至于为何称作"阏氏",习凿齿的解释可备一说。

词苑丛谈（节录）

（清）徐釚

卷一　体制

调中用事最难

调中用事最难,要紧着题,融化不涩。如东坡《永遇乐》云:"燕子楼空,佳人何在?空锁楼中燕。"用张建封事。白石《疏影》云:"犹记深宫旧事,那人正睡里,飞近蛾绿。"用寿阳事。又云:"昭君不惯胡沙远,但暗忆江南江北。想佩环月下归来,化作此花幽独。"用少陵诗。此皆用事不为所使。《词源》。

（据徐釚《词苑丛谈》卷1，唐圭璋校注，上海古籍出版社1981年版）

　　编者按：此段文字基本是徐釚对张炎《词源》的抄录，意义不大。在历代记述昭君故事或谈论昭君文学作品的文献中，后人抄录前人资料的现象比较严重，但古人坚持一个基本的学术原则，即严格注明文献的来源。

格致镜原（节录）

（清）陈元龙

卷四十六　乐器类二

琵　琶

　　《席上腐谈》："琵琶，又名鼙婆。唐诗琵字皆作入声，音弼。王昭君琵琶坏，使胡人重造，而其形小，昭君笑曰：'浑不似！'今讹为'胡拨四'。"

　　《正字通》："《元志》天乐一部有火不思，制似琵琶，直颈，有小槽，圆腹如半瓶，以皮为面，四弦，皮绷，同一孤柱。今山陕、中州弹琥珀词，其制似之。盖火不思之转语也。"

（据陈元龙《格致镜原》卷46，第1册，上海古籍出版社1991年版）

燕在阁知新录（节录）

（清）王棠

卷十六

琵　琶

　　推手向前曰琵，却手向后曰琶。一说自下而上曰琵，自上而下曰琶。汉乌孙公主嫁昆弥，念其行道之远，思慕故国，使知音者载琴、瑟、筝、筑、箜篌之属，作马上之乐，名琵琶。又，蔡文姬《十八拍》云："琵琶出自胡中，缘琴翻出。"皆未言及明妃。后人赋昭君，如老杜"千载琵琶作胡语"，皆以为明妃事，用之矣。古用鹍鸡筋为弦，石为槽，铁拨。高丽以蛇皮为槽，楸木为面，象牙为捍。今之制同高丽。

（王棠《燕在阁知新录》卷16，据《续修四库全书》第1146册，上海古籍

出版社2002年版）

编者按：古代文献谈及琵琶，常常存在争论是否与昭君出塞有关的问题。其实，琵琶的流行与昭君出塞是否关联并不重要，世人普遍接受了昭君弹琵琶的形象是客观存在的事实。

式古堂书画汇考（节录）

（清）卞永誉

卷三十五　画五

仇十洲《丘壑赋彩图册》摹本凡二十幅

《碧嶂看云》《秋林读书》《毛诗写意》《昭君渡黑河》《蔡琰胡笳》《太真试骑》《宫娃戏婴》《范文正小学》《银烛秋光》《闲敲棋子》《胡姬调鸟》《闺孺争金鱼》，《草花蜂蝶诸虫》。八幅。

绘事家必胸中具有丘壑，而后能传染彩色，与古人合辙。此册虽中多艳致，然要其笔底亦带烟霞气韵，岂仅仅优孟而已乎！平阳自韵子跋。

（据卞永誉《式古堂书画汇考》卷35，第2册，上海古籍出版社1991年版）

杜诗详注（节录）

（唐）杜甫 著 （清）仇兆鳌 详注

卷之十七

《咏怀古迹五首》其三

群山万壑赴荆门，生长明妃尚有村。一去紫台连朔漠，独留青冢向黄昏。画图省识春风面，环佩空归月夜魂。千载琵琶作胡语，分明怨恨曲中论。

此怀昭君村也。上四记叙遗事，下乃伤吊之词。生长名邦，而殁身塞外，此足以该举明妃始末。五六，承上作转语，言生前未经识面，则殁后魂归亦徒然耳，唯有琵琶写意，千载留恨而已。朱瀚曰："起处，见钟灵毓秀而出佳人，有几许珍惜；结处，言托身绝域而

作胡语，语含许多悲愤。曲中诉论，正指昭君怨诗，不作后人词曲。"黄生曰："怨恨者，怨己之远嫁，恨汉之无恩也。"陶开虞曰："此诗风流摇曳，杜诗之极有韵致者。"……

张綖曰："代宗尝以仆固怀恩之女，号'崇徽公主'，下嫁回纥。欧阳公咏其手痕云：'故乡飞鸟尚啁啾，何况悲笳出塞愁。青冢埋魂知不返，翠崖遗迹为谁留？玉颜自古为身累，肉食何人与国谋。行路至今空叹息，岩花涧草自春秋。'朱文公谓：'玉颜、肉食一联，以诗言之第一等诗，以议论言之第一等议论。'文公盖亦感伤时事，故有契于欧公之作耳。"

钱塘瞿佑《诗话》："诗人咏昭君者多矣，大篇短章，率叙离别怨恨而已。唯白乐天云：'汉使却回凭寄语，黄金何日赎蛾眉？君王若问妾颜色，莫道不如宫里时。'此不言怨恨而惓惓旧主之恩，过人远甚。"

（据仇兆鳌《杜诗详注》卷17，第4册，中华书局1979年版）

李太白集注（节录）

（唐）李白 著 （清）王琦 集注

卷四 乐府三十七首

于阗采花

胡震亨曰："《于阗采花》，陈隋时曲名。本辞云：'山川虽异所，草木尚同春。亦如溱洧地，自有采花人。'太白则借明妃陷虏，伤君子不逢明时，为谗妒所蔽，贤不肖易置无可辨。盖亦以自寓意焉。"《汉书·西域传》："于阗国王治西域，去长安九千六百七十里。"《周书》："于阗国在葱岭之北二百余里，东去长安七千七百里。"阗音田。

于阗采花人，自言花相似。明妃一朝西入胡，胡中美女多羞死。乃知汉地多明姝，胡中无花可方比。丹青能令丑者妍，无盐翻在深宫里。自古妒蛾眉，胡沙埋皓齿。《西京杂记》：元帝后宫既多，不得常见，乃使画工图其形，按图召幸之。诸宫人皆赂画工，多者十万，少者亦不减五万，独昭君不肯，遂不得见。后匈奴入朝求美人为阏氏，于是上按图以昭君行……。琦按：昭君事本是画工丑图其形，以致不得召见。太白则谓："丹青能令丑者妍，无盐翻在深宫里。"熟事化新，精采一变，真所谓圣于诗者也！

王昭君—作《昭君怨》。二首

《乐府古题要解》："王昭君，旧史：王嫱字昭君，汉元帝时匈奴入朝，诏以王嫱配之，号宁胡阏氏。……汉人怜昭君远嫁，为作歌诗。晋文王讳昭，故晋人改为'明'。石崇有妓曰绿珠，善歌舞，以此曲教之，而自制《王明君歌》，其文悲雅，'我本汉家子'是也。"按：《乐府诗集》："张永《元嘉伎录》：相和歌《吟汉四曲》，其二曰《王明君》。"

汉家秦地月，流影照—作送。明妃。一上玉关道，天涯去不归。汉月还从东海—作方。出，明妃西嫁无来日。燕支长寒雪作花，蛾眉憔悴没胡沙。生乏黄金枉图画，死留青冢使人嗟。《元和郡县志》：燕支山，一名删丹山，在甘州删丹县南五十里，东西百余里，南北二十里，水草茂美，与祁连同。杨炎《燕支山神宁济公祠堂碑》：西北之巨镇曰燕支，本匈奴王庭，汉武纳浑邪，开右地置武威、张掖，而山界二郡间，连峰委会，云蔚黛起，积高之势，四面千里。《太平寰宇记》：青冢在振武军金河县西北，汉王昭君墓在古丰州上，草色常青，故曰青冢。《一统志》：王昭君墓在古丰州西六十里，地多白草，此冢独青，故曰青冢。顾宁人曰：按《史记》言匈奴左方主将直上谷以东，右方主将直上郡以西，而单于之庭直代、云中。《汉书》言呼韩邪单于自请留居光禄塞下，又言天子遣使送单于出朔方鸡鹿塞，后单于竟北归庭。乃知汉与匈奴往来之道，大抵从云中、五原、朔方，明妃之行亦必出此。故江淹之赋李陵，但云"情往上郡，心留雁门"。而玉关与西域相通，自是公主嫁乌孙所经。太白诗："汉家秦地月，流影照明妃。一上玉关道，天涯去不归。"误矣！《颜氏家训》谓："文章地理，必须惬当其论。"梁简文《雁门太守行》而言："日逐、康居、大宛、月支。"萧子晖《陇头水》而云："北注黄龙，东流白马。"沈存中《论白乐天长恨歌》"峨眉山下少人行"，谓"峨眉在嘉州，非幸蜀路"。文人之病，盖有同者。

其　　二

昭君拂玉鞍，上马啼红颜。今日汉宫人，明朝胡地妾。

（据王琦《李太白集注》卷4，上海古籍出版社1992年版）

编者按：王琦《李太白集注》引录的文献材料十分丰富，大多标明文献名，但也有标作者名。注文中胡震亨的注评源自《李诗通》，顾宁人（即顾炎武）的注评源自《日知录》。引文中《吟汉四曲》应作《吟叹四曲》，当是笔误所致。

明妃辩

（清）陆次云

塞草皆白，葬明妃之地，其草独青；秦草皆青，斩淮阴之地，其草独赤。其赤者，昭淮阴无叛汉之心；其青者，表明妃不忘汉之志。烈士、美人之隐，皆赖一草白于千秋。则明妃不从世达之请，其吞药而死也明矣。乃《汉书》所载呼韩邪死，王嫱求归，成帝敕从其俗，遂复为后阏氏。嗟乎！作史者何不乐成人美，而有是说耶？吾谓成帝之敕有之，其为后阏氏必无是也。明妃之请适单于，欲为汉帝纾北顾之忧也，其意以为和亲之举，以一女子足以代数万甲兵，亦何惮而不往？与其老死于长门永巷之中，奚若建功异国之为得乎？故其"秋木萋萋"之诗，婉而多讽，怨而不怒，皆足征其情性。至和亲之后，数十年无烽火之警者，谁之力哉？良以曲奏琵琶而声消鼙鼓也。逮其殁，黄茅白苇之中，一坏之土，长芳菲而不歇，天地不能易其气，山川不能隐其意，寒暑不能移其情，霜露不能变其色，与文墓之蓍、孔陵之桧、徐君剑形之草、仲卿连理之树、武穆向南之枝，同昭回于今古。而谓从呼韩之俗者，能有此哉？可不辨而明矣。然则汉史曷为有后阏氏之说？其有是说者，殆因成帝之敕，误以之为奉诏，否则或为元帝解嘲，附会以书之者也。

（据胡凤丹《青冢志》卷3，见《笔记小说大观·五编》，第10册，台湾新
兴书局1960年版）

编者按：陆次云《尚论持平》卷二载有此文，标题为"明妃"，文字词句与《青冢志》所录略有差异。从"与文墓之蓍、孔陵之桧"之后一段文字基本不见于《尚论持平》，或为胡凤丹所加。

明妃曲四首

（清）陆次云

人间应不少倾城，妾去无劳系圣情。他日汉宫求窈窕，画图休再遣毛生。
安危大计在和亲，巾帼应推社稷臣。但得妾行烽火熄，汉朝谁敢说无人。
赐乘鸾辂拜君恩，羽箭雕旗夹道奔。谁谓将军无用处，也能护妾出关门。
毳舞娇歌劝酪浆，水边围坐炙黄羊。如何夜夜穹庐月，不梦单于梦汉王。
《澄江集》。

（据胡凤丹《青冢志》卷8，见《笔记小说大观·五编》，第10册，台湾新
兴书局1960年版）

论俗乐诸器（节录）

（清）胡彦升

《新唐书·乐志》："俗乐：丝有琵琶、五弦、箜篌、筝，竹有觱篥、箫、笛，匏有笙，革有杖鼓、第二鼓、第三鼓、腰鼓、大鼓，土则附革而为鞞，木有拍板、方响，以体金应石而备八音。"

琵琶，胡乐也。《风俗通》云："批把，即琵琶。近世乐家所作，不知谁也。以手批把，因以为名。长三尺五寸，法天地人与五行，四弦象四时。"段安节《乐府杂录》："推手前曰琵，引手却曰琶。"《新唐书》："乐家自下逆鼓曰琵，自上顺鼓曰琶。"《乐府杂录》云："琵琶，汉乌孙公主造。"

按：傅玄《琵琶赋序》云："故老云：汉送乌孙公主，念其行道思慕，使知音者作马上之乐，以方语目之，故名琵琶。"石崇《王明君诗序》云："昔公主嫁乌孙，令琵琶马上作乐，以慰其道路之思。其送明君，亦必尔也。"然则琵琶本马上之乐，汉使人为乌孙公主奏，非公主自造也。隋时有龟兹人苏祇婆善琵琶，一均之内，间有七声，郑绎因之为八十四调。盖自是琵琶始盛行于中国耳。胡兆凤《韫光楼杂志》云："琵琶形制不同。今按：《乐府杂录》云："琵琶以蛇皮为槽，厚二寸余，鳞甲。亦具以楸木为面，其捍拨以象牙为之。"《海录碎事》云："金捍拨在琵琶面上当弦，或以金涂为饰，所以护捍其拨也。"段安节《琵琶录》云："开元中，贺怀智善琵琶，以石为槽，鹍鸡筋作弦，用铁拨弹之。"《杨妃外传》云："开元中，中官白秀贞自蜀回，得琵琶以献。其槽以逻逤檀为之，温润如玉，光明可鉴，有金缕红纹蹙成双凤，以龙香板为拨弦，乃拘弥国所贡绿冰蚕丝也。"唐裴神符、赵璧所弹五弦，今按：《新唐书·乐志》云："五弦如琵琶而小，北国所出，旧以木拨弹。乐工裴神符初以手弹，太宗悦甚，后人习为搊琵琶。"史盛六弦，郑喜子七弦，北齐李愔、李德忧所造八弦。郭侃破西戎，得七十二弦琵琶，然运拨之工，初不系弦之多寡也。昔人工此者，数吕阿或作荷。香、杨太真、段师善本、裴兴奴。今按：郑愚津《阳门》诗云："玉奴琵琶龙香拨。"玉奴，太真小字；香拨，见上。苏轼诗："数弦已品龙香拨，半面犹遮凤尾槽。"《乐谱》："唐僧善本弹六么曲，下拨一声如雷发，妙绝入神。"《琵琶录》："曹纲运拨如风雨，裴兴奴长于拢捻，人谓纲有右手，奴有左手。"乐天诗："谁能截得曹纲手，插向重莲衣袖中。"元世祖时，有李宫人最擅此技，按：揭奚斯《秋宜集》："李宫人善琵琶，至元十九年以民家子入宫，得幸，比之王昭君。至大中，入事兴庆宫，缘有足疾，乃得赐归侍母，给内俸如故。"揭曼硕、袁伯长、王继学皆为作诗，继学所谓"一曲六么天上谱"者，当属四弦旧制。杨廉夫《元宫词》云："北幸和林幄殿宽，句丽女侍婕妤官。君王自赋昭君曲，敕赐琵琶马上弹。"按郑仁趾《高丽史·乐志》所载："乐品琵琶，弦五。"则婕妤所弹，斯五弦矣。今按：琵琶本四弦，元《乐志》言："琵琶，制以木，曲首，长颈，四轸，颈有品，阔面，四弦，面饰杂花。"想汉时旧制如此，今乐家用之。

《乐谱》："琵琶曲有《转关六么》《濩索梁州》，皆其名也。"《脞说》云："西凉州本在正宫，贞元初，康昆仑翻入琵琶玉宸宫调，初进在玉宸殿，故以命名。合众乐，即黄钟也。"苏轼诗："新曲翻从《玉连琐》，旧声终爱《郁轮袍》。"注云：《玉连琐》，今曲名。按《郁轮袍》，见薛用弱《集异记》。按《新唐书·乐志》，胡部乐皆有琵琶。《志》又云："隋法曲有琵琶，圆体、修颈而小，号曰'秦汉子'，盖弦鼗之遗制，出于胡中，传为秦汉所作。"今按：此器虽名琵琶，实即弦鼗，今俗乐所用，名"三弦子"者是也。毛西河云："三弦，即弦鼗，旧器而新改制，名三弦子。"

又《元志》云："火不思，制如琵琶，直颈，无品，有小槽，圆腹如半瓶榼，以皮为面，而四弦皮絣，同一孤柱。胡琴制如火不思，卷颈，龙首，二弦，用弓捩之，弓之弦以马尾。"今按：火不思，今之所谓胡琴；胡琴，今谓之提琴是也。以上弦鼗、琵琶、胡琴等器，皆胡乐也。

（据胡彦升《乐律表微》卷7，见《四库全书》第220册，上海古籍出版社
1987年版）

编者按：胡彦升《论俗乐诸器》是古代介绍乐器最全面的文献之一，其中细致记述了琵琶名称的演变、各种琵琶制作材料形制及相关的人物故事。因琵琶成为昭君文化的重要元素，特节录部分文字。

池北偶谈（节录）

（清）王士禛

卷十七　谈艺七

儒将诗

成化间金陵姚福者，世袭千户，著《定轩集》《避喧录》《窥豹录》及《青溪暇笔》若干卷。予尝见《暇笔》草稿，福手书也，记轶事颇亦可喜，而论诗肤陋。如自记《蔡琰归汉图》诗云："若使胡儿能念母，他年好作倒戈人。"所取彭三吾《咏明妃》诗云："妾分嫁单于，君恩本不孤。画工休尽杀，梦弼要人图。"谓得风人之体，真三家村学究见识，可为喷饭！又尝见南皮李腾鹏撰《明诗统》，取一诗云："君王莫杀毛延寿，留画商岩梦里贤。"腐儒所见略同乃尔！又明名将如郭登、戚继光、陈第、万表，皆有诗名。

（据王士禛《池北偶谈》卷17，下册，靳斯仁点校，中华书局1982年版）

带经堂诗话（节录）

（清）王士禛

卷　　二

摘瑕类

高季迪，明三百年诗人之冠冕，然其《明妃曲》云："君王莫杀毛延寿，留画商岩梦里贤。"此三家村学究语，所谓"下劣诗魔"，不知季迪何以堕落如此，而盲者反以为警策。后有彭三吾者，又云："画师休尽杀，梦弼要人图。"转入魔道矣。又胡虚白《咏绿珠》云："枉费明珠三百斛，荆钗那及嫁梁鸿？"郎瑛称之，皆所云"痴人前不得说梦也"。若永叔"耳目所及尚如此，万里安能制夷狄"，所谓诗论，亦自近腐。

卷　十

指数类

黄文雷希声《看云集》，差有骨力，长句《西域图》《昭君曲》甚佳。

（王士禛《带经堂诗话》卷2、卷10，据《续修四库全书》第1698册，上
海古籍出版社2002年版）

卷二十四

破邪类

王介甫狠戾之性，见于其诗文，可望而知，如《明妃曲》等不一。其作
《平甫墓志》，通首无兄弟字，亦无一天性之语，叙述漏略，仅四百余字。虽曰
文体谨严，而人品心术可知，《唐宋八大家文选》取之，可笑！

（王士禛《带经堂诗话》卷24，据《续修四库全书》第1699册，上海古籍
出版社2002年版）

编者按：王士禛在《带经堂诗话》《池北偶谈》等著作中对于宋
明部分以昭君为题材的诗歌大多持批评态度，话语显得十分尖刻，如
对王安石、欧阳修、高启等诗人的批评未必妥当得体。

柳亭诗话（节录）

（清）宋长白

卷　九

明妃曲

自石季伦作《明妃曲》后，诗人吟咏不置。谢中丞杰评杜少陵《咏怀古
迹》第三首云："公此诗为近体之冠，称《明妃曲》中神诗。……"详见
《詹言》。

（宋长白《柳亭诗话》卷9，据《续修四库全书》第1700册，上海古籍出
版社2002年版）

义门读书记（节录）

（清）何焯

卷四十七　文选·诗

石季伦《王明君辞》

逼似陈王。此诗可以讽失节之士。

序："匈奴盛，请婚于汉。"时陈汤斩郅支，传首，呼韩邪单于复入朝。非荐女和亲也，强盛请婚，殊乖本事。后世作者多谬，宜也。

"昔为匣中玉"二句：世之不安为匣中玉而甘心为粪上英者多矣，如昭君，自向掖庭令请行，其鉴也。

卷五十五　杜工部集·近体

咏怀古迹五首

奇才如宋、庾，国色如明妃，英雄如刘、葛，皆不得志于当时，五篇假以自喻也。……第三首："群山万壑赴荆门"二句，生之难！"一去紫台连朔漠"一联，弃之易！"画图省识春风面"一联，请行虽得识面，长信仅可魂归，何等凄紧！"千载琵琶作胡语"，石季伦《王昭君词序》云云，特因乌孙公主以意推之，非实有琵琶也，公盖承袭用之。

（据何焯《义门读书记》卷47、卷55，崔高雄点校，下册，中华书局1987年版）

咏昭君

（清）黄之隽

国重一身轻，辞宫便远行。有心驯汉婿，无祸到哀平。岂屑矜颜色，真能决死生。季伦不解事，昵昵赋私情。

（据胡凤丹《青冢志》卷5，见《笔记小说大观·五编》，第10册，台湾新兴书局1960年版）

编者按：诗中"哀平"，指汉哀帝和汉平帝，言昭君出塞带来国家安定，直至汉哀帝、汉平帝时期人民尚能享受和平安稳的生活。这种认识是符合历史实际的。

明　妃

（清）吴雯

不把黄金买画工，进身羞与自媒同。始知绝代佳人意，即有千秋国士风。环佩几曾归夜月，琵琶惟许托宾鸿。天心特为留青冢，春草年年似汉宫。《国朝别裁集》。

（据胡凤丹《青冢志》卷5，见《笔记小说大观·五编》，第10册，台湾新兴书局1960年版）

编者按：吴雯的《明妃》是称颂昭君的名作，认为昭君有"千秋国士"的风范，羞与"黄金买画工"的宫女同列；而青冢是一种天意的象征，象征着昭君千秋不朽的英魂和芳名。这种视昭君为"国士"的看法，在清代昭君诗歌创作中已逐步成为文人的共识，"国士""壮士""杰士""烈士"之类的概念、词汇频见于诗文和诗话等文献中，到了近代以后更是成为知识界的主流思想。

王昭君二首

（清）刘献廷

六奇已出陈平计，五饵曾闻贾谊言。敢惜妾身归异国，汉家长策在和番。
汉主曾闻杀画师，画师何足定妍媸？宫中多少如花女，不嫁单于君不知。《国朝别裁集》。

（据胡凤丹《青冢志》卷5，见《笔记小说大观·五编》，第10册，台湾新兴书局1960年版）

王明君词二首

（清）何梦篆

王明君者，色擅蛾眉，遇同贝锦。琵琶弦切，争传凄悯之声；阏氏宠娇，已泄沉沦之气。月昏昏兮，青冢漫拟长城；沙漠漠兮，红颜恐羞壮士。死苟得所，名不浪垂，义而安之，怨何有焉？

汉宫薄朱颜，春风面不识。颠倒任画师，远嫁单于域。驱马出玉关，卷地风沙疾。琵琶嘈杂弹，凄凄情何极。拨弦玉琮铮，转柱霓裳立。行行配贤王，宠我阏氏色。乃令号夫人，由来足倾国。所好竞为美，在欢能忘戚。酪饮与旃裘，犹胜长门夕。

长门如羁客，搅衣夜徘徊。所向无知己，奋身陵边陲。伟矣汉社稷，许婚谁所为？国门争饯饮，烽熄由结缡。庙堂得至理，太平会有期。虽然和亲就，未可忘城陴！终军缨以请，贾生恸何悲。遥遥千载下，青冢名岂微！《思无邪斋集》。

（据胡凤丹《青冢志》卷8，见《笔记小说大观·五编》，第10册，台湾新兴书局1960年版）

昭　　君

（清）戴亨

宁边庙算遣朱颜，不比文姬出汉关。忠节岂劳传画史，巍巍青冢壮胡山。

（据胡凤丹《青冢志》卷5，见《笔记小说大观·五编》，第10册，台湾新兴书局1960年版）

昭　　君

（清）吴苠

紫台人别汉家春，天子休嫌画未真。留得蛾眉靖边塞，可知延寿是功臣。

（据胡凤丹《青冢志》卷5，见《笔记小说大观·五编》，第10册，台湾新兴书局1960年版）

雍正版《山西通志》（节录）

（清）觉罗石麟 等 纂修

卷一百七十七　辨证二

青冢辨

青冢，汉明妃墓也。宋辽以来，诸史多言青冢今在归化城南十余里黑河之侧。夫归化城，汉五原郡地，距幕北绝远。而《宋史》云："太平兴国八年，丰州刺史王承美败辽师，追北至青冢百余里。"《辽史》："神册元年八月，太祖拔朔州，勒石记功于青冢之南。"《西京志》亦云："丰州有青冢。"《元史》："太祖十四年驻军青冢，繇东胜渡河收西夏。"

合诸史核之：其地胥近归化城，此又何说也！按《汉史》：甘露元年，呼韩邪款塞愿留居光禄塞下，保汉受降城，而北边息警者六十余年，岂其时王歙辈实导之而遂克返葬与？抑好事者艳青冢之名凿空驾虚流传至宋辽遂援为典要与？老杜云："一去紫台连朔漠，独留青冢向黄昏。"曰"一去"，曰"独留"，似有疑辞，间尝询之商旅，塞草皆黄，未闻此冢之独青也。然则志其名，无凿其地可也。

（觉罗石麟等《山西通志》卷177，据《四库全书》548册，上海古籍出版社1987年版）

卷二百三十　杂志三

嘉禾曹秋岳溶尝至昭君墓，墓无草木，远而望之，冥蒙作黛色，古云青冢，良然！墓前石案刻某阏氏之墓，为蒙古书。先生考绎最详，拓数纸归。

（觉罗石麟等《山西通志》卷230，据《四库全书》第550册，上海古籍出版社1987年版）

编者按：文中"繇东胜渡河收西夏"句，"繇"有从、自之义，同"由"字。历来文献多载青冢之称源于冢草独青，而雍正版《山西通志》则以亲临青冢的商旅所见塞草皆黄的事实，证明所谓"此冢独青"不过是传说而已。《通志》还记载了青冢前立有蒙古碑文石刻，明刻为某某阙氏之墓，基本否定了青冢为昭君墓的结论。但指青冢为昭君葬地乃是千百年来广大民众的意愿的体现，青冢具有文化符号意义，不必以学术考证的方法对待这一问题。

莲坡诗话（节录）

（清）查为仁

卷　中

毛西河选浙江闺秀诗，独遗山阴王氏，王氏有女名端淑，寄西河诗，结句云："王嫱非不无颜色，怎奈毛君笔下何？"引用二姓恰合。

徐芬若从军沙漠，路经青冢，徘徊竟日，嘱虞山黄遵古鼎。绘其图以归，都下名士以为奇观，竞赋诗咏之。竟陵唐赤子建中。诗曰："咄哉徐君真好奇，劝客一饮连十卮。酒酣手持青冢图，邀客为作青冢诗。自言边地尽飞狐，青冢犹在边西陲。世人但闻图经说，我昔从军亲见之。前临黑河后祁连，黄沙千里胡马迷。其地万古无春风，但见白草常离离。一抔独戴中华土，青青之色长不萎。我时往拜值寒食，系马冢前古柳枝。此柳亦疑汉宫物，枝枝叶叶皆南垂。下有无名之石兽，上有无主之荒祠。兽腹依稀青冢字，刻画认是唐人为。祠中络绎献湩酪，碧眼倒地呼阙氏。至今牧儿不敢上，飞鸟绝声马不嘶。却为奇迹人罕见，擅场画手黄生宜。请看惨淡经营处，山川粉墨无参差。按图一一为指点，百口称快含嗟咨。有客引满前致问，先生图斯焉取斯？呜呼噫嘻！先生之意客岂知？男子有才女有色，往往自爱如山鸡。王嫱本是良家子，对镜顾影常矜持。一朝选入深宫里，风流不数西家施。谁知承恩亦在貌，君王莫辨妍与嫱。妾辞远嫁呼韩邪，所以啮然越席起，仰天不复挥涕洟。五鼎生烹主父肉，马革死裹伏波尸。古之烈士多如此，高山河水当怨谁？此意天地为感动，坟草四时回春姿。徐君之才满一石，白首著书十指胝。新诗句句在人口，清如珊瑚敲玻璃。可怜三载饥臣朔，文章酷召数命奇。虽从王门掌书记，时平不须投毛锥。非无要路与捷径，丈夫致身羞以赀。正如明妃恃其貌，倔强不肯赂画师。人生遭遇有不一，侘傺岂即非良时。假使明妃宫中死，安得香名流天涯？披图知君心独苦，别有块垒非蛾眉。君不见杜陵咏怀生长明妃村，乃与庾信宋玉蜀

311

主诸葛同伤悲。"

（查为仁《莲坡诗话》卷中，据《续修四库全书》第1701册，上海古籍出版社2002年版）

管城硕记（节录）

（清）徐文靖

卷之二十三　正字通三

檣，注云："音戕。"嫱、嫱，妇官。汉王昭君名嫱。《举要·同文铎》："檣，同嫱，非。"又《木部·檣》，注云："檣，船帆也。旧注元帝赐单于王檣为阏氏，误。"

按《前汉书·元帝纪》："竟宁元年春正月，匈奴呼韩邪单于来朝，诏赐单于待诏掖庭王檣为阏氏。"《后汉书·南匈奴传》："昭君，字嫱。"则是前书作"檣"，非误也。

（据徐文靖《管城硕记》卷23，范祥雍点校，中华书局1998年版）

杜诗言志（节录）

（清）佚名

卷　　十

《咏怀古迹五首》其三

此第三首，则专咏明妃之事，无一字及于己怀，乃吾则正谓此为少陵自咏己怀，非咏明妃。又与前昔之以己与古人夹写者不同。盖彼之明与古夹写者犹为肤浅，而此之暗地比托者，乃更为深沉也。少陵自比稷契，葵藿倾阳，乃竟虚度一生，流离终老。一腔怨恨，无处发泄，今乃特借明妃为之写照。故言明妃生长于荆门，实为群山万壑之所环抱，因其灵秀所钟，故特生此瑰丽之质。夫天既笃而生之，必将宠而异之，是宜处以宫闱之安，荣以褕翟之贵。奈何一遭谗间，远嫁单于，抱恨紫台，独留青冢？至今春风之面徒存于画图，环佩之魂空归于月夜。此曷故哉？夫天下若泪若灭之境，原以待无知无识之人。若乃灵秀积中，了办一切，而竟使之汶汶以没世，亦何足以厌服其心？是又不如不生之为愈也。此其怨恨，直至海枯石烂，不可磨灭。夫明妃抱此怨恨，不可明言，只以托之千载琵琶。而少陵之怨恨，不可明言，又以托之明妃。通篇只重写"怨恨"二字，乃所以写明妃，即所以写己怀也。

（据佚名《杜诗言志》卷10，江苏人民出版社1983年版）

编者按：《杜诗言志》是大约产生于清康熙六年（1667）至乾隆四十年（1775）之间的一部研究杜诗的手抄本，无作者署名。《杜诗言志》认为杜甫《咏怀古迹》其三既是"专咏明妃"之作，又是诗人"自咏己怀，非咏明妃"之作，即"少陵之怨恨，不可明言，又以托之明妃"，"写明妃，即所以写己怀也"。这种诠释是符合诗人实际的。

御选唐宋诗醇（节录）

（清）爱新觉罗·弘历 敕编 梁诗正 等 评注

卷十七　襄阳杜甫诗九

《咏怀古迹五首》其三

群山万壑赴荆门，生长明妃尚有村。一去紫台连朔漠，独留青冢向黄昏。画图省识春风面，环佩空归月夜魂。千载琵琶作胡语，分明怨恨曲中论。

破空而来，势如天骥下坂、明珠走盘。咏明妃者，此为第一，欧阳修、王安石诗犹落第二乘。

卷二十三　太原白居易诗五

王昭君

汉使却回凭寄语，黄金何日赎蛾眉？君王若问妾颜色，莫道不如宫中时。

旧事翻新，思路自别。后二句总从"赎"字生出，与李商隐诗"金徽本是无情物，不许文君忆故夫"二句用意极相似，然彼近尖刻，此则深厚，乃中、晚之判也。

《诗人玉屑》曰："古今人作昭君词多矣，余独爱乐天一绝，其意优游而不迫切。然乐天赋此诗年甚少。"

（《御选唐宋诗醇》卷17、卷23，据《四库全书》第1448册，上海古籍

出版社1987年版）

全闽诗话（节录）

（清）郑方坤

卷六　明

邓　　定

国初邓布衣定《题昭君出猎图》云："传呼莫射南飞雁，欲寄平安到汉家。"一时传咏，以为绝唱。然元陆子方《昭君词》云："劝君莫射南飞雁，欲寄思乡万里书。"已先道之矣。按：子方诗又云："谁知塞外风尘貌，不似昭阳殿里人。"则东方虬诗："单于浪惊喜，无复旧时容"，已先之矣。信哉！诗不蹈袭之为难也。《小草斋诗话》。

（据郑方坤《全闽诗话》卷6，陈节、刘大治点校，福建人民出版社2006年版）

编者按：郑方坤，字则厚，号荔乡，建安（今属福建）人，雍正进士。所编《全闽诗话》汇集福建文人所写诗歌及其他有关闽地之诗。全书十二卷，计约七百余家。卷六记述的邓定，字子静，元末明初闽县（今福建福州市）人，生平不详，著有《耕隐集》。郑方坤在此述及了历代昭君文学创作中的蹈袭现象，并感叹道："信哉！诗不蹈袭之为难也。"其实，这是文学创作中一种正常现象和客观规律，没有继承就难有发展。

订讹类编（节录）

（清）杭世骏

卷二　事讹

二疏昭君图

刘子元云："张僧繇画《群公祖二疏图》，有着芒屩者；阎立本画《昭君图》，妇女有着帷帽者。夫芒屩出于水乡，非京华所有；帷帽起于隋代，非汉宫所作。"以此言之，凡作诗画皆须博古，方无此等罅漏。有画昭君自把琵琶于马上者，亦非。此乃妇女所弹，以解昭君之愁耳。

《野客丛书》曰："傅玄《琵琶赋序》曰：'故老言汉送乌孙公主嫁昆弥，念其行道思慕，使知音者于马上奏之。'石崇《明君词》亦曰：'匈奴请婚于汉，元帝以汉家良家子配焉。昔公主嫁乌孙，令琵琶马上作乐，以慰其道路之思。其送明君，亦必尔也。'则知弹琵琶者乃从行之人，非行者自弹也。今人画《明妃出塞图》，作马上愁容，自弹琵琶，而赋词者又述其自鼓琵琶之意矣。鲁直《竹枝词》注引傅玄序，以谓马上奏琵琶乃乌孙公主事，以为明妃用，盖承前人误。仆谓黄注是不考石崇《明君词》故耳。"

愚案：东坡《古缠头曲》为琵琶女子作，其诗云："指法已似呼韩妇。"李于鳞《明妃曲》云："抱得琵琶马上弹。"俱是相沿之误。

（杭世骏《订讹类编》卷二，据《续修四库全书》第1148册，上海古籍出版社2002年版）

订讹类编续补（节录）

（清）杭世骏

卷下　人讹

王昭君非郑人

郑州有坊曰"昭君故里"。按《志》：神武第几子妃娄氏，小字"昭君"，郑州人。非汉昭君也。行人有以青冢、琵琶吊之者，失考耳。

（杭世骏《订讹类编续补》卷下，据《续修四库全书》第1148册，上海古籍出版社2002年版）

王昭君词序

（清）陆燿

世咏昭君，都据《西京杂记》，谓元帝按图召幸，宫人皆赂画工，多者十万，少亦不减五万，昭君自恃貌美，独无所赂，工人多丑为之图，帝遂以妻匈奴。是说也，余尝疑之。夫汉元即富过往时，而未幸之宫人，安所得此多金以赂画师哉？宫廷迹闷，谁代为游谈通赂者？至其挈金暮夜，亦岂漫无呵禁？固近诬不可信也。自梁王叔英妻刘氏诗曰："丹青失旧仪，玉匣成秋草。"由是陈后主则曰："图形汉宫里，遥聘单于台。"隋薛道衡则曰："不蒙女史进，更无画师情。"沿至唐人，遂为典实。如崔国辅"何时得见汉朝使，为妾传书斩画师"，沈佺期"薄命由骄虏，无情是画师"，梁献"图画失天真，容华坐误人"，郭元振"容颜日憔悴，有甚画图时"，刘长卿"自矜妖艳色，不顾丹青人"，李白"生乏黄金买图画，死留青冢使人嗟"，杜甫"画图省识春风面，环佩空归月夜魂"，白居易"愁苦辛勤憔悴尽，如今却似画图时"，李商隐"毛延寿画欲通神，忍为黄金不为人"，范静妻沈氏"早信丹青巧，重货洛阳师。千金买蝉鬓，百万买蛾眉"之类，不可胜纪。梁以前初无此说，昭君之自言曰："离宫绝旷，身体摧藏"而已。石崇之为《明君新歌》，亦止曰"我本汉家子，将适单于庭"而已，图画之事，不著篇什。又案：《汉书》但言单于愿婿汉氏以自亲，元帝以后宫良家子王嫱字昭君赐单于，单于欢喜，上书愿保塞上谷以西至敦煌，请罢边备塞吏卒，以休天子人民。而《琴操》则谓帝宴单于，悉召后宫，问欲以一女赐单于，昭君盛饰而至，越席请行。既至，匈奴以为汉待之厚，报汉以骏马白璧珍宝之物。图画之事，不登记载。自是之后，匈奴三世，称藩于汉，不为边患，昭君号宁胡阏氏。故温陵黄鹏扬《读史吟评》称："昭君制胜安边，过武皇十二部将军也。"夫始之不以色进，有班姬辞辇之贤；继之不以难委，有冯女当熊之勇；至其去后宫而赴绝域，偶殊类而辑边陲，有翁主和戎、木兰从军之义。而说者必援无稽之稗史为美谈，使昭君千古止为恃色逞娇、吝财失宠之女流，抑何不善成人之美也！余以《琴操》所载，与正史为近，爰为辨图画之非，以正文人沿袭之谬，而更作此词以贻好事。本集。

（据胡凤丹《青冢志》卷3，见《笔记小说大观·五编》，第10册，台湾新兴书局1960年版）

王昭君词

（清）陆燿

征鸿西北飞，褵褷沙塞月。千里一徘徊，回见汉宫阙。汉宫有美女，昭君肤白雪。天子坐明堂，单于上朝谒。顾问红粉群，谁能为此别。昭君前致辞，意气何决烈！群臣视愕眙，天子心吁怫。何以事呼韩，忠信为开说。何以报汉恩，羁縻勿侵夺。脚下无游履，腰间明月玦。上马不执鞭，秋风杨柳歇。萧萧骢马尘，岁岁输无绝。坐使亭隧安，并撤外城卒。乃知烈女胸，羞与群婢列。始乏箕帚劳，终树干城节。至今青冢草，牛羊不敢龁。本集。

（据胡凤丹《青冢志》卷8，见《笔记小说大观·五编》，第10册，台湾新兴书局1960年版）

编者按：清人陆燿《王昭君词》及《王昭君词序》高度评价了昭君出塞的历史贡献，有两点特别值得称道：首先，将昭君出塞与木兰从军相提并论，认为昭君出塞是另一种形式的从军出征，其"制胜安边"之奇功胜过"武皇十二部将军"；其次，罗列了六朝隋唐若干指责画师丑图导致昭君悲剧的诗句，批评这类说法不过是依从毫无根据的小说家之词，将昭君视为失宠的可怜的弱女子，这其实严重贬低了昭君的人格胸怀。诗人认为昭君是一位卓尔不群的真正烈女，正因为如此，她死后葬于青冢，英魂所在，连牛羊都不愿不敢践踏坟土、啃食冢草。

诗法易简录（节录）

（清）李锳

卷十　七言律诗

咏怀古迹其三（杜甫）

群山万壑赴荆门，生长明妃尚有村。一去紫台连朔漠，独留青冢向黄昏。画图省识春风面，环佩空归月夜魂。千载琵琶作胡语，分明怨恨曲中论。

起笔亦有千岩竞秀、万壑争流之势。浦二田云："'怨恨'二字，乃一诗归宿处。中四句，'一去'，怨恨之始也；'独留'，怨恨所结也。画图识面，生前失宠之怨恨可知；环佩归魂，死后无依之怨恨何极！末就出塞声点明。"按：第六句写得怨而不怒，深合三百篇温厚之旨。

（李锳《诗法易简录》卷10，据《续修四库全书》第1702册，上海古籍出版社2002年版）

编者按：文中"浦二田"即浦起龙，江苏无锡人，字二田，清代雍乾时期著名学者、诗歌笺注家和诗人，博览群书，精研杜诗，所著《读杜心解》为清代著名杜诗注本。

群书札记（节录）

（清）朱亦栋

卷　二

祁连山

《汉书·霍去病传》："去病至祁连山。"师古注："祁连山，即天山也。匈奴呼天为祁连山。"案："祁连"二字切音为天，"焉支"二字切音亦为天。《匈奴歌》："失我祁连山，使我六畜不蕃息。失我祁连山，使我妇女无颜色。"盖皆谓天山也。《十道志》以祁连、焉支为二山，似误。

卷十四

阏　氏

《匡谬正俗》："习凿齿《与谢安石书》云：'匈奴名妾作阏氏，言可爱如烟支也。'按：《史记》及《汉书》说：单于正妻曰'阏氏'，犹中国言皇后尔，旧读音焉氏。盖北狄之言，自有意义，未可得而详也。且阏氏妻号，非妾之名，未知习生何据。"按："妾"字乃"妻"字之讹。古乐府《匈奴歌》："失我阏氏山，使我妇女无颜色。"则阏氏者，美之词也。"焉支"二字切音为天，则阏氏者尊之词也，犹中国之称天后云尔。又"匈奴"二字，亦胡字之切音。

（朱亦栋《群书札记》卷2、卷14，据《续修四库全书》第1155册，上海古籍出版社2002年版）

水曹清暇录（节录）

（清）汪启淑

卷十六

诗品贵乎翻新，脱去前人窠臼，方是自己诗。然须立论绳正，不落魔道，才是上乘。如闽县魏宪《明妃怨》一章，怨而不怨。其词曰："婉转辞明主，迢遥嫁异乡。青蛾伤汉月，红泪染胡霜。暂得恩波日，徒成怨别肠。无金酬画士，是妾误君王。"深得风人之旨。

（汪启淑《水曹清暇录》卷16，据《续修四库全书》第1138册，上海古籍出版社2002年版）

清诗别裁集（节录）

（清）沈德潜

卷　六

王昭君二首（刘献廷）

六奇已出陈平计，五饵曾闻贾谊言。敢惜妾身归异国，汉家长策在和番。

咎在陈平、娄敬，此正论也。元帝时匈奴已弱，帝不欲失信，非畏其强，此意诗家未曾道及。

汉主曾闻杀画师，画师何足定妍媸。宫中多少如花女，不嫁单于君不知。

若故为自幸之辞，不怨，深于怨矣。

卷　九

昭君曲（颜光敏）

一辞宫阙出秦关，长得丹青识旧颜。为报君王休爱惜，汉家征戍几人还！

悲悯征人，用意忠厚。

卷十四

明妃（吴雯）

不把黄金买画工，进身羞与自媒同。始知绝代佳人意，即有千秋国士风。环佩几曾归夜月，琵琶惟许托宾鸿。天心特为留青冢，春草年年似汉宫。吊明妃并写怀抱，方脱前人束缚。

（据沈德潜《清诗别裁集》卷6、卷9、卷14，上册，中华书局1975年版）

卷二十七

拟古出塞（蒋溥）

束装赴青海，醉里别乡关。少妇识雄心，不复问刀环。笑彼马伏波，犹恋裹尸还。埋身青冢侧，阴云黯天山。极形义勇，翻尽白窠。

（据沈德潜《清诗别裁集》卷27，下册，中华书局1975年版）

编者按：《清诗别裁集》本名《国朝诗别裁集》，是清中叶著名文学家兼学者沈德潜编辑的一部清诗选本，共三十二卷，选入清初至乾隆时期九百余位诗人的诗作三千余首。沈德潜评诗重创新，所辑录的几例关于昭君题材诗歌的评说，均突出地表现了这一审美特色。原著在诗人名下有一个简介，再将诗人重要诗歌作品一一列于后。为阅读方便，本书删去简介，将诗人名字直接置于诗作题目之后，用括号标示。本书文献整理中，多有类似处理方式，不一一说明。

红楼梦（节录）

（清）曹雪芹

第六十四回　幽淑女悲题五美吟，浪荡子情遗九龙佩

宝玉听了，方自怀内取出，凑至宝钗身旁，一同细看。只见写道：

西　施

一代倾城逐浪花，吴宫空自忆儿家。效颦莫笑东村女，头白溪边尚浣纱。

虞　姬

肠断乌骓夜啸风，虞兮幽恨对重瞳。黥彭甘受他年醢，饮剑何如楚帐中。

明　妃

绝艳惊人出汉宫，红颜命薄古今同。君王纵使轻颜色，予夺权何畀画工。

绿　珠

瓦砾明珠一例抛，何曾石尉重娇娆。都缘顽福前生造，更有同归慰寂寥。

红　拂

长揖雄谈态自殊，美人具眼识穷途。尸居余气杨公幕，岂得羁縻女丈夫。

宝玉看了，赞不绝口。又说道："妹妹这诗恰好只做了五首，何不就命曰《五美吟》？"于是不容分说，便提笔写在后面。宝钗亦说道："做诗不论何题，只要善翻古人之意。若要随人脚踪走去，纵使字句精工，已落第二义，究竟算不得好诗。即如前人所咏昭君之诗甚多，有悲挽昭君的，有怨恨延寿的，又有讥汉帝不能使画工图貌贤臣而画美人的，纷纷不一。后来王荆公复有'意态由来画不成，当时枉杀毛延寿'，永叔有'耳目所见尚如此，万里安能制夷狄'。二诗俱能各出己见，不与人同。今日林妹妹这五首诗，亦可谓命意新奇，别开生面了。"

第七十七回　俏丫鬟抱屈夭风流，美优伶斩情归水月

宝玉叹道："你们那里知道，不但草木，凡天下之物，皆是有情有理的，也和人一样，得了知己，便极有灵验的。若用大题目比，就象孔子庙前之桧、坟前之蓍，诸葛祠前之柏，岳武穆坟前之松。这都是堂堂正大随人之正气，千古不磨之物。世乱则萎，世治则荣，几千百年了，枯而复生者几次，这岂不是兆应？小题目比，就象杨太真沈香亭之木芍药，端正楼之相思树，王昭君冢上之草，岂不也有灵验？所以这海棠亦应其人欲亡，故先就死了半边。"

（据曹雪芹《红楼梦》第64回、第77回，中册，人民文学出版社1982年版）

编者按：昭君故事深刻地影响了《红楼梦》的创作，曹雪芹在小说中屡屡述及以昭君出塞为题材的诗歌作品及相关故事，显示了其对

昭君文化的熟悉程度，而且在构思设计林黛玉、薛宝钗等女性形象的诗才、气质、结局等方面也多有借鉴。

全浙诗话（节录）

（清）陶元藻

卷四十三　清

沈允范

允范，字康臣，号肯斋，山阴人。康熙丁未进士，官中书舍人，著有《采山堂集》。

《越风》：采山《题丁继之秦淮水阁》："老翁头白是遗民，历数风流八十春。小阁惯邀都护骑，双瞳亲见丽华人。红灯舞柘长牵梦，翠袖熏香尚满身。邂逅一樽残菊里，邵平那得似君贫？"《过昭君里题旅店壁》云："几处明妃说故村，重来北里有名存。居人不识丹青怨，草色都非玉塞痕。越客停车怜皓齿，汉家倾国殉乌孙。低徊一夜销残烛，似听琵琶诉旧恩。"采山五七律更胜于古体，视山堂、萝村又上一层。

卷五十一　清闺秀

王端淑

端淑，字玉映，号映然子，山阴人，王思任女，宛平丁肇圣配，著有《吟红集》。

《莲坡诗话》：毛西河选浙江闺秀诗，独遗山阴王氏。王氏有女名端淑，《寄西河诗》结句云："王嫱非不无颜色，怎奈毛君笔下何？"引用二姓恰合。

（据陶元藻《全浙诗话》卷43、卷51，俞志慧点校，下册，中华书局2013年版）

编者按：陶元藻，字龙溪，号篁村，会稽（今浙江绍兴）人，乾隆贡生，所编《全浙诗话》五十四卷，收春秋至清乾隆时期已故浙江

诗人一千九百余人。卷五十一中述及的"毛西河"，即清初著名学者
毛奇龄，字大可，号西河。

绿净轩诗钞（节录）

（清）徐德音

卷　一

出　塞

六奇枉说汉谋臣，从此和戎是妇人。若使边庭无牧马，蛾眉也合画麒麟。

明　妃

莫为丹青杀画师，君王原不识蛾眉。可知沙塞凄清日，只似长门冷落时。

[徐德音《绿净轩诗钞》卷1，据国家图书馆藏康熙四十六年（1707）
刻本]

编者按：徐德音，字淑则，钱塘（今浙江杭州）人，一作昆山
（今江苏昆山）人，康乾时期女诗人，著有《绿净轩诗钞》五卷。清
代以来涌现了大批女诗人创作的昭君诗歌，无不以歌颂昭君出塞的杰
出贡献为主题基调。

随园诗话（节录）

（清）袁枚

卷　二

三　六

钱文端公少时，乡试落第，其科主试者赵侍郎也，别号长眉。公观演《小
尼姑下山》，戏题云："三寸黄冠绾碧丝，装成十六女沙弥。无情最是长眉佛，
诉尽春愁总不知。"毛西河选闺秀诗，独遗山阴女子王端淑，王献诗云："王嫱
未必无颜色，怎奈毛君笔下何？"一藏其名，一切其姓。

卷　三

四

卢雅雨先生与蒋萝村副宪同谪塞外，蒋年老，虑不得归，卢戏作文生祭之，文甚谲诡。尹文端公一日谓余曰："汝见卢《出塞集》乎？"曰："见矣。"曰："汝最爱何诗？"余未答。公曰："汝且勿言，我猜必是《生祭蒋萝村》文。"余不觉大笑，而首肯者再，喜师弟之印可也。其词曰："先生之寿，七十有七。先生之壮，如其壮日。先生旷达，不讳其恤。先生有教，乃载之笔。先生书来，示我云云。昔同转运，与君为寅。今同谪戍，与君为邻。我欲生祭，乞君一言。……我闻归化，葬古昭君。青冢表表，血食为神。乃心汉阙，同乡是亲。死如卜宅，请傍佳人。凡诸幻想，谓死有觉。有觉而死，不改其乐。若本无知，何嫌沙漠？沧桑以来，谁非委壑？公曰信哉，君言慨慷。君浮我白，我奉君觞。饮既尽兴，食亦充肠。饮食醉饱，是为尚飨。"

卷　七

十　四

余自幼诗文不喜平熟。丙辰，诸征士集京师，独心折于山阴胡天游稚威。常言："吾于稚威，则师之矣。吾于元木、循初，则友之矣；其他某某，则事我者也。"元木者，周君大枢；循初者，万君光泰也。稚威骈体文直掩徐、庾；散行耻言宋代，一以唐人为归；诗学韩、孟，过于涩拗。今录其近人者，如《明妃》云："天低海水西流处，独有琵琶堪解语。断丝枯木本无情，犹胜人心百千许。"《咏谏果》云："苦口众所挥，余甘几人赏。置蜜锟铻端，或者如舐掌。"《赠某营将》云："大声当鼓急，片影落枪危。剑血看生瘿，天狼对挦髭。"皆奇句也。

卷　九

一　七

沈归愚尚书，晚年受上知遇之隆，从古诗人所未有。作秀才时，《七夕悼亡》云："但有生离无死别，果然天上生人间。"落第，《咏昭君》云："无金赠延寿，妾自误平生。"深婉有味，皆集中最出色诗。

（据袁枚《随园诗话》卷2、卷3、卷7、卷9，顾学颉校点，上册，人民文学出版社1982年版）

随园随笔（节录）

（清）袁枚

卷十八

王嫱非名

王嫱，嫱，官也，嫔妃之称，非昭君之名。见《辨古录》。

卷十九

青冢之疑

昭君青冢之说，亦殊不一。范史《南匈奴传》载：昭君入宫数年，不得见御，积怒怨，因单于求女，乃诣掖庭令求行，与匈奴生三子。而呼韩邪死，其前阏氏子欲妻之，昭君上书求归，成帝敕令从俗，复为后单于阏氏。与《西京杂记》"毛延寿画昭君索赂"之说不符。《前汉书·匈奴传》亦云：单于长子雕陶莫皋立，复妻昭君，生三子，即王莽所招入侍者是也。立雕陶时，两阏氏相让，有一家共子之说，亦称其贤，不称其节也。惟《琴操》言：昭君为齐国王穰之女，端正闲丽，足不窥门，年十七，进于宫，未及见御。会欲赐单于美人，嫱越席请往。后不肯妻其子，吞药自杀。《初潭集》亦载之。前半与范史相合，而吞药之说又与范史不符。《归州图经》称：胡中多白草，王昭君冢独青，今有人过其地者云亦不甚验也。

（袁枚《随园随笔》卷18、卷19，据《续修四库全书》第1148册，上海古籍出版社2002年版）

编者按：袁枚在《青冢之疑》中针对古人文献关于昭君出塞前后生活情况及青冢的不同说法提出质疑，并未做出深入辨析。其中述及班固《汉书》记载昭君与雕陶莫皋单于"生三子"，这显然是误记。

《汉书》明确记载昭君与呼韩邪单于生有一子，而与雕陶莫皋单于生有二女，长女云曾入侍汉宫元后，并死于战乱。

《焦氏易林》提要（节录）

（清）纪昀 等

臣等谨案：《易林》，十六卷，汉焦延寿撰。延寿字赣，梁人，昭帝时由郡吏举小黄令。京房师之，故《汉书》附见于《房传》。黄伯思《东观余论》以为名赣，字延寿，与史不符。又据后汉《小黄门谯君碑》称赣之后裔，疑赣为谯姓，然史传无不作焦。汉碑多假借通用，如"欧阳"之作"欧羊"者，不一而足，亦未可执为确证。至旧本《易林》首有费直之语，称王莽时建信天水焦延寿，其词盖出伪托，郑晓尝辨之审矣。

赣尝从孟喜问《易》，其学不出于孟喜，《汉书·儒林传》记其始末甚详。盖《易》于象数之中别为占候一派者，实自赣始。所撰有《易林》十六卷，又《易林变占》十六卷，并见《隋志》。《变占》久佚，惟《易林》尚存。其书以一卦变六十四，六十四卦之变共四千九十有六，各系以词，皆四言韵语。考《汉·艺文志》所载，《易》十三家，《蓍龟》十五家，不及焦氏。《隋·经籍志》始著录于五行家，唐王俞始序而称之，似乎后人所附会。故郑晓《古言》疑其《明夷之咸》林，似言成帝时事；《节之解》林，似言定陶傅太后事，皆在延寿后。顾炎武《日知录》亦摘其可疑者四五条。然二家所云某林似指某事者，皆揣摩其词。炎武所指"彭离济东，迁之上庸"者，语虽出《汉书》，而事在武帝元鼎元年，不必《汉书》始载。又，《左传》虽西汉未立学官，而张苍等已久相述说，延寿引用传语亦不足致疑。惟"长城既立，四夷宾服。交和结好，昭君是福"四句，则事在元帝竟宁元年，名字炳然，显为延寿以后语。

然李善注《文选》任昉《竟陵王行状》，引《东观汉记》曰："沛献王辅永平五年秋，京师少雨，上御云台，诏尚席取卦具，自卦，以《周易卦林》占之，其繇曰：'蚁封穴户，大雨将集。'明日大雨，上即以诏书问辅曰：'道宁有是耶？'辅上言曰：'案《易卦·震之蹇》：蚁封穴户，大雨将集。《蹇》艮下坎上，艮为山，坎为水，出云为雨，蚁穴居而知雨，将云雨，蚁封穴，故以蚁为兴文云云。'"今书《塞》繇，实在《震》林，则书出焦氏，足为明证。昭君之类，或方技家辗转附益，窜乱原文，亦未可定耳。

（纪昀《焦氏易林·提要》，据《四库全书》第808册，上海古籍出版社1987年版）

　　编者按：清代著名学者纪昀认为《焦氏易林》中"长城既立，四夷宾服。交和结好，昭君是福"四句确实是肯定了昭君出塞带来民族和睦的贡献，但《易林》作者是汉昭帝时人，不可能知道昭君出塞事，应为"方技家辗转附益，窜乱原文"所致。纪晓岚的说法应该是符合实际的。

四库全书总目提要（节录）

（清）永瑢、纪昀 等

卷一百三十四　子部四十四

《檀几丛书》五十卷。浙江吴玉墀家藏本。

国朝王晫、张潮同编。是书所录皆国朝诸家杂著，凡五十种。大半采自文集中，其余则多沿明季山人才子之习，务为纤佻之词。如张芳之《黛史》，丁雄飞之《小星谱》，已为猥鄙；至程羽文之《鸳鸯牒》，取古来男女不得其偶者，以意判断，更为匹配。其序文引谭元春之说，谓古来多少才子佳人，被愚拗父母板住，不能成对，赍情而死，乃悟文君奔相如，是上上妙策。其语已伤风化。书中以王昭君配苏武，以班昭配郑康成，以王婉仪配文天祥之类，虽古之贤人，不免侮弄。至于以魏甄后配曹植，以辽萧后配李煜，以汉班婕妤、晋左贵嫔配梁简文帝、梁元帝，则帝王、妃后亦遭轻薄矣。其书可烧，奈何以秽简牍也！

卷一百三十七　子部四十七

《名物类考》四卷。副都御史黄登贤家藏本。

明耿随朝撰。随朝号敬庵，滑县人。嘉靖丁未进士，官至山西按察司副使。是书诠释名物，分十五门，盖《尔雅》之支流。而往往阑入故实，已为自乱其例，又皆不著出典。如春曰苍天云云，是《尔雅》之文也；东曰变天云云，是《吕氏春秋》之文也，而突接以欲界六天、色界十八天云云，是儒、异混为一说矣。天神曰昊天、上帝云云，突接以风神曰封姨，是经典与小说联为一例矣。至于所引故实，动辄舛谬。如程邈作飞白、蔡邕作章草之类，已为颠倒；甚至谓古之善琵琶者昭君，是不亦齐东之语乎？

卷一百四十　子部五十

《西京杂记》六卷。内府藏本。

旧本题晋葛洪撰，洪有《肘后备急方》，已著录。黄伯思《东观余论》称此书中事皆刘歆所说，葛稚川采之，其称余者皆歆本文云云。今检书后有洪跋，称其家有刘歆《汉书》一百卷，考校班固所作，殆是全取刘氏，有小异同，固所不取，不过二万许言。今钞出为二卷，名曰《西京杂记》，以补《汉书》之阙云云。伯思所说，盖据其文。案《隋书·经籍志》载此书二卷，不著撰人名氏。《汉书·匡衡传》颜师古注称今有《西京杂记》者，出于里巷，亦不言作者为何人。至段成式《酉阳杂俎·广动植》篇，始载葛稚川就上林令鱼泉问草木名，今在此书第一卷中。张彦远《历代名画记》载毛延寿画王昭君事，亦引葛洪《西京杂记》。则指为葛洪者，实起于唐，故《旧唐书·经籍志》载此书，遂注曰晋葛洪撰。然《酉阳杂俎·语资》篇别载庾信作诗用《西京杂记》事，旋自追改曰："此吴均语，恐不足用。"晁公武《读书志》亦称江左人或以为吴均依托，盖即据段成式所载庾信语也。

今考《晋书·葛洪传》，载洪所著有《抱朴子》《神仙》《良吏》《集异》等传，《金匮要方》《肘后备急方》，并诸杂文，共五百余卷，无《西京杂记》之名，则作洪撰者自属舛误。特是向、歆父子作《汉书》，史无明文。以此书所纪与班书参校，又往往错互不合。如《汉书》载文帝以代王即位，而此书乃云文帝为太子。《汉书》又载广陵王胥、淮南王安并谋逆自杀，而此书乃云胥格猛兽陷脰死，安与方士俱去。《汉书·杨王孙传》即以王孙为名，而此书乃云名贵。似是故谬其事，以就洪跋中小有异同之文。又，歆始终臣莽，而此书载吴章被诛事，乃云章后为王莽所杀，尤不类歆语。又，《汉书·匡衡传》"匡鼎来"句，服虔训鼎为当，应劭训鼎为方，此书亦载是语，而以鼎为匡衡小名。使歆先有此说，服虔、应劭皆后汉人，不容不见，至葛洪乃传，是以陈振孙等皆深以为疑。然庾信指为吴均，别无他证；段成式所述信语，亦未见于他书。流传既久，未可遽更。今姑从原跋，兼题刘歆、葛洪姓名，以存其旧。其书诸志皆作二卷，今作六卷。据《书录解题》，盖宋人所分，今亦仍之。其中所述虽多为小说家言，而摭采繁富，取材不竭。李善注《文选》，徐坚作《初学记》，已引其文。杜甫诗用事谨严，亦多采其语。词人沿用数百年，久成故实，固有不可遽废者焉。

　　（永瑢、纪昀等《四库全书总目提要》卷134、卷137、卷140，据《四库全书》第3册，上海古籍出版社1987年版）

瓯北诗话（节录）

（清）赵翼

卷九　吴梅村诗

　　梅村熟于两《汉》《三国》及《晋书》《南北史》，故所用皆典雅，不比后人猎取稗官丛说，以炫新奇者也。……《杂感》内"取兵辽海哥舒翰，得妇江南谢阿蛮"，本以降将哥舒翰比吴三桂，然翰无取兵辽海之事；以阿蛮比圆圆，然阿蛮本新丰人，非江南产。《赠袁韫玉》之"卢女门前乌柏树，昭君村畔木兰舟"，卢女无乌柏树故事，昭君无木兰舟故事，但采掇字面鲜丽好看耳。王阮亭诗："景阳楼畔文君井，明圣湖头道韫家。"亦同此体。盖当时风气如此。竹垞、初白，则无此病矣。集中如此类者，不一而足。

卷十一　明妃诗

　　古来咏明妃者，石崇诗："我本汉家子，将适单于庭"。"昔为匣中玉，今为粪上英。"语太村俗。惟唐人"今日汉宫人，明朝胡地妾"二句，不着议论，而意味无穷，最为绝唱。其次则杜少陵"千载琵琶作胡语，分明怨恨曲中论"，同此意味也。又次则白香山"汉使却回烦寄语，黄金何日赎蛾眉？君王若问妾颜色，莫道不如宫里时"，就本事设想，亦极清隽。其余皆说和亲之功，谓因此而息戎骑之窥伺。有曰："祸胎已入虏廷去，玉关寂寞无天骄。"有曰："妾身虽苦免主忧，犹胜专宠亡人国。"有曰："冶容若使留汉宫，卜年未必盈四百。"此皆好为议论，其实求深反浅也。

王荆公诗："意态由来貌不成，当时枉杀毛延寿。"此但谓其色之美，非画工所能形容，意亦自新。乃张纶《林泉随笔》谓其与"祸胎"句同意，何耶？明人有云："一自蛾眉别汉宫，琵琶声断戍楼空。金钱买取龙泉剑，寄与君王斩画工。"此则下第举子，借以詈试官，非真咏明妃也。赵秉文《题明妃出塞图》："无情汉月解随人，羞向天涯照妾身。闻道将军侯万户，已将功业画麒麟。"此亦咏其和戎之功，而词旨特酝藉。至王元节云："环佩魂归青冢月，琵琶声断黑河秋。汉家多少征西将，泉下相逢也合羞。"则浅露矣。

杨一清改官后不得意，《咏昭君》云："君王不是无恩泽，妾自无钱买画师。"又一诗："骊山举火因褒氏，蜀道蒙尘为太真。能使明妃嫁胡虏，画师应是汉忠臣。"此意较新。见李诩《戒菴漫笔》。

（据赵翼《瓯北诗话》卷9、卷11，霍松林、胡主佑校点，人民文学出版社1963年版）

编者按：赵翼是清乾隆时期一位博学的史学家，也是一位著名的诗人和诗评家，其《瓯北诗话》评价历代歌咏昭君的诗歌，语虽简洁，却多中肯之论。文中将《林泉随笔》的作者写作"张纶"，当是"张纶言"之误。

石洲诗话（节录）

（清）翁方纲

卷 一

阮亭先生意在轻行浮弹，不着边际，见地自高。此所谓言各有当也。即如欧公《明妃曲》后篇，阮亭亦尝讥之，而其妙自不可及。

卷　四

刑惇夫居实才气横逸，其《明妃引》乃十四岁作，而奄有元祐诸公之气势，东坡、山谷皆深惜之。此宋时之李长吉也。

…………

黄希声文雷《昭君行》一篇，序中辨从来作者沿袭之误，甚与本事相合。按《汉书》："郅支既诛，呼韩邪单于且喜且惧，上书愿朝。竟宁元年，单于入朝，自言愿婿汉氏以自亲。元帝以后宫良家子王嫱字昭君赐单于。"此与赞语中所述"孝文妻以汉女，增厚其赂"云云，情形迥乎不同，不得以和亲事一概而论也。

（翁方纲《石洲诗话》卷1、卷4，据《续修四库全书》第1704册，上海古籍出版社2002年版）

王昭君

（清）史谷贻

玉辇长辞汉殿回，明君一曲莫兴哀。红颜得向胡尘老，免似杨妃辱马嵬。

（据胡丹凤《青冢志》卷5，见《笔记小说大观·五编》，第10册，台湾新兴书局1960年版）

次韵题昭君图

（清）方婉仪

画师若把黄金嘱，老守长门到白头！冢畔青青草色稠，芳名史册著千秋。

（据徐世昌《晚清簃诗汇》卷185《闺秀三》，见《续修四库全书》第1633册，上海古籍出版社2002年版）

昭君二首

（清）周秀眉

大造英华泄，春从塞地生。琵琶弹马上，千载壮君名。

岂是金能赂，魂消举笔时。汉宫多宠爱，枉自画蛾眉。《东瓯诗存》。

（据胡凤丹《青冢志》卷5，见《笔记小说大观·五编》，第10册，台湾新
兴书局1960年版）

编者按：晚清胡凤丹在所编《青冢志》中，收入了许多女性诗人
尤其是清代女性诗人创作的昭君诗，如周秀眉、李含章、葛季英、郭
漱玉、郭润玉等。这些女性诗人大多站在女性角度热情赞扬了王昭君
富于担当精神的巾帼英雄风范，充分显示了明清以来广大女性知识分
子对于女性自身价值的深刻认同。

明妃出塞图

（清）李含章

龙沙万里日色晡，大阴山色青模糊。云霾雾掩壮士且悲死，况此绝世佳人
乎！我闻灭秦诛项困冒顿，汉庭宵旰惟匈奴。和亲下策出高帝，例刷民女称皇
姑。鲁元誓不作阏氏，娄敬有女归毡庐。嫖姚兵还贰师死，元帝孱弱无人扶。
吾恐昭君当时即不点大破，未必别遣宫中都。又况竟宁建始之间祸水作，六宫
内事知何如？大抵美女如杰士，见识迥与常人殊。春花不枯秋不落，要令青史
夸名姝。一日不画画千载，安用黄金百镒烦鸦涂。雁门古冢生青芜，香溪碧水
流珊瑚。吁嗟此意难描摹，区区延寿安足诛，酹酒三拜明妃图！

（据胡凤丹《青冢志》卷10，见《笔记小说大观·五编》，第10册，台湾
新兴书局1960年版）

清白士集（节录）

（清）梁玉绳

卷二十　瞥记三

史

竟宁元年，赐单于掖庭待诏王樯为阏氏。《匈奴传》作"王牆"，皆不书
"嫱"字。钱宫詹云："《说文》无'嫱'字，《左传》'妃嫱嫔御'，唐石经本

作'牆'。《汉书》王牆字亦从爿。《元帝纪》作'檣',恐是'牆'之伪。檣字,《说文》亦未收。"诸蔼堂云:"王嫱,盖取古美女毛嫱之名,未必古无'嫱'字,疑嫱、檣、牆三字古通。"

卷二十三　嫳记六
诗　文

《琴操》言:王昭君,齐国王穰女,适单于,生子世达,依其俗欲妻母,昭君吞药而死。元马致远《汉宫秋》曲言:明妃和亲行至黑龙江,投江而死。皆与《汉书》不合。盖词家假设之言,非关事实,犹《文选·长笛赋》所云"屈平适乐国,澹台载尸归"也。

（梁玉绳《清白士集》卷20、卷23,据《天津图书馆珍藏清人别集善本丛刊》第12册,天津古籍出版社2009年版）

方舆考证（节录）
（清）许鸿磐

卷九十九　外城一

青冢:在城南二十里,蒙古名特木尔乌尔虎。《通典》:"今河滨县有昭君墓。"《辽史·地理志》:"丰州有青冢,即王昭君墓。"《大同府志》:"汉昭君墓在府西北五百里,古丰州西六十里。塞草皆白,惟此独青,故名。"

按:昭君之事,两汉书《匈奴传》皆载之。《前汉书》云:"竟宁元年,呼韩邪单于来朝,自言愿婿汉氏以自亲,元帝以后宫良家子王嫱赐单于。后其子雕陶莫皋立,复妻昭君。"《后汉书》云:"昭君入宫数岁,不得见御,积悲怨,求行。"并无青冢之说,亦无画工写貌之事。至琵琶,乃乌孙公主事,与昭君无干,皆附会也。

（据许鸿磐《方舆考证》卷99,第18册,四川大学出版社2016年版）

编者按:许鸿磐,字渐逵,济宁（今属山东）人,乾隆四十六年
(1781)进士,官至泗州知州等。许鸿磐从史学角度认为丑图、琵琶、

青冢等与昭君相关联的说法皆为附会之词。其实，琵琶、青冢等早已成为昭君文化符号，不必以考据为重。

北江诗话（节录）

（清）洪亮吉

卷　四

僧果仲咏昭君诗："和戎原汉策，遣妾亦君情。"论断平允，可以正前人"汉恩自浅胡自深"诸句之误。

…………

王昭君赐单于一事，《琴操》之言，最得其实。云王昭君者，齐国王襄女也，年十七，献元帝。会单于遣使请一女子，帝谓后宫欲至单于者起。昭君喟然而叹，越席而起。乃赐单于。是昭君之行，盖由自请。而《西京杂记》妄以为事由毛延寿，说最鄙陋，而世俗信之，何耶？余曾有一绝，正之云："奇童请尺组，奇女请和戎。莫信无稽说，嫱妍出画工。"

（据洪亮吉《北江诗话》卷4，陈迩冬校点，人民文学出版社2019年版）

明妃曲三首

（清）许宗彦

保塞多年息战尘，轮台悔祸愿方伸。大臣妙得安边策，那为君王惜美人。
战骨填沙草不春，封侯命将漫纷纭。当时合把毛延寿，画作麟台第一勋。
青冢传留千载名，才人辞赋尚纵横。春风何限承恩女，虚向深宫过一生。

（据许宗彦《鉴止水斋集》卷7，见《续修四库全书》第1492册，上海古籍出版社2002年版）

剧说（节录）

（清）焦循

卷　五

王昭君事见《汉书》，《西京杂记》有诛画工事。元明以来作昭君杂剧者，有四家。马东篱《汉宫秋》一剧，可称绝调，臧晋叔《元曲选》取为第一，良非虚美。但《西京杂记》谓王嫱自恃容貌，不肯与，工人乃丑图之。工人不专指毛延寿，所诛画工延寿而外，又有安陵陈敞，新丰刘白、龚宽，下杜阳望、樊育，同日弃市。东篱则归咎毛延寿一人。又本青冢事，谓昭君死于江，而以元帝一梦作结。薛旦反此，作《昭君梦》，则谓已嫁单于，而梦入汉宫也。惟陈玉阳《昭君出塞》一折，一本《西京杂记》，不言其死，亦不言其嫁，写至出玉门关即止，最为高妙。尤西堂作《吊琵琶》，前三折全本东篱，末一折写蔡文姬祭青冢，弹《胡笳十八拍》以吊之，虽为文人狡狯，而别致可观。元人张时起，有《昭君出塞》剧，今不传。

（据焦循《剧说》卷5，古典文学出版社1957年版）

编者按：清代曲论家焦循作《剧说》，称元人马致远《汉宫秋》为"绝调"，称明人陈与郊《昭君出塞》"高妙"，称清人尤侗《吊琵琶》"别致"，皆为简明而精当之论。

双凤奇缘序

（清）雪樵主人

山川灵秀之气，钟于奇男子者多，而钟于奇女子者复不少。或女子徒以才见，临风作赋，对月敲诗，乃闺阁诲淫之渐，非奇也。或女子徒以色胜，尤物移人，蛾眉不让，又脂粉涂抹之流，非奇也。奇莫奇于有才有色，虽颠沛流离，不改坚贞之志；能文能武，虽报仇泄恨，自全忠义之名。非特此也，前因梦而咏好逑，能使芳魂归故土；后因梦而歌麟趾，犹是骨肉正中宫，乃知二难会称于女子者固奇，两美兼收于一君者尤奇。故名曰《双凤奇缘》，是为序。

（据雪樵主人《双凤奇缘》，见刘世德等主编《古本小说丛刊》第17辑，中华书局1991年版）

明　妃

（清）鲍桂星

卫霍年年侈战功，何如决策早和戎。蛾眉笑挟琵琶去，凤掖惊看粉黛空。芳草不遮青冢月，佩环犹忆紫台风。君王若补麒麟画，应为明妃惜画工。《咏史诗抄》。

（据胡凤丹《青冢志》卷5，见《笔记小说大观·五编》，第10册，台湾新兴书局1960年版）

昭昧詹言续录（节录）

（清）方东树

卷　二

王半山

向谓欧公思深，今读半山，其思深妙，更过于欧。学诗不从此入，皆粗才浮气俗子也。用意深，用笔布置逆顺深，章法疏密，伸缩裁剪。有阔达之境，眼孔心胸大，不迫猝浅陋易尽，如此乃为作家，而用字、取材、造句可法。

…………

《明妃曲》，此等题各人有寄托，借题立论而已。如太白只言其乏黄金，乃自叹也；公此诗言失意不在近君，近君而不为国士知，犹泥涂也；六一则言天下至妙，非悠悠者能知，以自喻其怀，非俗众可知。

（方东树《昭昧詹言续录》卷2，据《续修四库全书》第1705册，上海古籍出版社2002年版）

编者按：方东树，字植之，号副墨子，安徽桐城人，曾著《昭昧詹言》十卷，后又著《昭昧詹言续录》二卷、《续昭昧詹言》八卷。所谓"昭昧"，即明暗之意，犹是非曲直。所谓"詹言"，即烦琐、片面的言论。"昭昧詹言"，意即关于是否曲直的烦琐言论，乃作者自谦之意。

浪迹续谈（节录）

（清）梁章钜

卷　六

《汉书·元帝纪》云："赐单于待诏掖庭王樯为阏氏。"《匈奴传》云："王墙，字昭君。"惟《后汉书·南匈奴传》作"嫱"。钱竹汀先生曰："《说文》无'嫱'字。《左传》'妃嫱嫔御'，唐石经本作'墙'。"则《匈奴传》作"墙"不误，而《元帝纪》之"樯"恐转误。'樯'字《说文》亦未收也。《西京杂记》言：汉元帝使画工写宫人，昭君独不行赂，乃恶写之。既行，遂按诛毛延寿。《琴操》又言：本齐国王穰女，年十七，进之帝，以地远不幸。及欲赐单于美人，嫱对使者越席请往。后不愿妻其子，吞药而卒。惟抱琵琶出塞，乃乌孙公主事，与昭君无干，傅玄《琵琶赋序》详言之，载在《宋书·乐志》。后人因石崇《王明君辞序》"昔公主嫁乌孙，令琵琶马上作乐，以慰其道路之思，其送昭君，亦必尔也"云云，遂附会以为昭君尔，杜诗"千载琵琶作胡语"，殆亦本于石崇。

（据梁章钜《浪迹丛谈续谈三谈》卷6，陈铁民点校，中华书局1981年版）

闽川闺秀诗话（节录）

（清）梁章钜

卷　一

黄幼藻

黄幼藻，字汉荟，莆田人，前明苏州通判议女，归举人林仰垣，为仪部郎启昌子妇，有《柳絮编》已梓行。郑兰陔《莆风清籁集》录其诗独多，并缀《诗话》云："姚园客称汉荟丽才雅藻，何减玉台。年未四十而卒，临终犹诵'残灯无焰影幢幢'之句，可悲也。"……

汉荟有《明妃曲》云："天外边风掩面沙，举头何处是中华。早知身被丹青误，但嫁巫山百姓家。"见《莆风清籁集》。郑兰陔云此诗亦见《黄米轩集》，惟起二句稍异。然诗意婉约，自是香奁中语。今从《明诗综》《明诗别裁》诸选录之。

卷　四

许还珠

许还珠，字月津，余妹蓉函长女，适儒士陈光铦，有《绀光书室诗草》一卷。亦喜学作咏史体，杜老所谓"学毋无不为"也。《咏王昭君》云："关山明月马如飞，独抱琵琶诉恨时。从此和亲成故事，安边勋绩属蛾眉。"《咏费宫人》云："酒兰香烬夜迟迟，正是宫人刺虎时。岂料柔荑同祖褊，谁言巾帼逊须眉。"词虽平而意已足，自是闺中本色诗。

林炊琼

林炊琼，字粲香，许濂侧室。初入门，不甚通文理，余妹蓉函力课督之，遂渐知诗。《咏明妃》云："蛾眉多少老深宫，知己由来是画工。青史留名非薄命，琵琶何用怨东风。"《咏木兰》云："千载辛勤在战场，功成唱凯面君王。儿家也解浮名薄，但愿明驼返故乡。"皆颇能自出手眼。

（梁章钜《闽川闺秀诗话》卷1、卷4，据《续修四库全书》第1705册，上海古籍出版社2002年版）

编者按：梁章钜，字闳中，又字茝林，号茝邻，晚号退庵，祖籍长乐县（今福建福州长乐区）人，嘉庆七年（1802）进士，历任江苏布政使、广西巡抚、江苏巡抚等职，清代著名学者。《闽川闺秀诗话》虽然书名为"诗话"，但与一般议论诗文得失的著作不同，是一部明清时期闽地女诗人的传记合集。所收以清代闺秀为主，简介其生平、作品，保存了大量重要的史料。

题明妃出塞图

（清）王峻

塞上香风暗度时，琵琶声急马蹄迟。美人一曲安天下，愧煞貔貅百万师。

《兰言集》。

（据胡凤丹《青冢志》卷10，见《笔记小说大观·五编》，第10册，台湾新兴书局1960年版）

王明君

（清）贾松年

蛾眉西嫁向遐方，不使君王有色荒。若果三边烽火静，绝胜飞燕在昭阳。

（据胡凤丹《青冢志》卷5，见《笔记小说大观·五编》，第10册，台湾新兴书局1960年版）

题明妃出塞图

（清）葛季英

绝塞扬兵赋大风，旌旗依旧过云中。他年重画麒麟阁，应让蛾眉第一功。

《梁溪诗钞》。

（据胡凤丹《青冢志》卷10，见《笔记小说大观·五编》，第10册，台湾新兴书局1960年版）

养一斋诗话（节录）

（清）潘德舆

卷　三

龙仁夫《题琵琶亭》云："老大娥娥负所天，忍将离恨寄哀弦。江心正好观明月，却抱琵琶过别船。"议论极正，然忘却此妇本是歌妓出身，直腐谈耳。白香山《昭君咏》曰："汉使却回凭寄语，黄金何日赎蛾眉？君王若问妾颜色，莫道不如宫里时。"评者谓其惓惓旧主，过前人远甚。然既已失身于匈奴，即眷念旧君，何足贵哉！此皆好为中正之论，而不揆其出处本末者也。

卷　七

欧公被酒时语其子云："吾诗《庐山高》，今人莫能为，惟太白能之。《明妃曲》后篇，太白不能为，惟杜子美为之；前篇则子美亦不能为，惟吾为之。"
欧公三诗具在，犹是宋人驾气势、行议论诗耳，遽云李、杜所不到，此真被酒
时言语。《石林》津津述之，亦无鉴别也。

（潘德舆《养一斋诗话》卷3、卷7，据《续修四库全书》第1706册，上海
古籍出版社2002年版）

编者按：潘德舆，字彦辅，号四农，别号念石人等，山阳（今属
江苏）人，举人，晚清诗文家、评论家。著《养一斋诗话》等，养一
斋为其居室名。潘德舆明确树起"诗教"的旗帜，评诗评事时露道学
口气。如评白居易《王昭君》抒发昭君远嫁、思念汉主时，说昭君
"既已失身于匈奴，即眷念旧君，何足贵哉！"评欧阳修对《明妃曲》
自信满满时，斥欧阳修为"真被酒时言语"。这类评语在《养一斋诗
话》中并非个例。

铜熨斗斋随笔（节录）

（清）沈涛

卷　七

阏　氏

《艺苑雌黄》云："钱昭度《王昭君》诗：'阏氏才闻易妾名，归期长似俟
河清。'误读氏为姓氏之氏矣。"涛按：《史记·匈奴传》索隐云："阏氏，旧音
曷氏，匈奴皇后号也。习凿齿《与燕王书》云：'山下有红蓝，足下先知不？
北方人采取其花染绯黄，挼取其上英华者作胭脂，妇人采捋用为颜色。吾少时
再三过见烟脂，今日始视红蓝，后当为足下致其种。匈奴名妻作阏氏，今可音
烟支。想足下先亦不作此读《汉书》也。'"是阏氏旧读如本字，晋后乃改音
烟支耳，钱诗不误。

（沈涛《铜熨斗斋随笔》卷7，据《续修四库全书》第1158册，上海古籍
出版社2002年版）

编者按：《铜熨斗斋随笔》引司马贞《史记索隐》原文，多有错

漏处或改动处。如《史记索隐》原文作"旧音於连、於曷反二音"，沈文改为"旧音曷氏"，则读音有误；原文"接取"一词，沈文作"按取"，当为笔误；原文"当为足下致其种"一句，沈文作"当为足致其种"，明显遗漏了"下"字，编者录载时对明显错误字词略作修正。

明　　妃

（清）郭漱玉

竟抱琵琶塞外行，非关图画误倾城。汉家议就和戎策，差胜防边十万兵。《郭氏闺秀集》。

（据胡凤丹《青冢志》卷5，见《笔记小说大观·五编》，第10册，台湾新兴书局1960年版）

明　　妃

（清）郭润玉

漫道黄金误此身，朔风吹散马头尘。琵琶一曲干戈靖，论到边功是美人。本集。

（据胡凤丹《青冢志》卷5，见《笔记小说大观·五编》，第10册，台湾新兴书局1960年版）

名媛诗话（节录）

（清）沈善宝

卷　　四

文人笔墨，皆喜回护同类，亦自占身分，闺阃亦然。如吴县邹朗岑溶《读汉书》云："信史偏从女弟成，汉家巾帼擅才名。等闲莫笑裙钗侣，一代人才待品评。"吾乡戴衣仙《读明史》云："三杰孤危八虎强，对山能不救三杨。摊书更读娄妃传，一曲凄清片石荒。""养士恩深三百年，国殇能得几人贤。红颜力弱能诛贼，长向思陵泣杜鹃。"阳湖刘撰芳《咏昭君》云："琵琶一曲总堪哀，环佩何尝夜月回。春草有灵青作冢，几曾生向李陵台。"吾乡顾螺峰韶《咏昭君》云："紫台人去最销魂，冷抱琵琶出玉门。太息麒麟高阁上，汉家诸将也承恩。"尤觉冷峭。螺峰家贫，早寡，藉丹青为生计。

…………

平湖张兰君宝珊，举人湘任女，诸生沈嗣昭室。《春阴》云："墙角溟濛偏绿阴，断无人处画廊深。掠残香絮看双燕，唬破春愁听一禽。芳草青摇烟漠漠，落花红压昼沉沉。阑干几曲罘罳密，料峭轻寒梦里侵。"妹子琼文珊，贡生谢沂室。《咏王嫱》云："雁门关冷月明中，环佩翩然气自雄。绝塞琵琶新乐府，长门团扇旧秋风。但将辛苦酬天子，敢为飘零怨画工。家国安危儿女泪，汉庭奇策是和戎。"咏王嫱之作甚多，惟此首有温柔敦厚之旨。

（沈善宝《名媛诗话》卷4，据《续修四库全书》第1706册，上海古籍出版社2002年版）

编者按：沈善宝，字湘佩，号西湖散人，浙江钱塘（今杭州）人，清代道光咸丰时期女诗人、学者。所编《名媛诗话》是一部荟集清代才女生平事迹及其文学创作概况的著作，并对她们的诗作略加评点，保留了若干珍贵的第一手材料。

王昭君外传

（清）李炘

王嫱，字昭君，南郡秭归人也。初，元帝时以良家子选入掖庭。时呼韩邪来朝，愿婿汉氏，帝宴之，尽召后宫，问谁能行者。昭君乃盛饰请行，顾影裴回，竦动左右，帝意欲留之而不能也。汉与匈奴和亲自高帝始，时娄敬欲以帝长公主充此行，因吕后不能遣，取家人子代之，所以纾边患而苏民困也。当白登受围，汉之为汉亦危矣，历惠、文、景、武、昭、宣以至元帝，无不以和亲为急务。迨竟宁改元称贺，虽以卫、霍、延寿、汤之能用兵，未尝有也。使斯时弗从其请，则冒顿之骄兵悍卒可控弦平城。王嫱以一女子请行直前，而卒令四十万骑不复再来。此其慷慨激昂之忠，虽烈丈夫何加焉！及将行，作诗亦但言其"高山峨峨，河水泱泱。父兮母兮，道里且长"。呜呼，又何其孝也！秭归为山水奥区，至屈原而一发其奇，既以清忠耿介著于前；至王嫱而再发其奇，复以忠烈孝义显于后，而后世操觚者流，乃徒以屈原为千古未有之才子，王嫱为千古未有之佳人，或杂以诬妄诋毁，亦浅之乎？为小人矣！

予闻匈奴边土多惨裂，草皆白，及昭君死，所葬地独青，故至今传为青冢，天盖欲以旌其忠孝也，当与屈原玉米并传矣，岂独香溪色碧为黛哉！青冢在杀虎口外，行百六十里即望见焉，朝日照耀，苍翠蔼然，虽仆夫、舆人亦知之。楚五岳游士张开东，出雁门，宿广武城，梦有貂服乘舆从空而来者，则昭君也，遂作文购香楮、果品而往祭之。见冢高十丈，周围殆百丈，青山黑河环带如抱，土人于七月十五牵羊冢祭冢下。故无碑，乃返朔平，遂请晋阳方伯朱公石君为立碑，中大书"汉王昭君之墓"，旁列官衔五，且铭之曰："有美一人，生此南国。貌扬志抑，怀贞履则。涸沦汉宫，远投殊域。君命不辱，之死靡慝。墓草青青，想见颜色。壬辰十月，乃及雁门。感通梦寐，貂服玉环。既寤而惊，载驰载奔。边塞风月，在河之湄。建石勒辞，万世允存。"

（据余思训修、陈凤鸣纂《归州志》卷10上，同治五年（1866）刊本，成文出版社1975年影印）

编者按：李炘，字心湖，顺天宛平（今北京）人，嘉庆进士，官归州知州，曾主持纂修《嘉庆归州志》。文中提及的张开东，字宾旸，号白莼，蒲圻（今属湖北）人，乾隆三十年（1765）举人，官蕲水县教谕，工于诗，著有《白莼诗集》十六卷。曾坐独轮车遍游五岳，故李炘称"楚五岳游士"。

五美缘全传（节录）

（清）佚名

第九回　魏临川于中取利，花文芳将计就计

看官，你道妇人中难道都是毒的么？就没有几个贤慧而不毒的？不观史书所载，王昭君和番北地，孟姜女哭倒长城，楚虞姬营中自刎，浣纱女抱石投

江，难道四个古人心肠也是毒的？

（据佚名《五美缘全传》第9回，上册，上海古籍出版社1992年版）

癸巳存稿（节录）

（清）俞正燮

卷 七

昭 君

昭君：《后汉书·南匈奴传》云："字嫱，南郡人也。"注云："《前书》曰：南郡秭归人。"按：《后汉书》注引《前书》，盖其音义。《汉书·元帝纪》："竟宁元年，赐单于待诏掖庭王嫱为阏氏。"注云："应劭曰：王嫱，王氏女，字昭君。文颖曰：本南郡秭归人。"《匈奴传》云："赐后宫良家子王墙字昭君。"则"嫱""嫱""墙"昭君名字各异。《文选》注引《琴操》云："昭君者，齐国王襄女也。"家世不同，或齐国田王转徙南郡者欤？

（俞正燮《癸巳存稿》卷7，据《续修四库全书》第1160册，上海古籍出
版社2002年版）

编者按：王昭君籍贯有齐国一说，一般人不会接受，认为此说为无证孤说。俞正燮从族群迁徙的角度入手，认为王昭君祖籍可能是齐人。此可备一说。

癸巳膡稿（节录）

（清）俞正燮

附 录

题昭君图诗序从《四养斋诗稿》抄出

图为《王昭君》，光明丰倩，殆似当年手执红梅将放小女奴负琵琶，佳侠之态，溢于眉宇。《汉书》记和亲及雕女莫皋之事，并述居次入侍，照耀中邦，其他琐屑传闻，详于《西京杂记》。华峤《外传》及《琴操》《汉书帝纪》注：

"文颖曰：本南郡秭归人也。"《后汉书·南匈奴传》言："南郡人。"《琴操》《乐府原题》则云："昭君者，齐国王襄女也。"齐之田王系出姚姓，以元帝后佺王莽所考，殆是一家。古者娣侄相从，欲泯妒嫉。使元后笃鱼滕之恩，怀懿亲之美，木樨葛萦，江分汜惠，方将共成福履，见于啸歌，何有画工能移奥主而乃红颊远嘘、青冢留恨？意者亲以利疏，物莫两大，沙邱之卜，诚是征祥于齐国，非惟示蘖于元城矣。如《汉书·匈奴传》云："王墙，字昭君。"《后汉书·南匈奴传》云："昭君，字嫱。"推昭君当是字，晋讳昭，改"明君"。石崇云："汉送乌孙公主，令琵琶马上作乐，以慰其道路之思，其于明君亦必尔也。"乃意度之词。以今所见六朝及元明人咏明妃者，均陈琵琶哀怨，睹物思人，遂为典故。又说元帝诛杀画工，以追慰灵思，元钟嗣成《录鬼簿》有关汉卿《元帝哭昭君》。书传说丹青皆是外篇，无与实证。予于古之美人，独念昭君及两莫愁。以为洛阳丰丽，石城闲旷，昭君则人才多智足谋，明艳寡双，而恬淡无营，母仪行国，阅十三载。然而中土人士方且抒忧追慕，嗟其失所，竞饰文辞，争加事实，亦可喜矣。至于闻声既慕，见影可知，盛饰因心，异夫庄语，自非肤受所考，亦乌睹兹终始之义乎？图署仇英画，非也。要其光采焕发，近日能品，又念古作者篇章繁盛，类皆遇事称文，聊寄爱慕，故缀诗三首。

（俞正燮《癸巳膌稿·附录》，据《续修四库全书》第1160册，上海古籍出版社2002年版）

　　编者按：与一般文人肯定昭君之德不同，晚清著名学者俞正燮着重赞美昭君之才，认为昭君出塞能使汉匈两大民族和睦友好，"母仪行国，阅十三载"，非足智多谋的"人才"则难以达到如此境界。

两般秋雨庵随笔（节录）

（清）梁绍壬

卷　四

浑不似

琵琶，古名枇杷，又名鼙婆。昭君常用琵琶坏，令胡人改为之而小，昭君笑曰："浑不似！"后讹为"胡拨四"，又讹为"虎拍思"，又讹为"琥珀思"，纷纷聚议，其实即琵琶一物也。

明妃诗

明人昭君诗有云："君王莫杀毛延寿，留画商岩梦里贤。"高季迪以为绝工，王阮亭以为村学究语，两朝诗老孰非孰是？

（梁绍壬《两般秋雨庵随笔》卷4，据《续修四库全书》第1263册，上海古籍出版社2002年版）

昭君二首

（清）张綍英

莫怨丹青误此身，天教艳质着边尘。请看万古轮台月，照尽长门绝代人。慷慨襟怀类请缨，红颜漫道总倾城。未妨异域埋香骨，赢得千秋不朽名。

［据张綍英《澹菊轩诗初稿》卷4，美国哈佛大学燕京图书馆藏道光二十年（1840）宛邻书屋刻本］

编者按：张綍英，字孟缇，江苏武进（今无锡市）人，晚清女诗人。博览经史，精工诗词，著有《澹菊轩诗初稿》等。张綍英将昭君出塞视为慷慨请缨的英雄行为，虽然"异域埋香骨"，却赢得了"千秋不朽名"。这种评价是无上的，也是客观公正的。

冷庐杂识（节录）

（清）陆以湉

卷 六

昭君诗

诗人之思，日出不穷，即如咏昭君者，唐宋以来佳篇不少，近代更有翻新制胜者。略识所见于此：

天低海水西流处，独有琵琶堪唤语。断丝枯木本无情，犹胜人心百千许。胡稗威。

君王重信不重色，玉貌三千替不得。穹庐若使诏留行，金屋欢娱岂终极。胡稗威。

一传祸水入后宫，燕燕尽啄皇孙空。自媒则过君谋忠，画工毋乃真国工。沈濂。

一辞宫阙出秦关，长得丹青识旧颜。为报君王休爱惜，汉家征戍几人还。颜光敏。

汉主曾闻杀画师，画师何足定妍媸。宫中多少如花女，不嫁单于君不知。刘廷献。

远嫁呼韩岂素期，请行似怨不逢时。出宫始觉君恩重，临去犹为斩画师。赵翼。

胭脂零落倍销魂，急雪严霜泣暗吞。敢向琵琶传怨语，至今青冢亦君恩。那彦成。

战骨填沙草不春，封侯命将漫纷纭。当时合把毛延寿，画作麟台第一勋。许宗彦。

无金赠延寿，妾自误平生。沈德潜。

（陆以湉《冷庐杂识》卷6，据《续修四库全书》第1140册，上海古籍出版社2002年版）

编者按：《冷庐杂识》卷六此处所录诗歌皆为清代昭君诗名作，惟沈德潜仅留下名句（另一说法为落第书生之作）。原文第二首诗后未署名，乃因前而省略。为避免混淆不清，编者特加上署名。

汉明妃冢

（清）昇寅

乾坤毓秀无遐迩，半出簪缨半床笫。才貌岂足定闺贤，总观大节知臧否。呼韩入觐诏六宫，愿嫁乌孙挺身起。一枝秾艳别椒闱，三千粉黛皆委靡。画师伏罪汉王瞋，昭君遂志单于喜。御沟红叶水溦溦，团扇秋风处处同。回忆簪花众姊妹，可怜白首甘泉宫。琵琶酥酪日歌舞，宠擅阏氏塞北空。外无胡马饮江水，内无野鸡与女戎。宁为鸡口不牛后，谁识女子真英雄。大青山下黑河沚，旁有孤坟如壁垒。空余牧竖任樵苏，自昔流传青冢是。当年夫殁请还朝，诏令从俗乱人理。守志贤妃从一终，君王忍不谅人只！视彼文姬返汉关，失节屡嫁中朝士。典属老人吞雪忠，牧羊又娶胡儿婢。名臣才女纵千秋，贞操应令昭君鄙。闻道黄河两岸边，亦有明妃旧芳址。噫吁嘻！一抔黄土易消沉，青冢传疑胜青史。

（据张曾《归绥识略》卷32《诗词》下，见绥远通志馆编纂《绥远通志稿》第12册，内蒙古人民出版社2007年版）

青　冢

（清）彦德

闺阁堪垂世，明妃冠汉宫。一身连朔漠，数代靖兵戎。若以功名论，几与卫霍同。人皆悲远嫁，我独羡遭逢。纵使承恩宠，焉能保始终。至今青冢在，绝胜赋秋风。

此诗现勒石冢侧。另有二碑，一为故相耆英作五古，人诗俱不足存；一为前将军昇寅直公作七古，主不从胡俗饮药而死，立论固见昭君身份，惟以苏子卿取胡妇比之文姬失节，法虽尊题，不无太过！鄙见如此，未审是否。

（据张曾《归绥识略》卷32《诗词》下，见绥远通志馆编纂《绥远通志稿》第12册，内蒙古人民出版社2007年版）

编者按：彦德，字亦庵，满洲正黄旗人，曾以将军资质镇守绥远数年。彦德此诗写得气势非凡，在其笔下，昭君英姿飒爽，"闺阁堪垂世，明妃冠汉宫"，一身赴大漠，奇功同卫霍。

烟屿楼笔记（节录）

（清）徐时栋

卷 五

昭君琵琶，不过石崇意拟之词，后人竟作实事歌咏之，已为不考。乃元人杨元诚《瑞山居新话》云："武库有昭君琵琶，天历太后以赐伯颜太师妻。"按：事之可笑如此！此何异于着原思肘见踵决之衣履，左携孔子叩原壤之杖，右持颜子陋巷之箪瓢，而乞一文太公九府钱乎？然则古物之传到今时者，恐未必无类此者矣。

后人多赋王昭君，皆极为之惜。顾既匹其父，又偶其子，昔为匣中玉，今为粪上英。如此女子，何足惜也！又赋此词者，多用琵琶为昭君本事，不知其何所本也。按石季伦《王昭君辞序》云："昔公主嫁乌孙，令琵琶马上作乐，以慰其道路之思。其送昭君亦必尔也。"云云。然则昭君琵琶，不过石崇教绿珠时揣拟之耳。竟成典要，亦失实矣。

（徐时栋《烟屿楼笔记》卷5，据《续修四库全书》第1162册，上海古籍出版社2002年版）

明妃出塞图

（清）郭名昌

北庭边衅感初开，太息官家乏将才。竟赖红颜销虏气，论功也合画云台。

（据胡凤丹《青冢志》卷10，见《笔记小说大观·五编》，第10册，台湾新兴书局1960年版）

明妃出塞赋 以环佩空归夜月魂为韵

（清）郭道清

人辞椒殿，秋老榆关。愁颦翠黛，粉泪红潜。肠断骊歌，怅君门之已隔；尘生马足，历边彻之回环。盼来大漠风沙，请从此去；望断帝乡云树，何日生还。昔昭君生本良家，姿尤绝代。年当二八之时，貌冠三千之队。倘使真容入画，艳溢丹青；定教中禁承恩，宠专粉黛。乃黄金羞涩，顿令唐突西施；而翠袖单寒，从此凄凉南内。掩秋风之团扇，抛却齐纨；盼月夜之宫车，听残玉佩。无何，单于入觐，汉帝酬庸。欲羁縻夫边境，爰宠赐以后宫。展开延寿之图，骊黄形误；召对明光之殿，蛾翠群空。物色前迷，悔金屋未能藏玉；芳姿今识，叹花枝如此娇红。只缘丹诏难收，持节怅覆盆之水；遂使红颜薄命，驱车悲出塞之风。遂乃撩云鬟，整罗衣；辞别院，驾征骒。向故宫而饮泣，对旧侣而长嘶。善事君王，珍重昭阳岁月；应怜贱妾，永承绝徼宫闱。从今镜殿三春，隔龙沙而缥渺；倘忆脂山万里，传雁帛而依稀。问合欢兮何人，愁看并蒂；念子规兮不到，谁为催归。于是扶上雕鞍，历经雪窟。沙扑湘裙，尘侵锦袜。共断雁兮飘零，任明驼兮倏忽。望君恩已矣，几经鼍幕韦韝；叹妾命何如，独去龙楼凤阙。怕听异乡之乐，吟啸成群；谁怜绝世之人，关山难越。一路之黄沙白草，总是离愁；连天之苦雨酸风，暗摧香骨。轮台百丈，吹残塞下之笳；羌笛一声，梦断长门之月。过玉塞兮停鞭，搴珠幢兮税驾。为汉婿兮尊荣，等王姬兮下嫁。晋阏氏之新号，鸾珮含和；至冒顿之旧都，鱼轩争迓。马肥苜蓿，秋高从蠮塞之围；蚁泛葡萄，春永侍毡帷之夜。螺髻与边山共耸，晓镜慵开；蛾眉偕关月双清，晚妆懒卸。此所以听刁斗而神惊，弹琵琶而泣下也。迄今翠翘既杳，宝辇何存。萧条旷野，寂寞荒原。年年秋月春花，玉颜云杳；黯黯龙堆雁碛，宝帐尘昏。佳儿垂保塞之功，无惭凤子；终古抱离乡之恨，何减乌孙。青冢空留，独长红心之草；紫台稍远，谁招碧玉之魂。

（郭道清《明妃出塞赋》，据马积高《历代辞赋总汇》，第19册，湖南文艺出版社2014年版）

王昭君梦还汉宫赋有序

（清）林大谔

前人拟十大快事，而昭君归汉，亦在其中。此欲其实有是事也。予曰：昭君何日不归汉乎？琵琶一曲，其生归也；青冢一坏，其死归也。特心归而身未归耳。因作昭君梦还汉宫赋，以明其志，曰：

美人有恨，绝国难忘。一心父母，双泪君王。归期纵杳，梦想何妨。春风忽来昨夜，明月犹见昭阳。金屋藏娇日短，玉门返斾心长。不作杜鹃思望帝，聊为蝴蝶梦远乡。当夫毡帷日暮，豹帐烟消。佩薰浓麝，衣解香貂。单于正逢秋猎，阏氏无待晚朝。斯时也，旅愁黯黯，别路昭昭。残灯未减，寒漏将销。羌笛三更月冷，胡笳四面风萧。能不向深宫而泪落，思故国以魂飘？于是芳心结，好梦分。渡流水，带斜曛。逐毡衫之客，辞毳幕之君。认陇头之红树，望海上之碧云。但见黄沙漠漠，白草纷纷。塞鸿结队，牧马呼群。苏武有驱羊之碛，李陵惟宿草之坟。盖不胜唏嘘欲绝，凭吊空殷矣。乃未几而落日方含，长风忽送。未闻三峡之猿，旋见五楼之凤。飞太液以身轻，涉甘泉而足冻。过未央而意尚含酸，闻长乐而情尤抱痛。腰袅袅兮将低，步珊珊兮未纵。如李夫人灯下魂归，似赵飞燕掌中影弄。妃嫔曰适从何来，君王曰与子同梦。乃修月貌，乃整云鬟。乃展多情之翠黛，乃开薄命之红颜。落花兮千树，新月兮半弯。照颜色兮依旧，度光阴兮等闲。团扇之歌不作，长门之赋可删。披图画而眉休再蹙，抱琵琶而泪岂重潸。归与，归与！果长使黄粱之不醒，夫岂非白璧之真还？而无如好事难终，惊魂易断。荒鸡叫破榆关，族雁呼回灞岸。徒令两眼迷离，寸心撩乱。乃写怨于匈奴，强追欢于可汗。将军效白登之谋，公主作乌孙之玩。事已难回，人何可换？惟有黯然自伤，浩然长叹。忘情于塞上之痴翁，而托兴于关西之大汉也已。然而生多遗恨，没有孤衷。迹可羁于胡地，心终系乎汉宫。君不见紫台既去，青冢成丛。环佩曾归夜月，容颜犹忆春风。十九载吞毡啮雪，五千人矢尽道穷。此心此意，谁异谁同？我将问之于王昭君之苦节，而不问之于苏属国之精忠。

（林大谔《王昭君梦还汉宫赋并序》，据马积高《历代辞赋总汇》，第21
册，湖南文艺出版社2014年版）

　　编者按：历代以昭君出塞为题材的诗、词、曲、小说、戏曲等形式的作品数量十分可观，但以昭君出塞为主题的赋作不多，而且思想性平平，艺术性也不突出，主要产生于清中叶以后。兹辑录二篇，以供学界参阅。其中，《昭君出塞赋》中"边彻"之"彻"通"辙"，指车轮碾压的痕迹。《王昭君梦还汉宫赋》序言中"坏"字，读作pēi，指砖瓦、土堆。"潸"，流涕貌。

小浮梅闲话（节录）

（清）俞樾

元人马致远《汉宫秋曲》云：明妃和亲，行至黑龙江，投江而死。良有惜其沦落，故创此说，为美人一洒之。事虽失真，不必辨也。

（俞樾《小浮梅闲话》，据《俞曲园随笔》，大达图书供应社1935年版）

重修昭君祠碑记

（清）范昌棣

旧志载《昭君祠记》，今佚其文，以意补之。

香溪之阴为汉昭君故里，乡人于其去时筑台望之，台麓有祠，今圮焉。都人士醵金葺之，其落也，为记之曰：适万里以酬君恩，弃一身以饵骄虏，士大夫犹或难之，昭君纤弱女子耳。呼韩邪愿婿汉氏，元帝诏后宫问之，皆色动，昭君前请行。呜呼！岂不知异类难为群，边土不可处耶？抑内悲身世，外悯时艰，为是慷慨远行，以轻朝廷而羞当世士耶？昭君既行，匈奴上书愿保塞，其为功汉室钜矣。或曰：是以不遇行，行而不忘怨乎？吁！彼恶知昭君之心与昭君之遇哉？且今之物色人寰者，皆画师比也。怀馨孕芳之士，点缀摈斥者不知凡几！曾不得有所藉手，以泄胸中蕴蓄之奇，使妍媸易置者，流闻而色沮焉，则亦幽居空谷，顾影自怜已耳。昭君之盛饰出宫也，帝深怜之，欲留弗得，而沮昭君者以诛，则其倾动人主，过当夕之宠远矣。夫士有一言奖借感激终身者，谓知己甚于感恩也。昭君以疏远掩抑之身，一顾受知如是。吾知雪窖冰天时，一想望颜色，必碎身图报之不遑，而岂怨与！向使帝早知昭君，则宠冠后宫，一褒姐之继耳。昭君即贤且才，不过如虫飞之诗，存其辞，终佚其姓氏，安得名动当时、声施后世？千百载下，乡里之贤者，犹思肃宫宇而荐芬秘哉！吾于斯举也，厚为昭君幸，而窃怪彼延寿者，徒沮其身而转成其名也。故乐记其事，且作歌，俾歌以祀之，曰："去汉兮天涯，诉幽憾兮琵琶。曲终兮人远，漠漠兮白草黄沙。"又曰："一去兮绝国，君恩深兮妾心侧。高山峨峨兮水泱泱，魂归来兮故乡。"

［据同治四年（1865）《兴山县志》卷8《艺文志》，政协兴山县委员会2017年翻印］

编者按：清同治三年（1864），伍继勋任兴山知县，见县志久已失修，便委托范昌棣、吴翰章等重修县志，于次年（1865）刻印。范昌棣，湖北蕲水（今浠水县）人，生员。吴翰章，湖北兴山县人，举人。文中的"香溪之阴"，指香溪的南岸，民间相传王昭君出生于兴山香溪南岸；"褒妲"，指褒姒、妲己。

辽史地理志考（节录）

（清）李慎儒

卷　五

青冢，即王昭君墓，在今山西大同府治西五百里，辽丰州故城西六十里，今归化城南二十里，蒙古名"特木尔乌尔虎"。塞草色皆白，惟冢草青，故名。按：宋荦《筠廊偶记》："嘉禾曹秋岳先生尝至昭君墓，墓无草木，远而望之，冥蒙作黛色。"据此则是冢色自青，非草青也，可证古人记载之误。

（李慎儒《辽史地理志考》卷5，据《二十五史补编》，第6册，中华书局1955年版）

听秋声馆词话（节录）

（清）丁绍仪

卷　六

杨夒生《过云词》

杨伯夒丈，夒生。蓉裳农部子。初名承宪，《词综》二集登《木兰花慢》一词者是也，后易今名。宰固安。庚子春谒于保阳，时已罢官，承以《山中白云词》赠余，谓由之入手，可免靡曼之病。丈所致力固在石帚、玉田二家。汪紫珊太守为刊《过云词》，似非上乘。今全稿存亡未悉，为录存数阕。《昭君怨》云："记得罗裙翻酒，暖傍香篝熏透，容易夕阳斜。泰娘家，几日薄阴愁闷，不是新晴清润。秋锦小房栊，雁来红。"……

［丁绍仪《听秋声馆词话》卷6，据民国十六年（1927）木刻本］

编者按：丁绍仪，字杏舲，无锡（今属江苏）人，国子生，晚清学者，著有《东瀛识略》《国朝词综补》《国朝词综补后编》《听秋声馆词话》等。文中"杨伯夔丈"，即指杨夔生，"丈"对前辈的尊称。

青冢志自序

（清）胡凤丹

余端居无俚，方辑《青冢志》为遣日计。客有自塞外归者，语余曰："间尝涉大漠，历绝徼，黄沙卷地，白草黏天，有坟三尺，孤峙其间，断碑无字，郁郁芊芊，斗高月黑，微闻佩环，盖昔明妃埋玉之乡也。吾不能不叹惜痛恨于毛延寿，而悼蛾眉之葬于腥膻。"余晓之曰："有是哉，客之迂也！语不云乎？士无美恶，入朝见嫉；女无妍媸，入宫见妒。妾菲谣诼，古今一辙。如若所云，则是屈原不放于汨罗，太白不流于夜郎，子瞻不谪于儋耳，而长门可以不赋，秋扇可以不悲也。夫白日在天，而浮云蔽之，汉宫即无延寿，而能致妃于绝域者，正不知其几也！又何画师之足尤？令妃不嫁单于，正位椒房，朝夕承恩，一旦宠移爱夺，老死昭阳，亦不过与玉钩斜畔累累无名之冢同游地下耳。万代千龄，谁复寻琵琶之遗响，撼吊古之幽情哉？"客曰："达矣，子之论也！"遂书以为《青冢序》。光绪三年六月，永康胡凤丹月樵氏，书于鄂江之汉皋旅次。

（据胡凤丹《青冢志》卷首，见《笔记小说大观·五编》，第10册，台湾新兴书局1960年版）

编者按：胡凤丹（1823—1890），浙江金华永康（今浙江永康市）人，官至盐运使衔湖北督粮道，1867年在湖北创办崇文书局，晚清著名学者、出版家、藏书家、目录学家。所编《青冢志》十二卷，收集历代以昭君为题材的诗歌五百余首，序言、散文数十篇，还对作者字号、官职、生平、著作等作了简要介绍，是研究昭君文化、昭君文学的重要资料。

诗法指南（节录）

（清）蔡均 辑

卷 六

伍芝轩曰："题王昭君诗，古今不知多少，而议论愈出愈新，总以不落前人窠臼为妙。东方虬曰：'单于浪惊喜，无复旧时容。'白太傅曰：'君王若问妾颜色，莫道不如宫里时。'至宋王荆公意见出人，曰：'意态由来画不成，当时枉杀毛延寿。'明高季迪诗，后来更居上，曰：'愿君莫杀毛延寿，留画商岩梦里贤。'季迪能寓议论于含蓄之中，而讽刺之意悠然见于言外，自推绝唱。"

（蔡均《诗法指南》卷6，据《续修四库全书》第1702册，上海古籍出版社2002年版）

昭君论

（清）刘玉森

天地清淑之气，江山郁积之灵，共养为豪俊者，代不乏人。至于闺阁秀彦名媛，垂芳名于青史，播徽音于紫塞，恒不数数。观汉昭君，称归良家子也，其村至今与屈原里、宋玉宅并传。后之操觚者，谱为歌曲，凭吊嘘唏，但艳称其貌与才，而鲜有阐彼潜德之光者，甚至加以诬蔑，亦亵视乎昭君矣！

按：昭君名嫱，元帝时王穰之女，年十七，仪容雅丽，赋睢述者皆未允，乃承父母命，选入掖庭，非若杨妃以金盒私盟，刘娘以玉簪密约也。迨后呼韩邪单于来朝，愿为汉婿，帝敕宫女五人赐之，嫱以不屑贿赂见摈。陛辞之际，丰容靓饰，光明汉宫，顾影徘徊，竦动左右。帝虽惊悔而难留，遂入匈奴，号宁胡阏氏，是奉天子明诏也。卒之骁骑骄兵，不加边境，捐红颜而去虏，免白骨以为尘，如其仁，如其仁！而犹得谓非忠爱所激发乎！及前阏氏子代立，欲妻之，嫱上书求归，成帝敕从胡俗，致仰药以死。斯其心始终不忘汉，皎为白日，青冢之所以岿然千古也。乃《汉书》尤载其从胡，复生二女，遣侍太后，并无画图之说。意者延寿党侣讳其恶，污其名，以掩众义沸腾，而不知谬妄乃愈彰矣。且昭君入胡，报帝书云："臣妾得备禁脔，谓身依日月，死有余芳，而不意丹青，远窜异域，诚得捐躯报主，何敢自怜！独惜国家黜陟移于贱工，南望汉廷，徒增怆结。妾有父弟，惟陛下幸少怜之。”见《南轩集异》，又《西京杂记》。则画工实有，何以独见遗也！不亦与陈寿《志》黜蜀而短武侯，虽史亦难尽信哉！

余尝读其临别一诗，窃援以伸之，诗曰：“秋草萋萋，其叶萎黄。有鸟处山，集于苞桑。”则温温恭人，如集于木之意也；“养息毛羽，形容生光。既得升云，上游曲房。”则宛彼鸣鸠，翰飞戾天之志也；“离宫绝旷，身体摧藏。志念抑沉，不得颉颃。”则予美亡此，谁与独处之旨也；“虽得喂食，心有彷徨。我独伊何，来往变常。”则有怀于卫，靡日不思之情也；“翩翩之燕，远集西羌。高山峨峨，河水泱泱。”则驾言出游，以写我忧之思也；“父兮母兮，道里悠长。呜呼哀哉，忧心恻伤。”则欲报之德，昊天罔极之悲也。然后知其至性缠绵，哀吟悱恻，即以诗论，标韵风格，当不在三百篇下，岂非忠孝之所流露也哉！

嗟乎，骊山举燧，蜀道蒙尘，以万乘之尊，因女子而倾国倾城。彼贤如昭君，余不具论其貌与才，而但论其德，洵非溢美云。

[据沈云骏、刘玉森纂修《归州志》卷10，光绪八年（1882）刊本，成文出版社1976年影印]

编者按：台湾成文出版社1976年影印光绪八年（1882）《归州志》，题署为“据清·李炘辑、沈云骏补纂”。事实是光绪初期沈云骏任兴山知县，延请湖北黄陂籍举人刘玉森重修《归州志》，于光绪八年（1882）成书刊刻，其卷十中辑录了刘玉森撰写的《昭君论》。《昭君论》高度肯定了昭君的道德人格，也对诬蔑昭君人品的行为进行了严厉的批驳。

宋诗纪事补遗（节录）

（清）陆心源

卷七十五

萧　澥

字汎之，自号金精山民，有《竹外蛩吟稿》。案：金精山在赣州宁都县，道书三十五福地也。瀫，盖赣州之隐者。

《写乐府〈昭君怨〉后》："古今题品几词人，莫怨边风两鬓尘。不是丹青曾汝误，琵琶到老一宫嫔。"

《昭君词》："琵琶马上去踟蹰，不是丹青偶误渠。会得吴宫西子事，汉家此策未全疏。"

（陆心源《宋诗纪事补遗》卷75，据《续修四库全书》第1709册，上海古籍出版社2002年版）

元诗纪事（节录）

（清）陈衍

卷　　八

李祁，字一初，号希蘧，茶陵州人，登元统元年进士第，官至浙江儒学副提举。有《云阳集》。

《昭君出塞图》："朔风吹沙天冥冥，愁云压塞边风腥。胡儿执麾背人立，传道单于令行急。蒙茸胡帽貂鼠裘，谁信宫袍泪痕湿。汉家恩深幸不早，此身终向胡中老。此身倘负汉宫恩，杀尽青青原上草。"《怀麓堂集》："族高祖希蘧先生当元季之乱，慨然欲效一障以死而不可得。又以为委质事人，不可终负，盖见诸《明妃诗》及《青阳集序》，自以不得如廷心为恨也。"

（陈衍《元诗纪事》卷8，据《续修四库全书》第1710册，上海古籍出版社2002年版）

编者按：文中所谓"一障"，意即一方之屏障，代指地方任职的官员或负责守土的将佐。《青阳集》为元末文人余阙的诗文集，李祁为其作序，即文中所说《青阳集序》。余阙，字廷心，一字天心，庐州（今属安徽）人。元统元年（1333）进士，官中书刑部主事，为人严正，以忤权贵，弃官归乡。不久以修辽、金、宋三史，召为翰林修撰。后出任淮西副使，守安庆等地，为陈友谅、赵普胜军包围。次年城陷，自刭而死。著有《青阳集》等。

湖北诗征传略（节录）

（清）丁宿章 辑

卷二　江夏

国朝　程封

字伯建，号石门，国初拔贡，官云南经历，有《山雨堂集》。

封幼自新安徙居江夏，性喜吟咏，游历山川几遍。吴梅村、王阮亭、杜于皇诸先辈每乐与之游，集中多酬唱之作，阮亭尝录其诗入《感旧录》。邑志。……

伯建诗工力深厚，气清调响，一洗前明叫嚣之习，瑰奇玮丽，渊然盛世元音，张我楚军，为开山巨手，宗风迄今不坠者，实与有力焉。……《王嫱》云："去国君恩绝，含愁马上歌。渡关怜汉月，掩镜泣铜驼。画里黄金少，坟边青草多。和戎诚薄命，不嫁老宫娥。"

卷三十九　归州

西汉　王嫱

字昭君。嫱，元帝宫人也。帝令毛延寿等图画后宫，按图召幸。宫人多赂画工，昭君不与。及匈奴入朝，选宫人配之，昭君以貌丑当行。入辞，帝见之悔恨不及。毛延寿等即同日弃市。《西京杂记》。……

昭君怨诗，将出塞时作也。诗云："秋木萋萋，其叶萎黄。有鸟处山，集于苞桑。养育毛羽，形容生光。既得升云，游倚曲房。离宫绝旷，身体摧藏。志念抑沉，不得颉颃。虽得委食，心有徊徨。我独伊何，改往变常。翩翩之燕，远集西羌。高山峨峨，河水泱泱。父兮母兮，道里悠长。呜呼哀哉，忧心恻—作惨。伤。"沈归愚谓：若明诉入胡之苦，不特说不尽，说出亦浅，呼父呼母，声泪俱下，视石季伦拟作，琐屑不足道矣。

（丁宿章《湖北诗征传略》卷2、卷39，据《续修四库全书》第1707册，上海古籍出版社2002年版）

编者按：丁宿章，字星海，湖北孝感人，光绪贡生。丁宿章经过多年收集，汇集鄂地古今诗家，编成《湖北诗征传略》四十卷，其中明清时期诗人诗作资料尤为详尽。《湖北诗征传略》是一部湖北地区诗歌选集，是研究明清时期诗歌创作及湖北地区文学发展的重要资料。

光绪版《兴山县志》（节录）

（清）黄世崇 纂修

卷二十二　列女传

史传之有列女始于后汉，王嫱以山僻一女子，羁縻匈奴且数十年，兵息民安，而《汉书》无传，其事迹乃杂见于《匈奴传》中；《史记》巴蜀寡妇清传以《货殖》著，而女媭之贤无闻，然则列女之湮灭不彰者，岂少也哉！兴山历代史列女无传，因取女媭、王嫱与近代节烈贞孝妇女事迹卓著者，依次为传，凡十余人，视史例稍宽云。

周：女媭，屈原姊。原有贤姊，闻原放逐来归，谕令自宽。见《水经》。

汉：王嫱，王氏女，字昭君，南郡秭归人也。见《汉书·元帝记》注，应劭、文颖说。竟宁元年，呼韩邪单于入朝，自言愿婿汉氏以自亲，元帝以昭君赐单于，单于欢喜。王昭君号宁胡阏氏，生一男伊屠智牙师，为右日逐王。呼韩邪单于死，子复株絫若鞮单于立，复妻王昭君，生二女，长女云为须卜居次，小女为当于居次。汉平帝幼，王莽秉政，乃风单于令遣王昭君女须卜居次云入侍太后，所以赏赐之甚厚。见《汉书·匈奴传》。

［据黄世崇纂修《兴山县志》卷22，光绪十年（1884）刻本，政协兴山县委员会2017年翻印］

六、 民国

王昭君上汉元帝书

佚名

妾嫱拜别紫气，将染边尘。凡诸都会班联之士，关塞甲胄之戍，无不上誉圣明，以为轻色而重好也。大汉天子，播德四暨。繄此单于，畏威来朝，请臣请婚，是用稽首。陛下命择美人，爰册阏氏，妾不揣薄命，振衣请行，荷沐圣顾，千万眷注。然中华之所以贵于外邦者，以其有信耳，陛下岂以一女子失信于呼韩邪哉？

承命以来，驰车而至汉关矣。陛下亦鉴而怜之，豪而壮之耶？今朝廷妖氛日靖，边陲日宁，上有明鉴之君，下有和衷之臣，而妾以一妇人远嫁要荒，自当朝夕纳海贤王，戒戢部臣，敬供阙守，以无贻帝命羞。鼎鼎芳心，不敢委诸草莽。自古和边兴利，历历可数。而我高祖皇帝用娄敬策，嫔长公主为阏氏。陛下今日令妾武故事，妾敢不竭忠尽诚，恢封疆之鸿图，纾朝廷之隐忧乎？

妾生于秭归，父母兄弟，臣于王朝。妾虽闺处，因帝恩之遗馨悦也，不自鄙薄，漫骄颜色，得入掖庭。迩年以来，痴衷未咏昭阳之扇，骏情不买长门之赋。陛下命画工遴笔宫人，妾自以为凤得梧枝，鱼游碧府，得少伸忧。而画工遽张贪喙，兼以丹青吝笔，错点梅花，使杨柳泣于雪岸，芙蓉瘁于霜条，玉貌冰心，两相怨恨。时或琵琶诉情，仅能诉人肝肠。一旦天命遥临，妾乃酸腰而起，此正妾见奇之日也。蛾眉应妒于形影，丰采应怜于御辇。今万里行事，主持中外大局，又非宫中争妍效娇之态矣！关门一字，时达天听。君王已矣！家乡邈矣！父母生妾不辰，费青春于寂殿，委香躯于穹庐，毋亦妾之先臣，荷重国恩，幽明难报，故生妾以奉朝堂，异日史策垂名，固亦妾遇之不幸而犹幸也。

近闻陛下命搜京师画工，下之金吾。此辈小人耳，即万千死罪，惜何足唇。然陛下为天下社稷主，赐一女于外国，固以贱魂屏栖于风霜，亦妾所甘心为国家办事，而何有于画工哉？恐天下闻之，必以陛下为恋妾之色。即呼韩邪知之，亦不自安。愿陛下怜妾之言，赦画工之罪，则妾虽死之日，犹生之年也。妾今别矣！妾至汉关，效月支公主婚乌桓事，一拍胡笳，一曲琵琶，音荐苍云，腔存丹霭，上谢君王之德，下泣父母之恩。千秋万岁，传我陛下有女臣嫱持节边庭，则妾之勋名庶几侔霍嫖姚，媲傅介子，不犹痛快于帷幄燕私、金屋贮娇者哉？故日登燕支山，令诸妇人尽削玉颜，淡扫眉黛，奉效至尊，应不笑王嫱有此丈夫妙用也。关门汉月，以雄妾梦，生离死别，玉门无期。罔知所陈。

（佚名《名媛尺牍》，据钱静方《小说丛考·双凤奇缘考附录》，古典文学
出版社1957年版）

编者按：此上书借昭君口吻来评价昭君出塞的杰出贡献，从字里行间不难感受到昭君过人的胸襟和眼光，具有非凡的民族大局观念以及忧国忧民的天下责任感，充分显示了一个巾帼英雄的气度，明显是清末民国之际高扬女权主义、倡导新女性思潮的体现。文中"四暨"，指四隅、四方。"鞶悦"，指佩带和佩巾。"效月支公主婚乌桓事"，月支，即月氏，匈奴族崛起之前活跃于我国河西走廊一带的古代游牧民族，曾和东胡（活跃于蒙古高原的东部，乌桓为东胡之一支）联合胁迫过匈奴，但史籍并未载录月氏遣公主和亲乌桓之事；昭君和亲匈奴之前，刘细君公主、刘解忧公主先后被遣嫁打败月氏的乌孙国国王，所说"月支公主婚乌桓"疑为"细君公主婚乌孙"之误。

录曲余谈（节录）

王国维

余于元剧中得三大杰作焉。马致远之《汉宫秋》，白仁甫之《梧桐雨》，郑德辉之《倩女离魂》是也。马之雄劲，白之悲壮，郑之幽艳，可谓千古绝品。

（王国维《录曲余谈》，据《王国维戏曲论文集》，中国戏剧出版社1984
年版）

编者按：王国维《录曲余谈》载于1909年出版的《国粹学报》第67至69期。认为马致远《汉宫秋》等杂剧乃中国古典戏曲之"千古绝品"，可谓至高之评价。

曲海总目提要（节录）

董海 编著 北婴 补编

卷十八

和戎记

系明人旧曲，作者无可考。……按剧中所演多凭空撰撰。……虽其事杂出，无所考正。要之，嫱不过一宫人，未尝为后。果为后，焉得复以与敌？元帝时匈奴已不竞，故愿婿汉氏，乌有按图索取之事？至被围而出萧善音以求退兵，此尤背谬者。毛延寿遁走塞外，及复取王嫱之妹，皆无所据。嫱自投乌江以死，则作者欲加之美名，故曲为之说也。

卷二十

吊琵琶杂剧

尤侗撰。本《汉宫秋》剧，前三折与《汉宫秋》关目略同。但元曲全用驾唱，此用明妃自抒悲怨为小异。第四折引入蔡琰，自伤与昭君同，酹酒青冢，故谓之《吊琵琶》。

（据董海等《曲海总目提要》卷18，中册，人民文学出版社1959年版）

编者按：董康，字授经，号涌芬室主人，武进人（今江苏常州人）。晚清进士，历任刑部主事、郎中等，编著了《曲海总目提要》等。北婴，本名李婴宁，上海人，现代著名剧作家、戏剧研究家。《曲海总目提要》辑录了自元明清三代近七百种杂剧与传奇剧目，包括元代以来的昭君戏剧目，逐一考辨其作者、剧情和源流，为古典戏曲研究的必备工具书。诸多戏曲作品历久失传，赖此书得以知其名，董氏保存之功，不可磨灭。

中国爱国女杰王昭君传

胡适

列位看我这篇传记，一定要奇怪，说这"王昭君"三字，怎么能和这"爱国女杰"四字合在一起呢？那王昭君不是汉朝一个失宠的宫女么？不是受了画工毛延寿的害，不中元帝之意，被元帝派出去和番的么？这个人怎么算得爱国的女豪杰呢？列位这种疑心并没有错，不过列位都被那古时做书的人欺骗了几千年，所以如今还说这种话，简直把这位爱国女杰王昭君受了二千年的冤枉，埋没到如今。我如今既然找得了真凭实据，可以证明这位王昭君确是一位爱国女豪杰，断不敢不来表彰一番，使大家来崇拜。这便是在下做这篇《昭君传》的原因了。

我且先说那旧说。那旧说道：

王昭君是汉元帝时候一个宫人。那时元帝的后宫，人太多了，一时不能看遍，遂召许多画工，把那些宫人的容貌，都图成一册，好照着那册子上的面貌按图召见。便有那许多宫人，容貌中常的，便在那画工面前行了贿赂，有送十万钱的，也有送五万钱的。只有王昭君不屑做这些苟且无耻的事，那画工不能得钱，便把昭君的容貌画成丑相。后来匈奴（匈奴是汉朝北方一种外国人的种名，时常来扰中国）的单于来朝（单于是匈奴国王的称呼，和中国称王一般），向皇帝求一个美女。元帝翻那画册，只见王昭君的面貌最丑，便许了匈奴，把昭君赐他。到了次日，元帝便召昭君来见，不料竟是一个绝色美人，竟是宫中第一等的美人，一切应对举止，没有一件不好的。元帝心中可惜得了不得，但是既许了匈奴，不便失信于外夷，只得把昭君赐了匈奴。后来元帝心中越想越可惜，便把那些画工都捉来杀了。

以上说的，都是从前说昭君的话头。你想那些画工竟敢在皇帝宫中做起买卖来了，胆子也算大极了。况且元帝既见之后，又何尝不可把别人来代替他？所以这种话都是靠不住的。我如今所引证的，也是从古书上来的，并不是无稽之谈。列位且听我道来。

王昭君，名嫱，是蜀郡秭归人氏。他父亲叫王穰，所生只有昭君一女。昭君自幼便和平常女儿家不同，一切举动，都合礼法。长成的时候，生得秀外慧中，绝代丰姿，真个如宋玉说的，"增一分则太长，减一分则太短，傅粉则太白，涂脂则太赤"。再加之幽娴贞静，所以不到十七岁，便早已通国闻名的了。及笄以后，那些世家王孙来求婚的，真个不知其数，他父亲总不肯许。恰巧那时元帝选良家女子入宫，王穰听了这个消息，便来与女儿说知，想要把昭君送进宫去。王昭君听了这话，心中自己估量，自思自己的父亲只生一女。古语道得好，"生女不生男，缓急非所益"，父母生我一场，难道亲恩未报，就此罢了不成？如今不如趁这机会，进得宫去，或者得了天子恩宠，得为昭仪或是婕妤，那时可不是连我的父母、祖宗都有了光荣，也不枉父母生我一场。主意已定，便极力赞成王穰的说话。王穰见女儿情愿，便把昭君献入宫去。看官要晓得，这原是昭君一片孝心，想做那光耀门楣的女儿。哪里晓得皇帝的深宫，是一个最凄惨最可怜的地方，古来许多诗人做的许多宫怨的诗词，已是写得穷形尽致的了。更有那《红楼梦》上说的，有一位贾元妃，对他父亲说："当日送我到那不见人的去处"，你看这十二个字，写得多少凄怆呜咽，人尚且不能见，什么人生的乐趣，更不用说自然是没有的了。那宫中几千宫女，个个抬起头来，望着皇帝来临，甚至于有用竹叶插门，盐汁洒地，来引皇帝的羊车的。其实好好一个人，到了这种地方，除了卑鄙龌龊、苟且逢迎之外，哪里还想得天子的顾盼。唉，这种卑鄙污下的行为，岂是我们这位爱国女杰王昭君做得到的么？昭君到了这个地方，看了这种行为，心想自己容貌虽好，品行虽好，终究不能得天子的宠遇，休说宠遇，简直连天子的颜色都不大望得见了。要是照这样下去，还不是到头做一个白发宫人么？昭君想到这里，自然要蛾眉紧蹙，珠泪常垂的了。

看官要记清，上面所说的，都是王昭君入宫的历史。如今要说那王昭君爱国的历史了。看官须晓得，汉朝一代，最大的边患，便是那匈奴，从汉高祖以来，常常入寇中国，弄得中国边境，年年出兵，民不聊生。宣帝的时候，匈奴内乱，自相争杀，遂分成两国，一边是呼韩邪单于，一边是郅支单于。后来汉朝帮助呼韩邪攻杀郅支，呼韩邪单于大喜，遂来中国，入朝朝觐。那时正是汉元帝竟宁元年，那时便是王昭君立功的时代了。

那时呼韩邪来朝，先谢皇帝复国的恩典，便说：

小臣得天子威灵，得有今日，从此以后，断不敢再萌异心。如今想求皇帝赐一个中国女子给臣，使小臣生为汉朝的臣子，又做汉朝的女婿，子孙便做汉朝的外甥。从此匈奴可不是永永成了天朝的外臣了么？

皇帝听了呼韩邪的话，心中很喜欢，只是一件，那匈奴远在长城之外，胡天万里，冰霜遍地，沙漠匝天。住的是韦鞲毳幕，吃的是膻肉酪浆。那种苦况，这些娇滴滴的宫娃，哪里受得起，谁肯舍了这柏梁建章的宫殿，去吃这种惨不可言的苦况呢？想到这里，心里便踌躇起来了，便叫内监，把全宫的宫人都宣上殿来。不多一会，那金殿上便黑压压地到了无数如花似玉的宫人。元帝便问道："如今匈奴的国王，要求朕赐一女子给他，你们如有愿去匈奴的，可走出来。"连问了几遍，那些宫人面面相觑，没有一个敢答应的。那时王昭君也在其内，听了皇帝的话，看了大家的情形，晓得大众的意思，都是偷安旦夕，全不顾大局的安危，心里便老大不自在。心想我王嫱入宫已有几年了，长门之怨，自不消说，与其做个碌碌无为的上阳宫人，何如轰轰烈烈做一个和亲的公主。我自己的姿容或者能够感动匈奴的单于，使他永远做汉朝的臣子，一来呢，可以增进大汉的国威，二来呢，使两国永永休兵罢战，也免了那边境上年年生民涂炭之苦。将来汉史上即使不说我的功勋，难道那边塞上的口碑，也把我埋没了么？想到这里，更觉得这事竟是我王嫱义不容辞的责任了！昭君主意已定，叹了一口气，黯然立起身来，颤巍巍地走出班来，说："臣妾王嫱愿去匈奴。"那时元帝看见没有人肯去，正在狐疑的时候，忽见人丛里走出这么一位倾城倾国、绝代无双的美人来，定睛一看，竟是宫中第一个绝色美人，而且是平日没有见过的。这时候元帝又惊又喜，又怜又惜，惊的是，宫中竟有这么一个美人；喜的是，这位美人竟肯远去匈奴；怜的是，这位美人怎禁得起那万里长征的苦趣；惜的是，宫中有了这个美人，却不曾享受得，便把去送与匈奴，岂不可惜，岂不可惜吗？皇帝心中虽是可惜，然而那时匈奴的使臣，陪着呼韩邪单于，都在殿上，昭君的美貌，是满朝都看见了的，昭君的言语，是都听见了的，到了这时候，唉，虽有天子的威力，大汉的国势，也不能挽回这事了。元帝到了这时候，一时没得法了，只好把昭君赐了匈奴。从此以后，我们这位爱国女杰王昭君，便做了匈奴呼韩邪单于的大阏支（阏支的意思，和我们中国称王后一般）了。

呼韩邪单于得了王昭君，快活极了。那时汉元帝封昭君为宁胡阏支，这

"宁胡"二字，便是"安抚胡人"的意思。果然一个王昭君，竟胜似千百万雄兵，从此以后，胡也宁了，汉也宁了。那时呼韩邪单于便和昭君回到匈奴，一路上经过许多平沙大漠，呼韩邪便叫匈奴的乐工在马上弹起琵琶来，叫昭君一路行一路听着，免得她生思乡之念。不多时，昭君到了匈奴。匈奴便年年进贡，永远做汉朝的外臣。于是汉朝的国威远及西北诸国，从元帝到成帝、哀帝、平帝。一直到王莽篡汉的时候，那时呼韩邪也死了，昭君也死了，他们子孙做单于的都说，"我国世世为汉朝的外甥，如今天子已非刘氏，如何做他的藩属？"于是匈奴遂不进贡了，遂独立了。可见这都是这位爱国女杰王昭君的功劳。这便是王昭君的爱国历史。我们中国几千年以来，人人都可怜王昭君出塞和番的苦趣，却没有一个人晓得赞叹王昭君的爱国苦心的。唉，怎么对得住王昭君呀，那真是对不住王昭君了！

（据《胡适全集》卷19《史学·人物传记》，安徽教育出版社2003年版）

编者按：胡适此文发表于1908年11月4日《竞业旬报》第32期，时年十七岁，署名"铁儿"。这一年为光绪三十四年，清朝处于摇摇欲坠之际，三年之后民国建立。胡适以"中国爱国女杰"为题，高度肯定了王昭君独立的人格和热切的爱国之心，正是"五四运动"前后女性解放思潮和爱国思潮涌动的反映。文中说昭君远嫁到匈奴后被封为"大阏氏"，误。昭君被匈奴单于封为"宁胡阏氏"，宁胡阏氏非大阏氏。

赌棋山庄词话（节录）

谢章铤

卷 一

三家词话中警语

长调最难工，芜累与痴重同忌。衬字不可少，又忌浅熟。

咏物至词，更难于诗，即"昭君不惯胡沙远，但时忆、江南江北"亦费解。此词音节固佳，至其文则多有欠解处。白石极纯正娴雅，然此阕及《暗香》阕则尚有可议，盖白石字雕句炼，雕炼太过，故气时不免滞，意时不免晦。

（据谢章铤《赌棋山庄词话》卷1，刘荣平校注，厦门大学出版社2013年版）

咏史十首（其八）

寄尘

昭　君

琵琶一曲泪痕多，辱国丧身可奈何。我道汉家真失策，美人枉自欲求和。

（寄尘《咏史十首》，据《申报》1914年4月4日，第14版）

中国戏曲概论（节录）

吴梅

卷　上

东篱则以清俊开宗，《汉宫孤雁》，臧晋叔以为元剧之冠，论其风格，卓尔大家。

卷　下

曲至西堂，又别具一变相。其运笔之奥而劲也，使事之典而巧也，下语之艳媚而油油动人也，置之案头，竟可作一部异书读。如《读离骚》之结构，以宋玉招魂；《吊琵琶》之结构，以文姬上冢。此等结构，已超轶前人矣。至其曲词，正如珊珊仙骨。

（据吴梅《中国戏曲概论》卷上，中国人民大学出版社2004年版）

编者按：吴梅《中国戏曲概论》发表于1926年，由上海大东书局刊行。吴梅以毕生精力致力于戏曲及声律研究，《中国戏曲概论》是其最具代表性的著作之一。吴梅评古典戏曲作品角度颇新，如评《汉宫秋》以风格论，评《吊琵琶》以结构论。

恒代游记（节录）

许同莘

二十三日游明妃青冢。塞外青冢有三：一在杀虎口外，无碑碣；一在包头镇南六十里，则鄂博而传讹者；一在归化城南二十里，即是日所游。三冢真伪，久无定论，余谓辨青冢真伪必先考呼韩邪境界。《汉书·匈奴传》：甘露元年，呼韩邪单于南近塞，遣子入侍。明年单于入朝，自请留居光禄塞下，汉遣董忠将士马送单于出朔方鸡鹿塞。竟宁元年复入朝，自言愿婿汉氏以自亲。元帝以王嫱赐单于，单于欢喜，上书愿保塞。郎中侯应以为北边有阴山，筑城设戍然后边境少安，不可许。鸡鹿塞在今鄂尔多斯右翼后旗黄河西北岸，鸡鹿塞之东北即光禄塞，其地直阴山之北，东南据归化城尚数百里。汉与匈奴以阴山北境为界，归化在阴山南，今青冢又在归化城南，其非匈奴所居地甚明。

《琴操》：昭君死，单于举葬之。胡中多白草，而此冢独青，明言地在胡中，不在汉境也。若谓南单于后以建武季年徙云中，昭君因而葬此，则昭君之卒，其年当以百岁以上，恐无是理。郦道元注《水经》记墓葬最详，阴山白渠水均所身历，使昭君葬此，何无一字道及耶！后人因冢旁有黄昏村，引杜诗"独留青冢向黄昏"为证，不知杜诗昏字只是压韵。黄昏青冢气象苍莽，语意自佳。必坐实"黄昏"二字，则"向"字作何解意？此村因杜诗得名，少陵以前无此地名也。

今之青冢当是魏之金陵，后人因青、金声近而误。《一统志》：后魏金陵在古盛乐城西北，永兴二年葬道武于盛乐金陵，其后明元、太武、渠成、献文四帝皆葬于此。按盛乐故城，以《水经注》"白水经盛乐县北"推之，当在今青冢东南，地望正合。然丰州青冢已见杜佑《通典》，《一统志》系青冢于归化城下，亦本《通典》之说。塞上荒寒，得此点缀风景，大是佳事，正不须推求根实。是日破晓，即行十里渡黑水河，即古白渠水也。野旷天垂，极目无际。风吹草低，牛羊隐见，始悟前人造句之妙。遥望高阜秀出，即青冢矣。边地土质多碱，望之色白，惟峰峦远眺，则有青苍之概，故阴山曰大青山，凡远处看山皆然。冢高十余丈，形正方，如遥山耸峙，此殆青冢所由名矣。草枯则色黄，昭君墓近视并无一草，谓塞外草白，此冢独青，殆不然也。冢有碑三，皆近人所立。

（许同莘《恒代游记》，据民国年间无锡许氏简素堂铅印本）

编者按：清末民初文人许同莘，号石步山人，是位博学之士，留下了不少游记散文，编成《石步山人游记》，《恒代游记》是其中的一篇，作者在文中对于多处青冢以及青冢之名的来龙去脉作了较为合理的辨析，具有学术参考价值。

唐写本明妃传残卷跋（节录）

容肇祖

唐写本《明妃传》残卷，存法国巴黎国家图书馆，见伯希和及日人羽田亨所编印的《敦煌遗书》中。上卷前有阙损，而下卷完好。这篇文章的体制，和弹词及鼓词一类的作品相近，大约弹词及鼓词是由此演变而出的。

…………

昭君的名字，《汉书·元帝纪》作"王樯"，《匈奴传》作"王墙"。应劭注："王氏女，名樯字昭君。"范晔《后汉书》说"昭君字嫱"，这和《匈奴传》说的"王墙字昭君"恰相反。《文选·恨赋》注引《汉书》，应劭注作"廧"。《西京杂记》《道典·乐五》《唐书·乐志》皆作"嫱"。钱大昕说道："《说文》无嫱字，《汉书·匈奴传》作'王墙'，《左传》'妃嫱嫔御'，唐石经本作'墙'，则《匈奴传》作'墙'不误，而《元帝纪》作'王樯'恐转误。樯字，《说文》亦未收也（应劭作'王廧'，廧即墙字）。"

"墙"或"嫱"是妃嫔的称谓，非必是昭君的名？这篇《明妃传》绝对没有提过"嫱"字，而以"昭军"二字为明妃的名，和《后汉书》以"昭君"作名相同。如末段说汉使吊明妃的青冢，说道："宣哀帝之命，乃述祭词，维年月日谨以清酌之奠，祭汉公主王昭军之灵。"宣哀帝之命，自当称名以祭，这明是以"昭军"二字为名。"昭军"二字凡十一见，"君"皆作"军"，中间说道："坟高数尺号青冢，还道军人为立名。"可证"军"字绝非笔误。王应榆先生前旅行新疆，在库车地方见过"昭军之墓"，大家说是王昭君的，该地人写"昭君"都作"昭军"，和这文写的正相合。究竟"昭军之墓"是否属于"昭君"，有无传会？抑胡汉本异名？或《汉书》误记？这就是千年前已有的纠纷，不易解决的。

"昭君"二字又作"明君"，晋石崇有《王明君词》，序里说道："王明君者，本是王昭君，以触文帝讳改焉"（见《文选》）。"明君"又转作"明妃"，如梁江淹《恨赋》说的"若夫明妃去时，仰天太息。紫台稍远，关山无极。摇风忽起，白日西匿。陇雁少飞，代云寡色。望君王兮何期？终芜绝兮异域"（见《文选》）。在唐代则明妃一名和昭君一名最通行，而"明君"两字几乎没人使用。或者因为和君王的美名相混的原故？李白乐府诗《王昭君》两首，第一首说"汉家秦地月，流影照明妃"，"明妃西嫁无来日"；第二首说"昭君拂玉鞍，上马啼红颜"。杜甫《咏怀古迹》诗："群山万壑赴荆门，生长明妃尚有村。"盖"明妃"与"昭君"在唐代已成最普通的称谓。这篇《明妃传》，"明妃"二字凡八见，或即以为"昭军"之号。

（容肇祖《唐写本明妃传残卷跋》，据《民俗》1928年第27—28期）

编者按：容肇祖是中国现代著名哲学史研究专家、民俗学家和民间文艺学家，字元胎，东莞（今广东东莞市）人。此跋文写于1928年，所说《明妃传》即《王昭君变文》。容先生在跋文中认为《明妃传》中"昭军"之名共出现了十一次，决非作者笔误，"昭军"与"昭君"可能是"胡汉异名"所致。此可备一说。

南园丛稿（节录）

张相文

卷四　游记

塞北纪行

三十里大黑河，河水浑黑，如含草灰。两岸泥泞，幸而底冻未脱，东行得以不陷。过河后就道旁野店打尖。遥望西南十余里间，土阜隆起，隐隐若小山，见于云雾中，问之乃青冢也，土人皆称之为昭君坟。因命车子迁道往访之。东行沟塍间，曲折迂回，阅一时许乃至。墓基周凡五百五十余步，冢高可十余丈，旁有磴道，可拾级而登。其上宽平，面积五六丈，冢前丰碑高峙，东二为彦德、耆英两诗碣，其诗曰："闺阁堪垂世，明妃冠汉宫。一身连朔漠，数代靖兵戎。若以功名论，几与卫霍同。人皆悲远嫁，我独羡遭逢。纵使承恩宠，焉能保始终。至今青冢在，绝胜赋秋风。"亦足为明妃吐气矣。西一碣为昇寅所立，题曰"汉明妃冢"，皆清将军笔也。

冢之东北大黑河，浪绞蹙锦，树影含娇，回波反映，曲曲向西南流去，相距二三里之遥。故冢旁土皆冲积层，麦陇云屯。最近两大村，曰贾家营，曰黄昏营，檐柳舒黄，篱墙掩白，亦复与昭君艳迹斗媚争妍，殆天之钟美于是乎！

至谓塞草白，昭君冢草色独青，因名青冢，此殊不然。塞外地多白沙，空气映之，凡山林村阜，无不黛色横空，若泼浓墨。故山曰大青山，河曰大黑河。昭君冢烟霭濛笼，远见数十里外，故亦曰青冢。附会草青，盖诗人好事之辞也。凭吊久之，为摄影而去，抵归化城，夕阳已西下矣。

（张湘文《南园丛稿》卷4，据《民国丛书》第五编，第98册，上海书店1931年影印）

"昭君变"考（节录）

陈子展

妖姬未着石榴裙，自道家连锦水濆。
檀口解知千载事，清词堪叹九秋文。
翠眉颦处楚边月，画卷开时塞外云。
说尽绮罗当日恨，昭君传意向文君。

这首诗刊在《全唐诗》里，是没有几个人注意到它的。因为作者是一个世次爵里无考的诗人，而他的姓名为吉师老，又是这么的生僻。看他的题目"看蜀女转昭君变"，也似乎有些费解。"昭君"是唐代诗人最喜欢用的题材，这用不着我们的思索，但是下面还缀着一个"变"字，这是什么意思？"昭君变"三字上还有一个"转"字，这自然是一个动词，可是它表示一种什么样子的动作？而"转昭君变"的又是一个女子，究竟这是一种什么顽意儿呢？我想先就这首诗加以研究。

这首诗的大意，说有一个未着裙的妖艳的女子，自己说是蜀人，她是很会讲说史书的。她讲昭君出塞的故事，还张着昭君出塞的画图，讲起来是很悱恻动人的。由上面那么说来，那位女郎的讲"昭君"，很有些像现在的南方女子唱滩簧，北方女子的唱大鼓。

至于"变"字究竟是什么意义？在这首诗里无从推寻。我以为这个"变"字正和唐人孟棨《本事诗》里面所云"目连变"的"变"字同义。其文如下：

> 诗人张祜未尝识白公。自公刺苏州，祜始来谒，才见白。白曰："久钦籍，尝记得君款头诗。"祜愕然曰："舍人何所谓？"白曰："鸳鸯钿带抛何处，孔雀罗衫付阿谁，非款头何耶？"张顿首微笑，仰而答曰："祜亦尝记得舍人'目连变'。"白曰："何也？"祜曰："上穷碧落下黄泉，两处茫茫皆不见，非'目连变'何耶？"遂与欢宴竟日。

又王定保《摭言》云：

> 张祜《忆柘枝》诗云："鸳鸯绣带抛何处，孔雀罗衫属阿谁。"白乐天呼为"问头"。张祜曰："明公亦有'目连经'长恨词云：'上穷碧落下黄泉，两处茫茫皆不见。'此不是'目连访母'耶？"（上引两种书，均用唐代丛书本）

上面所引两段书中所谓"款头""问头"不知是什么意义。但所谓"目连变""目连访母"我们是可以懂得的。自从敦煌石窟的藏书发见之后，其中发见不少唐末五代的俗文学，如"目连缘起"，"大目乾连冥间救母变文"，"舜子至孝变文"，等等，我们才知道唐时所谓"变""变文"是什么一种东西——是有说有唱，而以歌唱为中心的一种东西。

（陈子展《"昭君变"考》，据《南国周刊》1929年第9—12期）

编者按：陈子展《"昭君变"考》提及的吉师老《看蜀女转昭君变》一诗收入《全唐诗》卷七七四的开头。《全唐诗》在"吉师老"下注释云："诗四首。以下世次、爵里俱无考。"学术界对于吉师老的时代仅有一个含糊的推测：活跃于中晚唐间。从《看蜀女转昭君变》一诗可知《昭君变文》这篇俗文学作品在蜀中十分流行。蜀女唱的"昭君变"和敦煌写本《王昭君变文》所讲内容是否一样？还是彼此存在联系而内容有别的另一种写本？则有待进一步研究。

王昭君的故事在中国文学上的演变（节录）

张世林

元曲里以昭君的故事为题材的，最早当然要算关汉卿的《汉元帝哭昭君》（见《录鬼簿》），可惜早已散佚，不能作我们讨论的资料。因此，我们要考查昭君的故事在元曲里的演变，不能不有待于《汉宫秋》，或者说也惟有在《汉宫秋》里昭君的故事才第一次得到最伟大表现。

…………

这剧本的故事不但较以前的为详赡曲折，"自投黑水"一节更使这故事的演变，在构成悲剧的要求上得到理想的结束。不过，这剧本有一个缺点，就是将全剧的中心放在汉元帝的身上，而昭君反屈居于次要的地位。

（霍世林《王昭君的故事在中国文学上的演变》，据《清华中国文学会月刊》1931年第1卷第4期）

王昭君（节录）

张长弓

第十一 昭君研究之赘语

昭君与杨贵妃，实为中国之两大艺术女王。文人藉以咏歌者，不下数百千篇（咏昭君者多辑于清人之《青冢志》）。求其故，一为哀怨，一为轻艳。杨贵妃之研究，已有现在南开教课之林培志女士作过，惟其组织，与此稿颇有不同之处。余费数月之功，方得脱稿，其简陋也如此，憾事也。惟关于昭君之各方面，似尚未漏，而对于昭君之事迹，亦间有自己之见解，此又足以自慰矣。

昭君入胡，历代文人皆咏其不幸，余意则否。夫昭君在汉，一宫女耳，匈奴请亲，昭君一跃而为阏氏，是以宫女一跃而为皇后矣。何幸如之！奈文人咏歌，多言其苦怨，故世俗亦多不察矣。余历考自来同余之意者，不过三二人而已。清尤侗《反昭君怨》之序曰：

世人多作《昭君怨》，予独非之。观匈奴遣使，请一女子，帝谓："后宫欲至单于者起。"昭君喟然而叹，越席而起。其毅然勇往，略无难色。

所以愧汉天子，而实毛延寿之罪也。假使昭君终不自荐，一白头老宫人耳。即幸而被幸，如戚夫人且害于吕野鸡，班婕妤且摈于赵飞燕。岂若可汗阏氏，夜郎自大哉？……不然上阳长信，埋没红颜者几何？内人斜冢累累，何如三尺青坟，尚供古今才人歔欷凭吊也哉。遂作《反昭君怨》云："不成为汉后，便去作阏氏。亦足当人主，还能斩画师。琵琶歌毳帐，酥酪醉金卮。强似长门里，秋风老黛眉。"

是尤氏独操异说。此外，灵毂子王叡作《解昭君怨》云："莫怨工人丑画身，莫嫌明主遣和亲。当时若不嫁胡虏，只是宫中一舞人。"见《侯鲭录》。是诗亦能推翻前论，殊有意思。而周廷熺《昭君咏》亦云："人彘穷凶出汉宫，当熊妃子泣秋风。昭君不抱琵琶去，未必恩私竟得终。"又："深闭长门春复春，云和斜抱月华新。黄金若买毛延寿，不过寻常抱袴人。"

是此数家，皆与余意相同也。未知阅者以为如何。

（张长弓《王昭君》，据《岭南学报》1931年第2卷第2期）

编者按：民国时期许多学者和文人作家都研究过王昭君，称得上昭君文化研究的第一个高峰期。我国著名戏曲研究家、文学史家张长弓先生将王昭君和杨玉环称为"中国之两大艺术女王"，认为围绕王昭君和杨玉环产生了大量文学艺术创作，前者带来"哀怨"格调的艺术作品，后者带来"轻艳"格调的艺术作品。但就王昭君和杨玉环本人而言，前者以同情歌颂为主，后者则以批判谴责为主。从文学艺术讴歌真善美的宗旨看，王昭君才是真正的"艺术女王"。文中"灵毂子"，应作"炙毂子"。

书《吊琵琶剧曲》后

冯远怀

明妃以倾国之姿，入选君王之侧，应擅椒房之宠，使后宫粉黛，自惭无色。何图造物忌尤，画师施技，阿堵之力，竟使庐山莫辨。退居永巷，犹其次也，及至匈奴称兵，嫁女乞和，遂使天生丽质，遽作异域之人，黄土青冢，空留余恨，宜后之人读其事为之叹息凭吊也。然而昭君虽可悯，自大体言之，仅涉一人之死生，实无足轻重，而元帝之耻则千古不能涤矣。

夫始皇之时，逐匈奴七百里，至胡人不敢南下而牧马，何其盛也。汉之疆域，非弱于秦也；元帝之位，亦非有异于曩时也，然而强弱悬殊者何也？退而言之，即不能威震殊俗，当克闭关自守，乃不谋于良将劲弩，而出嫔妃以求全，身为天子，不能庇一妇人，耻莫大焉。虽嫁女言和，例非始于元帝，然子孙果有为，岂必效乃祖之弱哉？且夫圣主之选妃也，以淑德懿行为取舍，期其有辅于内；昏庸之君，乃事乎声。今弃明而就暗，故延寿得索诈于其间，是当日之祸，盖元帝自招之，非延寿之罪也。使其人如延寿所绘，则帝不之惜，而史亦莫传矣。嗟乎！色之动人也如是，不禁为无盐辈呼屈不置矣。虽然，明妃非无足取，特不在其色艺耳。当元帝按图索女，后宫竞贿延寿，而明妃独能不屈不挠，乃知明妃盖贤女子也。

（冯远怀《书〈吊琵琶剧曲〉后》，据《苏州振华女学校刊》1931年12月）

王昭君故事演变之点点滴滴（节录）

张寿林

秋木萋萋，其叶萋黄。有鸟处山，集于苞桑。养育毛羽，形容生光。既得升云，遨游曲房。离宫绝旷，身体摧藏。志念抑沉，不得颉颃。虽得喂食，心有徊徨。我独伊何，来往变常。翩翩之燕，远集西羌。高山峨峨，河水泱泱。父兮母兮，道里悠长。呜呼哀哉，忧心恻伤。

在一个凄冷的秋天，塞外的风沙，使人感到刺骨的奇寒。天气是这样的昏暗，远远的可以听见牧马悲鸣的声音。几个倩妆的侍儿，倚了塞外的驼车，幽幽的弹着琵琶。在车里，含了眼泪，望着无涯的黄沙，唱出了这样的怨歌的，是汉代绝世的美人王昭君。

这样一幅凄惨的图画，是如何的使我们感动！所以昭君出塞遂成了汉以来一个最动人的故事。它差不多曾经感动过古昔每一个伟大的文学家，在他们的集子里，有许多都是用了这个故事来做题材的。而在与一般民众接近的戏剧中，我们更容易看出这故事的流传，它们至今还在戏台上扮演着，受着仕女们盛大的欢迎。

············

《汉宫秋》的作者是元代不世出的戏曲家马致远，而《汉宫秋》一剧实为马氏之代表作。在这个杂剧中，他虽以汉元帝为主角（正末），但却把这个故事写得异常生动，他不完全袭用旧有的传说，而运用他丰富的想象和戏剧的手腕，使这个故事成为一个十分动人的悲剧。它使一个在表面上已经消沉的故事，从新再活跃起来，从这一点上，我们可以知道这个剧本，在昭君故事的转变上是如何的重要。

（张寿林《王昭君故事演变之点点滴滴》，据《文学年报》1932年第1期）

编者按：张寿林先生以散文诗一般的语言讲述了王昭君故事的演变，他说昭君出塞的故事"曾经感动过古昔每一个伟大的文学家"。这个结论无疑是正确的。首先是历史人物的故事感动世人，才会产生无数感动人的文艺作品。昭君文化的生成，正由"感动"而来。

昭君故事及关于昭君之文学（节录）

黄鸿翔

四、关于昭君之文学的比较

（四）《咏怀古迹》——明妃

群山万壑赴荆门，生长明妃尚有村。一去紫台连朔漠，独留青冢向黄昏。画图省识春风面，环佩空归夜月魂。千载琵琶作胡语，分明怨恨曲中论。

这诗先说明妃的故乡是个钟灵毓秀之地，所以产生绝世美人，使村名留传至今。只是不免离开汉宫，远嫁漠北，死在胡中，单留下个青冢作纪念，是很可惜的！继说元帝曾看过明妃的美貌，非常爱念；无如人已死了，只会在夜月中碰着归魂而已。最后谓昭君弹琵琶出塞，曲调流传，千载尚有遗恨。词虽简单，意却面面周到；运事实于议论之中，言外有无限感慨；而诗笔盘曲有力，毫无排比之迹，在七律中尤不易得，看来比《王明君辞》高明得多。朱翰曰："江总《和东宫故妃》诗：'犹忆窥窗处，还疑解佩时。若令归就月，照见不须疑。'环佩句，乃总括其语。庾信《昭君词》：'胡风入骨冷，夜月照心明。方调琴上曲，变入胡笳声。'琵琶句，乃融化其语。"论少陵造语之工，运古入化，确是不错。余谓"一去紫台连朔漠"，意本江淹《恨赋》"紫台稍远，关山无极"，而词更简当精切，亦属此类。若梁王淑英妻刘氏《昭君怨》"匣玉成秋草"，欲概括《王明君辞》"昔为匣中玉"四读意，便成恶趣了。又如庾信之"方调琴上曲，变入胡笳声"，实本王褒之"惟余马上曲，犹作出关声"；而后主之"只余马上曲，犹作别时声"，更拾王、庾之牙慧。词旨雷同，使读者生厌，较之杜诗，何止上下床之别？因忆及翔幼年咏昭君诗云："自是君王怜妾甚，不教红粉老长门。"为前辈所击赏，初时沾沾自喜；后来看诗稍多，觉得前人早经道过，乃自惭效颦。这是不善推陈出新所致！

（八）《昭君》

仙娥今下嫁，骄子自同和。剑戟归田尽，牛羊绕塞多。

这诗称美元帝和戎安民的功勋，却不含有汉朝害怕匈奴的意思，立言尚见得体。末二读从班书"请罢边备，以休天子人民"二语推衍而来的。

（十）《明妃曲》二首

明妃初出汉宫时，泪湿春风鬓脚垂。低徊顾影无颜色，尚得君王不自持。归来却怪丹青手，入眼平生几曾有。意态由来画不成，当时枉杀毛延寿。一去心知更不归，可怜着尽汉宫衣。寄声欲问塞南事，只有年年鸿雁飞。家人万里传消息，好在毡城莫相忆。君不见咫尺长门闭阿娇，人生失意无南北。

明妃初嫁与胡儿，毡车百辆皆胡姬。含情欲说独无处，传与琵琶心自知。黄金捍拨春风手，弹看飞鸿劝胡酒。汉宫侍女暗垂泪，沙上行人却回首。汉恩自浅胡自深，人生乐在相知心。可怜青冢已芜没，尚有哀弦留至今。

临川生性执拗，其所为诗辞，当然要独抒己见，不肯拾人牙慧。前人咏明妃的诗都说明妃不忍离汉，他偏就《后汉书》"明妃入宫，数岁不见御，积悲怨，乃请掖庭令，求行"等语发挥。例如"家人万里传消息，好在边城莫相忆，君不见咫尺长门闭阿娇，人生失意无南北"，及"汉恩自浅胡自深，人生乐在相知心"，意本"士为知己者死，女为悦己者容"，都是非常大胆，把前人名作推翻。平心而论，王氏这样用意，却和历史上史实吻合。不过有人批评他发这种议论，足证其心术之坏——劝人背汉向胡——虽不免过甚之辞；但当时张元、吴昊归附西夏，骚扰北宋，其心理却和"汉恩自浅胡自深"云云相类。诗文足以影响习俗，作者也不能不注意的。此外，还有"意态由来画不成，当时枉杀毛延寿"两语，一方为毛氏辨冤，一方增加昭君的容色——想象美。词意奇辟，未经人道，也是王诗的特点。就全体而论，临川诗意之深刻，诗笔之拗峭，虽从少陵得来，却能自出新意，自铸伟词，确是骚坛健将。惟"可怜青冢已芜没，尚有哀弦留至今"二语，不免有效仿痕迹。

（十四）《昭君曲》

> 但使边城靖，蛾眉敢爱身？千年青冢在，犹是汉家春。

这诗言昭君抱舍身安边的志愿，毅然出塞，死后留个青冢，以表她的不忘祖国。前二读较之梁献"君恩不可再，妾命在和亲"，陈义为高。后二读比李白"死留青冢使人嗟"，用意更进一层。都不愧出蓝之誉。

（黄鸿翔《昭君故事及关于昭君之文学》，据《厦门大学学报》1932年第1卷第2期）

　　编者按：黄鸿翔先生的《昭君故事及关于昭君之文学》发表于1932年，是一篇数万字的长文，对于历代以昭君为题材的著名作品进行了较为全面而中肯的评述或点评。兹仅辑录数例及相关信息以供读者查阅全文。

谈《昭君变》

何如

　　尝读唐王建《观蛮妓》一诗云："欲说昭君敛翠蛾，清声委屈怨于歌。谁家年少春风里，抛与金钱唱好多。"此一蛮妓以说唱昭君故事为生，其所说所唱，未知取何形式，如苏滩乎？如大鼓弹词乎？抑如花鼓小调乎？又《全唐诗》载一世次爵里皆无可考之诗人吉师老，有《看蜀女转昭君变》一诗云：

"妖姬未着石榴裙，自道家连锦水濆。檀口解知千载事，清词堪叹九秋文。翠眉颦处楚边月，画卷开时塞外云。说尽绮罗当日恨，昭君传意向文君。"此一蜀女说唱昭君故事，且张昭君出塞画卷矣。诗题所谓"转"，当然即六朝以来和尚吟诵佛经，称为转读之略词也。其所谓"变"，当为变文之意。

三十年前，甘肃敦煌石室，发见李唐五代人写本，其中有《大目犍连冥间救母变文》《舜子至孝变文》《降魔变文》《佛本生经变文》等，三四十种。此种文体，散文韵文夹杂，有说有唱，似以唱为中心。近见刘复《敦煌掇琐》，内有拟题为《昭君出塞》之一种，原题不知云何，其文颇多残缺讹误。今引其描写"昭君之死"一节于此，以见一斑：

> 从昨夜已来，明妃渐困；应为异物，多不成人。单于重祭山川，再求日月，百计寻方，千般求术。……恰至三更，大命方尽。单于脱却天子之服，还着庶人之裳，披发临丧，魁渠并至。晓夜不离丧侧，部落岂敢东西。日夜哀吟，无由暂辍，恸悲切调，乃明妃哭处，若为陈说：

> 昭军昨夜子时亡，突厥今朝发使忙。

> 三边走马传胡命，万里飞书奏汉王。

> 单于是日亲临哭，莫舍须臾守看丧。

> 解剑脱除天子服，披头还着庶人裳。

> …………

> 寒风入帐声犹苦，晓日临行哭未央。

> 昔日同眠夜即短，如今独寝觉天长。

> 何期远远离京兆，不意冥冥卧朔方。

> 早知死若埋沙里，悔不教君还帝乡。

此种文体，恰似变文，意者此即蛮妓、蜀女说唱之《昭君变》欤？罗振玉称为《明妃传》固不是，胡适之称为《明妃曲》亦非，刘复拟题为《昭君出塞》犹未见妥。四年前予作《"昭君变"考》，载于《南国周刊》，始定名为《昭君变》，发表以后，注意者稀。顷见郑振铎《插图本中国文学史》，则称此文为《明妃变文》，未知其先见予文否？硁硁之意，仍以正名《昭君变》，较为有据，质诸有考据癖、历史癖之胡圣人（适之），想当以予说为然也。

（何如《谈〈昭君变〉》，据《申报》1933年8月8日，第4张）

编者按："何如"即民国学者陈子展之笔名，陈子展（1898—1990），男，原名炳堃，湖南长沙人。中国现代文学史家、杂文家，曾任复旦大学等校教授。他将敦煌文献中演唱昭君出塞的故事定名《昭君变》（即《王昭君变文》），为当代学术界普遍接受。

王昭君在中国文学中的演变（节录）

郭云奇

（一）引言

汉代女子同胡人结婚的，原不止王昭君一个人，而昭君故事，独盛传后世，直到现在她还在随着时代之轮演变着。

自从汉元帝效法前代与匈奴和亲的故智，在竟宁元年（公元前三三年）把昭君嫁给了呼韩邪单于以来，昭君的故事便流传人间。到了五世纪，在散文方面已有若干不同的纪载；晋朝石崇作《明君新歌》，被之管弦；历南北朝而至于唐，又产生了好几十篇不同的咏王昭君的新诗歌。因为"诗"的句法太齐整，太机械化了，以后产生了号称"长短句"的新文体，在宋朝便有把昭君故事编成的词曲。长短句的体裁，又嫌太短小，不能够歌咏长的故事，于是一变而为连结若干曲调而成的"诸宫调"，再变而为比诸宫调内容更丰富而且还可以登场演唱的"杂剧"；在元朝杂剧里，便产生了《汉元帝哭昭君》和《破幽梦孤雁汉宫秋》等剧本。为要打破杂剧的每剧只限四折、每折只许一人歌唱的严格限制，不久便产生了一剧可以长至数十出、每出可用两人以上的优伶演唱的"传奇"；在明朝传奇里边，又有用昭君故事编成的《青冢记》和《昭君出塞和戎记》。传奇的曲词太典雅，唱法也颇繁难，所谓"二簧"戏者，便应运而生，后来居上了；在清末的簧戏里，也有《昭君出塞》戏。"传奇"和"簧戏"，仍嫌失于太贵族化了，劳苦的民众难以领略到这种艺术，于是在俗文学方面，产生许多关于昭君的什么"山歌""鼓儿词""嘣嘣戏"以及通俗的章回小说；又因为正统派的旧剧，距写实太远，而且封建的思想也嫌浓厚，到"五四运动"以来，便有人把昭君故事编成对话式的"新剧"。统观一千九百年来，中国每有一种新的文体产生，便有关于昭君的作品花样翻新的出现；并且东到厦门（有《王昭君和番歌》及《冷宫歌》），南到广东（有《昭君投崖》俗曲），西到甘肃（敦煌石室有写本《明妃残卷》），北到绥远（归化有青冢碑），都是昭君故事散布的区域，因为时间的不同，空间的不同，作者的思想感情也不相同，所以同是一个王昭君，而在各个作品里，却现出许多不相同的面目来。……

（二）昭君底名字身份在文学中的演变

……从以上看来，自汉元帝置昭仪以后，魏、宋、梁、陈、唐及宋、辽、金各代，皆沿汉制在嫔妃中设昭仪一职，不过，分位不及汉昭仪之尊。与昭仪相类的女官，曹魏添置"昭华"，刘宋添设"昭容"，唐朝又置"昭媛"，但是，都没有置"昭君"一职的。据此，我们可以很大胆的说：不但汉元帝十四等嫔妃中没有"昭君"，历代嫔妃中也没用"昭君"这一个名目。王昭君决不是汉宫中和"昭仪一类"的嫔妃。

又有人说："自晋以来，为了避晋文帝的讳，多改称昭君为明妃，这显然可以暗示我们，在当时已经有许多人承认昭君是后宫的称谓，故因避讳，遂直接称她为明妃。否则犯讳者仅一昭字，初无改君为妃的必要。"不错，"犯讳者仅一昭字，初无改君为妃的必要"。若说"晋以来为了避晋文帝的讳，多改称昭君为明妃"，这话尚需加以考证：（1）《古今乐录》云："王明君本名昭君，以触文帝讳，故晋人谓之明君。"（2）《乐府汇考》云："王明君即昭君，晋文帝讳，改焉。"（3）晋石崇《明君词序》云："王明君者，本是王昭君，以触文帝讳，改云。"

由此看来，晋人避文帝讳，是改称"昭君"为"明君"，不是"因避讳，遂直接称她为明妃"。不但晋人如此，梁简文帝、梁武陵王纪，和陈朝张正见、北周的王褒，他们作的昭君词，也是都名为"明君词"。《乐府诗集》里一共搜集了四十五首咏昭君的诗歌，晋以后隋以前的占二十多首，对于王嫱，或称"明君"，或称"昭君"，却没有一个人称她为"明妃"的。

到唐朝以后，"明妃"的称号，才数见不鲜了。如"群山万壑赴荆门，生长明妃尚有村。"——杜甫《咏怀古迹》；"汉家胡地月，流影照明妃。……汉月还从东海出，明妃西嫁无来日。"——李白《昭君诗》；"明妃秭归人，临水而居，恒于溪中盥手，溪水尽香，今名香溪。"——张泌《妆楼记》；"从昨夜以来，明妃渐困。"——唐《明妃传残卷》。

这是一个疑问，元帝始终没有把昭君封为妃子，何以唐朝文人多称她为"明妃"呢？有人说，这全是文人咏诗，滥用感情，不顾史实，遂至一唱百和，以讹传讹。其实不然。昭君远嫁，元帝虽封她以"宁胡阏氏"的名义，实际上她在匈奴方面，是单于的妃子。呼韩邪请婚于汉，是为图"自存"，而请婚不是为"续弦"而请婚。凡读过《匈奴列传》的人，都知道呼韩邪单于在匈奴原有两位阏氏，一位是大阏氏，一位叫颛渠阏氏，大阏氏生的儿子名雕陶莫皋，颛渠阏氏生的儿子名且莫车，呼韩邪到临终时，这两位阏氏都还依然的活着。呼韩邪既有"前阏氏"，所以李白咏昭君远嫁的诗说："今日汉宫人，明朝胡地妾。"……

[郭云奇《王昭君在中国文学中的演变》（一）（二），据《文哲月刊》1935年第1卷第2期]

（三）昭君的相貌在文学中的演变

……尤西堂在《青冢铭》里写的王昭君是："有美一人，爰生三楚。家近湘君，村连婆女。云上鬓妍，山来眉妩。瓠齿能歌，弓腰善舞。年华似月，晓妆如霞。头宜搔玉，腕称封纱。昭阳惊燕，结绮羞花。徘徊鸾镜，踯躅羊车。"

高承治在《明妃出塞赋》里写的王昭君是："有翩然随众而来者，竟一顾而空群。则见修短合度，秾纤得衷；肌却粉白，靥压脂红。有媚态羞态，如愁中梦中。看到此笑脸然恨，迟识春风之面，忽闻报美人去也，怅难回秋水之瞳。……才如班姬，误他女子能文；歌继细君，惭说王姬下嫁。……"

尤西堂写的昭君，是"能歌""善舞""惊燕""羞花"的玉女；高承治写的昭君，是既"能文"，又会歌，身段长得好看，脸儿也长得媚人，都没有说她有三寸金莲；虽然在明朝的《和戎记》里，已经说过昭君"香闺潜出金莲小"了。

除了《琵琶语》外，元明清的戏剧、俗曲和《双凤奇缘》小说，写到昭君出塞的原因，都好像从一个公式里套出来的，总是说匈奴势强，汉朝敌他不过，无奈何只好把美人送给他。这是很显然地与正史不相符合。编者所以要这样的伪造事实，全是为昭君一人设势。元帝失掉昭君，"一百天不朝会群臣"，单于想得昭君，不惜大动干戈；假使她不是"姿色端丽"的美人，元帝决不会那样的难舍她，单于决不会拼命的争夺她。所以施永泰咏《王昭君》诗云："即即抚心叹，娥眉误杀人！"

［郭云奇《王昭君在中国文学中的演变》（三），据《文哲月刊》1935年第
1卷第3期］

编者按：郭云奇先生认为汉元帝封王昭君为"宁胡阏氏"，这似
乎不合情理。以当时汉朝采取平等对待匈奴部族的政策看，汉元帝不
会干涉匈奴事务，是否封王昭君为阏氏是由匈奴内部决定。另外，文
章述及梁朝诗人"施永泰"，应为"施荣泰"，其《王昭君》为四句五
言诗，后两句为"唧唧抚心叹，蛾眉误杀人！"

书昭君《怨旷思维歌》后（节录）

丁谛

余尝以为昭君出塞为中国旷古一大悲剧。位置之崇高如君主，不能抗御外
患，意乞怜于一弱女子；弱女子既背负琵琶，远逾朔漠，匈奴之患，即遽然弭
平。汉室之用裙带作万里长城，且令从胡俗，令兹犹足悲也。

因昭君出塞为红颜之悲剧，故历代文人每喜撷取其材料，发为吟咏。余略
记晋石崇有《王明君歌》（见《昭明文选》），《唐人万首绝句选》中亦录有二
首（题名不可记）。他如杜甫之"一去紫台连朔漠，独留青冢向黄昏"，更为惊
人名句；又如《盛明杂剧》中马致远之《汉宫秋》，及敦煌发现之《昭君辞》，
亦均不失当时出塞情景。缠绵悱恻，皆足多也。

闲居都市，每感尘嚣逼人，目迷五色，颇有北上幽燕、登卢龙、探青冢之
想，曾作诗曰："骡车风土久神驰，万里飞沙亦梦思。他日何当青冢上，壶浆
杯酒吊王姬。"以留一时心影。

比见《琴操》昭君所作《怨旷思维歌》，哀伤忉怛，宛转入微，当时异乡
异客，触目凄凉之处，每能从字里行间料想得之，余思探青冢之意益深矣。

《怨旷思维歌》曰："秋木萋萋，其叶萎黄。有鸟处山，集于苞桑。养育毛
羽，形容生光。既得升云，遨游曲房。离宫绝旷，身体摧藏。志念抑冗，不得
颉颃。虽得喂食，心有徊徨。我独伊何，改往变常。翩翩之燕，远集西羌。高
山峨峨，河水泱泱。父兮母兮，道里悠长。呜呼哀哉，忧心恻伤。"

"形容生光"自悲其容貌之姣好，而竟"离宫绝旷"，不为皇帝所幸，永巷长悲，宫人之苦，于此可见。果《怨旷思维歌》确为昭君所咏，则"我独伊何，改往变常"之语，可作昭君自语和戏一解。

（丁谛《书昭君〈怨旷思维歌〉后》，据《人间世》1935年第30期）

编者按：《怨旷思维歌》通常作《怨旷思惟歌》。文中谓《盛明杂剧》录有马致远《汉宫秋》，乃作者之误记，马致远为元初杂剧作家，其代表作《汉宫秋》载于明人臧懋循所编《元曲选》，而《盛明杂剧》载录的是明人杂剧。

咏昭君墓二首并序

傅增湘

丙子四年十二日，偕韩君桂、李君育灵来游。瞻拜墓下，敬叹不已。历观碑碣，惟彦德、耆英二诗差可诵。冯曦所记李涵础使君种树记足资考证，他日可入史乘，余咸不足存也。

麟阁云台盖世勋，论功一例逊昭君。若从边塞争芳烈，顺义夫人亦不群。和亲自是中朝策，难得佳人慷慨行。高冢祁连空百尺，休教宠幸玷英名。

［据绥远通志馆编纂《绥远通志稿》第6册卷47（下）《诗辑》，内蒙古人民出版社2007年版］

编者按：傅增湘《咏昭君墓二首并序》作于1936年，序文中"丙子四年"，即民国二十五年（1936）。诗中述及的"顺义夫人"，即明代蒙古土默特部落首领俺答汗（又称阿拉坦汗）的妻子三娘子，俺答汗被明朝政府封为"顺义王"。三娘子是蒙古一位杰出的女首领，辅佐俺答汗发展蒙古经济，与明朝建立友好关系。俺答汗死后，三娘子主政三十年，蒙古部族与明朝的关系得到了进一步加强。万历十五年（1587），明朝封三娘子为"忠顺夫人"。

昭君（节录）

封禾子

二、人物性格

如果说顾青海氏的《昭君》写得成功的话，则无宁说《昭君》中人物性格写得成功还恰当点。

汉帝的荒淫，不问政事，而继承帝业的太子，也是同样的具有乃父典型的人物。于是匈奴的一再来犯，国事阽危，竟成了必然的结果。然而，在这样的环境中，却造成了一个尽忠报国的奇女子——昭君。当然，昭君不幸的命运，为毛延寿陷害，不能幸见汉帝，已至发配匈奴，却是做成这环境的一些因素。不过，如果不是昭君，而是另外一个女子的话，或许不能完成这同样的使命的。

三、意识内容

正当外侮日亟的今日，抗敌的意识，日趋于激烈的时候，反应在文学里，自然地产生了一种新的内容和题材，这便是国防文学的建立。

国防文学由口号趋于实践这当中经历的一段过程，已经有过不少的先锋队的铁迹。《昭君》这剧本，确是这铁迹里留下来的一点成绩。

《昭君》的意识，显然是以国防为中心的。剧作者昭示给我们的一个危难的时代，不正同目前有显著的同点么？固然，目前并没有如同汉帝那么昏庸享乐的皇帝，目前的民众并不是完全处于暗无天日的地域里。可是，胜过匈奴的敌人，侵占我们的土地，扰乱我们的政治，枪杀我们的民众，消减我们的文化……的敌人，不正是天天在那儿眈视着、乘机以动么？他们的野心，他们的利刃，老实说是胜过匈奴千百倍以上的。任我们的政治进步，任我们的民众觉醒，如果没有抗敌救亡的决心，踏上历史的覆辙的一天，终于会到来的。

作者给我们的虽只是一个剧本，但这剧本所发出的声音，不是牢骚似的空喊，而是一声警号——救亡图存的警号。

（封禾子《昭君》，据《青年界》1937年第11卷第4期）

看了《青冢记》

芳菲

今日昭君舍了身，万年羞辱汉君臣。

本月十五日，仙霓社开演《青冢记》，曾往一观。《青冢记》便是明妃出塞事，昆曲中早有此剧本，仙霓社却用了《昭君和番》这个名词，也取其通俗而已。其实他们所演的，也只是《送昭》《出塞》几出。这昭君和番，我在清唱中曾听过几回，后来又流入摊簧，却未曾见其演出，因此那天特往一观。开场便是送昭，照例是出来四位大臣，两文两武，那天来了八位，四文四武，格外热闹。仙霓社本来人少，后台都倒空了。这文武官是来送行的，也不报名，只说"昭君娘娘往北和番，奉旨到十里长亭送别"。后来昭君出场了（朱传茗饰），唱道："看那些文官济济全无用，就是那武将森森也枉然，却叫我红粉去和番，臣僚啊！于心怎安？于心怎安？"这真是当面的唾骂。朱传茗演昭君，按部就班，唱做大致不差。其配角之一为王龙，一为马夫，工力悉敌，其动作皆有准绳，自必有老伶工之指导。其他如老鞑子、小鞑子，均扮演甚佳。因思此剧在前清不常出演者，大概对于满洲人形容不堪，以番邦的衣冠，全为满洲服饰（老鞑子红顶花翎黄马褂），恐触时忌耳。昭君出塞上场诗，有云："昭君跨玉鞍，上马啼红颜；今日汉宫人，明朝胡地妾。"真字字血泪。按中国的所谓四大美人，其他都为国内牺牲，而昭君独为国外牺牲。汉君臣之急于求和，徒令千秋耻笑也。

（芳菲《看了〈青冢记〉》，据《晶报》1939年1月20日）

昭君出塞辨证（节录）

李汉怡

王昭君出塞的故事，差不多人人都知。但是世俗所传的，未免有些错误，以为昭君有美丽的容貌，不为汉元帝所赏识，而守正不阿；又为画工所毁，看起来，总是不值。后世的文人墨客，借此为题，发挥自己郁郁不得志。因此，以讹传讹，就把昭君的真相埋没了。

其实，昭君是个英勇的女子，不但有着美丽的容貌，并且天生一副铁石心肠。她是为国效劳，并不是红颜薄命。与其说红颜薄命，曷若说为国效劳为好呢？因为西汉时代，匈奴连年寇患，武帝劳师远征，也得不到什么结果。宣帝和元帝的时候，莎车国和先零羌先后背叛，骚扰边境。匈奴因为五单于争立，国势渐渐衰弱起来。后来陈汤和甘延寿掩杀郅支单于，呼韩邪单于愈觉得唇亡齿寒，于是入朝元帝，请求和亲。元帝亦感民劳国弱，而昭君自告奋勇，把和戎的责任肩在身上。这样忠心报国，若果论功行赏，当不在陈、甘之下，而后世反谬为红颜薄命，岂不是冤枉吗？

[李汉怡《昭君出塞辨证》，据《文哲（上海1939）》1940年第2卷第3期]

唐代宫廷艳史（节录）

许啸天

第九回　剪彩成花秦夫人弄巧，望辇结怨侯家女投环

自来有色的女子，和有才的男子，一般宁为玉碎，毋为瓦全。

…………

每伤心到极处，便有姊妹们来劝慰她说："姊姊何必自苦，尽多的珠玉，拿几件去孝敬许爹爹，选进宫去，见了万岁，便不愁一世富贵了。"侯女听了，叹一口气说道："妹子，听说汉昭君长着绝世容颜，也因奸臣毛延寿贪赃，她便甘心给画师在她画像脸上点一粒痣，不愿拿一千两黄金去孝敬奸贼。她虽一时被害，远嫁单于，后来琵琶青冢，却落得个万世流芳。到如今提起她来，人人怜惜，个个悲伤，毕竟不失为千古美人。妹纵说赶不上昭君那般美貌，若要俺拿珠玉去贿赂小人，将来得了富贵，也落了一个话柄，妹抵死也不愿做这事的！"那姊妹说道："姊姊如此执拗，岂不辜负姊姊绝世容颜？"侯女拭着泪道："妹自知一生命薄，便是见了天子，怕也得不到好处；只拼一死，叫千载后知道隋宫中有这样一个薄命人，大家起一个怜惜之念，俺便是做鬼也值得的！"

（许啸天《唐代宫廷艳史》第9回，据彭诗琅主编《中国全史》，中国戏剧出版社2001年版）

西汉野史（节录）

黄士衡

第一六四回　昭君遗恨嫁匈奴，史丹尽忠护太子

呼韩邪单于带了王昭君到了塞外，号为宁胡阏氏。年余王昭君生一男，名伊屠智牙斯，后为右日逐王。及呼韩邪单于死，长子雕陶莫皋嗣立，号复株累若鞮单于，仍以昭君为妻，生有二女。昭君竟老死匈奴中。说起边地寒冷，草色皆黄，惟有昭君墓上草色独青，时人因呼为青冢。唐杜甫有诗咏王昭君道：

> 群山万壑赴荆门，生长明妃自有村。
>
> 一去紫台连朔漠，独留青冢向黄昏。
>
> 画图省识春风面，环佩空归月夜魂。
>
> 千载琵琶作胡语，分明怨恨曲中论。

昭君既嫁胡人，自然当从胡礼。原不得据中国礼制，责她失节。但后人怜她美貌，远嫁异域，因编成一曲谱入音乐，名《昭君怨》。好事者遂说昭君不从胡礼，服毒而死，真是可笑。

（据黄士衡《西汉野史》第164回，下册，大众文艺出版社2000年版）

编者按：黄士衡先生在其编写的历史小说《西汉野史》中认为"昭君既嫁胡人，自然当从胡礼。原不得据中国礼制，责她失节"，可谓中肯之论。昭君远嫁匈奴，后世多有文人责其失节，既是卫道面孔的显现，也是狭隘的大汉族主义思想作怪。

关于昭君

丝丝

昭君的故事，据《西京杂记》所载，是"元帝后宫既多，乃使画工图形，按图召幸之。诸宫人皆赂画工，独王嫱不肯，遂不得见"。《汉书·匈奴传》载："单于自言，愿婿汉氏以自亲，元帝以后宫良家子王嫱字昭君赐单于。"后人歌曲，有《昭君怨》《昭君叹》，好像昭君是愁恨满腹的。其实，据我看，昭

君不为汉元帝所召幸，不老死于汉宫，就恋爱这一点而言，正是她的幸运。她到匈奴，初时作单于呼韩邪的王后，后来呼韩邪死，呼韩邪的儿子继起为单于，又把她立为王后。由此可见，在匈奴是有人真心爱过她的。汉元帝后宫的嫔妃，既然多到不能一一看清楚，而需要按图召幸，可见这个皇帝荒淫的一斑。作为这种帝王的后妃，不能不说是人生的憾事。

"远适异国，昔人所悲"，嫁给异族，国人自然更看得不惯。但是，我以为和异族通婚，似乎不必反对。只是，像日本要利用日女络笼溥仪、殷汝耕和陈仪等等，确实不甚光明正大；如果要以本国女人求媚异族，例如为美军罗致吉普女郎，那更近乎无耻了。至于任由美军驻在国土，致使大学女生被美国军人强奸，而且对于美军的暴行不敢抗议半声，那分明也是无耻之徒。关于这一点，早已有人说过了，不赘。

一九四七，七，三。

（丝丝《关于昭君》，据《现代周刊》1947年复版第60期）

编者按：作者丝丝，即洪丝丝，本名洪永安，笔名丝丝、漱玉，金门岛（今台湾金门县）人。积极宣传抗日救国，曾应陈嘉庚邀请，参加南侨报社工作，主编《现代周刊》。中华人民共和国成立之后，长期从事华侨史研究，历任中侨委委员兼文教司副司长，华侨图书编委主任，中国新闻社专稿部主任等职。洪丝丝关于王昭君出塞和亲的看法与黄士衡类似，具有开明进步的民族思想。文中提及的"殷汝耕"，乃汪伪著名汉奸之一。"陈仪"乃中华民国陆军上将，曾任台湾行政长官和警备司令，是亲日派分子，1947年台湾"二·二八事变"爆发，陈仪镇压民众遭到舆论谴责，被迫撤去台湾行政长官职务。

诗人眼中之王昭君

朱守一

宫闱之中，禁锢成千的少女，是极不人道的事。"十年一梦归人世，绛缕犹封系臂纱"，是多么美妙的诗句。但它的美正与宫嫔们悲惨的身世成正比，她们朝朝过着"护惜加穷袴，提防托守宫"的禁闭生活；偶尔见着庭前扫地夫，便"乞与金钱争借问，外头还似此间无?"是多么可怜啊！根据某种传说，王昭君就是其间不甘寂寞的一个人，愈传愈久，她便成为这一类的典型了。

王昭君，为了避司马昭的讳，又称明君或明妃，死葬今绥远归化城南，墓名青冢。《方舆纪要》说："塞草皆白，惟此独青，故名。"据说现在的情形并不如此了。她的出生地，《琴操》以为"本齐国王穰女"。但大家独公认她是湖北秭归县人。经过杜甫考查，加上了"生长明妃尚有村"的断语，唐《逸士传》，及白居易、韩子苍诸人并相信了"昭君村，至今生女，必灼艾灸其面，虑以色选"的传说。至于和番的说法，大抵愈来愈详细。今举数说以备参考：《汉书》："呼韩邪来朝，言愿婿汉氏。元帝以后宫良家子字嫱配之，生一子。株累立，复妻之，生二女。"《后汉书》："入宫久不见御，积怨，因掖庭令请行。单于临辞，大会，昭君丰容靓饰，顾影徘徊，悚动左右。帝惊悔，欲复留，而重失信夷狄。"《琴操》："以地远不幸，欲赐单于美人。嫱对使者，越席请往。后不愿妻其子，吞药卒。"《西京杂记》："宫人皆赂画工，昭君独不赂，乃恶图之。既行，遂按诛毛延寿。"此外，《后汉书》又以乌孙公主不愿妻其子而诏使从胡俗之事，附会于昭君。这当为《琴操》之所本。至于现在戏剧中汉主许昭君为赎取一事，白居易已深信不疑，故其诗有"黄金何日赎蛾眉"一语。

诗人对于昭君的歌咏极多，各人从其生活经验中，流露出他的识度与情调来，欣赏的人亦各好其似己者。分别来说：一个养尊处优的人，只能像石崇那样，从生活表面去比较汉胡的苦乐，作出一篇《明妃引》来。一个涉世浅薄、似唐花一般、未受过风霜的人，只能像钱昭度那样说出"阏氏才闻易妾名，归期长似候河清"搔不着痛痒的话来。这两种人，正如欧阳修所说"不识黄云出塞路，岂知此声能断肠"的一般。若是一个体验丰富、沉挚深厚的诗人，便会用美的诗句，把人的情绪引诱入冥杳深幻的境地，像杜甫那样歌咏出"一去紫台连朔漠，独留青冢向黄昏"的警句。一位性情纯正、诗教最深的人，便会怨而不怒、哀而不伤的，像白居易那样说"汉使却回凭寄语，黄金何日赎蛾眉？君王若问妾颜色，莫道不如宫里时"。一位不甘外族凌迫、空论和战的君主，便会像唐宪宗那样欣赏"汉家青史上，计拙是和亲"的作者，要把一个刺史的位置给他。至于识度绝代、奔逸绝尘的人，便会像欧阳修那样，发出"耳目所及尚如此，万里安能制夷狄"的议论。浅尝的人，在这议论中衍出"宫中多少如花女，不去和番君不知"，也算有所得了。像王介甫那样冷酷无情的人，方能忍心专从美丽方面去造"意态由来画不成"的词句，那样狠直自私、不顾害天下后世的人，才会说出"汉恩自浅胡自深""人生失意无南北"的语句。此外，像吕居仁那样的诗匠，只会把王介甫的诗句翻成"人生在相合，不论胡与秦"的陈羹宿饭。像韩子苍那样不识大体、但图自全的人，也只说得出"寄语双鬟负薪女，炙面慎勿轻离家"。

上述诸家以王白欧三人的诗为有真见地，三人各造一极端。王直方最爱白诗，白诗亦自入妙。怕说不如宫里时，决不是怕君王不赎，乃是至此境地，尚为对方设想，从温柔敦厚的旨趣中，放射出饶恕与包容的责罚，远胜加之以刀锯斧钺。深情的温暖，衬出了无情的冷酷。使仲尼考锻其旨要，亦当许其可以言诗。使贾宝玉论其清浊，也会引为同调。欧阳公说他的《明妃曲》前篇李杜都不能作，后篇则杜尚可及（一说惟杜能作前篇，李能作后篇），我认为不但不过分，而且还是打了折扣的话。不说一位君主或领袖，就是一个有三男四女的家长，虽然他是一个博通古今的人，但仍不免有耳目所见尚如此错误。推究坏大事的原因，又每每自此起。所以欧阳公此二语，若为刘秀、石勒诸人诵之，必定会击节叹赏或至于下拜。至于"汉恩自浅胡自深"，比之于"宁肯我负天下人"还要狠愎。《闻见后录》比王安石作冯道，真太皮相了，这种话在刘豫、汪精卫口中说出，就很合身份。不过王安石那样画个好图样作为招牌，却是饰非遂过的人，害天下苍生的罪魁祸首，是永远被他独占了。有的人不明底里还直推重他，却不知道因此而为其法嗣张目，使人民受其祸而不敢逃、不敢议者，又是谁的过恶呢？

（朱守一《诗人眼中之王昭君》，据《京沪周刊》1947年第1卷第22期）

编者按：朱守一先生认为王安石诗"汉恩自浅胡自深"，比"宁肯我负天下人"还要狠愎，又将王安石与刘豫、汪精卫等古今卖国者相比，这样理解王安石的《明妃曲》未免过于牵强，对历史人物王安石也是不公平的。这类过激言论与抗战时期广大民众极痛恨外族、痛恨汉奸的情绪有关，一些学人难免将这种情形带入学术研究中。文中的"唐花"，又称"堂花"，即指在室内用加温法培养的花卉，比喻生活优裕的人。

卓文君与王昭君（节录）

王季思

昭君的故事，到了马致远的《汉宫秋》杂剧，有了更大的发展。其处理题材之妙，真不愧为中国第一流的戏剧家。第一，剧中写毛延寿因为作奸败露，投身匈奴，挑拨他引兵南下，指名强索昭君；把《西京杂记》里弄权纳贿的毛延寿，进一步写成了汉奸。反写昭君到了番汉交界之处，南向拜辞汉帝，投身清流而死，把《琴操》里为不从胡俗而自杀的王昭君，进一步写成了爱国女儿，在剧中成了强烈的对照。第二，他写汉元帝在匈奴南下之前，已和昭君成了恩爱夫妇；而因为匈奴兵势强大，无法抵抗，只得忍痛割爱。这虽违反了历史事实，却正足以增强剧中的纠葛性。第三，金末刘祁称王元朗《明妃》诗："环佩影摇青冢月，琵琶声断黑河秋。汉廷多少征西将，地下相逢应自羞。"甚为时所传诵。盖由当时亡国之民，一致对那班不抵抗将军痛恨也。剧中写汉廷文武百官没有一个肯真心为国的，才逼得国君见辱、妃子远嫁，足以表现当时一般人共有的观感。而元朗诗首二句亦即见于剧中。第四，元陈高《卢沟桥》诗："卢沟桥头车马多，山头白日照清波。穹庐亦有江南妇，愁听金人出寒歌。"在胡元马足踏遍东亚的时候，不论江南的宋人，中原的金人，一样难免室家妻女的被掳。剧中写汉元帝当昭君远嫁后的哀怨之情，有"万里龙庭，知他宿谁家一灵真情"之句，最足以写出当时人们所共有的隐痛。所以我们就《汉宫秋》全剧来看，一方面是大变故事原形，一方面都写尽亡国隐恨。明人陈与郊也有《昭君出塞》一剧，但与致远之作，相去不可以道里计。便因为他没有和着那时代的脉搏，仅成纸面文章。清尤侗的《吊琵琶》杂剧，把陈与郊的《昭君出塞》《文姬入塞》二种，合为一剧。在结构上颇见巧思。末折写文姬塞外归来，道经青冢，吊祭昭君，曲文也颇哀感动人。但全剧所表现的只是一种才人不遇之感；翻不如同时陈恭尹诗："生死从胡俗，君王命亦来。莫合青冢草,生近李陵台!"大义凛然,足使当时许多贰臣气短也。

(王季思《卓文君与王昭君》,据《胜流》1947年第5卷第6期)

　　编者按:《文姬入塞》,原文作《文君入塞》,应为作者笔误或编辑误改。尤侗《吊琵琶》第四折写三国才女蔡文姬路过青冢而凭吊昭君,卓文君是汉武帝时人,早于王昭君近百年,且没有出塞入塞经历,不可能看到青冢。兹据《吊琵琶》予以修正。清初陈恭尹《明妃怨》诗,亦见于《青冢志》卷九,原诗作:"生死归殊俗,君王命妾来。莫令青冢草,生近李陵台!"王季思先生引录此诗,因存在字误处,使诗之旨意不甚明了。当然,这种低级错误以王季思先生的渊博学识是不大可能犯,印字工人误印而编辑未作修改的可能性更大。

第四编　影响

一、 六朝隋唐五代

昭君怨

（南朝梁）何逊

昔闻白鹤弄，已自轸离情。今来昭君曲，还悲秋草生。

（何逊《昭君怨》，据逯钦立《先秦汉魏晋南北朝诗》，中册，中华书局
1983年版）

编者按：南朝梁诗人何逊在诗中述及新近产生的《昭君曲》，听
来令人悲怆。所谓《昭君曲》，应是魏晋南北朝时期流行的《吟叹四
曲》之一的《王昭君》，足见昭君出塞故事所产生的影响。

六臣注文选（节录）

（南朝梁）萧统 编 （唐）李善 等注

卷十八 笙赋

子乔轻举，明君怀归。荆王喟其长吟，楚妃叹而增悲。善曰："《歌录》曰：
'吟叹四曲：《王昭君》《楚妃叹》《楚王吟》《王子乔》，皆古辞。《荆王》《子乔》，其辞犹
存。'"济曰："子乔，仙人也，言其飞，故云轻举；《明君》，曲名，本怀归作；《荆王长吟》，
曲名也；喟，吟声也。《楚妃叹》，亦曲名。笙中吹之，则增悲也。"

（李善等《六臣注文选》卷18，据《四库全书》第1330册，上海古籍出版
社1987年版）

编者按：六朝隋唐文人常常述及名曲《王昭君》，又称《王明
君》，简称《明君》等。由《六臣注文选》可知：魏晋南北朝时期，
《王昭君》已成为"吟叹四曲"之一，以凄楚的怀念乡国之情为抒情
基本格调，惜乎歌辞至隋唐时已佚不存。

洛阳伽蓝记（节录）

（北魏）杨衒之

卷　三

美人徐月华善弹箜篌，能为《明妃出塞》之曲歌，闻者莫不动容。永安中，与卫将军源士康为侧室，宅近青阳门，徐鼓箜篌而歌，哀声入云，行路听者，俄而成市。

（据杨衒之《洛阳伽蓝记》卷3，中国书店2019年版）

编者按：美人徐月华以箜篌弹奏的《明妃出塞》曲，当是"吟叹四曲"之一的《王昭君》，但无疑配上了歌词，曲调与唱词谐和，悲哀感人，达到了"闻者莫不动容""俄而成市"的艺术效果。至于所配歌词为何，不同时代不同艺人未必一样。

艺文类聚（节录）

（唐）欧阳询 等编

卷七十四　巧艺部　画

《韩子》曰：客为齐王画者，问之："画孰最难？"对曰："狗、马最难。""孰最易？"曰："鬼魅最易。狗、马，人所知也，旦暮于前，不可类之，故难；鬼魅无形，无形者不可睹，故易。"

《汉书》曰：上至平城，为匈奴所围，七日乏食。陈平使画工图美女，间遣人遗阏氏，云汉有美女，姿质若是，将欲献单于。阏氏以为然，从容言于单于，乃始得出。

又曰：甘露三年，单于始入朝，上忽思股肱之美，图画其人于麒麟阁。

又曰：金日磾母，教诲二子甚有法度，上闻而嘉之。病死，诏图画于甘泉宫，曰'休屠王阏氏'。日磾见画尝拜，向之涕泣。

又曰：元帝宫人既多，乃令画工图之，欲有呼者，辄披图召焉。其中常者，悉皆行货赂。王昭君姿容甚丽，志不可苟求，工遂毁其状。后匈奴来和，求美女于帝，帝以昭君充行，既召见而惜之，名字已去，不欲中改，于是遂行。

…………

又《谢东宫赉陆探微画启》曰：工逾画马，巧迈图龙。试映玉池，即看鱼动。还傍金屏，复疑蝇集。史迁暂睹，悬识留侯之貌；汉帝一瞻，便见王嫱之像。

（据欧阳询等编《艺文类聚》卷74，下册，上海古籍出版社1982年版）

编者按：《韩子》，传为战国韩非子所著。此处说法多有错讹。刘邦被困平城，陈平出奇计解围见载于《史记》和《汉书》，但《史记》《汉书》均未明确记载是美人计。后人对陈平的奇计进行了各种猜测，东汉大学者郑玄认为"以计鄙陋，故秘不传"，而桓谭、应劭等学者则猜测陈平使用了不光彩的美人计。故而《艺文类聚》说《汉书》载陈平美人计是不确切的。金日磾见母图涕泣见载于《汉书》，而《汉书》未载画工丑图事，乃《西京杂记》所述。又陆探微为刘宋时期著名画家，其人物画冠绝当时，梁简文帝萧纲曾将陆探微人物画赐给其弟萧绎，萧绎作《谢东宫赉陆探微画启》，有"汉帝一瞻，便见王嫱之像"之叹。从《汉书》《西京杂记》《谢东宫赉陆探微画启》等文献记述看，汉代宫庭中使画工图画美人以示人应是一种常态，而昭君出塞自西汉以来便成为画师们热衷的题材。

琱玉集（节录）

（唐）佚名

卷第十四

美人篇第一

昔妹嬉灭夏，妲己丧殷；褒姒覆邦，夏姬乱国；黄公谦女，阴后感夫；西施绝伦，王昭越众……王昭，前汉南郡秭归人也，以其端正选入后宫。汉元帝时，宫人美女悉遣工图画其形而召幸之，昭君自以美丽不求画师，画师乃图昭君为拙，昭君于是见御甚希。时元帝与匈奴和亲，欲嫁宫人与之，乃看画图，取其丑者，遂召昭君出嫁匈奴。及见，颜姿婉丽，帝欲悔，以不可追诏，遂即遣之。昭君临发，泣泪作五言诗十二首辞汉帝，文多不录。出《前汉书》。

（佚名《琱玉集》卷14，据《续修四库全书》第1212册，上海古籍出版社2002年版）

    编者按：《琱玉集》为早期类书，初唐无名氏编撰，原本十五卷，今存第十二、第十四两卷。"王昭"，即六朝隋唐人对于王昭君的简称。《琱玉集》说昭君出塞时作十二首五言诗辞别汉帝，诗作大多遗失，不知何所依据。又说昭君作诗辞别汉帝的说法出自《前汉书》，但今本《汉书》并不见文字记载，这应是在六朝隋唐以来坊间昭君传闻影响下所作的附会之说。文中"褒姒覆邦"一句，疑为"褒姒覆邦"之笔误。

竹枝词九首并引
（唐）刘禹锡

    四方之歌，异音而同乐。岁正月，余来建平，里中儿联歌竹枝，吹短笛，击鼓以赴节。歌者扬袂睢舞，以曲多为贤。聆其音，中黄钟之羽，卒章激讦如吴声，虽伧儜不可分，而含思宛转，有淇奥之艳。昔屈原居沅湘间，其民迎神，词多鄙陋，乃为作《九歌》，到于今荆楚鼓舞之。故余亦作《竹枝》九篇，俾善歌者扬之，附于末，后之聆巴歈，知变风之自焉。

    白帝城头春草生，白盐山下蜀江清。南人上来歌一曲，北人莫上动乡情。
山桃红花满上头，蜀江春水拍山流。花红易衰似郎意，水流无限似侬愁。
江上朱楼新雨晴，瀼西春水縠文生。桥东桥西好杨柳，人来人去唱歌行。
日出三竿春雾消，江头蜀客驻兰桡。凭寄狂夫书一纸，家住成都万里桥。
两岸山花似雪开，家家春酒满银杯。昭君坊中多女伴，永安宫外踏青来。
城西门前滟滪堆，年年波浪不能摧。懊恼人心不如石，少时东去复西来。

瞿塘嘈嘈十二滩，人言道路古来难。长恨人心不如水，等闲平地起波澜。
巫峡苍苍烟雨时，清猿啼在最高枝。个里愁人肠自断，由来不是此声悲。
山上层层桃李花，云间烟火是人家。银钏金钗来负水，长刀短笠去烧畲。

（刘禹锡《竹枝词九首并引》，据《全唐诗》卷365，第六册，中华书局1999年版）

编者按：中唐著名诗人刘禹锡做过夔州刺史，治奉节县（今重庆奉节县），特别喜爱流行于三峡地区的民间竹枝词，并模仿这一民间形式创作了九首《竹枝词》。其中第五首述及“昭君坊”，坊即里巷，说明夔州城中有里巷名“昭君坊”，足见昭君故事在三峡民间极具影响力。

同诸客嘲雪中马上妓

（唐）白居易

珊瑚鞭亸马踟蹰，引手低蛾索一盂。腰为逆风成弱柳，面因冲冷作凝酥。银篦稳篸乌罗帽，花襜宜乘叱拨驹。雪里君看何所似，王昭君妹写真图。

（白居易《同诸客嘲雪中马上妓》，据《全唐诗》卷454，第7册，中华书局1999年版）

编者按：白居易有许多诗作或歌咏昭君出塞事或述及昭君之名。此诗中有“王昭君妹写真图”句，从字面上看，似乎昭君有姊妹。清人陈锡路在《黄奶余话》卷八中对此疑问不解：“昭君有妹，史所不载，人亦罕称，不知乐天何所据。”其实，这应该是白居易的随意笑谈，意即赞美马上妓美如昭君的妹子，其装束姿态亦如昭君出塞图中的昭君。明人田艺衡《留青日札》卷二十云：“王昭君妹：昭君嫁单于，史未尝称其有妹。白乐天《嘲雪中马上妓》云：‘雪里君看何所似，王昭君妹写真图。’此强造也。妹注女弟之外，更无他旨。”由此可以看出王昭君在唐代的深刻影响力。后世戏曲家在剧作中虚构昭君之妹，也可能源于此诗。

祭咸安公主文

（唐）白居易

维元和三年，岁次戊子三月癸未某日，皇帝遣某官某，以庶羞之奠，致祭于故咸安大长公主靓濬毗伽可敦之灵曰：惟姑柔明立性，温惠保身，静修德容，动中规度。组䌰之训，既习于公宫；汤沐之封，遂开于国邑。及礼从出降，义重和亲。承渥泽于三朝，播芳猷于九姓。远修好信，既申洽比之姻；殊俗保和，实赖肃雍之德。方凭福履，以茂辉荣。宜降永年，遽归长夜。悲深讣告，宠极哀荣。爰命使臣，往申奠礼。故乡不返，乌孙之曲空传；归路虽遥，青冢之魂可复。远陈薄酹，庶鉴悲怀。呜呼！尚飨。

（白居易《祭咸安公主文》，据董诰等编《全唐文》卷681，第3册，上海古籍出版社1990年版）

酉阳杂俎（节录）

（唐）段成式

卷　六

魏高阳王雍美人徐月华，能弹卧箜篌，为《明妃出塞》之声。有田僧超能筎，为《壮士歌》《项羽吟》，将军崔延伯出师，每临敌，令僧超为壮士声，遂单马入阵。

（据段成式《酉阳杂俎》卷6，中华书局1981年版）

旧唐书（节录）

（后晋）刘昫　赵莹　等

卷二十九　音乐二

《明君》，汉元帝时，匈奴单于入朝，诏王嫱配之，即昭君也。及将去，入辞，光彩射人，耸动左右，天子悔焉。汉人怜其远嫁，为作此歌。晋石崇妓绿珠善舞，以此曲教之，而自制新歌曰："我本汉家子，将适单于庭。昔为匣中玉，今为粪土英。"晋文王讳昭，故晋人谓之《明君》。此中朝旧曲，今为吴声，盖吴人传受讹变使然。

（据刘昫、赵莹等《旧唐书》卷29，第4册，中华书局1975年版）

编者按：按《旧唐书》所载，乐曲《明君》（即《昭君》）乃汉人之作，没有明确是西汉人作还是东汉人作。晋石崇教歌姬绿珠舞此曲，并为之谱新词，即《王明君辞》，可见《昭君》曲产生早于西晋。但《昭君》曲产生的具体时间，尚无原始文献记录，作于汉魏之际的可能性更大。

二、 宋元

唐会要（节录）

（北宋）王溥

卷三十三

诸　　乐

太常梨园别教院，教法歌乐章曲等。《王昭君乐》一章，《思归乐》一章，《倾杯乐》一章，《破陈乐》一章，《圣明乐》一章，《五更转乐》一章，《玉树后庭花乐》一章，《泛龙舟乐》一章，《万岁长生乐》一章，《饮酒乐》一章，《斗百草乐》一章，《云韶乐》一章。十二章。

（据王溥《唐会要》卷33，中华书局1960年版）

绿珠传（节录）

（北宋）乐史

绿珠者，姓梁，白州博白县人也。州则南昌郡，古越地，秦象郡，汉合浦县地。唐武德初，削平萧铣，于此置南州，寻改为白州，取白江为名。州境有博白山、博白江、盘龙洞、房山、双角山，大华山。山上有池，池中有婢妾鱼。绿珠生双角山下，美而艳。越俗以珠为上宝，生女为珠娘，生男为珠儿。绿珠之字，由此而称。

晋石崇为交趾采访使，以真珠三斛致之。崇有别庐在河南金谷涧，涧中有金水，自太白源来，崇即川阜置园馆。绿珠能吹笛，又善舞，崇以《明妃曲》教之，而自制新诗曰：我本良家子，将适单于庭。……

今白州有一派水，自双角山出，合容州江，呼为绿珠江。亦犹归州有昭君滩、昭君村、昭君场，吴有西施谷、脂粉塘，盖取美人出处为名。又有绿珠井，在双角山下。耆老传云："汲此井饮者，诞女性多美丽。里闬有识者以美色无益于国，因以巨石填之。尔后虽有产女端妍者，而七窍四肢多不完具。"异哉！山水之使然。昭君村生女皆炙破其面，故白居易诗曰："不取往者戒，恐贻来者冤。至今村女面，烧灼成瘢痕。"又以不完具而惜焉。

（据陶宗仪《说郛》卷112上，见《四库全书》第882册，上海古籍出版社
1987年版）

编者按：北宋末期文人叶廷珪著《海录碎事》，其卷七下中亦载有绿珠传说，与《绿珠传》同而文字略有删改。清代《御定子史精华》卷十亦转载《绿珠传》部分文字。从《绿珠传》记述看，昭君出塞对于晋人的影响很大，《王昭君》是当时流行曲，石崇自制新词，以新创《明君曲》（乐史写作《明妃曲》不妥，《明妃曲》之名见于南北朝隋唐以后）教绿珠歌舞，从此昭君悲怨之歌更加流行。

太平御览（节录）

（北宋）李昉 等

卷五百七十八　乐部十六

琴　中

《琴历》曰：琴曲有《蔡氏五弄》《双凤离鸾》《归风送远》《幽兰白雪》《长清》《短清》《长侧清调》《瑟调》《大游》《小游》《昭君》《胡笳》《广陵散》《白鱼叹》《楚妃叹》《风入松》《乌夜啼》《楚明光》《石上流泉》《临汝侯》《子安之》《流渐洄》《双燕离》《阳春弄》《悦弄》《连弄》《悦人弄》《连珠弄》《中挥清》《畅志清》《蟹行清》《看客清》《便僻清》《婉转清》。

（据李昉等《太平御览》卷578，第3册，中华书局1960年版）

编者按：从王溥《唐会要》、李昉等《太平御览》等重要文献记录看，唐宋时期《王昭君》都是皇家音乐机构演奏的名曲。

乐府诗集（节录）

（北宋）郭茂倩

卷二十九　相和歌辞四

吟叹曲

《古今乐录》曰："张永元《元嘉技录》有吟叹四曲：一曰《大雅吟》，二曰《王明君》，三曰《楚妃叹》，四曰《王子乔》。《大雅吟》《王明君》《楚妃叹》，并石崇辞；《王子乔》，古辞。《王明君》一曲，今有歌；《大雅吟》《楚妃叹》二曲，今无能歌者。古有八曲，其《小雅吟》《蜀琴头》《楚王吟》《东武吟》四曲阙。"

…………

《王明君》石崇

一曰《王昭君》。《唐书·乐志》曰："《明君》，汉曲也。元帝时，匈奴单于入朝，诏以王嫱配之，即昭君也。及将去，入辞，光彩射人，悚动左右，天子悔焉。汉人怜其远嫁，为作此歌。晋石崇妓绿珠善舞，以此曲教之，而自制新歌。"按此本中朝旧曲，唐为吴声，盖吴人传授讹变使然也。

…………

《古今乐录》曰："《明君》歌舞者，晋太康中季伦所作也。王明君本名昭君，以触文帝讳，故晋人谓之明君。匈奴盛，请婚于汉，元帝以后宫良家子明君配焉。初，武帝以江都王建女细君为公主，嫁乌孙王昆莫，令琵琶马上作乐，以慰其道路之思。送明君亦然也。其造新之曲，多哀怨之声。晋、宋以来，《明君》止以弦隶少许为上舞而已。梁天监中，斯宣达为乐府令，与诸乐工以清商两相间弦为《明君》上舞，传之至今。"

王僧虔《技录》云："《明君》有间弦及契注声，又有送声。"

谢希逸《琴论》曰："平调《明君》三十六拍，胡笳《明君》三十六拍，清调《明君》十三拍，间弦《明君》九拍，蜀调《明君》十二拍，吴调《明君》十四拍，杜琼《明君》二十一拍，凡有七曲。"

《琴集》曰："胡笳《明君》四弄，有上舞、下舞、上间弦、下间弦。《明君》三百余弄，其善者四焉。又胡笳《明君别》五弄，辞汉、跨鞍、望乡、奔云、入林是也。"按琴曲有《昭君怨》，亦与此同。

（据郭茂倩《乐府诗集》卷29，第2册，中华书局1979年版）

编者按：郭茂倩《乐府诗集》较为详细而清楚地记述了由昭君出塞故事所产生的相关乐曲，收录的文献资料较为集中，颇具文献参考价值。唐宋时期昭君乐曲大都遗失，仅存一首胡笳《明君别》五弄，分为五段演唱，即"辞汉、跨鞍、望乡、奔云、入林"。尽管《明君别》之曲辞亦失传，但整套乐曲的悲剧基调是可以肯定的。

崇文总目（节录）

（北宋）王尧臣 等

卷 一

乐 类

《沈氏琴书》一卷。

原释："沈氏撰，不著名"。首载《嵇中散》四弄，题赵师法撰。次有《悲风》，《三峡流泉》，《渌水》，《昭君》下舞、间弦，并《胡笳》四弄，题盛通师撰。盖诸家曲谱，沈氏集之，见《文献通考》。阙。

（据王尧臣《崇文总目》卷1，第1册，中华书局1985年版）

资治通鉴（节录）

（北宋）司马光 著 （元）胡三省 注

卷二百八十 后晋纪一·高祖天福元年

久之，帝以其谋告枢密直学士薛文遇，文遇对曰："以天子之尊，屈身奉夷狄，不亦辱乎！又，虏若循故事求尚公主，何以拒之？"唐自太宗以宗室女为公主，下嫁诸蕃，谓之"和蕃公主"。其后，回纥有功于中国，至屈帝女以女之。因诵戎昱《昭君》诗曰："安危托妇人。"帝意遂变。戎昱，唐人也，能诗。汉元帝以王昭君嫁匈奴，后人怜之，竟为歌诗以言其事。一日，急召崧、琦至后楼，盛怒，责之曰："卿辈皆知古今，欲佐人主致太平；今乃为谋如是！朕一女尚乳臭，卿欲

407

弃之沙漠邪？且欲以养士之财输之虏庭。养士为养兵也，言其欲割养兵之财以和蕃。其意安在？"二人惧，汗流浃背，浃，即协翻。曰："臣等志在竭愚以报国，非为虏计也，为，于伪翻。愿陛下察之。"拜谢无数，帝诟责不已。诟，古候翻，又许候翻。吕琦气竭，拜少止，帝曰："吕琦强项，肯视朕为人主邪！"琦曰："臣等为谋不臧，愿陛下治其罪，多拜何为！"治，直之翻。帝怒稍解，止其拜，各赐卮酒罢之，罢，使出就所舍。自是群臣不敢复言和亲之策。

（据司马光《资治通鉴》卷280，第19册，中华书局1956年版）

编者按：戎昱，江陵（今湖北荆州市）人，唐大历时期著名诗人，官辰州刺史、虔州刺史等。戎昱作《咏史》诗云："汉家青史上，计拙是和亲。社稷依明主，安危托妇人。岂能将玉貌，便拟静胡尘。地下千年骨，谁为辅佐臣？"诗以昭君故事言事，坚决反对民族和亲，是唐代坚定的反和亲派，有大汉族主义色彩，但此诗也严厉地批判了历代朝臣缺乏保国安民意识、将天下安危寄托于女子和亲的苟安行为。诗作传入宫中，改变了唐宪宗的和亲之议，其影响不可谓不大。

东斋记事（节录）

（北宋）范镇

卷　五

归州民家，自汉王昭君嫁异域，生女者无妍丑必炙其面，至今其俗犹然。

（据范镇《东斋记事》卷5，汝沛点校，中华书局1980年版）

绀珠集（节录）

（北宋）朱胜非

卷十一

归田录（欧阳修）

炙女面

昭君村生女皆炙其面。白居易诗云："至今村女面，烧灼成瘢痕。"

（朱胜非《绀珠集》卷11，据《四库全书》第872册，上海古籍出版社1987年版）

类说（节录）

（北宋）曾慥

卷二　逸士传

生女炙面

昭君村至今生女必炙其面。白乐天诗云："至今村女面，烧灼成瘢痕。"

（据曾慥《类说》卷2，文学古籍刊行社1955年版）

唐诗纪事（节录）

（北宋）计有功

卷七十

温　宪

温宪员外，廷筠子也。僖、昭之间，就试于有司，值郑相延昌掌邦贡也，以其父文多刺时，复傲毁朝士，抑而不录。既不第，遂题一绝于崇庆寺壁。后荥阳公登大用，因国忌行香，见之悯然动容。暮归宅，已除赵崇知举，即召之，谓曰："某顷主文衡，以温宪廷筠之子，深怒嫉之。今日见一绝，令人恻然，幸勿遗也。"于是成名。诗曰："十口沟隍待一身，半年千里绝音尘。鬓毛如雪心如死，犹作长安下第人。"

《杏花》诗云："团雪正晴梢，江明映碧寥。店香风起夜，村白雨休朝。静落频沾带，繁开正蔽条。澹然闲赏玩，无以破妖韶。"

宪，光启中为山南从事，李巨川草荐表，盛述先人之屈曰："娥眉先妒，明妃为去国之人；猿臂自伤，李广乃不侯之将。"温终于山南从事。

（据计有功《唐诗纪事》卷70，上海古籍出版社1987年版）

编者按：廷筠，一般写作"庭筠"，即温庭筠，晚唐著名诗人，与李商隐并称"温李"，温宪为其子。文中云："娥眉先妒，明妃为去国之人"，这常成为后世落第才子或不遇者引以自喻的名言。《唐才子传》等文献有类似记载

闻见后录（节录）

（南宋）邵博

卷二十六

归州有昭君村，村人生女，无美恶，皆炙其面。白州有绿珠村，旧井尚存，或云饮其水生美女，村人竟以瓦石实之，岂亦以二女子所遭为不祥耶？

（据邵博《闻见后录》卷26，刘德权、李剑雄校点，中华书局1983年版）

编者按：宋人多载昭君村一带流行少女炙面习俗，起因是王昭君远嫁异域。自中唐白居易以来常有此说，而北宋范镇等人还说称归百姓之家自西汉昭君出塞以来一直流行炙面习俗，至今犹然。这未免夸大其词或存在因袭传讹的因素。南宋范成大、陆游等著名文人亲至兴山县昭君村一带，看见了许多纪念王昭君的古迹建筑，还听到了若干有关王昭君的美丽传说，并不见当地百姓歧视、排斥昭君的现象，相反对于昭君出塞表达了无限的崇敬之情。

三朝北盟会编（节录）

（南宋）徐梦莘

卷二百二十七　炎兴下帙一百二十七

和州进士何廷英上书

臣闻汉王都关中，而曰："游子悲故乡！"是山川闾里故旧未忍忘也。陛下曾念中原之民族、故国之宫闱乎！自祖宗积德累功垂二百年，仙源庆积，金枝玉叶，可谓繁衍盛大。当时拱辰环极，声佩鸣珂。近者则百王之宫，远者遂分南北之宅，以至居京畿之内外而宦游于四方者，类皆天府之神人、龙宫之仙客也。一切入强敌之手，杀之而死者半，鞭笞而为奴隶者半，不甘其屈辱而自尽者半，奔亡而不知其存者又其半也。非独是耳，曾不闻宫娥、妃子乎？禁宇开而别群王，敌骑驱而出京国。关河岁暮，风雪天寒。蹂践珠翠于千军，远涉沙尘于万里。对黑山青冢，三千粉黛，又岂一昭君之悲乎？呜呼！三十年间，死者已为孤塞寒乡之鬼矣。其或存之者，望故乡帝里，哀鸣天地，泣度朝昏，其谁知之乎？

（据徐梦莘《三朝北盟会编》卷227，下册，上海古籍出版社1987年版）

编者按：徐梦莘，字商老，南宋临江军清江县（今江西樟树市）人，绍兴间进士，官至直秘阁。徐梦莘博学广闻，有感于靖康之乱，发愤研究政和七年（1117）以来四十五年间宋金和战历史，作《三朝北盟会编》二百五十卷。其卷二百二十七中辑录了和州进士何廷英给宋高宗的上书，上书中将被金人掳掠的数千宫女、嫔妃比作出塞的昭君，如此比附本不符合昭君和亲原貌，但足以说明历代"昭君悲怨"作品对于后世文人产生的巨大影响。

通志（节录）

（南宋）郑樵

卷四十九　乐略第一

相和歌吟叹四曲

《大雅吟》《王昭君》《楚妃叹》《王子乔》。右张永《元嘉技录》"四曲"也。古有八曲，曰《小雅吟》《蜀琴头》《楚王吟》《东武吟》四曲阙。

清商曲七曲

《王昭君》，亦曰王嫱，亦曰王明君。名嫱，字昭君，避晋文讳，改曰明君。

（据郑樵《通志》卷49，第1册，中华书局1987年版）

白孔六帖（节录）

（唐）白居易 原本，（南宋）孔传 续撰

卷二十

生女炙破其面：乐史《绿珠传》："昭君村生女炙破其面。故乐天诗云：'不取往者戒，恐贻来者冤。至今村女面，烧灼成瘢痕。'"

（据白居易等《白孔六帖》卷20，上册，上海古籍出版社1992年版）

编者按：《白孔六帖》，又称《唐宋白孔六帖》《白氏六帖》，又简称《六帖》，是由中唐白居易原撰、南宋孔传续撰经人合编的一部类书，一百卷。白居易原撰三十卷，孔传续撰三十卷，合两书计之，总为六十卷。后佚名文人将两书编为一书，又分为一百卷，今存百卷本。

古今事文类聚（节录）

（南宋）祝穆

续集卷二十二　乐器部

弹于马上

汉武帝元封中，以江都王建女细君为公主，妻乌孙王昆莫，为右夫人。念其行道，使知音者马上奏琵琶以慰之。又王昭君初适匈奴，在路愁怨，遂于马上弹琵琶以寄其恨。至今传之，谓之《昭君怨》。详见嫔妃门。

（祝穆《古今事文类聚》续集卷22，据《四库全书》第927册，上海古籍出版社1987年版）

席上腐谈（节录）

（南宋）俞琰

卷　　上

琵琶又名鼙婆，唐诗琶字皆作入声，音弼。王昭君琵琶坏，使胡人重造，而其形小，昭君笑曰："浑不似！"今讹为"胡拨四"。

（俞琰《席上腐谈》卷上，据《席上腐谈、颍川语小》，中华书局1985年版）

编者按：宋元时期流行一种乐器，俗名"浑拨四"，由琵琶改造而来。俞琰《席上腐谈》述及"胡拨四"之名源于王昭君之笑言"浑不似"，应是一种充满文学情趣的附会之词。文中"王昭君琵琶坏，使胡人重造"两句，《四库全书》本作"王昭君琵琶怀肆胡人重造"，不明其意。元人陶宗仪《说郛》卷二十五下载录《席上腐谈》作"王昭君琵琶坏，使胡人重造"；明人陶珽《说郛续》卷一四释"浑不似"亦作"王昭君琵琶坏，使胡人重造"。可见"怀肆"二字当为笔误或刻印之误。

韵府群玉（节录）

（元）阴劲弦、阴复春 编著

卷六　下平声

琵琶：琵琶，乐器。胡人马上所鼓，推手曰琵，琶手曰琶。西舍利献其国乐龙首琵琶；高丽以蛇皮为槽，楸木为面，象牙为捍拨。……王昭君马上弹琵琶。

卷十二　上声

昭君丑：王嫱，字昭君，汉元帝宫人。按图召幸，宫人多赂画工。昭君自恃其貌，不与。及匈奴入朝，选宫人配之，昭君以貌丑当行，入辞，光彩射人，天子悔不及，毛延寿等同日弃市。《汉书》。

（据阴劲弦、阴复春《韵府群玉》卷6、卷12，上海古籍出版社1991年版）

唐才子传（节录）

（元）辛文房

卷　　九

温　　宪

宪，庭筠之子也。龙纪元年，李瀚榜进士及第，去为山南节度府从事，大著诗名。词人李巨川草荐表，盛述宪先人之屈，辞略曰："蛾眉先妒，明妃为去国之人；猿臂自伤，李广乃不侯之将。"上读表，恻然称美。时宰臣亦有知者，曰："父以窜死，今孽子宜稍振之，以厌公议，庶几少雪忌才之恨。"上颔之。后迁至郎中，卒。有集，文赋等传于世。

（据辛文房《唐才子传》卷9，中华书局2020年版）

李宫人琵琶引

（元）揭傒斯

鄂县亢主簿言有李宫人者，善琵琶。至元十九年，以良家子入宫，得幸，上比之昭君。至大中，入事兴圣宫，比以足疾乃得赐归侍母，给内奉如故。因亢且乞诗于余，遂作《李宫人琵琶引》。其辞曰：

茫茫青冢春风里，岁岁春风吹不起。传得琵琶马上声，古今只有王与李。李氏昔在至元中，少小辞家来入宫。一见世皇称艺绝，珠歌翠舞忽如空。君王岂为红颜惜，自是众人弹不得。玉筋为举乐未停，一曲便觉千金直。广寒殿里月流辉，太液池头花发时。旧曲半存犹解谱，新声万变总相宜。三十六年如一日，长得君王赐颜色。形容渐改病相寻，独抱琵琶空叹息。兴圣宫中爱更深，承恩始得遂归心。时时尚被宫中召，强理琵琶弦上音。琵琶转调声中涩，堂上慈亲还伫立。回看旧赐满床头，落花飞絮春风急。

（据揭傒斯《文安集》卷2，见《四库全书》第1208册，上海古籍出版社1987年版）

编者按：历史人物王昭君是否善弹琵琶，史籍无记，后世多有文人学者指琵琶与昭君无关。但元朝最高统治者忽必烈将善弹琵琶的李宫人比作王昭君，既表现了忽必烈对于昭君故事的喜爱，亦足以证明王昭君怀抱琵琶出塞的形象早已深入人心，而成为一种文化符号。

山房随笔（节录）

（元）蒋正子

杜氏妇作《北行》诗："江南幼女别乡间，一似昭君出塞图。默默一身离故国，区区千里逐狂夫。慵拈箫管吹羌曲，懒系罗裙舞鹧鸪。多少眼前悲泣事，不如花柳旧江都。"此等多有戏作，题之驿亭，以为美谈。

（蒋正子《山房随笔》，据《四库全书》第1040册，上海古籍出版社1987年版）

说郛（节录）

（元）陶宗仪

卷二十三下

《王昭君》，汉人怜昭君远嫁，为作歌。《子夜》，晋有女子名子夜所作也。《前汉歌》，晋车骑将军沈充所作也。《乌夜啼》，临川王义庆所作也。《石城乐》，宋臧质所作也。《莫愁》，郢州石城女子所作也。《襄阳》，宋刘道彦所作也。

已上乐府清商曲，南朝旧曲也。

（陶宗仪《说郛》卷25下，据《四库全书》第877册，上海古籍出版社
1987年版）

卷一百十一下

杨贵妃小字玉环，弘农华阴人也，后徙居蒲州永乐之独头村。高祖令本，金州刺史；父玄琰，蜀州司户。贵妃生于蜀，尝误坠池中，后人呼为"落妃池"，在导江县前。亦如王昭君生于峡州，今有"昭君村"；绿珠生于白州，今有"绿珠江"。

（陶宗仪《说郛》卷111下，据《四库全书》第882册，上海古籍出版社
1987年版）

三、明

残唐五代史演义传（节录）

（明）罗贯中

卷之一

第八回 李晋王起兵入中原

李嗣源收拾干粮炒面，点起两营番汉人马，约有四十余万，次日辰牌鼓响，众兵离了金莲川，望平原进发。但见旌旗蔽日，剑戟如银，人马争驰，果然雄健大军正行，前面哨马回报，已到黑河。敬思暗想："晋王老汉，贪着直北富贵，懒上中原，待我将黑河的故事细说一番，看他如何？"敬思曰："大王曾识这黑河故事否？"晋王曰："吾乃粗略武夫，安能识此？"敬思曰："此故事著于史册明矣。昔汉元帝一妃，名曰昭君，大有姿色，被奸臣毛延寿图了真容，献上北番单于主。后来昭君和番到此，见直北是夷狄地界，不肯前去，遂投此河而死。大王不信，某记有词一篇为证，名曰《木兰花》：'望昭君渐远，流粉泪，湿征鞍。塞雁南飞，行人北渡，无限关山。烟花顿成消索，问琵琶，今后与谁弹？惟有清风明月，教人怨恨长安。梨花不奈风寒，叶落粉香散。问长安，彩鸾人去也，想神仙，何日到人间？试问他愁知多少？投黑河，流水潺潺。'又有诗一首为证：'黑河流水响潺潺，不断阴云蔽玉关。红粉无颜从北虏，琵琶死后向谁弹！'"

晋王曰："世间有此烈女，沉埋于此，良可惜也！"敬思曰："只一女子，也想中原繁华之地，不肯留此，何况你家大唐天下乎？"晋王曰："汝言是也！"

（据罗贯中《残唐五代史演义传》卷1，第8回，上海古籍出版社1992年版）

编者按：昭君投黑河而死的故事源于元人马致远《汉宫秋》，《残唐五代史演义传》仅将昭君自尽的黑龙江改为"黑河"，足见《汉宫秋》的虚构故事在文学史上所产生的影响。

续文献通考（节录）

（明）王圻

卷一百十　乐

和必斯

元宴乐器有和必斯，制如琵琶，直颈，无品，有小槽，圆腹，如半瓶榼，以皮为面，四弦皮绁，同一孤柱。《天乐部》有和必斯二。明正统四年赐斡拉达达汗花梨木和必斯一，六年又给之，十四年帝在迤北额森设宴，必自弹虎拨思，唱曲奉酒。《辍耕录》曰："达达乐器有浑不似。"俞琰《席上腐谈》曰："王昭君琵琶坏，使人重造，而其形小，昭君笑曰：'浑不似！'今讹为和必斯。"《通雅》曰："《元志》'和必斯'云云，即今之琥珀词也。山、陕、中州皆弹琥珀词，其制似之，盖浑不似之转语也。"

（据王圻《续文献通考》卷110，第1册，上海古籍出版社1988年版）

椒邱文集（节录）

（明）何乔新

卷十四　记

琴轩记

琴轩者，予弟乔年藏修之室也。乔年生宦族，而性淳谨，于世之子弟所好驰马、试剑、博奕、度曲、遨放之事，一无所动于中。顾于读书吟咏之余，颇留意于琴。静处一室，洒扫明洁，置琴书、熏炉于其间。每有贤人良客来莅，则延之琴轩，为之鼓中声一二操，翛然自乐，而忘尘世之忧也、疾疹之苦也。遇非其人，则迫之不肯鼓，至欲破琴而弃之。闻四方有善琴者，必就而学焉。初闻南城儒生有吴清斋者，精于琴，因往访焉。清斋为出琴鼓《浙操》，乔年听之曰："此衰世之音也，徒事擘抹吟揉以取声，是其起陈隋之际乎？"清斋又为鼓《江操》，乔年听之曰："此亡国之音也，是其汪水云所作与？宋末之声乐，如泣如诉，如怨如慕，宜南渡之不可复兴也。"清斋又为鼓《北操》，乔年听之曰："是有北鄙杀伐之声，非孔子所谓由之瑟奚为于丘之门者乎？愿闻其他。"清斋于是授以《杏坛吟》，乔年听之曰："是圣师在上，而弟子各言其志之时乎？"于是赓之以宣父之《猗兰操》，乔年听之曰："是其忧愁而不怒，郁悒而不哀，其吾夫子伤道之不行也与？"清斋又为之鼓《昭君出塞》，其声哀而伤悲而惭，乔年听之曰："是昭君伤失身于人，故形于琴与？"

（何乔新《椒邱文集》卷14，据《椒邱文集、石田诗选、东园文集》，上海古籍出版社1991年版）

菽园杂记（节录）

（明）陆容

卷　　二

天顺初，有欧御史者，考选学校士，去留多不公。富室子弟惧黜者，或以贿免。吾昆郑进士文康，笃论士也。尝送一被黜生诗，篇末云："王嫱本是倾城色，爱惜黄金自娱身。"事可知矣。时有被黜者，相率鸣诉于巡抚曹州李公秉，公不为理。未几，李得代，顺德崔公恭继之，诸生复往诉。公一一亲试之，取其可者，檄送入学。不数年去，而成名者甚众，皆崔公之力也。二公一以镇静为务，一以伸理为心，似皆有见。若其孰为得失，必有能辨之者。

卷　　十

尝闻边地草皆白色，惟王昭君葬处草青，故名青冢；朱温弑唐昭宗于椒兰殿前，血渍地处，今生赤草；岳武穆坟树枝皆南向。前二事皆不可见，岳坟尝往拜谒，南枝之树乃亲见焉。

（据陆容《菽园杂记》卷2、卷10，佚之点校，中华书局1985年版）

编者按：明代除在京师设立国子监作为高等学府外，各府州县都设立学校，旨在培育人才，广大士子通过学校教育逐步进入官场。而选拔生员由地方官员主管，许多地方官员乘机敛财，导致考试不公。

陆容《菽园杂记》卷二记载了文士郑文康写了一首诗送给一名被黜考生，末二句以《西京杂记》虚构的昭君拒贿故事作比，揭露了明朝学校选拔制度的腐败。

渚山堂词话（节录）

（明）陈霆

卷　二

二　二

金完颜亮颇有词章，尝作《昭君怨·雪》词云："昨日樵村渔浦，今日琼林玉渚，山色卷帘看，老峰峦。锦帐美人贪睡，不觉天花剪水，惊问是杨花，是芦花？"亮之他作，例倔强怪诞，殊有桀骜不在人下之气。此词稍和平奇俊，特为录之。

（陈霆《渚山堂词话》卷2，据《渚山堂词话词品》，王幼安校点，人民文学出版社1960年版）

西湖游览志余（节录）

（明）田汝成

卷二十　熙朝乐事

立春之仪，附郭两县轮年递办。仁和县于仙林寺，钱塘县于灵芝寺。前期十日，县官督委坊甲，整办什物，选集优人、戏子、小妓，装扮社火，如昭君出塞、学士登瀛、张仙打弹、西施采莲之类。种种变态，竞巧争华。教习数日，谓之"演春"。至日，郡守率僚属往迎，前列社火，殿以春牛，士女纵观，阗塞市街，竞以麻、麦、米、豆抛打春牛。其优人之长，假以冠带，骑驴叫跃，以隶卒围从，谓之"街道士"。过官府豪门，各有赞扬致语，以献利市。

（据田汝成《西湖游览志余》卷20，上海古籍出版社1980年版）

训蒙骈句（节录）

（明）司守谦

卷　　下

黏角黍，饭胡麻。披风戴月，饮露餐霞。时酌新丰酒，初尝阳羡茶。珠履三千光错落，金钗十二影欹斜。诸葛行军，落落轮前挥羽扇。昭君出塞，匆匆马上拨琵琶。

（司守谦《训蒙骈句》卷下，据《声律启蒙、训蒙骈句》，新疆青少年出版社1996年版）

编者按：田汝成《西湖游览志余》记载昭君出塞故事进入民俗活动中，而且是民俗活动中最令人瞩目的节目之一，而司守谦《训蒙骈句》则将昭君出塞故事编入儿歌之中，读来朗朗上口。这充分反映了昭君文化在明代的流行。

天中记（节录）

（明）陈耀文

卷十九　贤妇

徐月华

高阳王雍薨后，诸妓悉令入道，或有嫁者。美人徐月华善弹箜篌，能为《明妃出塞》之曲歌，闻者莫不动容。永安中，与卫将军原士康为侧室，宅近青阳门，徐鼓箜篌而歌，哀声入云，行路听者俄而成市。

（据陈耀文《天中记》，第1册，上海古籍出版社1991年版）

西游记（节录）

（明）吴承恩

第五十四回　法性西来逢女国，心猿定计脱烟花

女王看到那心欢意美之处，不觉淫情汲汲，爱欲恣恣，展放樱桃小口，呼道："大唐御弟，还不来占凤乘鸾也？"三藏闻言，耳红面赤，羞答答不敢抬头。猪八戒在旁，掬着嘴，饧眼观看那女王，却也袅娜，真个：

> 眉如翠羽，肌似羊脂。脸衬桃花瓣，鬓堆金凤丝。秋波湛湛妖娆态，春笋纤纤妖媚姿。斜髻红绡飘彩艳，高簪珠翠显光辉。说甚么昭君美貌，果然是赛过西施。柳腰微展鸣金佩，莲步轻移动玉肢。月里嫦娥难到此，九天仙子怎如斯。宫妆巧样非凡类，诚然王母降瑶池。

那呆子看到好处，忍不住口嘴流涎，心头撞鹿，一时间骨软筋麻，好便似雪狮子向火，不觉得都化去也。

第六十回　牛魔王罢战赴花筵，孙行者二调芭蕉扇

正自没个消息，忽见松阴下，有一女子，手折了一枝香兰，袅袅娜娜而来。大圣闪在怪石之旁，定睛观看，那女子怎生模样：

> 娇娇倾国色，缓缓步移莲。貌若王嫱，颜如楚女。如花解语，似玉生香。

（据吴承恩《西游记》第54回、第60回，伍福美点校，湖北人民出版社1994年版）

编者按：自《西京杂记》记述王嫱"貌为后宫第一"和《琴操》描写汉元帝"惊艳"之后，历代小说尤其是明清白话小说在描写美女姿容时，几乎无不以王嫱作比（与王嫱并列的是西施），以致王嫱、西施成了古代美女的代名。"貌若王嫱""美如昭君"之类的比喻和词句在明清近代小说中大量存在，兹仅录《西游记》两处为例，可见一斑。后文除了专门描写评述昭君故事的段落文字，不再一一辑录。

万历版《山西通志》（节录）

（明）李维桢 等

卷二十二 山川

右玉县

蹄窟岭：在县东五十里，高数十丈，递高十里，盘踞三十里，连左云县界高山堡，北连边墙三十里，上有三峰。相传汉王昭君出塞道经此岭，有马蹄迹，至今尚存。

卷五十八 古迹

宣德县

明妃遗迹：西北三十里蹄窟岭，相传明妃出塞经此，石上有马蹄痕。

（据李维桢等《山西通志》卷22、卷58，中华书局2012年版）

编者按：蹄窟岭，一名马蹄梁，山西一带民间相传当年昭君出塞时，至此瞻前顾后，眷恋中原家乡亲人，以其坐骑踟蹰徘徊，以致形成洞窟，故名蹄窟岭。历史上昭君出塞是否经过蹄窟岭，无法考实，但明显具有夸张成分的蹄窟岭故事充分表明了昭君文化在民间的影响，也反映了普通民众对于王昭君的敬爱之情。

五字鉴（节录）

（明）李廷机

卷 中

西汉纪

汉高祖登基，宽大人皆悦。……苏武陷匈奴，牧羊持汉节。去国十九年，还朝头似雪。泣把李陵衣，作诗相与别。五言诗起此，后世知诗则。孝昭皇帝生，母怀十四月。号曰尧母门，七岁登帝阙。明见智非凡，政事皆自决。表章六经文，民颂孔安国。龚遂为太守，德化渤海贼。使卖剑买牛，盗服心欢悦。

丙吉问牛喘，忧时失调燮。孝元登帝阙，仁柔喜儒墨。国家大小事，尽付石显决。凿壁读书人，芳名千古烨。于公高大门，治狱多阴德。忠臣甘延寿，镇守单于国。良臣韩延寿，治民化以德。奸臣毛延寿，做事多诡谲。暗害王昭君，嫁为胡地妾。

（据李廷机《五字鉴》，何孝积点校，岳麓书社1988年版）

编者按：《五字鉴》，本名《鉴略》，又名《鉴略妥注》，是明代文人李廷机以五言诗句的形式写成的一部蒙学读物，可谓一部简明扼要、通俗易懂的诗歌形式的古中国史。清代翻刻者邹梧桐云："有明李廷机，胸罗全史，手著《鉴略》，自皇古以乞宋元事迹，俨与历世受命之主，赓扬一堂；更可喜者，句调叶律，有类诗歌，与人可诵可读，一部二十一史之要领也。"但其叙述昭君出塞事件，则明显杂糅了《汉宫秋》《和戎记》等戏曲作品的虚构故事。因为甘延寿是汉元帝时著名将军，韩延寿是汉宣帝时著名士大夫，是载于史册的历史人物，而毛延寿则是笔记小说述及的西汉画工，到了元明戏曲作品中变成了权倾一时的奸臣。由此可见元明昭君戏曲的深刻影响力。

谈言（节录）

（明）江盈科

李西涯

武庙时，内阁刘、谢两公同日去国，惟西涯李公未去，其后值逆瑾纵横，无所匡救。有嘲之者画一丑恶老妪，骑牛吹笛，题其额曰："此李西涯相业。"或以告西涯，公乃自题一绝云："杨妃身死马嵬坡，出塞昭君怨恨多。争似阿婆牛背稳，春风一曲太平歌。"

（江盈科《谈言》，据陶珽《说郛续》卷45，见《续修四库全书》第1192册，上海古籍出版社2002年版）

编者按："李西涯"，即李东阳，明代前期著名大臣兼诗人。"武庙"，指明武宗朱厚照，武宗是其庙号，故称"武庙"。"刘、谢两公"，指刘健、谢迁。明孝宗朱祐樘时，刘健、李东阳、谢迁同为辅政大臣，多有作为。孝宗死后，武宗继位，贪图玩乐，拒绝刘健等人劝谏，重用宦官刘瑾等，刘健、谢迁被迫请求致仕告老还乡，后被刘瑾罗织罪名削职为民。李东阳尚留朝中，而面对刘瑾的专横跋扈无所作为，故而有人讥嘲其相业（宰相功业）如同一骑牛吹笛的老妪，李东阳则引昭君出塞等故事以自嘲，流露了无可奈何的心境。

骆丞集（节录）

（唐）骆宾王 撰　　（明）颜文 选注

卷二　七言古风

艳情代郭氏答卢照邻

迢迢芊路望芝田，眇眇函关恨蜀川。归云已落涪江外……悲鸣五里无人问，肠断三声为谁续。思君欲上望夫台，端居懒听将雏曲。……望夫台，在塞外，俗言王昭君所筑。

（骆宾王撰、颜文注《骆丞集》卷2，据《四库全书》第1065册，上海古籍出版社1987年版）

编者按：古人诗歌叙写望夫台多抒发妇女思念丈夫之情。大江南北有若干望夫台，忠州（今重庆市忠县）望夫台屡屡见于古代文人笔下，李白、苏轼等皆留有名作。从骆宾王《艳情代郭氏答卢照邻》述及"蜀川""涪江""成都""峨眉山""锦江"等巴蜀地名看，诗中所写"望夫台"亦应指巴蜀一带的望夫台。而颜文注释指为塞外望夫台，并说王昭君所筑，实不知依据何在，附会的可能性较为明显，但反映了昭君故事对民众的深刻影响。

遵生八笺（节录）

（明）高濂

卷十四

论剔红倭漆雕刻镶嵌器皿

高子曰：宋人雕红漆器，如宫中用盒，多以金银为胎。……有金银甸嵌山水禽鸟倭几，长可二尺，阔尺二寸，高三寸者。有高二尺香几，面以金银蜔嵌《昭君图》，精甚。种种器具，据所见者，言之不能悉数，而倭人之制漆器，工巧至精极矣。

（据高濂《遵生八笺》卷14，倪青、陈惠评注，中华书局2013年版）

编者按：《遵生八笺》载记日本工匠制作香几，面嵌《昭君图》，足见昭君故事流传之广、对日常生活影响之深。

说郛续（节录）

（明）陶珽 编

卷二三

女侠传（邹之麟）

昭　君

昭君，字嫱，南郡人也。初，元帝时以良家子选入掖庭。会匈奴单于来朝，求美人为阏氏，帝敕以宫女赐之，昭君入宫数岁，未得见御，积悲怨，乃请掖庭令求行。单于临辞大会，帝召女以示之，昭君丰容靓饰，光明汉宫，顾影徘徊，竦动左右。帝见大惊，欲留之，而重（信）难改更，遂与匈奴。昭君戎服乘马，捉一琵琶，出塞而去。

（陶珽《说郛续》卷23，据《续修四库全书》第1191册，上海古籍出版社2002年版）

编者按：陶珽《说郛续》载录邹之麟《女侠传》，王昭君赫然列入《女侠传》中。将昭君列为侠女之列并不常见，说明作者视昭君出塞是为国为民的侠义行为，值得大书特书。邹之麟字臣虎，江苏武进人，明万历进士。原文"重难改更"一句，应为"重信难改更"。

三宝太监西洋记通俗演义（节录）

（明）罗懋登

第十五回　碧峰图西洋各国，朝廷选挂印将军

万岁爷睡不成寐，叫起近侍的来，开了玲珑八窗，卷起珠帘绛箔，只见万里长空一轮明月，果真是：

> 三五月华流烟光，可怜怀归道路长。逾江越汉津无梁，遥遥思永夜茫茫。昭君失宠辞上官，蛾眉婵娟卧毡穹。胡人琵琶弹北风，汉家音信绝南鸿。昭君此时怨画工，可怜明月光朦胧。节既秋兮天向寒，沅有澌兮湘有澜。沅湘纠合渺漫漫，洛阳才子忆长安，可怜明月复团团。逐臣恋主心弥恪，弃妾忘君情不薄。已悲芳岁徒沦落，复恐红颜坐销铄。可怜明月方照灼，向影倾身比葵藿。

（据罗懋登《三宝太监西洋记通俗演义》第15回，陆树崙、竺少华点校，上海古籍出版社1985年版）

精忠旗（节录）

（明）冯梦龙

第十三折　蜡丸密询

【仙吕引·剑器令】（贴）思想便心焦，要甚的夫人封号？算风情年来缺欠，总然错嫁南朝。生不嫁左贤，空自偕婚媾。莫代王昭君，懊恨毛延寿。

（冯梦龙《精忠旗》，据王季思主编《中国十大古典悲剧集》，上册，上海文艺出版社1987年版）

珊瑚纲（节录）

（明）汪砢玉

卷三十九　名画题跋十五

昭君图

琵琶弹泪翠眉颦，白草黄花暗塞尘。几度穹庐明月夜，梦魂犹忆汉宫春。

卷后有尤凤丘按传布景，更艳异夺目。（国润识）

（据汪砢玉《珊瑚纲》卷39，上海古籍出版社1991年版）

禅真逸史（节录）

（明）清溪道人

第三十五回　元帅兵陷苦株湾，众侠同心归齐国

齐穆又劝道："事已至此，无如奈何，只得从权罢了。比如元帅为国而死，乃臣子分内事，死何足惧！但无益于国家，徒招祸害，杀戮生灵，干戈不得宁息。倘贼党得胜，以数千亡命之徒围住贵宅，岂有放过令爱之理？令爱果能死节而亡，足继元帅忠烈之志；倘或屈身从贼，玷辱清名，岂不成一场话柄？元帅上不能为朝廷扫除贼寇，自经于沟渎之中，下不能保守身家，使妻女陷于贼人之手，徒然一死，无益于事。为今计，不若将小姐暂许贼人，劝其归服。亦是为国忘家之心，不失济变之哲，忠臣之所苦心，智士之所独断。岂不闻汉元帝以王嫱和番之事乎？堂堂大国之君，且不以此为辱，只为宗庙社稷计耳。元帅还宜三思。"

段韶低首不语，半晌道："齐元帅所言，虽似有理。但有三件事，贼人若允，即送小女成亲；如其不然，宁死而不辱！"

（据清溪道人《禅真逸史》第35回，吉林文史出版社1999年版）

编者按：《禅真逸史》是明末一部将英雄传奇与历史演义揉为一体、又杂以神怪与人情小说笔法的长篇小说，四十回。作者署名为"清溪道人"。据孙楷第先生考证，清溪道人是明末文人方汝浩的自号，但方汝浩生平不详。昭君故事给清溪道人留下了深刻印象，《禅

真逸史》有多处提及王嫱。

西湖二集（节录）

（明）周清源

第十六卷　月下老错配本属前缘

（氤氲大使）遂命帐前判官，取簿籍过来，一一指与朱淑真道："我细说与你听，昔日西子倾覆吴王社稷，我嫌他生性狠毒，把他转世为王昭君，吴王转世为毛延寿，点坏了昭君容貌，使他有君不遇，有宠难招，直罚他到漠北苦寒之地，与胡虏为妻，死葬沙场，至今有青冢之恨。卓文君乃王母玉女，蟠桃会上拍手，惊了群仙，玉帝牒我缱绻司注他有再嫁之过。蔡文姬前世为妒妇，绝夫之嗣，上帝大怒，遂罚他初适卫仲道，被胡虏左贤王虏去十二年，又嫁屯田都尉董祀，一生失节，极流离颠沛之苦。……"

（据周清源《西湖二集》卷16，人民文学出版社1989年版）

编者按：《西湖二集》卷十六写西施转世为王昭君，夫差转世为毛延寿，毛延寿点破昭君容貌、令她远嫁漠北苦寒之地是前世报冤行为。思想认识和审美格调皆低俗，但亦说明魏晋小说、元明戏曲虚构毛延寿丑图故事早已深入人心。

陶庵梦忆（节录）

（明）张岱

卷　　四

牛首山打猎

戊寅冬，余在留都，同族人隆平侯，与其弟勋卫、甥赵忻城，贵州杨爱生，扬州顾不盈，余友吕吉士、姚简叔，姬侍王月生、顾眉、董白、李十、杨能，取戎衣衣客，并衣姬侍。姬侍服大红锦狐嵌箭衣、昭君套，乘款段马，鞲青鹘，绁韩卢，铳、箭手百余人，旗帜棍棒称是，出南门，校猎于牛首山前后，极驰骤纵送之乐。

（据张岱《陶庵梦忆》卷4，中华书局1985年版）

编者按：清代多种文献尤其是小说作品常常描写少女穿戴"昭君套"，而明末作家张岱《陶庵梦忆》是较早述及"昭君套"的文献。昭君套，又名包帽、额子，是为了深秋冬季暖额用的无顶皮帽罩，因为外形像戏曲、绘画中王昭君出塞时佩戴的罩子，因此取名"昭君套"。可见昭君出塞对于后世服饰文化有着较大影响，这一影响大约至明清时期达到高潮，形成了人们熟知的"昭君套"。

四、清

板桥杂记（节录）

（清）余怀

附录一

宋蕙湘，秦淮女也。兵燹流落，被掳入军。至河南卫辉府城，题绝句四首于壁间。云："风动江空羯鼓催，降旗飘飏凤城开。将军战死君王系，薄命红颜马上来。""广陌黄尘暗鬓鸦，北风吹面落铅华。可怜夜月箜篌引，几度穹庐伴暮笳。""春花如绣柳如烟，良夜知心画阁眠。今日相思浑似梦，算来可恨是苍天。""盈盈十五破瓜初，已作明妃别故庐。谁散千金同孟德，镶黄旗下赎文姝。"后跋云："被难而来，野居露宿。即欲效章嘉故事，稍留翰墨，以告君子，不可得也。偶居邸舍，索笔漫题，以冀万一之遇，命薄如此，想亦不可得矣。秦淮难女宋蕙湘和血题于古汲县前潞王城之东。"潞王城，潞藩府第也。

…………

又山东郯城县之李家庄，旗亭壁间题三绝句，云："不扫双蛾问碧纱，谁从马上拨琵琶。驿亭空有归家梦，惊破啼声是夜笳。""日日牛车道路赊，遍身尘土向天涯。不因薄命生多恨，青冢啼鹃怨汉家。""惊传县吏点名频，一一分明汉语真。世上无如男子好，看他髭发也骄人。"末书云："吴中羁妇赵雪华题。"凡此数者，皆群芳之菱道旁者也。

（据余怀《板桥杂记》附录1，李金堂校注，上海古籍出版社2000年版）

　　编者按：处于明末清初乱世尤其是有过被掳掠经历的女子，常以王昭君作比。这固然存在对于昭君出塞历史缺乏深入了解和正确理解的一面，但也真实反映了乱世人民尤其是广大女性的不幸命运。宋蕙湘、赵雪华等女子题诗壁间的故事，产生的影响颇大，除《板桥杂记》外，清代《明季南略》《明诗综》《枣林杂俎》等文献均有录载，还有不少文人唱和。文中所说"欲效章嘉故事",按李金堂注释云："章嘉故事"指会稽女子于壁间题诗事,章嘉应为"新嘉",《续本事诗》卷七曾载会稽女子于兖东新嘉县驿站壁间题诗事。

枣林杂俎（节录）

(清) 谈迁

义 集

难 妇

"不画双蛾问碧纱,谁从马上拨琵琶。驿亭空有归家梦,惊破啼声是夜笳"(其一);"日日牛车道路赊,遍身尘土向天涯。不因薄命生多恨,青冢啼鹃怨汉家"(其二);"惊传县吏点名频,一一分明汉语真。世上无如男子好,看他髡发也骄人"(其三);后跋云："吴中羁妇赵雪华题。"在郯城县李家庄旗亭壁间。……

妾本虎林女也,所逢不淑,再罹干戈。腊月甚寒,挟之北上,终日坐破车中,哼哼筋骨欲脱。寒风惨烈,尘沙眯目,塞马悲鸣,凄其欲绝,真蔡琰车中、明妃马上所不能仿佛者。几欲自经,念妾本良家,流落至此。曾与魏里曹生订终身交,子顾才士,必不弃予,死之无名,何如忍以相待?已复念此,乃又强食。偶从将士阅省录,知曹郎已乡荐,旦夕公车至此,恐谓妾已死,遂尔捐弃。故乘暇窃书此诗,令知薄命妾犹然西湖月下心也。当妾与曹郎晤时,六桥明月,十里湖山,澄波渺然,万籁萧寂。妾吹箫忽悲泣,曹郎举杯酹天曰："勿忧,终当贮汝以金屋。"妾改颜谢曰："无媒妁,何以先是?"曹郎尝怀一扇,妾甚爱其扇上诗,为桐山方生名玄成者作,有云"苍壁倚千寻,空江自古今。浪翻丹□合,庙枕碧流深"等句,妾赏壮凉高逸。是时曹郎即出其扇曰："汝佳此人诗,此人吾好友,海内名士,即以为媒妁可乎?"妾拜受之。至今数频死,不去袖中。又闻此生亦登乡荐,倘曹郎不及见此,万一桐山生寓目焉,谓妾尚存,亦不负当日以胥长公待先生意也。西湖薄妹宋娟和泪书。……

猗那一羊裘,皱肌冷如铁。昼则强欢笑,夜则潜哽咽。谁为文姬哀,文姬犹返阙。谁为明妃怨，犹得封马鬣。而我薄命人，终当染磷血。所不即就死，心为曹郎结。曹郎尔多情，岂忘西湖月？曹郎尔多智，岂不谅我节？曹郎尔任侠，忍妾委虎穴？曹郎尔多交，交岂无豪杰？媒妁扇上诗，颠沛不忍彻。忍死一相别，悲酸难再说。又闻桐山生，风流当世杰。尔既善曹郎，何不一救妾！

（谈迁《枣林杂俎·义集》，据《续修四库全书》第1135册，上海古籍出版社2002年版）

编者按：谈迁为明朝遗民文人，其《枣林杂俎·义集》中的《难妇》，可谓一篇明清易代之际的妇女苦难史，许多能诗善词的知识女性在乱世苦难中常常联想到远嫁匈奴的昭君，这显然是历代以悲怨为主题的昭君作品所产生的深刻影响所致。文中赵雪华第三首诗作者未作标示，"其三"二字为编者所加。

萤窗清玩（节录）

（清）佚名

第四卷

碧玉箫

乙生接诗应诺，作速回家。时已日晚，潜入映雪房中。以李生诗进呈，具道生之情意。映雪曰："李郎平安否？"乙生曰："安。"映雪乃展诗看云：

形神寂寂室冥冥，泣血啼红鬼亦惊。

尽道慈航超苦海，那将慧剑破烦城。

愁魂乱结月犹黯，恨气频冲天欲倾。

最是五更肠断处，凄风微送杜鹃声。

其二云：

几望鸾台恨未央，相思天海共茫茫。

离魂乱逐梅花落，别绪争随柳线长。

寒雁叫回千里梦，晓鸦啼断九回肠。

难将万点相思泪，弹向卿卿玉枕旁。

其三云：

> 思卿一日抵三秋，百尺竿挑万斛愁。
>
> 别泪夜和寒雨落，孤心时与乱云浮。
>
> 千年青冢犹遗恨，十死黄垆不转头。
>
> 何日天公随夙愿，箫笙吹彻凤凰楼。

映雪读至"千年青冢犹遗恨，十死黄垆不转头"二句，不觉芳心如割，珠泪泫然。

（佚名《萤窗清玩》第4卷，据《阴阳斗、双灯记、萤窗清玩》，中国文史出版社2003年版）

河西集（节录）

（清）毛奇龄

卷六 议一

历代乐章配音乐议

有调同而歌异者，如《吴声》《西曲》，同是清商调词，而《吴声》为吴音，其歌缓而清；《西曲》为楚音，其歌狄而急，是也。有歌同而调异者，如宋《鼓吹曲》，同用《导引》《六州》《十二时》三曲名，而《大飨》所合为黄钟宫，《山陵》所合为正三调，《神驾还宫》所合为大石调，是也。有歌调同而词曲不同者，如横吹《梅花落》有五字，有杂言，而《江总》为七古；散乐清调、平调，有单章，有复解，而李白《清平调》为七绝，是也。有曲、调、词俱同而乐部不同者，如《七月》一章，时为《豳风》，时为《豳雅》；《明君词》一首，时为间弦《昭君》，时为上舞《昭君》，是也。

（毛奇龄《河西集》卷6，据《四库全书》第1320册，上海古籍出版社1987年版）

陈检讨四六（节录）

（清）陈维崧

卷二 赋

白秋海棠赋

罗与绮兮娇暮秋，珠与玉兮泣黄昏。江淹《恨赋》：珠与玉兮艳暮秋，罗与绮兮娇上春。化为皓魄，宛尔芳魂。至于蔡琰无家，王嫱作客。永诀京华，长依蛮貊。《初学记》：蔡琰，字文姬，邕之女也，适河东卫仲道，夫亡无子。兴平中为胡骑所获，在胡中十二年，生二子。曹操痛邕无嗣，以金赎之，重嫁陈留董祀。《琴操》：王昭君名嫱，齐国王襄女也，年十七，献元帝，后适匈奴。详下注。又石崇《明君词序》：明君，本昭君，以触文帝讳，故改之。寄血泪于琵琶，写哀情于笳拍。

（陈维崧《陈检讨四六》卷2，据《四库全书》第1322册，上海古籍出版社1987年版）

李笠翁曲话（节录）

（清）李渔

词曲部

宾白第四·语求肖似

文字之最豪宕，最风雅，作之最健人脾胃者，莫过填词一种。若无此种，几于闷杀才人，困死豪杰。予生忧患之中，处落魄之境，自幼至长，自长至老，总无一刻舒眉，惟于制曲填词之顷，非但郁藉以舒，愠为之解，且尝僭作两间最乐之人，觉富贵荣华，其受用不过如此。未有真境之为所欲为，能出幻境纵横之上者。我欲做官，则顷刻之间便臻荣贵；我欲致仕，则转盼之际又入山林；我欲作人间才子，即为杜甫、李白之后身；我欲娶绝代佳人，即作王嫱、西施之元配；我欲成仙作佛，则西天、蓬岛即在砚池笔架之前；我欲尽孝输忠，则君治亲年，可跻尧、舜、彭篯之上。

（据李渔《李笠翁曲话》，杜书瀛评注，中华书局2019年版）

编者按：四大美女尤其是王嫱、西施似乎是明清文人三句不离口的谈资。李渔不仅在其小说、戏曲创作中一再道及王嫱、西施，在其曲论中还举王嫱为例，足见中国古代美女文化中缺少不了王昭君，其影响之大可见一斑。文中提到的彭篯，是传说中活了八百年的长寿者，姓篯名铿，颛顼帝之玄孙，封于彭城（今江苏徐州），故古人多称"彭祖"。

醒世姻缘传（节录）

（清）西周生

第一回　晁大舍围场射猎，狐仙姑被箭伤生

晁大舍次早起身，便日日料理打围的事务，要比那一起富家子弟分外齐整，不肯与他们一样。与珍哥新做了一件大红飞鱼窄袖衫，一件石青坐蟒挂肩；三十六两银子买了一把貂皮，做了一个昭君卧兔。

第二回　晁大舍伤狐致病，杨郎中卤莽行医

有一个高四嫂说道："晁大婶倒也不是脸丑脚大，只有些体沉骨重，只怕马驮不动你。"又说道："大官人也没正经。你要尊敬他，抬举他，只在家中尊他抬他罢了，这是甚么模样！他倒罢了，脱不了往时每日妆扮了昭君，妆扮了孟日红，骑着马，夹在众戏子内与人家送殡；只是大官人僧不僧、俗不俗，不成道理。莫说叫乡里议论，就是叫任里晁爷知道，也不喜欢。"

（据西周生《醒世姻缘传》第1回、第2回，齐鲁书社1980年版）

编者按：昭君卧兔即昭君套，明清中国妇女流行的一种首饰，多用毛皮制成，冬日戴用，戴在头顶上远看如卧一小兔。明代万历年间留下来的版画中，就可以看到一个坐在屋中烤火的女子，身穿冬装，头上缠着卧兔样饰物。

坚瓠集（节录）

（清）褚人获

甲集　卷一

题昭君图

下第举子《题昭君图》云："一自蛾眉别汉宫，琵琶声断戍楼空。黄金买取龙泉剑，寄与君王斩画工。"又昆山郑文康《送下第生》诗有"王嫱本是倾城色，爱惜黄金自误身"之句。

（褚人获《坚瓠集甲集》卷1，据《续修四库全书》第1260册，上海古籍出版社2002年版）

戊集　卷二

李白《竹枝词》

绍圣二年，黄山谷以史事谪黔南，道间作《竹枝词》二篇。《题歌罗驿》曰："撑崖拄谷蝮蛇愁，入箐攀天猿掉头。鬼门关外莫言远，五十三驿是皇州。""浮云一百八盘萦，落日四十九渡明。鬼门关外莫言远，四海一家皆弟兄。"又自书其后曰："古乐府有'巴东三峡巫峡长，猿鸣三声泪沾裳'，但以抑怨之音，和为数叠，惜其声今不传。余自荆州上峡入黔中，备尝山川险阻，因作二叠，传与巴娘，令以《竹枝》歌之。前一叠可和云：'鬼门关外莫言远，五十三驿是皇州。'后一叠可和云：'鬼门关外莫言远，四海一家皆弟兄。'或各用四句，入阳关、小秦王，亦可歌也。是夜宿于驿，梦李白相见曰："予往谪夜郎，于此闻杜鹃，作《竹枝词》三叠，世传之不子细，集中无有三诵，而使之传焉。其辞曰：'一声望帝花片飞，万里明妃雪打围。马上胡儿那解听，琵琶应道不如归。''竹竿坡面蛇倒退，摩围山腰胡孙愁。杜鹃无血可续泪，何日金鸡赦九州。''命轻人鲊瓮头船，曰瘦鬼门关外天。北人堕泪南人笑，青壁无梯闻杜鹃。'"

《豫章集》所刊，自谓梦中语也，音响节奏似矣，而不能掩其真，亦寓言之流欤？

（褚人获《坚瓠集戊集》卷2，据《续修四库全书》第1261册，上海古籍

出版社2002年版）

编者按：《豫章集》，又称《豫章黄先生文集》，北宋著名文人黄庭坚所撰诗文集。黄庭坚，字鲁直，自号山谷道人，江西洪州分宁（今九江修水县）人，洪州分宁在秦汉时期隶属豫章郡，故黄庭坚又被称为豫章黄先生。文中述及李白托梦黄庭坚，言过三峡之时曾作三首《竹枝词》，其中第一首为歌咏昭君之事，但三首《竹枝词》不载于《李太白集》。此说是黄庭坚假托，还是实为李白诗作，尚待学界发掘新材料。

坚瓠广集（节录）

（清）褚人获

卷　　三

昭君非真

《葭鸥杂识》："单于求娶昭君，汉成帝吝而不与，取宫人近似其貌者以往，单于宠之。后成帝欲杀毛延寿，延寿逃出关，单于用之，予以近职。后侍宴，昭君出幕行酒，延寿进言曰：'此昭君非真。汉帝尝令臣图其容，腮间有一红痣，今则无之，其伪显然。今何不勒兵前去，必欲得真昭君，其美更胜于此？'单于大怒，骂汉人欺我若此，立将假昭君赐死，使延寿图形入汉，必欲得真者，始和亲退师。汉王无计，乃出真昭君，容华固称绝代也。昭君入胡之后，不肯为婚，单于逼之，遂自经死，故胡地多白草，而昭君墓草独青。"则一心不肯背汉，昭君真千古之烈女！荆公乃云"汉恩自浅胡自深"，不亦冤哉！王昭君墓，在今山西大同府。

（褚人获《坚瓠广集》卷3，据《续修四库全书》第1261册，上海古籍出版社2002年版）

编者按：《葭鸥杂识》是清康熙年间无名氏撰写的笔记，作者生平及作品具体情况不详。《葭鸥杂识》言假昭君出塞和亲，当是民间普通民众深受《和戎记》虚构剧情的影响而演绎的民间故事。不过，这类民间有关真假昭君出塞的故事对于明清近代昭君戏曲的影响极大，清代民国时期盛行的地方昭君戏曲几乎都有这一情节。昭君本汉元帝时宫女，《西京杂记》等文献记载汉元帝杀画工，《葭鸥杂识》言汉成帝杀画工，显然是民间百姓误传。

隋唐演义（节录）

（清）褚人获

第三十五回　乐永夕大士奇观，清夜游昭君泪塞

又听见左右报道："又有好看的来了。"炀帝忙同萧后出轩，望见桥上，有几对小旗标枪，在前引着。马上十来个盘头蛮妇，都是短衣窄袖，也有弹筝的，也有抱月琴的。那个花腔小鼓，卖弄风骚；这个轻敲像板，声清韵叶。后边就是两对盘头女子，四面琵琶，在马上随弹随唱，拥着一个昭君，头上锦尾双竖，金丝扎额，貂套环围，身上穿着一件五彩舞衣，手中也抱着一面琵琶。正看时，只见夏夫人上来相见，炀帝问夏夫人道："那个装昭君的可是薛冶儿？"夏夫人答道："正是。"随把手指着四个弹琵琶的道："那个是韩俊娥，那个是杏娘，那个是妥娘，那个是雅娘，陛下还是叫他们上台来唱曲，还是先叫他们下面跑马？"炀帝笑道："他们只好是这等平稳的走，那里晓得跑什么马？"梁夫人道："这几个多是薛冶儿的徒弟，闲着在苑中牵着御厩中的马，时常试演。"樊夫人道："第二个就要算袁宝儿跑得好。"此时宝儿、贵儿多改了宫妆，站在旁边。萧后笑对宝儿道："既是你会跑，何不也下去试一试？"炀帝拍手道："妙极，妙极。朕前日差裴矩与西域胡人，换得一匹名马，神骏异常，正好他骑，不知可曾牵来？"左右禀道："已备在这里伺候。"炀帝道："好，快快牵来。"左右忙把一匹乌骓马，带到面前。宝儿憨憨的笑道："贱妾若跑得不好，陛下与娘娘、夫人不要见笑。"遂把凤头弓鞋紧兜了一兜，腰间又添束上一条鸾带，走到马前，将一双白雪般的纤手，扶住金鞍，右手绾着丝鞭，也不踏镫，轻轻把身往上一耸，不知不觉，早骑在马上。炀帝看了喜道："这个上马势，就好极了。"夏夫人下去传谕他们，先跑了马，然后上台来唱曲。炀帝叫手下，将龙凤交椅移来与萧后沿边坐下，众夫人亦坐列两旁。

袁宝儿骑着马，如飞跑去，接着众人，辄转身扬鞭领头，带着马上奏乐的一班宫女，穿林绕树，盘旋漫游。炀帝听了，便道："这又奇了，他们唱的，不是朕的《清夜游词》，是什么曲，这般好听？"沙夫人道："这是夏夫人要他们装昭君出塞，连夜自制了《塞外曲》，教熟了他们，故此好听。"炀帝也没工夫回答，伸出两指，只顾向空中乱圈。正说时，只见一二十骑宫女，不分队伍，如烟云四起，红的青的，白的黄的，乱纷纷的，一阵滚将过去，直到西南角上，一个大宽转的所在，将昭君裹在中间，把乐器付与宫娥执了，逐对对跑将过来，尽往东北角上收住，虽不甚好，也没有个出丑。众人跑完，止剩得装昭君的与袁宝儿两骑在西边。先是宝儿将身斜着半边，也不绾丝缰，两只手向高高的调弄那根丝鞭，左顾右盼，百般样弄俏，跑将过来。

正看时，只见那个装昭君的，如掣电一般飞来。炀帝与萧后、众夫人，都站起来看，并分不出是人是马，但见上边一片彩云，下边一团白雪，飞滚将来，将宝儿的坐骑后身加上一鞭，带跑至东边去了。又一回，袁宝儿领了数骑，慢腾腾的去到西边去，东边上还有一半骑女，与昭君摆着。只听得一声锣响，两头出马，如紫燕穿花，东西飞去。过了三四对，又该是袁宝儿与薛冶儿出马了。他两个听见了锣声，大家只把一只金莲，踹在镫上，一足悬虚，将半身靠近马，一手扳住雕鞍，一手扬鞭，两头跑将拢来。刚到中间，他两个把身子一耸。炀帝只道那个跌了下来，谁知他两个交相换马的，跑回去了。喜得个炀帝，把身子前仰后合，鼓掌大笑道："真正奇观。"萧后与众夫人、宫人没一个不出声称赞。

只见薛冶儿等下了马，领着队，走上台基来。炀帝与萧后也起身。秦夫人对炀帝说道："停回他们唱起《塞外曲》来，只怕陛下还要神飞心醉。"炀帝正欲开口，只见薛冶儿领着一班，上前来要叩见。炀帝一头摇手，忙扯薛冶儿近身，见他打扮的俨然是个绝妙的昭君，便把一双御手扶住冶儿的身子，低低叫道："好好冶儿，朕那里晓得你有这样绝技在身，若不是娘娘来游，就一千年也不晓得。"便在内相手里，取自己一柄浑金宫扇，扇上一个玉兔扇坠，赐与冶儿。冶儿谢恩收了，萧后道："怎不见袁宝儿？"杨夫人指道："在娘娘身后躲着。"萧后调转身来笑问道："你学了几时，就这样跑得纯熟得紧，也该赏劳些才是。"炀帝听见笑说道："不是朕有厚薄，叫朕把什么赐你？也罢，待朕与娘娘借一件来。"萧后见说，忙向头上拔下一只龙头金簪来，递与炀帝，炀帝即赐与宝儿。宝儿偏不向炀帝谢恩，反调转身来要对萧后谢恩，萧后一把拖住。炀帝带笑骂道："你看这贼妮子，好不弄乖。"

薛冶儿与众夫人，正要取琵琶来唱曲，炀帝道："这且慢，叫内相取妆花绒锦毯，铺在轩内，用绣墩矮桌，席地设宴。"左右领旨，进轩去安排停当，出来请圣驾上宴。炀帝与萧后，正南一席，用两个锦墩，并肩坐了。东西两旁，一边四席，俱用绣墩，是十六院夫人与袁贵人坐下。炀帝又叫内相，居中摆二席，赐装昭君的，对着上面，众美人团团盘膝而坐。炀帝道："今夜比往日顽得有兴有趣，御妻与众妃子，不可不开怀畅饮。"又对众美人道："你们也要饮几杯，然后歌唱，愈觉韵致。"说说笑笑，吃了一回，薛冶儿等各抱琵琶，打点伺候。炀帝道："朕制的《清夜游词》，刚才各院来迎，已听过几遍了，你们只唱夏妃子的《塞外曲》罢。"夏夫人道："岂有此理？自然该先歌陛下的天章。"炀帝道："朕的且慢。"于是众美人各把声音镇定，方才吐遏云之调，发绕梁之音。先是装昭君的弹着琵琶歌一句，然后下手四面琵琶和一句。第一只牌名是"粉蝶儿"，唱道：

> 百拜君王。俺这里百拜君王，谢伊把人肮脏。没些儿保国开疆，却教奴小裙钗，宫闱女，向老单于调簧。万种愁肠，教人万种愁肠，却付与琵琶马上。

第二只牌名是"泣颜回"：

> 回首望爷娘，抵多少陟屺登冈。珠藏闺阁，几曾经途路风霜。是当初妄想，把缇萦不合门楣望，热腾腾坐昭阳，美满儿国丈风光。

众美人唱得悠悠扬扬，高高低低，薛冶儿还要做出这些凄楚不堪的声韵态度来，叶入琵琶调中，唱一句，和一句，弹得人声寂寂，宿鸟啾啾。喜得炀帝没什么赞叹，总只叫快活，把兕觥只顾笑饮。萧后对夏夫人道："曲中借父母奢望这种念头，说到自己身上，亏夫人慧心巧思，叙入得妙。如今第三只叫什么牌名？"夏夫人道："是《石榴花》。"听唱道：

> 却教我长门寂寞妒鸳鸯，怎怜我眠花梦月守空房。漫说是皇家雨露，翻做个万里投荒。笑堂堂汉天子是什么纲常，便做妙计周郎，也算不得玉关将帅功劳账。这劳劳攘攘，马蹄儿北向颠狂。怎似冷落长杨，听胡笳一声声交河上，不白入靴尖，踹破泪千行。

第四只牌名是《黄龙滚》：

愁一回塞上贤王，肯惜伶仃模样。思那日朝中君相，惨撇下别时惆怅，闪得人白草黄花路正长。他那里摆云阵，迓红妆，闹喳喳尘迷眼底，闷恹恹愁添眉上。

（据褚人获《隋唐演义》第35回，中华书局2009年版）

编者按：从《醒世姻缘传》《隋唐演义》等明清小说描写来看，古代女子多喜欢装扮成昭君模样，说明昭君独特的形态、服饰等对于古代女子生活有着广泛的影响。值得提醒的是，《隋唐演义》描写隋朝宫廷中盛演昭君歌舞戏，未必是真实情况的记述，因为小说中的唱曲明显带有元明清时期民间艺术的印痕。褚人获活跃于明末清初，其时以昭君出塞为题材的戏曲、词曲盛行于世，《隋唐演义》显然深受时代文艺表演的深刻影响。

潜邱札记（节录）

（清）阎若璩

卷　　一

万历中党论起，而吾邑榜名已衰，故乡先生无显。然为东林者以至胶庠闾里间，皆莫能辨别邪正。阉党杨维垣戌此十五年，问字者屡恒满户，杨亦缪为下士，士益日附之。家君尝独笑曰："使此老戌江南，不知何法可得生活矣！"杨又喜谈制义，毁应试童子，大署其门曰："授小儿秘诀。"夜半有人续其后曰："医太仆官方。"明旦，杨视之大窘。又维垣戌淮时画《明妃梦还汉宫图卷》以见志，嘱人题咏。适同宗阎用卿先生自沛至，谓人曰："今圣明在上，手定逆案如山，杨名在案中，果汉宫可还，则逆案可翻矣，诸君纷纷何为者？"杨闻之，立取卷回。后直指使者诬劾用卿，杨亦与有力焉。

（阎若璩《潜邱札记》卷1，据《四库全书》第859册，上海古籍出版社1987年版）

词苑丛谈（节录）

（清）徐釚

卷六　纪事一

詹天游赠粉儿词

宋驸马杨震有十姬，名"粉儿"者尤胜。一日，招詹天游宴，出诸姬佐觞。天游属意粉儿，口占《浣溪沙》词云："淡淡青山两点春。娇羞一点口儿樱，一梭儿玉一绹云。白藕香中见西子，玉梅花下遇昭君。不曾真个也消魂。"杨遂以粉儿赠之，曰："请天游真个消魂也。"《诗词余话》、《尧山堂外纪》卷六十八、《词统》卷四。

卷九　纪事四

宋牧仲调笑令

任丘旅店中有女子题壁云："妾白浣月，号莲仿，家住半塘。幼失双亲，寄养他姓。姿容略异，慧业不同。非敢擅秀闺中，愿效清风林下。岂意我生不辰，所适非偶。日弹琴之相对，百恨缠绵；时卷幔以言征，一时哽咽。余爱题之驿亭，人共怜之黄土可耳。"其诗曰："吴宫春深怨别离，风尘惨惨双蛾眉。鹃啼月落寸肠断，香消芍药空垂垂。流黄未工机上织，生小殷勤弄文笔。新诗和泪写邮亭，珍重寒宵谁面壁。"

丙辰三月，商丘宋牧仲荦。北上过此，挑灯细读，因檃括原诗为调笑令云："面壁泪痕湿，想见含毫灯下立。风鬟雨鬓吴宫隔，芍药香消堪惜。明妃远嫁归何日，一曲琵琶凄恻！"河朔间甚为传唱，词载《枫香集》中。

卷十二　外编

姚月华阿那曲

姚氏月华，随父寓扬子江，与邻舟书生杨达相遇，见达《昭君怨》诗，爱其"匣中纵有菱花镜，羞向单于照旧颜"之句，私命侍儿乞其稿，遂相往来。一日，杨偶爽约不至，姚作《阿那曲》云："银烛清尊久延伫，出门入门天欲

曙。月落星稀竟不来，烟柳曈昽鹊飞去。"《词统》云："《阿那曲》，一名《鸡叫子》。"（《词统》卷一）

（据徐釚《词苑丛谈》卷6、卷9、卷12，唐圭璋校注，上海古籍出版社1981年版）

编者按：徐釚，字电发，号虹亭、枫江渔父等，吴江（今江苏苏州）人，清代词家。其《词苑丛谈》较多记述了因赋昭君诗词而产生的爱情悲喜剧或美谈。

词律（节录）

（清）万树

卷　三

万俟雅言《昭君怨》四十字，又名《一痕沙》《宴西园》

春到南楼雪尽，惊动灯期花信，小雨一番寒，倚阑干。莫把阑干倚，一望几重烟水，何处是京华？暮云遮。

凡用四韵。《词统》等书收《添字昭君怨》，于第三句上添两字，乃出汤义仍《牡丹亭传奇》者。查唐宋金元未有此体，不宜载入。

（据万树《词律》卷3，上海古籍出版社1984年版）

聊斋志异（节录）

（清）蒲松龄

第五卷

木雕人

商人白有功言："在沭口河上，见一人荷竹簏，牵巨犬二。于簏中出木雕美人，高尺余，手自转动，艳妆如生。又以小锦鞯被犬身，便令跨坐。安置已，叱犬疾奔。美人自起，学解马作诸剧，镫而腹藏，腰而尾赘，跪拜起立，灵变不讹。又作昭君出塞：别取一木雕儿，插雉尾，披羊裘，跨犬从之。昭君频频回顾，羊裘儿扬鞭追逐，真如生者。"

（据蒲松龄《聊斋志异》卷5，上海古籍出版社1979年版）

编者按：蒲松龄《木雕人》，一作《木雕美人》《木偶戏》，描写民间艺人用木雕美人表现"昭君出塞"，反映了明清时期以昭君为题材的木偶戏表演情况，是极为珍贵的稀见资料。

御定佩文韵府（节录）

（清）张玉书、陈廷敬 等 编

卷十之二

拂云堆：《云中志》："拂云堆，在古丰州西六十里，有昭君青冢，塞草皆黄，惟此独青。"元稹《以州宅夸于乐天》诗："州城回绕拂云堆，镜水稽山满眼来。"杜牧《木兰庙》诗："几度思归还把酒，拂云堆上祝明妃。"

（张玉书等《御定佩文韵府》卷10，据《四库全书》第1012册，上海古籍出版社1987年版）

香祖笔记（节录）

（清）王士禛

卷十二

昔在京师，从宋荔裳琬。所见元朱碧山所制银槎，乃太乙仙人，一时多为赋诗，以为张骞事。非是。《妮古录》云："曾见所作昭君像，琵琶乘骑，眉发衣领，花绣髽鬙，种种精细。马腹上豆许一穴，其中嵌空，琵琶上刻'碧山'二字。"

（据王士禛《香祖笔记》卷12，上海古籍出版社1982年版）

御定渊鉴类函（节录）

（清）张英、王士禛 等 编

卷三百七十六　服饰部七

屏风四

伯时列画。宋李伯时尝画《高扬长揖》，张释之谏文帝、冯媛当熊、霍光取玺、武帝问日碑、明妃出塞、王猛扪虱、醉山简、李密迓太宗、明皇揽镜、妃子剪发十事列为一屏。

（张英等《御定渊鉴类函》卷376，据《四库全书》第992册，上海古籍出版社1987年版）

编者按：屏，即屏风，中国传统建筑物内部的一种特殊家具，一般陈设于室内的显著位置，起到挡风、分隔、遮掩、美化、协调等作用，古人常在其上绘制画图。由《御定渊鉴类函》等文献可知，昭君出塞是古代家庭尤其是富贵人家屏风上的重要绘图之一。

长生殿（节录）

（清）洪升

第三十六出　看袜

【中吕过曲】【驻马听】翠辇西临，古驿千秋遗恨深。叹红颜断送，一似青冢荒凉，紫玉销沉。

第三十八出　弹词

【三转】那娘娘生得来仙姿佚貌，说不尽幽闲窈窕。真个是花输双颊柳输腰，比昭君增妍丽，较西子倍风标，似观音飞来海峤，恍嫦娥偷离碧宵。更春情韵饶，春酣态娇，春眠梦悄。总有好丹青，那百样娉婷难画描。

（据洪升《长生殿》第36出、第38出，徐朔方校注，人民文学出版社1983年版）

御选历代诗余（节录）

（清）沈辰垣、王奕清 等 编

卷三

《昭君怨》：一名《宴西园》，一名《一痕沙》，他如《昭君词》《昭君叹》等，皆乐府旧名，与填词无涉。平仄四换韵，双调四十字。

（沈辰垣等编《御选历代诗余》卷3，据《四库全书》第1491册，上海古籍出版社1987年版）

御定历代题画诗类（节录）

（清）陈邦彦 编

卷四十二　目录

故实类

《题文伯朝母图》明廖道南。

《乘鸾吹箫图》元刘因。

《楚妃投水图》明程敏政。

《题秋胡戏妻图》元赵孟頫。

《秋胡图》明陶安。

《西子放瓢图》金靖天民。

《越国进西施图》元李桓二首。

《越国进西施图》元史致中。

《题西施》元袁桷。

《西施含颦图》明瞿佑。

《题西施浣纱图》明董少玉。

《范蠡载西施图》明张凤翼。

《孟母三迁图卷》元王恽。

《题孟母断机图》明廖道南。

《题漂母饭信图》元黄庚。

《题漂母图》明丘濬。

《雪中妃子图》元萨都拉。

《冯媛当熊图》宋刘子翬。

《冯妃图》元袁桷。

《冯媛当熊图》明程敏政。

《冯媛当熊图》明瞿佑。

《题李伯时画昭君图》宋韩驹。

《明妃出塞图》宋刘子翬。

《题罗畴老家明妃辞汉图》宋王庭珪。

《王昭君上马图》宋郭祥正。

《昭君出塞图》金赵秉文。

《昭君扇头》元刘因二首。

《题友人所藏明妃图》元许有壬。

《昭君图》元袁桷。

《王昭君出塞图》元王恽二首。

《题昭君出塞图》元虞集。

《明妃出塞图》元陈旅。

《昭君出塞图》元吴师道二首。

《昭君出塞图》元李祁。

《题昭君出塞卷》元李祁二首。

《题出塞图》元贡师泰二首。

《题昭君出塞图》元卢昭。

《昭君出塞图》元王思廉。

《王昭君图》元马臻。

《昭君图》明陶安。

《明妃图》明丘濬四首。

《明妃出塞图》明陈伯康。

《昭君出塞图》明谢孟安。

《昭君写真图引》明顾璘。

《题昭君》明潘滋。

《题昭君出塞图》明刘昭年。

《题明妃出塞图》 明浦原。

《题明妃出塞图》 明张凤翼。

《题明妃出塞图》 明黄幼藻。

《题飞燕图》 元王恽。

《飞燕掌舞图》 明瞿佑。

《昭仪春浴图》 宋方岳。

《李尚书有唐画飞燕姊妹为娇困相倚之状》 元陈中孚。

《题赵飞燕姊妹凝妆图》 明高廪。

(据陈邦彦《康熙御定历代题画诗》卷42，上册，北京古籍出版社1996年版)

　　编者按：清人陈邦彦奉旨编辑《历代题画诗类》，其卷四十二《目录》中载录了63首宋金元明文人所作的题画诗，其中关于题写《昭君图》的题画诗有36首，题写《西施图》的题画诗有8首，关于赵飞燕姊妹、秋胡妻、孟母等著名女性的题画诗共计19首。《佩文斋书画谱》《式古堂书画汇考》等文献亦载录了多幅昭君出塞图及题画诗。可见，宋金元明间昭君出塞既是画家们热衷绘画的题材，也是诗人们热衷创作题画诗的题材。

读书纪数略（节录）

（清）宫梦仁

卷四十

清商七曲：《子夜》《前溪》《乌夜啼》《石城乐》《莫愁乐》《襄阳乐》《王昭君》。

(据宫梦仁《读书纪数略》卷40，上海古籍出版社1994年版)

康熙版《台湾府志》（节录）

（清）高拱乾 等 纂修

岁时民俗

元夕，初十放灯，逾十五夜乃止。门外各悬花灯，别有闲身行乐善歌曲者数辈为伍，制灯如飞盖状，一人持之前导邀游，丝竹曲以次杂奏，谓之"闹伞"。更有装束昭君、婆姐、龙马之属，向人家有吉祥事作歌庆之歌，悉里语俚词，非故乐曲，主人多厚为赏赍。

（高拱乾等《台湾府志》，据丁世良、赵放主编《中国地方志民俗资料汇编》第10册，国家图书馆出版社2014年版）

柳亭诗话（节录）

（清）宋长白

卷二十

千金公主

千金公主者，后周宇文氏女，嫁为突厥沙钵略妻。隋灭周，随其夫归朝，改封大义公主。及平陈，以叔宝屏风赐之。公主自伤宗祀绝灭，写诗于屏曰："惟有明妃曲，偏伤远嫁情。"保身胜于乐昌，感激比于南阳，宁得谓"白沙在泥，与之俱黑"耶？千金诗本石季伦《明君词》："传语后世人，远嫁难为情。"

（宋长白《柳亭诗话》卷20，据《续修四库全书》第1700册，上海古籍出版社2002年版）

编者按："白沙在泥"，本作"白沙在涅"。沙，通"纱"；涅：一种染黑色的矾石。"白沙在涅，与之俱黑"，语出《荀子·劝学》，意即白色的细纱混在黑土中，也会跟着一起变黑。比喻人或物的本来面貌处在污秽环境里，也会随着污秽环境而变化。

巧联珠（节录）

（清）刘璋

第十回　游梦馆偶吟绝调，寄吴门共受虚惊

饮了几巡，雅雅就要闻生行令。闻生道："行甚么令好？止三个人，不如掷色子罢。我们猜拳，赢者吃酒，输者唱曲。"花引贤道："妙，妙！大爷猜起。"闻生就与雅雅猜拳，雅雅输了，花引贤道："我说雅娘要输，如今请教佳

音。"就叫人拿琵琶来，遂与雅雅。雅雅接着，横在膝上，轻舒十指，唱道：

　　　　锦被儿斜着枕头儿歪，

　　　　上天仙降下了瑶台。

　　　　娇滴滴粉脸儿人多爱，红粉衬香腮，斜插金钩，好一似昭君出塞来。

雅雅唱完，闻生赞道："果然唱得好！不减浔阳江上，使人泣下。"

　　　　（据刘璋《巧联珠》第10回，王青平校点，春风文艺出版社1986年版）

雍正版《朔平府志》（节录）

（清）刘士铭 等 纂修

卷三　方舆志

右玉县

东古城：在县东南五十里，相传汉王昭君栖迟之迹。……盖因出塞，道经此岭，岭路石上有马蹄痕迹，至今尚在，故名。

　　　　［刘士铭等《朔平府志》卷3，据雍正十一年（1733）刻本］

全闽诗话（节录）

（清）郑方坤

卷十　无名氏·宫闱

延平女子

邮亭旅舍好事者，往往赝为巾帼之语，书以媚笔，以资过客传诵，多不足信。沈公子二闻夜宿垛庄，所见延平女子题壁诗，驿亭未远，墨痕犹新，小记短章，凄婉可诵，惜其依违寡断，阅者不无夫人少商量之叹也。序云："姜闽峤名家，延平著姓。十三织素，左家赋娇女之诗；二八结褵，新妇获参军之配。何异莫愁，南国早嫁卢家；庶几弄玉，秦楼相逢萧史。方调琴瑟，顿起干戈。夫死于兵，妾乃被掠。含羞故里，魂销剑浦之津；掩面强登舆，肠断西陵之路。兹当北上，永隔南天。爰题驿舍数言，聊破愁城百叠。嗟夫！昔年薰香染翰，粉印青编；今日滴血濡毫，绡封红泪。秋坟鬼唱，哀似峡猿三两声；青冢魂归，恨拟胡笳十八拍。"诗云："野烧猎猎北风哀，细马毡车去不回。紫玉青陵长已矣，泉台当有望乡台。""那堪驿舍又黄昏，桦烛三条照泪痕。想像延津沉故剑，相期青冢一归魂。""昨夜严亲入梦来，教儿忍死暂徘徊。曹瞒死后交情薄，谁把文姬赎得回。""不道临时死亦难，强为欢笑泪偷弹。同行女伴新梳裹，皂帕蒙头压绣鞍。"后书："庚申季春延平张氏题于沂水县垛庄驿舍。"《觚賸》。

（据郑方坤《全闽诗话》卷10，陈节、刘大治点校，福建人民出版社2006年版）

南明野史（节录）

（清）南沙三余氏

卷上　安宗皇帝纪

帝谕以宪臣平日以议论取重，盖亦刺宗周也。史可法以廷臣论是非、疆臣论功罪两解之。

起钱谦益、陈子壮，转黄道周各礼部尚书。谦益之起也，以家妓为妻者柳如是自随，冠插雉羽，戎服骑入国门，如昭君出塞状，都人咸笑之。谦益以弥缝大铖得进用，乃出其妾柳氏为阮奉酒。阮赠一珠冠，值千金。谦益命柳姬谢，且移席近阮。闻者绝倒。

（据南沙三余氏《南明野史》卷上，商务印书馆1930年影印）

　　编者按：安宗皇帝，即南明王朝第一任皇帝，习称弘光皇帝。弘光帝在位仅八个多月，被清军俘获处死。后南明永历帝朱由榔为其上庙号"安宗"，故称"安宗皇帝"。《南明野史》记载真实历史人物柳如是衣着冠饰"如昭君出塞状"，说明明清时期昭君戏曲风行舞台，其装扮、形象给人们留下了深刻的印象。

东林列传（节录）

（清）陈鼎

卷十 周镳雷縯合传

尝闻之父老云：阮大铖誓师江上，衣素蟒，围碧玉，见者讶为梨园装束。钱谦益为礼部，以艳妓为妻之柳隐者，冠插雉尾，戎服佩刀，跨骑而入国门，睹者以为昭君出塞。呜呼！大兵、大礼皆如倡优排场之戏，岂非人妖物怪乎？欲国之不亡，不可得也。

（陈鼎《东林列传》卷10，据《四库全书》第458册，上海古籍出版社1987年版）

编者按：柳隐，即柳如是。柳如是是明末清初女诗人，也是著名歌伎才女，本名杨爱，字如是，浙江嘉兴人，因读南宋辛弃疾《贺新郎》词中"我见青山多妩媚，料青山见我应如是"句，乃自号"如是"。由于家贫，自幼被卖到吴江为婢，妙龄时坠入青楼，改名为柳隐。

御制律吕正义后编（节录）

（清）允禄、张照 等纂

卷七十五 乐器考十四

火不思，似琵琶而瘦，直柄，曲首，四弦。柄下腹上，背如芦节。……

《元史·礼乐志》："火不思如琵琶，直颈，无品，有小槽，圆腹如半瓶榼，以皮为面，四弦皮绲，同一孤柱。"

《长安客话》："浑不似，制如琵琶，相传王昭君琵琶坏，使人重造，如其形小。昭君笑曰：'浑不似！'遂以名。《元史》以为'火不似'，今以为'胡拨思'，皆相传之讹。"

卷九十一 乐制考十四

《席上腐谈》："王昭君琵琶坏，使人重造，而其形小。昭君笑曰：'浑不是！'今讹为'浑拨四'。"按：火不思，似又"浑拨四"之讹也。《续文献通考》："火不思，古部无此，为元所制无疑。然其制得详，其声不可考也。"

（允禄、张照等《御制律吕正义后编》卷75、卷91，据《四库全书》第
217册，上海古籍出版社1987年版）

编者按：《御制律吕正义后编》详细介绍了火不思、琵琶、筝、轧筝、胡琴、月琴、提琴、二弦、三弦、箫、笛、管、笙、拍等古代乐器的形制，包括长度、宽度、厚度等，还配有乐器图画，是古代乐器史上的珍贵资料。其中，琵琶、火不思等与王昭君关系密切。

钦定日下旧闻考（节录）

（清）于敏中、英廉 等 编

卷三十一　宫室元二

李宫人，善琵琶，至元十九年以良家子入宫，得幸，比之王昭君。至大中，入事兴圣宫，缘有足疾，乃得赐归侍母，给内俸如故。《秋宜集》。……杨廉夫《元宫词》云："北幸和林幄殿宽，句丽女侍婕妤官。君王自赋昭君曲，敕赐琵琶马上弹。"按郑仁趾《高丽史·乐志》所载："乐品琵琶，弦五。"则婕妤所弹斯五弦矣。元制：岁责高丽贡美女。故张光弼《辇下曲》云："宫衣新尚高丽样，方领过腰半臂裁。"

（于敏中等《钦定日下旧闻考》卷31，据《四库全书》第497册，上海古
籍出版社1987年版）

扬州画舫录（节录）

（清）李斗

卷九　小秦淮录

吴薗茨《扬州鼓吹词序》云：郡中城内，重城妓馆，每夕燃灯数万，粉黛绮罗甲天下。吾乡佳丽，在唐为然。国初官妓，谓之乐户。土风立春前一日，太守迎春于城东蕃厘观，令官妓扮社火春梦婆一，春姐二，春吏一，皂隶二，春官一。

次日打春官，给身钱二十七文，另赏春官通书十本。是役观前里正司之。至康熙间，裁乐户，遂无官妓，以灯节花鼓中色目替之。扬州花鼓，扮昭君、渔婆之类，皆男子为之，故俗语有"好女不看春，好男不看灯"之训。官妓既革，土娼潜出，如私窠子、半开门之属，有司禁之。泰州有渔网船，如广东高桅艇之例，郡城呼之为网船浜，遂相沿呼苏妓为"苏浜"，土娼为"扬浜"，一逢禁令，辄生死逃亡，不知所之。今所记载如苏高三、珍珠娘之类，尚昔年轶事云。

（据李斗《扬州画舫录》卷9，汪北平、涂雨公点校，中华书局1960年版）

编者按：清代以来各地地方戏日渐勃兴，李斗《扬州画舫录》记载了扬州流行花鼓戏及其表演情况。扬州花鼓戏深受大众喜爱，演出中常常演唱昭君出塞故事，而扮演昭君者皆为男子，有逗人笑乐的喜剧色彩。

钦定热河志（节录）

（清）和珅、梁国治 等 编辑

卷九十四 物产三

咏挂瓶中花

清秋野卉纷荣谢，不知其名爱其姹。迎风粲粲笑靥开，晞阳湛湛露珠化。我非骚人亦挚芳，挂瓶贮之毡帷舍。浑似春园桃李朝，那知雁塞星霜夜？只少琵琶一曲弹，玉鞍红颊明妃嫁。

（和珅等《钦定热河志》卷94，据《四库全书》第496册，上海古籍出版社1987年版）

事物异名录（节录）

（清）厉荃 原辑 关槐 增纂

卷十一

琵琶附胡琴月琴

胡拨四、虎拍思：《席上腐谈》："王昭君琵琶坏，使胡人重造，而其形小，昭君笑曰：'浑不是！'今讹为'胡拨四'，一作'湖拨四'，亦作'虎拍思'。"

按：一说琵琶一名胡琴。今观胡琴形似琵琶而小，殆即所谓'胡拨四'欤？

（厉荃等《事物异名录》卷11，据《续修四库全书》第1252册，上海古籍
出版社2002年版）

红楼梦（节录）

（清）曹雪芹

第六回　贾宝玉初试云雨情，刘姥姥一进荣国府

那凤姐儿家常带着秋板貂鼠昭君套，围着那攒珠勒子，穿着桃红撒花袄，石青刻丝灰鼠披风，大红洋绉银鼠皮裙，粉光脂艳，端端正正坐在那里，手内拿着小铜火箸儿拨手炉内的灰。

（据曹雪芹《红楼梦》第6回，上册，人民文学出版社1982年版）

第四十九回　琉璃世界白雪红梅，脂粉香娃割腥啖膻

一时史湘云来了，穿着贾母与他的一件貂鼠脑袋面子大毛黑灰鼠里子里外发烧大褂子，头上带着一顶挖云鹅黄片金里大红猩猩毡昭君套，又围着大貂鼠风领。黛玉先笑道："你们瞧瞧，孙行者来了。他一般的也拿着雪褂子，故意装出个小骚达子来。"

（据曹雪芹《红楼梦》第49回，中册，人民文学出版社1982年版）

　　编者按：昭君套是北方女性常戴的一种帽饰，富贵人家做得特别富丽精致，以显示其尊贵身份。《红楼梦》多次写到湘云、凤姐等头戴昭君套，湘云戴的是"挖云鹅黄片金里大红猩猩毡昭君套"，凤姐戴的是"秋板貂鼠昭君套"。貂鼠，一般是紫貂。貂鼠之前加"秋板"二字，即指紫貂秋季绒毛尚未长全时的貂鼠皮，其厚度和保暖性略次于冬天捕获的皮毛丰满的紫貂皮，主要是在尚未大冷的初冬季节穿戴。由此可见，明清时期昭君套是北方贵族少女、少妇们酷爱穿戴的头饰，其材质、做工十分讲究。

呼家将（节录）

（清）半闲居士

第二十七回　呼家将兄妹相遇，铁丘坟兄妹盗祭

那兄妹手里拿的锣鼓，敲将起来，引得监守的兵将都来拥住，说道："这唱歌儿的，却生得齐整。"四虎道："你们可会唱秧歌的？"梅仙道："俺都会唱。"四虎道："既如此，你唱起来。"延庆说："早些唱起来。"碧桃把锣儿打将起来，梅仙把鼓儿也敲将起来，唱了一套《吕布三战虎牢关》。四虎道："唱得好！你再唱。"那碧桃又唱一套《小尼姑下山》。四虎道："果然唱得好，再唱快些，再唱。"延龙也唱了一套《昭君和番》。那四虎听了，两手拍个不住，口里道："好！你们拣好听些儿的再唱。"

（据半闲居士《呼家将》第27回，人民文学出版社2007年版）

编者按：《呼家将》又称《说呼全传》《呼家后代全传》等，是清代一部长篇英雄传奇小说，共四十回。作者署名"半闲居士"等，生平不详。《呼家将》写北宋名将呼延赞子孙与奸臣斗争的故事，《昭君和番》是晚明戏曲，小说写宋人唱《昭君和番》，是不受时空限制的文学虚构和加工。

随园诗话（节录）

（清）袁枚

卷十一

三　五

壬戌年，余改官外出，客送诗者，动以王嫱见戏。余因口号云："琵琶一曲靖边尘，欲报君恩屡顾身。只是内家妆束改，回头羞见汉宫人。"后十年，再入朝，则凤池诸客，都非旧人。又戏吟云："晓日曈昽玉殿开，春风回首认蓬莱。三千宫女如花貌，都是明妃去后来。"

（据袁枚《随园诗话》卷11，顾学颉校点，上册，人民文学出版社1982年版）

编者按：袁枚《随园诗话》言"客送诗者，动以王嫱见戏"，足以说明昭君故事在当时文人阶层流行的程度之广，已成为文人们精神生活的重要内容。

九云记（节录）

（清）无名子

第六回　假女冠郑府弹琴韵，巧春娘妆阁喻弓影

女冠乃弹王昭君出塞之曲。小姐道："这是'谁怜一曲传乐府，能使千秋伤绮罗'者。王昭君眷恋旧国，瞻望故乡，所谓悲此身之失所，怨画师之不公，无限不平的心付之边塞之音，也非正声了。"女冠更奏一转，其声清烈激昂，一座肃然。

（据无名子《九云记》第6回，江琦校点，江苏古籍出版社1994年版）

二度梅（节录）

（清）惜阴堂主人

第十六回　眼识英贤怜友念故交，心结丝萝惜旧遭奸变

陈公领着众官，跪接圣旨。卢杞与党进同下了轿，陈公等一齐随了进来，到香案供奉圣旨。陈公山呼已毕，卢杞将旨打开宣读："奉天承运皇帝诏曰：朕闻上古帝皇治国，全赖文武足备，方能成一统华夷。今朕御极以来，文不能安邦，武不能定国，自然北漠、沙陀二国，士卒屡肆猖狂，扰害中原。前相国卢杞同兵部右侍郎袁辅臣曾出兵镇守边关，不料他国以火炮当先，将边关攻破。又将袁辅臣守关众将都拿往军营，绑于刁杆之上，用乱箭射死，惨不可言。朕欲责你往日退缩不领兵之罪，相国卢杞保奏，言尔有女，名曰杏元，今着党进领旨，传与尔知道，朕赐尔女昭君服色，玉琵琶一面，似昭君出塞。议再着地方官给库银两千两，买民女四十名，一同出关，与二国连和，两国永息刀兵。旨到速速出关，即免卿一门之罪。钦哉谢恩。"

…………

陈公见女孩儿出来，一阵心酸，二目中隐隐掉下泪来，因说道："我儿过来，见卢太师与党年伯呀！"于是，小姐一一见过了礼。卢贼看了杏元小姐，向陈公说道："令嫒小姐，真真生得天姿国色，先生巧言，还说没才没貌。有四句鄙言，奉赠令嫒小姐。诗曰：'闺中侠士女英豪，巧笔丹青难画描。琵琶相伴阳关道，好似昭君出汉朝。'"

杏元小姐问道："老太师，边关上有强兵猛将，尚且难胜胡虏。我一闺中柔弱女子，怎能退得胡虏？"卢杞道："小姐出关，胡虏一见，即可退兵，立见太平矣！"小姐见卢杞说这等话来，含着怒容道："老太师的钧谕却也妥当，我陈杏元何惜一身？只是可惜圣上把那高官厚禄与那些误国的奸贼食了，又不能分君之忧患，立于朝廷之上，白披一张人皮。只是我陈杏元生不能食奸贼之肉，死后定为厉鬼摄奸贼之魂。"骂得卢杞白着眼，领受一会。

第十九回　雁门关夫妻哭别，苏武庙主仆叹忠

次早登程赶路，非止一日。那日正行之间，只见面前波涛滚滚，有一条大河阻路。杏元小姐问道："此河是什么河？"小番禀道："启娘娘，此河乃是黑水河。"众女子一齐问道："莫非是汉昭君娘娘投水而死，尸向上流的河吗？"小番答应道："正是。"杏元小姐道："把衣箱发来。"

第二十回　落雁崖烈女殉节，众鞑靼剑唬佳人

话说杏元小姐来到黑水河边，向着众女子道："列位姊姊，这些衣物，乃是中华之物，带去也没用，不若丢在此河吧！"众女子道："我们都用不着。"大家把那些各色的衣服，你一件，我一件，往河中乱丢，好似蝴蝶一般，飘飘荡荡。杏元小姐见此，不觉心酸流泪，因口占一绝句道：

> 中原服色向中流，哀告河神仔细收。欲将薄命赴流水，身近荣华意不休。

吟罢，放声大哭。众女子俱各呜咽起来。大家徘徊一回，方才进营。那些番女、士卒见此情形，因自说道："这些痴女子把这些颜色衣衫投入河中，可惜！真正是些痴呆女子，不爱惜东西的。"

不讲番女们谈论。又便是次日起行，也非一日，只见又有一座高山，山顶上隐隐有个庙宇。杏元小姐问道："前面山上庙宇，是何神像在内！"小卒禀道："前面乃是汉昭君娘娘的庙宇。"杏元小姐道："这就差了。昔日汉昭君，乃汉王差来和番，她因思忆汉王，故尔殉节，投河而死，尸向上流。此乃是你国的对头，因何反立庙宇？"那士卒把舌头一伸，道："请娘娘禁声，不是当耍的。这昭君娘娘大有威灵，是叫得应的呢！她因忠魂不散，在我国显圣数次。我主见她如此感应，又怜她忠节，故此立庙在此。土人屡求必应，娘娘还能梦兆显灵。如是，此地太平皆是娘娘之赐也！"杏元闻听此言，向众女子道："她乃前朝国母，况且又有灵感，我们上去祝拜一祝拜，大家求一个梦兆，也是好的。"众女道："娘娘见得是，我们上去也要拜告一拜告。"

众妇女见娘娘要上山参拜昭君神像，只得扶持一同上山。来到门首，早有伺奉香火的婆婆前来迎接。大家下马，步进庙门。来至大殿，抬头观看，只见神龛内坐着昭君娘娘的神像，果真千姣百媚，体态轻盈，宛然如在其上，却如生人的一般。左右女童捧着琵琶、宝剑，两边功曹、力士，八员神将，真个是威风凛凛，烈气森森。杏元小姐看罢，移步到神案前，倒身下拜，哭诉道："娘娘乃前朝国母，我杏元乃后朝之臣女。我父亲是陈日升，号东初，官居吏部尚书。母亲吴氏，兄弟春生。公公梅伯高，官居吏部给事，被奸贼卢杞暗害斩首。婆婆邱氏。丈夫良玉，未曾圆妻。被奸臣谋害，将难女点选外国。难女虽然愚昧，不知礼义，岂肯失身于他人？望乞娘娘大显威灵，把难女冤魂收入座侧，早晚服侍娘娘圣驾。"拜罢，大哭一场，方才起身。众女子各自哭诉苦情。拜毕，杏元吩咐香火婆婆收拾大殿，命众女子俱各取马，扎在大殿上安歇，以求娘娘的梦兆。如是，吩咐众番女下山回宫，只留同行女子在殿上伺候不提。

再言昭君娘娘是日巡山，不在宫中。至三更时，只见山门外香烟扑鼻，笙管嘹亮，众神将扶拥着昭君娘娘，驾一朵祥光而至。众神将参拜，分列两旁，娘娘开言道："善哉，善哉！吾神今日巡山，不在宫中，是何怨气，冲吾宫殿？"只见值殿女神禀道："启上娘娘，今有中原陈吏部之女，名唤杏元，被奸臣陷害，钦点和番，今夜宿入殿内，求娘娘梦兆。现有杏元哭诉冤情，谨呈娘娘审阅。"娘娘接过来看道："原来如此！想吾当日，毛廷寿害我和番，到此殉节投河。蒙上帝怜悯我贞节，敕掌在此。又蒙国主建立庙宇，受此一方香火。

吾只道后世的女子，水性杨花，贪生怕死，岂知还有烈性的佳人，愿其死而不愿其生，实为可敬！前日天门发榜，梅璧之名，已标榜首。他日夫荣妻贵，衣锦团圆。吾神不若显一威灵，将此女送至中原，以全他贞节之名，使后世女子，方肯效节烈，以显我中原之光彩。"于是吩咐女使，将杏元的魂魄引来。传谕道："陈杏元，你休推梦里，听吾吩咐：吾乃汉朝之妃王嫱是也。念尔贞节心诚，吾着神送你进关。你不可自忘初念，以堕地狱。诚心参悟，日后你夫妻团圆，父子完聚，皆各有时。倘有改意，就难送你。"吩咐力士道："你可护送她，候她参悟醒来，即送中原大名府邹御史花园内。她若参悟不醒，你可回位缴旨，不可有误。"力士道，"领法旨！"暂且不提。

第二十一回　真容投飞落崖下，假扮贵人和番邦

再说杏元小姐，当时跳下深潭，二目紧闭，魂魄俱无，自知必死。岂知昭君娘娘使神将保护，她身才跳落崖时，忽见一朵红云，托起杏元的身躯。只听得耳边说道："吾乃力士，奉娘娘的法旨，在此等候多时，今送贞烈进关。"只听得耳旁呼呼响，如腾云的一般。不一时，风微止，足坠地下。半空中，神将吩咐道："此乃烈女安身之处，吾就回旨去也！"

不言神将已去。再说小姐悠悠醒来，睁眼看时，乃是一座花园，但不知是何人家，又不识路径，不敢移步，只得坐在地下一块石上，呜呜啼哭。……

杏元小姐含泪开言，说道："夫人呀！落难女子原籍徽州，移住扬州，姓汪，名月英。父亲日升，乃现任运使。难女好好在家学习女工，不料被地方官员将奴家名字开投上司，要我随陈家杏元小姐去和北番。奴家虽住幽室，颇知礼、义、廉、耻四字，岂可轻废？因受逼迫，出于无奈，母女分离，随众出关。看着昭君娘娘尽节之地，触目伤悲，故而投崖自尽。多蒙昭君娘娘大显威灵，着神将将难女送至贵府花园。此乃难女实言，不敢半句虚词。"

（据惜阴堂主人《二度梅》第16回、第19回、第20回、第21回，秋谷标点，上海古籍出版社1994年版）

编者按：从无名氏《二度梅》描写的故事看，昭君在塞北地区被奉为神灵，昭君庙里的昭君像千娇百媚，却威灵无比，成为一方保护

神，人民亲切地称为"昭君娘娘"，足见王昭君在北方各族人民心中的崇高地位。

五虎平西演义（节录）

（清）无名氏

第八回　巴三奈坚守石亭，八宝女兴师议敌

公主上了宝麒麟，手持一柄梨花枪，头带百合冠子，雉尾翎毛分开左右，金圈珠环皆是海外奇珍。五色鲜明，光彩夺目。怀中压了护心镜，腰挂龙头宝剑，威风凛凛一位女英雄，桃花粉脸，国色天姿，看来这公主浑如昭君出塞一般，独是梨花枪与琵琶不像。

（据佚名《五虎平西演义》第8回，尚成、秦克标点，上海古籍出版社 1995年版）

编者按：《五虎平西演义》又称《五虎平西前传》《五虎平西珍珠旗演义狄青全传》等，又简称《五虎平西》《五虎征西》等，计一百二十回，不题撰人，大约成书于嘉庆年间。明清小说无论什么题材类型，都念念不忘述及昭君出塞。

镜花缘（节录）

（清）李汝珍

第十二回　双宰辅畅谈俗弊，两书生敬服良箴

吴之和道："吾闻尊处向有妇女缠足之说。始缠之时，其女百般痛苦，抚足哀号，甚至皮腐肉败，鲜血淋漓。当此之际，夜不成寐，食不下咽，种种疾病，由此而生。小子以为此女或有不肖，其母不忍置之于死，故以此法治之。谁知系为美观而设，若不如此，即不为美！试问鼻大者削之使小，额高者削之使平，人必谓为残废之人，何以两足残缺，步履艰难，却又为美？即如西子、王嫱，皆绝世佳人，彼时又何尝将其两足削去一半？"

（据李汝珍《镜花缘》第12回，上册，张友鹤注，人民文学出版社1955年版）

听雨楼随笔（节录）

（清）王培荀

卷　三

杜少陵怀古诗咏昭君，似生在荆门。咏负薪女："若道巫山女粗丑，何得此有昭君村。"今巫山东九十里有昭君村。李专诗云："空舻峡里近花晨，一线天低不见春。肯信山川如此险，钟为窈窕竟无伦。红颜兔颖描难肖，青冢龙沙怨未伸。世代屡移遗迹在，琵琶休拨暮江滨。"专字知山，遵义人，贡生。遵义初隶四川。

…………

巴县郤借夫之杰，作诗成集，画花卉，有名士风韵。室张氏美而贤，画兰于少莲便面，借夫题诗其上，乃《昭君怨》也："寥落花容冷汉宫，君王只解重和戎。忍看荒冢埋烟土，何苦图形罪画工。环佩夜寒边戍月，琵琶声惨塞门风。黄沙白草秋光老，无限凄凉付断鸿。"

（王培荀《听雨楼随笔》卷3，据《续修四库全书》第1180册，上海古籍出版社2002年版）

编者按：道光时期学者王培荀在《听雨楼随笔》卷三中以杜甫和李专的咏昭君诗为例，旨在说明名人遗迹常常存在由此处移至彼处的现象，昭君故里——昭君村在三峡地区不止一处，反映了昭君文化的深刻影响。又记述巴县士人郤借夫（字之杰）将《昭君怨》诗题写在朋友龚少莲的扇子上（便面，即一种扇子，泛指扇面），亦反映了昭君文化深入日常生活中的客观事实。

射鹰楼诗话（节录）

（清）林昌彝

卷二十三

小岑，布衣，《十宫》《十曲》诗，风神超逸，传遍歌喉。其《九芝堂稿》，海内难于遍购，今录于此。……《十曲》云：……紫台人去隔燕然，逻迤边声绕四弦。莫怅恩光不相及，汉家日月本长悬。《王昭君出塞曲》。

（林昌彝《射鹰楼诗话》卷23，据《续修四库全书》第1706册，上海古籍
出版社2002年版）

花月痕（节录）

（清）魏秀仁

第十七回　仪凤翱翔豪情露爽　睡鸳颠倒绛语风生

靠北窗下放着一张琴桌，安一张断纹古琴，对着窗外修竹数竿，古梅一树，十分清雅。这日，大家都先用过饭。采秋便将秋痕的琴调和，弹了一套《昭君怨》。紫沧、荷生下了两局棋。

（据魏秀仁《花月痕》第17回，杜维沫校点，人民文学出版社1982年版）

一层楼（节录）

（清）尹湛纳希

第十二回　金夫人生辰议亲事，白老寡二进贲侯府

忽然自西边吹来一阵清风，风过处只觉芳香扑鼻，料是西北山坡上的那株桂花开了，遂过了桥，穿花拂柳而来。只见金花朵朵，玉叶层层，流馥云外，正在盛开。璞玉想起李义山的桂花诗来，口内低吟，徘徊左右，爱恋不舍。只见琴默头戴天蓝缎昭君套，身披大红哔叽缎斗篷，领一个小丫头，从山坡下走上来。

（据尹湛纳希《一层楼》第12回，甲乙木译，内蒙古人民出版社1963

年版）

编者按：尹湛纳希为清末蒙古族作家、哲学家，汉名宝衡山，字润亭，内蒙古卓索图盟土默特右旗（今辽宁北票市）人，成吉思汗第28代孙。《一层楼》乃蒙文章回小说，三十二回，写于十九世纪七十年代。现有蒙文本、汉文本行世。

刘墉传奇（节录）

（清）佚名

第九十五回　熊公子钟情窈窕女

大名道台衙门，有一名皂头，姓段名叫文经，年五十二岁，身后有个拱肩，左眼是个茄皮眼，紫膛颜色，身高五尺，一身本事，暗藏邪术。娶妻汪氏，只生一女，年十九岁，论容貌，真有西子、王嫱之貌，昭君、杨妃之容，叫在下也一言难尽。

（据佚名《刘墉传奇》第95回，中国文史出版社2021年版）

编者按：《刘墉传奇》实为一部长篇说唱鼓词，计三十二部一百零七回，不题撰人。从说词中"真有西子、王嫱之貌，昭君、杨妃之容"一句来看，作者文化水平不高，因为王嫱、昭君实为一人，而作者竟混为两人。但也说明"王嫱""昭君"之名在普通民众中耳熟能详。

老残游记（节录）

（清）刘鹗

第十三回　娓娓青灯女儿酸语，滔滔黄水观察嘉谟

翠环道："我在二十里铺的时候，过往客人见的很多，也常有题诗在墙上的。我最喜欢请他们讲给我听，听来听去，大约不过两个意思：体面些的人总无非说自己才气怎么大，天下人都不认识他；次一等的人呢，就无非说那个姐

儿长的怎么好，同他怎么样的恩爱。那老爷们的才气大不大呢，我们是不会知道的。只是过来过去的人怎样都是些大才，为啥想一个没有才的看看都看不着呢？我说一句傻话：既是没才的这么少，俗语说的好，'物以稀为贵'，岂不是没才的倒成了宝贝了吗。这且不去管他。那些说姐儿们长得好的，无非却是我们眼面前的几个人，有的连鼻子眼睛还没有长的周全呢，他们不是比他西施，就是比他王嫱；不是说他沉鱼落雁，就是说他闭月羞花。王嫱俺不知道他老是谁，有人说，就是昭君娘娘。我想，昭君娘娘跟那西施娘娘难道都是这种乏样子吗？一定靠不住了。"

（据刘鹗《老残游记》第13回，陈翔鹤校、戴鸿森注，人民文学出版社
1982年版）

编者按：刘鹗《老残游记》中很多人物故事，是作者亲见亲闻。此处选录的一段话真实反映了底层百姓的真情实感，他们不一定明白王嫱是谁，但熟悉"昭君娘娘"。文中的"乏样子"，意即难看的样子。乏，差劲，北方口语。

狐狸缘全传（节录）

（清）醉月山人

第一回　周太史隐居归仙阙，贤公子祭扫遇妖狐

公子游够多时，顺步行来，忽见太湖石旁恍惚有人弄影。紧走几步仔细一看，乃是个绝色女子。公子一见，不觉吃了一惊，以为深山穷谷乃有如此佳人，真乃是闭月羞花之貌，沉鱼落雁之容。何以见之，有赞为证：

周公子宁神仔细观，真个是丽丽娉婷女娇娥。好风流，真俊俏：鬓儿蓬鸟云儿绕，元宝式把两头翘；双凤钗金丝绕，排珠翠带昭君套，对金龙在左右靠，正中间嵌一块明珠放光毫。碧玉环坠耳梢，远黛含新月晓，又宜嗔又宜笑，黑白分明星照。水灵灵好一双杏眼，细弯弯似柳叶的眉毛。

（据醉月山人《狐狸缘全传》第1回，张颖、陈速校点，百花文艺出版社
1989年版）

国朝诗人征略（节录）

（清）张维屏

卷十八

蔡 塁

字铉升，号甘泉，江南江宁人，康熙三十九年进士，官知县。有《香草堂集》。塁年十三，作《明妃曲》，句云："一出玉门烽火息，秋风何事怨琵琶？"为杜于皇所赏。

（张维屏《国朝诗人征略》卷18，据《续修四库全书》第1712册，上海古籍出版社2002年版）

明诗纪事（节录）

（清）陈田

辛签卷一

陈子龙

子龙，字人中，一字卧子，青浦人。崇祯丁丑进士，除惠州推官，改绍兴，迁南史部主事，擢兵科给事中。福王时起原官。鲁王立，授兵部侍郎兼侍读学士。事败被获，投水死。乾隆中赐谥"忠裕"。……

吴伟业《梅村诗话》：卧子负旷世逸才，年二十，与临川艾千子论文不合，面斥之。其四六跨徐、庾；论策视二苏；诗特高华雄浑，睥睨一世。……晚岁与夏考功相期死国事，考功先赴水死，卧子为书报考功于地下，誓必相从，文绝可观。而李舒章仕而北归，读卧子《王明君篇》曰："明妃慷慨自请行，一代红颜一掷轻。"则感慨流涕。

（陈田《明诗纪事》辛签卷1，据《续修四库全书》第1712册，上海古籍出版社2002年版）

编者按：陈子龙《王明君篇》，《青冢志》等文献作《明妃篇》。陈田《明诗纪事》载吴伟业等读陈子龙《明妃篇》中"明妃慷慨自请行，一代红颜一掷轻"两句而"感慨流涕"。吴伟业等人之所以"感慨流涕"，与其心情抑郁有关。吴伟业乃明末文坛领袖，故国沉沦却自身屈事新朝，深感既不如为国献身的陈子龙，更不如慷慨为国的弱女子王昭君。作为爱国女杰形象，王昭君对于历代许许多多士人的心灵震撼非同凡响。

五、 民国

清代名人轶事（节录）

葛虚存

杂录类

龚定庵

阅近人笔记，载龚与明善堂主人事。按主人名奕绘，号太素，为荣恪郡王绵亿之子，封贝勒，著有《明善堂集》。侧福晋者，即太清西林春，著《天游阁集》者也。太清姓顾，吴门人，才色双绝，贝勒元配妙华夫人没后，宠专房。贝勒由散秩大臣，管宗人府及御书处，又管武英殿修书处，旋改正白旗汉军都统。性爱才，座客常满。其管宗人府时，龚方为宗人府主事，常以白事诣邸中。贝勒爱其才，尊为上宾，由是得出入府第，与太清通殷勤，时相唱和。龚杂诗中，所谓"一骑传笺朱邸晚，临风递与缟衣人"即指此事。闻太清好着白衣，故云云。太清貌绝美，尝与贝勒雪中并辔游西山，作内家妆，披红斗篷，于马上拨铁琵琶，手白如玉，见者咸谓王嫱重生。

（据葛虚存《清代名人轶事》，马蓉点校，北京书目文献出版社1994年版）

编者按：《清代名人轶事》可谓是一部关于清代名人的杂著，成书于民国六年（1917），作者为绍兴籍文人葛虚存。葛虚存从众多清人笔记小说、方志、文集、诗话中采集编纂而成，分为学行、令节、治术、将略、文艺、怜才、吏治、先德、异征、度量、清操、科名、风趣、境遇、闺阁、杂录十六大类，计五百七十三则，记述了清代各式名人的各种轶闻趣事。文中记述少妇太清"于马上拨铁琵琶，手白如玉，见者咸谓王嫱重生"，充分说明在世人心目中王嫱与琵琶相辅相成，浑然一体。

美国舞台上的王昭君

周瘦鹃

近年来东方人都喜欢西派，无论起居服用，饮食娱乐等等，都喜欢西式的，所以中国人遇见了中国人，口中也钩輈格磔的说着西语，而卡尔登和大华饭店的跳舞厅中，也夜夜有中国男子搂着中国女子在那里跳舞了。但那西方之人，却偏偏喜欢东方的一切事物，俱乐部中，竟打麻雀，中国的朝珠补子蟒袍披风，都收去废物利用，反做了西方极时髦的妆饰品。有钱的人家，都爱玩中国古董，和各种铜器漆器，并且有完全中国式的会客室，一椅一桌，全是红木紫檀，陈列的都是不问真假的中国古董。这种房间，他们称为"东方室"，算是最最讲究的了。

此外，舞台剧和影戏中，也往往演中国故事，不管是非，胡乱的扮演着。前年纽约的舞台上，便大演起汉元帝和王昭君的故事来，此剧由美国编剧家甘南氏 C.R.Kenneth 编成，定名《汉宫之花》（《The Flower of the Palace of Han》），以名优李邱 F.Rei－cher 饰汉元帝，名女优爱蝶丝梅娣生 Edith W. matthison 饰王昭君。开演之后，居然轰动一时，但我们看了照片中的外国汉元帝和外国王昭君，不由得要发笑了。

（周瘦鹃《美国舞台上的王昭君》，据《紫葡萄》1925 年第 5 期）

> 编者按：周瘦鹃，原名周国贤，江苏苏州人，现代作家、文学翻译家。其《美国舞台上的王昭君》是一篇短文，类似一篇新闻报道。从这篇报道可知，昭君故事被美国剧坛改编成剧本《汉宫之花》，在观众中产生的影响不小。文中的"补子"又称"官补"和"胸背"，是明清时期在官服胸前或后背上织缀的一块圆形或方形织物。

唐宫二十朝演义（节录）

许啸天

第十回　谈天文袁紫烟得宠，贴人情大姨娘多情

炀帝读侯女的诗，读到"毛君真可戮，不肯写昭君"两句，便知道许太监从中作弊，埋没美人。不觉大怒，一叠连声地传唤许廷辅前来查问。这许廷辅原是炀帝重用的太监，历来挑选美女，都是他一人经手。

第五十八回　幸曲江寡妇承恩，返杨府宠姬逢怒

玄宗听了，喜之不胜，连连向虢国夫人作揖，求她弹一套筝下酒。虢国夫人深恼她姊姊多嘴，后来见万岁爷纠缠得可怜，便也不好意思违拗圣旨。内家捧过一个玉筝来，弹了一套《昭君怨》。玄宗听了，连声赞叹，说道："小小年纪，怎的有如此凄凉的音儿？"

（据许啸天《唐宫二十朝演义》第10回、第58回，丁一标点，上海古籍
出版社1997年版）

明代宫闱史（节录）

许啸天

第四十回　鼜鼓胡笳迎宗陷沙漠，轻歌曼舞蛮女献殷勤

上皇又时时想起了六宫的后妃，总是嗟叹下泪。袁彬和哈铭在旁又百般地慰劝，并伴着上皇往游塞外的名胜，如汉代的苏武庙，庙中遗有苏武牧羊所持的节竿和神像。又有汉时的李陵碑，碑下记有宋将杨业尽忠的年月及宋将潘美破番奴的遗迹。又有昭君庙，庙塑昭君像，容貌栩栩如生。旁立两个侍女，一个捧琵琶，一个执着金幡，前后殿宇很是壮丽，汉人往来此地，都要徘徊凭吊一番才叹息而去。上皇这时翱游塞外风景倒也稍舒忧肠，然每到了晚上听得那些呜呜胡笳声音，不禁又黯然下泪。正是有唐人所说的"不知何处吹芦管，一夜征人尽望乡"的概况了。

（许啸天《明代宫闱史》第40回，据《中国全史》第43册，大众文艺出版

社2000年版）

第六十九回　煮鹤焚琴孤灯寂寞，刻舟求剑众喙纷纭

冯侍嫔的人又聪慧，做一样似一样的。有时袭着舞衣，扶了两个小监，效那玉环的醉酒，故意做得骨柔如绵，醉态婆娑，轻摆着柳腰，斜睨了两只秋波，万种妩媚。

倘使杨妃当日，也不过如此了。引得旁边的宫人内监都掩口吃吃地好笑，把个酷嗜声色的正德皇帝看得眼瞪口歪，忍不住哈哈大笑起来。一面儿冯侍嫔又学西子捧心；又效戏剧中的昭君出塞，手抱琵琶，骑在小马上，身披着雪衣红氅，伸出纤纤玉手拨弄琵琶，弹一出如泣如诉的《昭君怨》，凄惋苍凉，宫女们都为之下泪。正德帝只是击节叹赏，命太监斟上半盏玉壶春来，赐给马上的"昭君"，算是饯别的上马杯。

（许啸天《明代宫闱史》第69回，据《中国全史》第44册，大众文艺出版
社2000年版）

隋代宫闱史（节录）

张恂子

第五十八回　睹落花怨女伤神，读遗诗痴人痛泪

炀帝阅毕，不禁泫然泪下道："这般绝色美人，朕躬冷落了她，她怎不要自伤薄命？春花秋月，累她好生寂寞，这都是朕害了她了！"手中正取第四纸，却是《遣意》一首云：

秘洞扃仙卉，幽窗锁玉人。毛君真可戮，不肯写昭君。

炀帝阅毕了这一首，方始憬然而悟，不觉转悲为怒，连呼："狗才误事，还不与朕拿来！"左右慌忙问道："圣上要拿何人？"炀帝道："是许廷辅！"

（张恂子《隋代宫闱史》第58回，据《中国全史》第26册，大众文艺出版
社2000年版）

编者按：明清至近代民国时期，小说作品成为昭君文化的重要载

体，有四个突出现象：一是描写女性美貌常常用"貌比王嫱"之类的语句；二是常常提及昭君出塞事，除了同情昭君个人不幸遭遇外，对于昭君出塞的历史贡献和个人品德大多持肯定赞许的态度；三是描写北方民众对于昭君的神化，频繁叙述昭君娘娘庙，显现昭君娘娘的威灵；四是描写作品中青年女性的日常生活，多富于昭君文化色调，如戴昭君套、诵读昭君诗词、扮演昭君戏等，向广大读者展示了明清近代以来浓烈的昭君文化气息。

《昭君出塞》之"穿花"舞
怀古

昨至庆生社阅庞士奇之《昭君出塞》，中有舞姿极美，与打花鼓略同，殆唐宋花舞之遗法也。忆幼时在南方观僧人礼忏中亦有穿花，吾友梦天云：闽人有专习此舞者，盖古法既陵夷，时错见于杂剧及百戏中，此亦其一端也。如得好古者加以蒐集，所得当尚多，如连厢戏等皆是，惜不知其由来耳。

（怀古《〈昭君出塞〉之"穿花"舞》，据《北洋画报》1929年第8卷，第374期）

观《王昭君》后
天涯沦落者

曦社歌剧部第一次公演《王昭君》，在北四川路横浜桥新东方剧场。事前承该社职员桂公创君相邀，于九月四日晚七时许往观一过，所见颇多可志，爰志之。

剧中的主角是李丽莲女士，扮演昭君。据某君说，伊是很富于感情的，所以演来极哀怨之致。第三幕昭君独唱一阕，由李女士用"粤讴调"歌曲，声音嘹亮，令人想见岭南民歌的情调的一斑，而起爱好的美感。张君燮君扮的元帝，古衣古装，用欧洲调歌出。诚如该社剧本首页朱应鸥先生所说："戏剧虽则表现人生，不过有空间性，也要有时间性。它所表现的应该是时代的反应，'旧瓶子装新酒'。虽则是近于滑稽，但实在也含有真新。"又云："有意义的新剧，在题材上不妨取之于古代，但古代的戏剧应该给予一种新的解释，赋予一种新的生命。"这样说来，张君把汉代的事实用欧西调歌出，或者是含有新的生命的成分吗？再像胡曼倩女士扮演的宫人，态度自然，表白清晰。李化君扮的呼韩邪，和扮番骑的四五位，化装、表情、声调，粗豪叱咤，令人想见当年横蛮的胡儿的状态。其余像周鹃红君鞠躬如也的御史，和黄惶君老态龙钟的掌典，以及几位小妹妹装的活泼泼的长安小儿，都很佳妙。

演员既是这样，布景剧情又还相称；最难能可贵者，是演员有粤人，但操标准的国语，很是流利。这天是该社公演的第二天，成绩已斐然可观。听说一直要演到月底，十天换一个节目，那么以后当然更是熟练可观了。爱好戏剧的诸君，何妨去实地观察一下呢？

（天涯沦落者《观〈王昭君〉后》，据《申报》1930年9月11日，第13版）

编者按：曦社歌剧部，即上海曦社歌剧部，民国时期戏剧组织。《王昭君》是当时艺人们编演的第一部大型歌剧，采用的音乐主要是粤曲。天涯沦落者《观〈王昭君〉后》较为细致地介绍了当时演出的盛况。

郭沫若近著《昭君出塞曲》

佚名

普罗诗人郭沫若，自去日本后，即以著书研究维持生活，日前东京某剧院公演其《王昭君》，以剧中缺乏歌词，演出未免减色，乃以此请于作者。于是沫若便补作《昭君出塞曲》与之，其词云："朝出塞，暮出塞，侬不出塞来，岂知出塞苦。塞外黄沙飞，塞外白云舞，风似刀，霜如矛，故国不可思，我愁不可道。胡地胡马上，独把琵琶抱，抱琵琶，弹一曲，一曲辛苦行，一曲去国吟，一曲游子引，一曲万里情。倩秋风与我吹送入君听，曲罢泪沾襟。"据说曲中之"故国不可思，我愁不可道"，即郭诗人自身之写照云。

（佚名《郭沫若近著〈昭君出塞曲〉》，据《法治周报》1934年第2卷第10期）

编者按：1927年八月，郭沫若参加中国共产党领导的南昌起义，起义失败后为躲避国民政府的缉捕，于1928年初流亡日本，直至

1937年抗战爆发时归国参加抗战。郭沫若在流亡日本期间，主要依靠文学创作和学术研究来维持生计。《昭君出塞曲》作于1934年。

后　记

　　文献资料是学术研究的基础和前提条件，搜集、整理、考释文献资料是开展学术研究的基础性工作，这早已成为学术界的共识。然而，搜集整理文献资料说起来容易，做起来却太不容易。历代昭君文化资料的搜集整理始于2018年，至今已有六个年头了。六年间，除了正常的教学工作和学术活动外，其他时间我基本纠缠在十分单调刻板的翻阅查寻和整理校点的模式之中。

　　说句心里话，搜集整理文献资料需要足够的耐心和细心，缺乏足够耐心和细心的人是很难完成这种刻板枯燥的工作的。而我在耐心和细心方面很不优秀，故而中途至少有两次想放弃。原因很简单：一是材料太过分散。历代文献资料浩如烟海，而昭君资料散见于这浩如烟海的文献之中，仅《四库全书》和《续修四库全书》就编辑出版了三千二百多册，每一册又包含了若干数不清的文章和资料，翻阅查寻起来谈何容易！二是大量的文献资料需要校点。有少数前辈学者做过昭君文献资料收集的工作，但辑录的主要是史料和方志资料，而史籍和方志对于王昭君的记载极其简略，甚至可以说少得可怜，而历代诗文序跋、评点、专题论文等则大量存在于《四库全书》《续修四库全书》《全唐诗》《全宋诗》等文献之中，许多文献都是没有标点的原始文献，甚至字迹不太清晰，需要去做分辨、理解、标点、诠释等工作，而我的古文功底未免"捉襟见肘"，做起来十分艰难而痛苦。这两大难真有点令我望而却步，相信做过类似工作的学界同仁们多少会产生如我相似的情绪。

　　我之所以把昭君文献搜集整理工作坚持下来，是因为有两个方面的促动。一个是学人的责任心。作为高等学府从事教学和科研的专业教师，不管学术水平如何，总要努力做点事，吃饱喝足躺平不是一个学人的本色。于是，在反复遇到困难想放弃的时候不断自我鼓励，花费时间来一点点收集资料，积累基础，使自己逐步产生坚持下去的信心和决心。在这个过程中，领导和同事们的鞭策也很重要。领导们时不时地问："书写完了吗？"同事们则说："大作出版了吗？别忘了送我一本！"这些不经意的询问和关心，实质上是在提醒和督促我努力不懈怠，不完成任务不好交差。另一个动力是古代女性和亲故事的感动。王昭君是历史上无数和亲女子当中的一个，她为中华民族的融合做出了巨大的贡献。但关于她个人生活如何，史籍几乎一片空白。我曾拜读过崔明德教授写的学术著作《中国古代和亲通史》和女作家王芳写的学术随笔《天边蛾眉月》，从那里知道了中国古代极其频繁而复杂的民族交往交流交融的历史，也清楚地了解了古代无数和亲女性的曲折经历和复杂的精神世界。由于不同地域、不同民族的差异性，使得那些远嫁异族的女性们经历了若干艰辛和痛苦，如路途的遥远、气候的恶劣、饮食的不适、语言的不通、文化习俗的差别，等等；更有政治上的巨大压力，她们肩负维护国家和平稳定的沉重使命，当民族之间产生裂痕，和平局势受到威胁，和亲女性们的内心深处就异常抑郁。而民族之间一旦发生矛盾冲突乃至战争，和亲女性们就可能被置于压抑危险的境地，历史上有好几个和亲公主还惨遭杀害。最让她们深感悲凉的是对故国亲人绵绵无尽的深切思念，她们常常在孤独中坐在天边的月光之下默默遥望故乡而潸然泪下。尽管史籍没有记录王昭君出塞后的生活情况，但不难推知其在广袤的大漠中、在凄清的胡笳声里又度过了多少个思亲难眠的慢慢长夜呢？她为民族国家做出了非凡贡献，也付出了巨大牺牲。民国学者张寿林在《王昭君故事演变之点点滴滴》中说得好：昭君出塞是"汉以来一个最动人的故事，它差不多曾经感动过古昔每一个伟大的文学家！"岂止是伟大的文学家，凡存良知的人们无不为之感动。兴思至此，我们还有什么理由不为昭君文化研究工作做一点有益的事情呢？

本书题名"历代昭君文化资料整理与研究"，是因为除搜集、整理、校点了六七百条文献资料外，还在大部分资料之下以"编者按"的形式对资料进行了辨析或评述，有不少是个人的研究心得，不一定站得住脚，仅供学界读者和研究者参考。需要说明的是，本书辑录文献的上限是西汉司马迁著《史记》时，下限则是民国三十八年（1949），但到目前为止我尚未搜寻到1948年和

1949 年这两年中关于王昭君的评论，这可能与我搜集资料的视野和技术有关，也可能与当时天翻地覆的政治时局有关，学者们的注意力都集中于政治形势的变化而无暇顾及昭君文化研究。有关新资料的发掘有待来者。

在搜寻资料的最初阶段，我动员了柳秋月、王雄贵、谭颖、张培怡、曲樊樊等研究生和陈兰、高雯等本科生分工查阅《四库全书》《续修四库全书》等大型文献，他们牺牲了很多时间，帮我找到了许多文献资料或文献信息，作为他们的老师，我不能不感谢他们辛苦的劳动。在整理、校点、研究过程中，我遇到不少难以理解的文献、典故和难以辨识的字词等，不得不去咨询文字功底深厚的老师，我的同事黄威、柯移顺、罗凌、胡丹、黄权生等给予了无私的帮助，在此致以真诚的感谢。这里还要特别感谢内蒙古大学王绍东教授，他搜集整理了不少关于青冢的方志资料，将那些方志影印本提供给我，既为我省去了很多搜寻的时间，也扩大了我的学术视野。还应特别感谢湖北人民出版社杨猛等编辑，他们从文献的筛选、甄别到文字的校点、标点符号的规范等都做了大量细致的工作，使我受益匪浅。此外，宜昌市昭君文化促进会和兴山县昭君文化研究会、兴发集团、三峡大学昭君文化研究中心的许多领导和同仁积极支持我的研究工作，为我提供了一定的研究经费，在此一并致谢！

由于文献资料整理是一项没有止境的学术工程，很难做到完备无缺。更加上本人学术水平十分有限，故而本书在资料的梳理、校点和研究上自然存在着这样或那样的不足之处，希望学界同仁秉持学术研究共同进步的原则，给予我真诚的批评和指正。

是为后记。

王前程

2023 年 7 月 20 日于三峡大学